AF329855

RECUEIL

DE

MONUMENS

DES

CATASTROPHES

QUE LE GLOBE DE LA TERRE

A ÉSSUIÉES,

CONTENANT

DES

PÉTRIFICATIONS

DESSINÉES, GRAVÉES ET ENLUMINÉES,

D'APRÈS LES ORIGINAUX,

COMMENCÉ

PAR

FEU Mr GEORGE WOLFGANG KNORR,

ET CONTINUÉ

PAR

SES HERETIERS

AVEC

L'HISTOIRE NATURELLE

DE CES CORPS

PAR

Mr JEAN ERNEST EMANUEL WALCH,

PROFESSEUR D'ELOQUENCE ET DE POESIE

A L'UNIVERSITÉ DE JENE.

TOME SECOND.

SECTION I.

à

NUREMBERG

MDCCLXVIII.

PRÉFACE.

Dans la Préface du Premier Tome de cet Ouvrage j'ai donné l'ébauche du Plan, que je m'étois proposé de suivre dans cette Histoire naturelle des Pétrifications. Maintenant que la Première Section du Second Tome, par laquelle j'ai commencé mon travail, paroit au jour, ce Plan se dévelopera, & ce sera aux connoisseurs & aux amateurs des Pétrifications à decider s'il étoit bien tracé & propre pour un tel Ouvrage, si je l'ai bien executé, & si je suis fondé de me flater d'avoir atteint le but que j'avois en vué.

Les héritiers de feu M. GEORGE WOLFGANG KNORR avoient d'abord intantion de faire trois Volumes de la Collection entiére des Planches, qui appartiennent à cet Ouvrage; En consequence de ce dessein le second Volume devoit comprendre toutes les coquilles pétrifiées, les Echinites, les Coralliolithes, les Fongites, les Strombites, les Ostéolithes, les Bélemnites & plusieurs autres espèces de Pétrifications. Mais comme les Volumes seroient devenûs trop inégaux, & que le second auroit eu presque le double de l'épaisseur des deux autres, on trouva mieux de partager ce second Volume en deux Sections, & de ne donner dans la première que les coquilles pétrifiées & les Echinites, dans la seconde les Coralihres,

PREFACE.

les Fongites, les Alcions pétrifiés, les Lithophytes ou ces corps marins en forme de plantes tels qu'on les a découverts jusqu'ici dans le Régne des fossiles, en y joignant les Strombites, les Ostéólithes, les Bélemnites etc. C'est sur le nombre des genres, qui s'offrent dans cette premiére Section, que j'ai réglé celui des Chapitres, dans lesquels j'ai traité de tous ces corps pétrifiés. Comme les coquilles en font la plus grande partie, j'ai jugé necessaire de donner dans le premier Chapitre la Théorie de la Conchyliologie du Regne des fossiles en général. J'y ai traité de l'état dans lequel se trouvent les coquilles aprés avoir passé dans le Régne des fossiles, je l'ai comparé avec leur état naturel, j'ai montré comment il faut classifier les coquilles pétrifiées d'une maniére convenable & analogue à la Nature, j'ai tracé enfin l'ebauche d'une Histoire des coquilles pétrifiées depuis les tems les plus reculés jusqu'aux nôtres: car je crois que comme dans toutes les sciences, il faut absolument combiner la connoissance historique avec la dogmatique, on doit observer la même chose dans celle des pétrifications, lorsqu'on veut faire des progrés dans cet agréable champ de l'histoire naturelle. J'ai traité dans les Chapitres suivans des genres de pétrifications dans le même ordre, qu'ils se présentent sur les Planches. Dans le second j'ai expliqué les Ammonites & les Nautilites - dans le troisiéme les Orthocératites, les Lituites & les Hélicites - dans le quatriéme les Manteaux pétrifiés, les Camites, les Gryphites, les Musculites, les Mytulites, les Pectinites, les Pectonculites, les Térébratulites, les Hystérolithes & d'autres espèces - dans le cinquiéme les Umbilicites, les Néritites, les Globosites, les Trochilites etc. - dans le sixiéme les Buccinites, les Cassidites, les Bullites, les Muricites & d'autres espèces de limaçons pétrifiés - dans le septiéme les Strombites - dans le huitiéme les Ostracites & dans le neuviéme les Echinites. Chaque Chapitre expose premiérement la Théorie de ces Pétrifications, qui s'y trouvent rangées ensemble sous le même genre, & c'est là sa partie dogmatique. On y explique les noms différens, que les Naturalistes tant anciens que modernes ont donnés au corps pétrifié en question - on indique son analogue - le genre principal auquel il appartient - le caractére essentiel, par lequel il se distingue tant des autres familles du genre principal que de chaque espèce & coespèce, en tant qu'on en fait un genre particulier - l'état dans lequel il se trouve dans le Régne des fossiles à l'égard de sa conservation, & des changemens différens qu'il y a essuiés - l'espèce de pierre dont il a pris la nature - sa matrice - les païs & les

con-

contrées , où il a été trouvé autrefois & où on le trouve encore aujourd'hui , & l'on cite , si on le juge necessaire , les meilleurs auteurs qui en ont traité. On passe ensuite à la partie historique , & l'on montre quelle a été la connoissance , qu'on a euë de chaque genre & de chaque espèce de Pétrifications dans les tems les plus reculés jusqu'aux nôtres - quelles ont été les opinions des Naturalistes , & quels ont été dans les différens Siécles les auteurs qui en ont traité - de quelle maniére & par quels secours cette connoissance a été portée peu à peu au dégré de perfection , où elle se trouve aujourd'hui - quelle en est encore la defectuosité & où il y a des lacunes , & quelles enfin sont les recherches , qui dans tel ou tel point sont reservées à nôtre postérité. Tout cela est traité dans la partie historique: On explique enfin en particulier les Planches qui appartiennent à chaque Chapitre , & l'on donne l'instruction necessaire sur les Pétrifications , qui y sont représentées. Ici on détermine avec précision , en se raportant toujours à ce qu'on en a dit dans la partie dogmatique, le genre & l'espèce à laquelle chaque individu appartient , on indique ce qu'il y a d'instructif, le degré de rareté , sa patrie , & souvent on ajoute plusieurs autres observations , qu'on juge pouvoir servir à instruire & à satisfaire ceux qui font quelque cas de ces Curiosités. Quant aux pièces qui ont été tirées des beaux Cabinets de Monsr. SCHMIDEL Consler. aulique à Anspac, & de Monsr. le Prof. d'ANNONE à Bâle, je dois avoüer ici, que l'explication m'en a été beaucoup facilitée par les instructions, que ces célébres savans ont bien voulu me communiquer.

Je n'ai pas pû indiquer toujours l'endroit, où les Pétrifications qui ont été représentées sur ces Planches, ont été trouvées ou deterrées. Cependant ce defaut se trouve seulement où il s'agit de celles que feu Mr. KNORR nous avoit laissées, & par raport auxquelles, malgré toutes les peines qu'on s'est donné, on n'a pû découvrir sur ses papiers aucune notice sur les endroits d'où il les avoit tirées. A l'égard de plusieurs j'ai proposé mes conjectures sur l'endroit d'où je les croüois être tirées, mais je ne le fis qu'avec circonspection, l'expérience m'aiant apris, que ceux qui font des trocs de Pétrifications, indiquent bien souvent à faux les endroits où elles ont été trouvées. Sans piller mes Prédécesseurs j'ai dit sur chaque Pétrification, ce qu'une longue expérience m'a enseigné, & j'ai indiqué fidellement ce que

j'ai

P R É F A C E.

j'ai obfervé en comparant les Pétrifications contenuës dans cet Ouvrage, tirées de différens Cabinets, avec celles, que je poffède moimème, ce qui m'a mis en êtat d'en faire connoitre plufieurs efpèces, qui avoient été inconnues jusqu'ici, & d'enrichir cette Science de bien des obfervations. C'eft à quoi chaque Naturalifte eft d'autant plus obligé, fi d'une multitude d'obfervations particuliéres il en doit naître avec le tems un Syftéme parfait. Cependant cette epoque n'eft pas encore arrivée, & probablement elle n'arrivera pas fitôt. Ce qui a été tiré de ma propre Collection ne doit être regardé que comme des Supplémens aux Pétrifications, que Monf. le Consler. SCHMIDEL & Monf. le Prof. d'ANNONE ont fournies de leurs Cabinets. J'en aurois pû fournir bien d'avantage, s'il n'avoit pas falu obferver, autant qu'il a été poffible, de ne point trop augmenter le prix de cet Ouvrage: on ajoutera cependant au troifiéme Volume un Supplément de quelques Planches. Comme dant toutes nos recherches fur la Nature nous ne devons jamais perdre de vuë la route qui doit nous diriger & nous conduire à la connoiffance falutaire de notre Créateur, & de fes perfections, qui y font manifeftées & glorifiées d'une maniére fi éclatante, mon feul defir eft que mes foibles efforts puiffent produire cet effet dans l'éfprit de mes lecteurs. Ce fera la recompenfe la plus précieufe, que je pourrai rétirer de mon travail. A Jene, le 28. Mars. 1768.

JEAN ERNEST EMANUEL WALCH.

DESCRIPTION

DES COQUILLES

ET

AUTRES CORPS PÉTRIFIÉS

CONTENUS

DANS LE SECOND TOME

DE CET OUVRAGE

PAR

JEAN ERNEST EMANUEL WALCH

PROFESSEUR D'ELOQUENCE ET DE POËSIE A L'UNIVERSITÉ
DE JENE.

TRADUITE DE L'ALLEMAND.

CHAPITRE PREMIER

DE LA

CONCHYLIOLOGIE

DANS

LE REGNE DES PETRIFICATIONS.

Comme il est impossible de suivre un ordre systematique dans un ouvrage, où l'on ne peut se procurer qu'avec beaucoup de peine les rares Productions de la Nature, qu'il faut même souvent les tirer des païs les plus éloignés, sur tout, quand on veut en fournir successivement les Planches aux amateurs; nous serons d'autant plus excusables, si nous tachons de suppléer à ce defaut quasi nécessaire, en donnant premierement une Introduction générale dans la Conchyliologie du Régne minéral, en y rangeant dans une juste Classification toutes les coquilles pétrifiées, contenues dans cet ouvrage, & en donnant dans les Chapitres suivans une déscription plus exacte & plus detaillée des pieces mêmes, suivant l'ordre dans lequel les Planches nous les présentent.

Il y a dans le Régne Animal de certains animaux mous, destitués de sang, & couverts d'une coquille, auxquels l'on donne le nom de *testacés*. Nous ne voulons pas en expliquer ici les différents genres, & leurs différentes divisions. Nous nous contentons de remarquer, qu'il y en a deux Familles, desquelles l'une porte le nom de *Conques*, & l'autre celui de *Limaçons*. Ces coquilles sont toutes en général d'une structure reguliére & organique; celles de la premiere Famille sont composées de piéces évasées, dont une ou deux ou plusieurs forment le domicile de l'animal; & celles de la seconde consistent en un tuyau testacé.

La différence de ces conques & de ces limaçons est bien grande, & leur variété & leur beauté leur ont attiré l'attention de l'amateur de la Nature préférablement à plusieurs autres corps. C'est par cette raison, qu'on s'est deja donné bien de la peine pour decouvrir leurs espéces si différentes, & les ranger en certains ordres, genres & espéces. Le detail historique des différents essais, qu'on a fait pour cela, seroit deja trop long ici, & même superflu, vû qu'un savant nous en a dispensé, en donnant au Public des Tables particuliéres qui présentent toutes les divisions & toutes les classifications des conques & des limaçons, qui ont été inventées & publiées

jusqu'ici. 2) Il suffit de remarquer qu'on peut commodément diviser les limaçons en deux
genres inférieurs, dont l'un comprend ceux, qui font tournés dans leur centre, & l'autre ceux,
qui ne le font pas. Ce dernier genre inférieur est très etendu, & contient plusieurs espéces
particulieres. Les divisions, qu'on en a faites, font très différentes, & presque chaque auteur en a imaginé une particulière. Au reste nous croyons, que ceux-ci suivent de plus près
la Nature & la méthode la moins étudiée, qui dans leurs divisions ont en vûe tant la figure du tuyau testacé, independamment de sa circonvolution, que la proportion de la circonvolution externe
aux autres, de même, que la forme de l'ouverture, qui depend la plûpart de celle de la première
circonvolution. Dans le genre des conques il y a aussi une diversité digne d'admiration, qui
a fait naître de même plusieurs manieres de les diviser. On y procéde encore le plus con-
formément à la nature, en fondant la division sur la forme de la coquille évasée. On a pourtant de nos jours jugé plus commode de se servir de la diversité de la charniere pour en distinguer les espéces si différentes, vû qu'on a trouvé que quelques unes ont une charniere,
& que d'autres n'en ont point, que les premiéres l'ont tantôt au milieu, tantôt à coté, que le
nombre de ses dents, qui s'entreserrent, est différent, & que celles, qui n'ont point de charniére, ont à sa place, ou en dédans, ou entre les valves un ligament flexible.

Nous nous rapprochons de plus près de nôtre propos. Ce font ces conques & ces limaçons, dont nous venons de parler, que nous trouvons souvent ensemble en très grande quantité
dans le Régne minéral, sur les montagnes les plus hautes & les plus éloignées de la mer. Nous
leur trouvons une parfaite ressemblance, avec ceux de la mer à l'egard de la forme & de
toute leur structure organique, & pourtant ceux-ci font en pierre, & les autres ne le font
pas. Il est donc bien aisé de voir, que la connoissance de la Conchyliologie du Régne minéral a un
double objet, dont le premier est l'état des coquilles pétrifiées avant leur pétrification, & le second l'etat dans lequel elles font changées par la pétrification. Pour savoir ce qu'elles étoient
avant leur pétrification, il faut non seulement avoir une connoissance exacte des coquilles
naturelles, mais aussi savoir les comparer d'une maniére juste avec les coquilles pétrifiées. Il
ne suffit pas, que la connoissance des coquilles naturelles soit superficielle. Elle doit s'étendre
non seulement sur leur forme en général, mais particuliérement sur les caractéres de leurs genres & de leurs espéces, sur les différentes fortes des espéces, & des espéces inférieures, sur
les dénominations, qui leur font propres & même sur leur structure interne, à cause des noyaux
si différents, qu'on trouve parmi les fossiles; Cette connoissance des coquilles naturelles doit
alors être appliquée aux pétrifiées par une comparaison tant générale que particuliére. La
comparaison qui se fait en général, examine principalement la réalité de la pétrification même, autant qu'on peut connoître avec conviction par la forme entière, par la proportion des parties,
par la grandeur de l'accroissement & du genre, par les rayes, éminences & circonvolutions,
& par la parfaite ressemblance des corps pétrifiés avec la structure organique des coquilles naturelles, que ces corps figurés du Régne minéral doivent leur existence aux coquilles des mers, des
lacs & des riviéres. La comparaison particuliére regarde les espéces particuliéres d'un genre & les
espéces inférieures d'une forte de coquilles naturelles avec les coquilles petrifiées, & de celles-ci
avec les coquilles naturelles. Les decouvertes, qu'on y fait, mènent aux plus belles observations,
& à des remarques, qui concernent en partie la doctrine si importante de la Gradation dans le
Régne de la Nature & en partie le moyen de completter les genres des coquilles felon leurs
espéces. En faifant cette comparaison l'on trouve, que plusieurs *Analogues*, (c'est ainsi que
nous nommerons à l'avenir les coquilles naturelles en les comparant avec celles qui leur repondent parmi les coquilles pétrifiées) font en très grande quantité dans la mer, & parcontre très
rares parmi les Pétrifications. Il y en a d'autres, à l'égard desquels on observe precisement
le contraire; On en trouve une grande quantité de pétrifiés, & l'on ne trouve que très rarement leur Analogue. D'autres ne se font pas encore trouvés jusqu'ici en Original, mais d'autant plus souvent dans le Régne des Pétrifications, & ils servent par la d'une maniére interessante

à com-

2) Carol. August. de Bergen Classes Conchyliorum. Nuremberg. 1760. 4.

à compléter la Progression du genre des coquilles. Enfin il y en a d'autres, dont l'Analogue & la Pétrification sont ou également rares ou également fréquentes. Or les remarques, que je n'ai faites ici qu'en général, doivent non feulement être appliquées à chaque efpéce de coquille, comme il fera prouvé fuffifament dans la fuite, mais il faut auffi tacher de découvrir la caufe phyfique de ces faits & celle-ci doit être cherchée en partie dans la nature de ces créatures, felon laquelle une efpéce fe multiplie toujours plus qu'une autre, en partie dans la qualité de leur demeure avant la pétrification, en partie dans la contrée & la fituation du lieu, où l'on les trouve dans l'état de petrification, en partie dans la pefanteur & dans la légereté des corps, dans les débordemens & dans les inondations, en partie en ce que quelques unes demeurent la plûpart au haut, d'autres au milieu & d'autres encore au fond de la mer, partie dans le différent degré de refiftance, qu'elles peuvent oppofer aux forces qui tendent à les emporter, & en partie dans d'autres circonftances. Comme nous ne donnons qu'une Introduction en général, nous croyons avoir dit le plus néceffaire à l'égard de la connoiffance de l'état des coquilles pétrifiées avant leur Pétrification. Or il s'agit de connôtre fuffifament leur état dans la Pétrification. Lorfque l'on fait ce qu'un corps pétrifié a été avant la Petrification, il faut favoir auffi ce qu'il eft devenu après avoir été transféré dans le Régne minéral, & y avoir obtenu, pour ainfi dire, l'indigenat.

Quand on confidére les coquilles dans le Régne minéral en général, il faut diriger fon attention fur la grande quantité de ces corps, fur le lieu où l'on les trouve, fur l'état dans lequel on les decouvre, & fur leur divifion en genres & en efpéces. Il y en a une quantité prodigieufe, & dans tout le Régne des Pétrifications l'on ne trouve rien en fi grande quantité que les coquilles. La caufe en eft tant la quantité & la multiplication incroyable de ces animaux teftacés, que la nature du domicile teftacé, lequel étant d'une confiftence dure peut refifter plus facilement à la putréfaction, qu'un corps mol ou humide, & étant compofé de feuilles calcaires apliquées étroitement les unes fur les autres, peut devenr par la calcination préferablement fufceptible de particules terreftres étrangeres. Des corps calcaires, qui par l'évaporation de leurs parties volatiles prennent une nature fpongieufe, & gagnent bien des millions de petites cavités, lorfque les parties groffieres, qui reftent, confervent un certain degré de cohéfion, font difpofés preferablement fur tous les autres à recevoir l'eau, qui y dépofe les parties terreftres invifibles qu'elle charie, en remplit les interftices, petrifie ainfi un corps raréfié par la calcination, & lui donne la dureté de la pierre. La chaleur a cette même vertu à l'égard des parties métalliques, qui font introduites dans de pareils corps. Il ne faut donc point s'étonner de la quantité des coquilles petrifiées, fur tout lorfque la Petrification fe fait dans des endroits, où il y a eu une grande quantité de coquilles.

Les endroits, où les coquilles petrifiées fe trouvent, meritent nôtre attention par plus d'une raifon, ils nous prouvent les Cataftrophes les plus remarquables, que nôtre globe a effuées, & qu'il effuie encore de tous jours d'une maniere imperceptible. Dans toutes les quatre parties du monde on trouve des coquilles petrifiées, & l'on verra à peine une contrée ou un pais qui en foit tout à fait dépourvú. Cependant il y a des pais, qui en font plus riches, que les autres & fouvent ce qui ne fe trouve que rarement dans l'un, fe trouve en très grande quantité dans l'autre. L'on remarque une grande diverfité, quant à leur place & à leur fituation. Elles fe trouvent dans la mer, & fur la terre ferme dans de grands abîmes, & fur des hautes montagnes, dans les contrées mediterranées & les plus éloignées de la mer, de même qu'aux bords & fur les rivages des eaux: dans des endroits les plus éloignés de ces mers dans les quelles il faut chercher leurs analogues, & à l'egard desquels chacun doit être curieux de favoir, comment il eft poffible, que des coquilles marines ayent pû y être tranfportées, fouvent difperfées fur les plaines parmi les autres pierres, que les inondations y ont amenées, fouvent dans les montagnes & dans les rochers les plus durs, tantôt entaffées, tantôt en veines & en filons féparés: tantôt en grande & tantôt en petite quantité, tantôt une efpéce feule, tantôt plufieurs mêlées enfemble, tantôt rangées affés réguliérement, tantôt fans aucune regularité, tantôt en direction horizontale, tantôt perpendiculaire. Toutes ces obfervations prouvent affés clairement qu'il doit y avoir en

plus

plus d'une caufe qui ait produit ces effets fi finguliers, & qui ait fait paffèr les corps marins fur la terre ferme par des voies fi différentes. Autant, qu'il eft fûr, que des inondations arrivées dans les tems paffés y ont confiderablement contribué, autant eft-il improbable, que tous les corps pétrifiés n'ayent été transportés dans les terres, que par des inondations, & d'autant moins en peut-on prouver d'une maniere convaincante & irrefiftible l'Univerfalité du Déluge raporté par Moïfe. Il eft de fait, que la mer change peu à peu de lit, qu'aujourd'hui nous voyons une terre ferme, où ci-devant il y avoit une mer, qu'aujourd'hui nous voyons des montagnes, qu'une mer profonde qui les couvroit cachoit autrefois aux yeux des hommes; que des tremblemens de terre & des feux fouterrains élévent des Isles & des montagnes de la mer, & avec elles une quantite incroyable de coquilles pétrifiées & non pétrifiées: que des lacs entiers, qui ci-devant fervoient de demeure à plufieurs efpeces de coquilles ont tari, & que par là ces coquilles fe font pétrifiées; que plufieurs corps marins ont été jettés à terre par les vagues, & étant reftés enfevelis dans le fable, y ont trouvé une place propre à leur pétrification; que les eboulemens de quelque grand rocher ou de quelque quartier de terre ont pû enfoncer des créatures terreftres & marines dans de grands abimes, tout cela, dis-je, eft confirmé par l'expérience, & peut être prouvé d'une maniere inconteftable. Toutes ces caufes ont produit conjointement cette cataftrophe fi remarquable, & ont placé les coquilles fur la terre & dans le Régne mineral. Mais peut-on bien connoître par la place & par la fituation des coquilles pétrifiées la caufe, qui les y a transportées, & leur a affigné cette place pour leur pétrification? Quelques fois il y a moyen de le déterminer avec affés de probabilite. Lorsque par exemple l'on trouve dans une contrée la même efpéce de coquilles enfemble, & même fans qu'elles foient endommagées, on en peut conjecturer, que ci-devant il y avoit eû la un lac, dans lequel ces coquilles ont féjourné, que ce lac eft tari, & que les coquillages, qui s'y trouvoient, ont été pétrifiés. Mais lorsque l'on trouve toute forte de corps teftacés melés enfemble dans des couches féparées furtout lorsqu'ils font beaucoup endommagés ou brifés, c'eft une marque, que dans quelque grande inondation la force des flots les y a entrainés. Car fi les montagnes, ou l'on ne trouve les coquilles pétrifiées qu'en couches féparées, avoient été ci-devant des montagnes marines, cachées autrefois fous la mer, il faudroit que de pareilles coquilles fe trouvaffent dans toutes leurs couches, vû qu'au fond de la mer la quantité des coquilles vuides augmente de jour en jour. Or quand nous trouvons dans la profondeur de la terre des coquilles de nôtre païs, fur toût des efcargots ordinaires pétrifiés, on en peut conjecturer qu'ils y ont été enfoncés par des tremblemens de terre, par des éboulemens de montagnes ou par des inondations.

L'état dans lequel nous trouvons les coquilles pétrifiées dans le Régne minéral eft fort différent, comme il eft aifé de le comprendre. Tantôt on les trouve detachées, tantôt enfoncées dans la pierre. Il y en a fouvent fur une plaque de pierre une quantité de la même efpéce & de la même grandeur, fouvent on obferve précifément le contraire, & nous en voyons fur une plaque de pierre trés petite un mélange confus de diverfes fortes & efpéces, qui ont été jettées enfemble. Nous trouvons des coquillages, qui dans leur matrice de même que fans matrice fe font parfaitement bien confervés, qui ont encore leur coquilles naturelles, mais tantôt plus tantôt moins & tantôt point du tout pétrifiées. En revanche on en trouve auffi une grande quantité de broyés, d'émouffés, d'écrafés, de recourbés, de comprimés, de rongés ou deftitués de leur coquille naturelle. L'efpéce de la matiére pierreufe & la dureté des coquilles eft de même trés différente dans le Régne mineral. La premiére eft ou calcaire, ou elle tient de la nature du fable, ou de celle du Spath, ou de celle de la roche de corne, & ces efpéces de pétrification fi différentes fe trouvent enchaffées dans une pierre plus ou moins dure, qui différe encore d'une maniére infinie par fa fubftance, par fa couleur & par fa fineffe. Chaque païs a jufqu'à un certain point fon caractére particulier de pétrification, fouvent à l'égard de la même efpéce de coquilles, ce, dont ceux, qui ont eû l'occafion d'examiner & de comparer enfemble plufieurs corps pétrifiés de différents païs, peuvent le mieux fe convaincre. On trouve les mêmes coquilles

plus

plus belles dans un païs, que dans un autre; elles fe préfentent mieux dans une forte de pierre, que dans l'autre; la fineffe de la matiére pierreufe de la coquille & de la matrice, la dureté & la couleur de l'une en comparaifon avec celles de l'autre, la matiére pierreufe de la coquille même & de fa matrice, l'admixtion accidentelle des parties métalliques étrangéres, qui ont une grande influence fur le corps pétrifié même, l'éclat de la coquille pétrifiée, tantôt tout à fait perdu, tantôt foible, tantôt plus fort, en comparaifon de fa couleur, de fa fineffe & de fa dureté, & de celle de la matrice, tout cela fait, qu'une petrification eft toujours plus belle que l'autre. Mais a l'égard de quelques points effentiels, l'état différent des coquilles mérite d'être examiné de plus pres. Quant aux parties, qui conftituent la coquille, elle eft ou complette ou incomplette. Aux limaçons pétrifiés il manque ordinairement une partie de l'ouverture antérieure, ce, dont on f'appercevra aifément, fi l'on en compare plufieurs de la même efpéce, & avec des analogues parfaits. Il eft trés probable, que la plupart auront perdu ces parties, avant que d'avoir été enfoncés dans la terre, & lorsqu'ils ont été détachés avec violence. C'eft la raifon, pourquoi l'on obferve à l'ordinaire, que les coquilles, qui ont été petrifiées par le desféchement d'un lac, & qui par conféquent n'ont point changé de place, font encore entiéres. Il en eft presque de même à cet égard des conques, & l'on en trouve bien plus fouvent une moitié, ou un battant detaché, que les deux enfemble. Cela depend principalement de l'état de la charniére, & fi en mourant elles tiennent leurs valves fermées, ce qu'on pourroit presque foupçonner à l'egard des analogues des Térébratules, ou fi ces valves s'entr'ouvrent, & peuvent par conféquent être féparées l'une de l'autre par le moindre choc ou la moindre preffion. La coquille naturelle eft fufceptible du plus grand changement a l'egard de la perfeôtion. & c'eft precifément par cette raifon, qu'il faut examiner avec bien de l'attention fi le corps pétrifié a confervé fa coquille naturelle, ou fi ce n'eft qu'un noyau. La caufe de cette différence fe trouve en partie dans la force de la coquille, en partie dans fa forme, & en partie dans l'endroit ou elle a eté pétrifiée. Une coquille épaiffe qui entre dans le Régne des Pétrifications n'eft pas fi fort fujette a la déftruction qu'une coquille mince & fine. Meme la forme de la coquille y a quelque part; Le noyau ne peut pas fe féparer auffi facilement de la coquille d'un limaçon, que de celle d'une conque, & la cavité d'une conque eft toujours plus propre à retenir le noyau, qui s'y eft durci, que celle d'une autre. Mais tout cela dépend le plus de la qualité de l'endroit, ou la conque, qui dans la fuite doit être pétrifiée, fe trouve couchée. Lorsque cet endroit eft rempli de beaucoup de vapeurs minérales corrofives, & d'exhalaifons martiales, la coquille calcaire eft détruite avant que d'etre pétrifiée. Lorsqu'elle fe calcine, & qu'elle ne reçoit pas une nouvelle cohefion par le fecours d'un corps fluide, qui y infime des parties terreftres, elle tombe en poufliére, & il n'en refte que le noyau.

Mais ce n'eft pas tout ce que nous avons à confiderèr a l'égard de l'état d'une coquille pétrifiée. Le changement que leurs parties primitives ont fouffert dans le Régne dés Pétrifications, la maniére en laquelle elles ont été confervées, les corps pierreux, qui leur doivent leur origine, demandent principalement nôtre attention. On peut divifer les coquillages foffiles en fix Claffes. La premiére comprend les coquilles pétrifiées & métallifées, la féconde les coquilles calcinées, la troifiéme celles, qui fans avoir fouffert aucun changement font reftées dans leur état naturel; la quatriéme contient les coquilles incruftées, la cinquiéme les empreintes, & la fixiéme les noyaux. Nous allons traiter de chacune de ces Claffes en commençant par les coquilles pétrifiées & métallifées. Lorsqu'une coquille paffe dans le Régne mineral elle perd a l'ordinaire, principalement par la chaleur fouterraine, une quantité de particules volatiles. Il faut donc que ce corps teftacé devienne poreux, fpongieux & crayeux. On donne à cet effet le nom d'*Evaporation*, & à l'état, auquel la coquille eft reduite, celui de *Calcination*. Lorsqu'à cette calcination il fe joint un autre changement, par lequel une quantité fuffifante de parties étrangeres s'infinue à la place de celles, qui fe font évaporées,

on l'appellé *Imprégnation* & le corps testacé devient par là un corps veritablement pétrifié.
Ces particules sont ou des particules terrestres, que l'eau y introduit, ou des particules métalliques élevées en vapeurs par l'action de la chaleur, lesquelles atteignant ces coquilles
calcinées, s'insinuent dans leur interstices. Dans le premier cas les coquilles deviennent ce
que l'on nomme proprement *pétrifiées*, & dans le dernier on les nomme coquilles *métallisées*.
La matiére pierreuse des coquilles, que l'on nomme proprement pétrifiées, est ou calcaire
ou sablonneuse ou spathique, ou de l'espéce des pierres de corne. A l'ordinaire elles tiennent le plus à l'égard de leur pétrification de cette espéce de pierre, qui constitue la matrice,
dans la quelle le corps pétrifié est enchassé. La cause en est évidente. Lorsque l'eau pénétre
à travers la terre jusqu'au corps qui va être pétrifié, & dans ce corps même, les particules terrestres invisibles, que l'eau contient, s'arrêtent aux parties calcaires poreuses de la coquille, les pores
s'en remplissent peu à peu, & le corps, étant durci, est composé de la même matiére pierreuse,
que la matrice. Plus les particules, que l'eau en pénétrant la matrice, a pû detacher, entrainer &
déposer dans les pores de la coquille, sont fines, plus le corps pétrifié sera dur & sa matrice
aura regulierement la même dureté Tel est ordinairement l'état des coquilles pétrifiées dans le
grais & dans la pierre calcaire. Il y a cependant bien des cas, ou il faut faire une exception
à cette régle: ,, Chaque corps pétrifié est de la même espéce de pierre, que la matrice ,,
A l'ordinaire cette exception a lieu, lorsque la matiére fluide, qui pénétre la matrice, ne dissout point des particules terrestres, & ne les entraine point dans le corps calciné, ou lorsque les particules enlevées sont trop grossiéres & trop pesantes, pour que l'eau puisse les recevoir & les unir avec la coquille calcinée. Le premier cas arrive souvent, lorsque la coquille est couchée dans une argille un peu grasse, & le second lorsqu'elle est enfermée dans
une couche de grais fort grossier. C'est alors que le dégré plus ou moins fort de la calcination précédente, & la quantité plus ou moins grande de matiére fluide qui s'introduit,
a la plus grande influence sur l'espéce de la matiére pierreuse de la coquille. L'origine des
pétrifications dans la pierre de corne & dans la pierre à fusil peut être expliquée de la
maniére suivante. La base de la pierre de corne & de celle à fusil est une matiére
fluide moitié transparente & moitié trouble à cause d'une terre argilleuse fine, dont
elle est imprégnée; cette matiére fluide ayant été renfermée, est devenue par la congélation une pierre d'un tissu fort compacte. Comme c'est une matiére fluide, elle ne peut
porter que des corps de la même gravité specifique, qui ne sont la plupart que de petites
coquilles. Il est naturel, que ces coquilles se trouvant dans une matiére fluide, il s'y insinue
plus de particules fluides que de terrestres, & c'est pourquoi la coquille prend aussi la nature de la pierre de corne. On ne trouvera pas facilement des coquilles dans le Spath, mais
bien des coquilles spatheuses. Le Spath est originairement aussi une matiére fluide imprégnée
de particules fines, calcaires ou gypseuses. Comme cette matiére est de beaucoup plus fluide,
que celle, qui se mêle avec une terre argilleuse, & de laquelle nait la pierre de corne, elle
est fort peu propre à porter les coquilles, celles-ci étant plus pesantes y vont à fond, & on les
trouve pétrifiées sous le Spath dans d'autres couches de terre. Mais cependant une coquille
peut trés facilement se changer en Spath. Car le Spath n'étant en lui même qu'une matiére
fluide congelée & imprégnée d'une terre calcaire ou gypseuse, il est trés naturel, que le coquillage, qui a été entierement calciné, & qui peut-etre par l'admixtion d'un acide est devenu
gypseux, prenne une nature spatheuse, aprés avoir été tout à fait pénétré par cette matiére
fluide. Il en est de même du coquillage, qui est changé en des espéces fines de pierre de
corne, sur tout en Agate en Calcedoine &c. comme des coquilles dans la pierre de corne
commune. Sa matiére primitive ne différe de celle des pierres de corne fines que par la
couleur. Une coquille ne peut pas être changée en Cristal, mais elle peut en être incrustée
de sorte, que le cristal s'attache à ses surfaces & à ses parois internes. Voici la raison de l'im-
possibilité de ce changement. Lorsqu'un fluide enfermé se pétrifie par la congélation, on
donne à ce corps congélé un nom différent, selon la différence & le degré de finesse des

parti-

particules terreftres étrangéres, qui s'y font infinuées. On le nomme *criftal*, lorsqu'il eft refté pur & fans aucune admixtion étrangére, & que par là il a gardé fa transparence. Si la matiére fluide a été trouble, & feulement a moitié transparente avant la congélation par l'admixtion d'une terre argileufe fine, elle eft reftée telle dans la congélation, & on l'appelle *pierre à fufil*, ou *pierre de corne commune*; fi la couleur de l'argile, qui s'y eft infinuée, n'a aucun éclat, & on lui donne le nom de *Cornaline*, de *Lyncurius*, d'*Onyx*, de *Calcedoine* &c. fi la couleur en eft belle & claire. Si cette eau congelée a eu de la terre calcaire & gypfeufe, au lieu d'argile, il en provient des efpéces fpatheufes. Mais comment une coquille peut-elle fe changer de cette maniére en criftal, vû que l'union d'une telle matiére fluide avec des particules étrangéres, comme les parties calcaires de la coquille, fait que le criftal ceffe d'etre criftal, précifément puis qu'il n'a pas gardé fa pureté; mais qu'il a été mêlé avec des particules hétérogênes?

Mais pourquoi ne trouve-t-on point de Pétrifications dans les cailloux groffiers communs, dans le Jafpe, dans le Granit et dans le Porphyre? Quant aux cailloux groffiers, ils ont la même origine, que les efpéces de Spath. Les uns et les autres font des pierres fées par la congélation d'une matiére fluide, et c'eft par cette raifon, que l'on n'en trouve que des lits detachés, ifolés et jamais des veines ni des couches fuivies. Il y a feulement cette différence, que dans le Spath c'eft une terre calcaire ou gypfeufe, et dans le cailloux c'eft un fable fin, qui f'eft uni avec la matiére fluide. C'eft donc par la même raifon, que nous venons d'alléguer à l'égard du Spath, que les Pétrifications fe voient fi rarement dans les cailloux. Le jafpe ne fe trouve pas non plus en couches fuivies, mais par morceaux detachés, lors qu'il n'eft point une fimple argile fort durcie, mais un veritable Jafpe, c'eft à dire une terre argileufe graffe, intimement pénétrée de la matiére fluide congélante. Car le Jafpe eft de même une pierre, qui doit fon origine à la congélation et fe forme d'une terre argileufe fine pénétrée et imprégnée d'une matiére fluide difpofée à la congélation. L'origine des pierres, et la maniére en laquelle elles fe forment, eft donc probablement la caufe principale de ce que les Pétrifications ne fe trouvent pas indifféremment dans toutes les efpéces de pierre; car il eft evident parceque nous venons de dire, qu'il eft difficile de trouver des corps pétrifiés dans des pierres, qui doivent leur origine à la congélation, et qui par là ne fe trouvent que par morceaux ifolés; mais que les corps pétrifiés fe trouvent ordinairement dans ces fortes de pierre qui tirent leur origine d'un fediment, et qu'on trouve ftratifiées par couches, comme les pierres calcaires, les marbres et les grais. L'Albâtre eft bien auffi une pierre, qu'on trouve ftratifiée par couches et par bancs, mais il y a une autre raifon de ce qu'on n'y trouve point de coquillage pétrifié. Car les coquilles, quand même elles font transportées dans des lieux, où dans la fuite des tems il naît des carriéres d'Albâtre, font, comme étant d'une nature calcaire, entiérement refolues par l'acide contenu dans l'Albâtre, et changées ainfi en gyps, comme la chaux, avant que de pouvoir être pétrifiées.

Mais d'ou vient qu'on trouve des corps pétrifiés dans les pierres à fufil, qui font pourtant des pierres formées par la congélation? Et au contraire pourquoi n'en trouve-t-en point dans le Granit et le Porphyre, quoique l'un et l'autre foit une pierre de Sédiment. Il me femble qu'il eft moins difficile de repondre à la premiére queftion, qu'à la feconde. On fait, que la craye et la pierre à fufil fe trouvent prefque toujours enfemble. Il eft même très probable, que l'efpéce de pierre à fufil, qu'on trouve dans les montagnes de craye, tire fon origine d'une matiére fluide, qui étant chargée d'une terre crayeufe diffoute auffi fine que l'argile, eft difpofée à la congélation. Or comme les montagnes de craye font fouvent remplies de coquilles, il peut arriver facilement, que ces coquilles viennent à tomber dans cette matiére fluide renfermée dans la craye, et ce fluide étant bien imprégné d'une terre fine, par conféquent vifcide et un peu épais, peut bien les foutenir. Il s'en faut beaucoup qu'on n'ait fait toutes les recherches neceffaires fur le Granit et le Porphyre, et comme par cette raifon l'on ne fait rien de pofitif de fon origine, l'on ne peut non plus déterminer avec certitude la veritable caufe de ce qu'on n'y trouve pas de pareils corps petrifiés. Il eft fûr, que ceux, qui dérivent toutes les Petrifications du Déluge univerfel, qui prétendent que le

Jafpe

Jaspe et le Porphyre sont des Roches créées ou primitives et qui par conséquent ont existé avant le Déluge, se tirent le plus facilement d'affaire. Mais c'est bien dommage, que ce ne soient que des conjectures, qui ne sauroient être prouvées. L'on trouve presque partout des coquilles pétrifiées, mais on remarque pourtant, qu'il n'y a gueres de Province, qui n'ait son caractére particulier de Pétrification, ou que dans les Pétrifications d'une Province il se trouve ordinairement quelque chose, par où on peut les discerner distinctement de celles d'une autre Province. Qu'on compare les Pétrifications de la Hongrie, de la Pologne, de Bochnie et de Wieliczka, celles ce Turin, de Malthe, d'Alger, l'oeil decouvrira toujours, et même dans les coquilles de la même espéce quelque chose, qu'il est plus aisé de sentir que d'expliquer, et à l'aide de quoi l'on est en état de distinguer d'abord les coquilles petrifiées d'une Province d'avec celles d'une autre. La cause principale en est la qualité de la terre, dans la quelle la coquille en passant dans le Régne minéral, est renfermée, et la qualité de l'endroit, ou cela se fait. La nature fait produire une varieté presque infinie de pierres, tant par le mélange de l'argile, de la chaux, du sable, de la marne, du gyps, combinés avec des matieres fluides, sulphureuses, huileuses, salines et métalliques, que par le dégré de mixtion si différent l'un de l'autre, de sorte, que presque chaque Province a son caractére distinctif dans ses fossiles. On n'a qu'à examiner par exemple les différentes espéces de marbre. C'est tout du marbre, et pourtant chaque pais a quelque chose dans ses marbres, qui les distingue de tous les autres. Pourroit-on donc bien douter, que cette grande diversité de mixtion des particules terrestres et du dégré de mixtion ne dût avoir une grande influence sur la qualité des coquilles pétrifiées? l'endroit, ou le corps pétrifié est couché, contribue aussi considerablement à la différence de la Pétrification des coquilles par le différent degré de chaleur ou de froid, par la sécheresse ou l'humidité, par sa situation plus ou moins enfoncée dans la terre.

Nous avons remarqué ci-dessus, que toutes les coquilles fossiles ne parviennent pas à une véritable Pétrification. Quelquesunes sont calcinées sans être imprégnées, d'autres n'ayant souffert ni calcination ni imprégnation, se sont conservées quasi dans leur état naturel. Nous donnerons à la première espéce le nom de *coquilles calcinées*, et à la seconde celui de *coquilles fossiles*. Les coquilles calcinées n'ont point reçû d'addition de matiére étrangere, au contraire elles ont beaucoup perdu de leur propre substance. Le Test des coquilles est composé de parties calcaires, qui ont à l'ordinaire une forte cohésion. La chaleur souterraine est la cause principale de la calcination. Elle dissout les particules les plus fines de la coquille, qui unissent les plus grossiéres, et les dissipe. C'est par là que dans un tel corps testacé naît un nombre infini d'interstices, qu'il en perd sa cohésion, qu'il devient cretacé, farineux, et ordinairement trés fragile. Plus il a perdu de ses particules volatiles, (que nous les prenions pour des particules salines, huileuses ou calcaires ou pour toutes ensemble) plus il sera fragile, légér, farineux, et lorsque la calcination a atteint le plus haut degré, l'attouchement le plus legér le fait tomber en terre crayeuse ou calcaire. Beaucoup de coquilles n'ont souffert qu'un commencement de calcination, et celles-ci font voir par-ci par-là quelque reste de leur éclat naturel, ce qui est toujours une marque, que la calcination n'est pas parvenné à un fort haut degré. Comme les corps testacés sont composés de plusieurs feuilles fines apliquées les unes sur les autres, qui perdent en plus grande partie leur cohésion par la calcination, il ne faut pas s'étonner, si elles se détachent peu à peu, de sorte qu'une coquille d'une épaisseur considerable peut devenir trés mince en passant dans le Régne minéral. L'on observe la même chose à l'égard des coquilles pétrifiées, et c'est une marque, que la coquille calcinée a perdu plusieurs de ses feuilles avant son imprégnation.

Nous avons distingué les coquilles calcinées de celles, qui sont restées dans leur état naturel, ou des fossiles. Celles-ci auroient subi le même changement, que les coquilles calcinées ou pétrifiées, si l'endroit et la situation, où elles ont été, n'eût empeché cette cause, dont l'effet est ou la calcination, ou la pétrification. Lorsque ces coquilles se trouvent dans des

en-

endroits extrèmement fecs et froids , et qu'en même tems elles font enfoncées fi avant dans la terre , et fi bien entourées de toute part , que même l'air ne peut ni les endommager ni les détruire , elles doivent refter dans leur état naturel.

Outre les coquilles calcinées, et celles, qui ont confervé leur état naturel dans le Régne minéral , on en trouve d'autres , qui ne font qu'incruftées ; la caufe en eft celle-ci: Lorsque l'eau trouve fur fon chemin beaucoup de parties calcaires et gypfeufes, qu'elle diffout et emporte, elle les dépofe ailleurs , et en fait , par fa vertu gluante , des croûtes pierreufes, qui f'attachent fortement autour des corps, qui fe trouvent dans l'eau , et les enduifent d'une écorce de pierre. Ces incruftations fe font ordinairement affés vite, et une coquille, qui fe trouve dans un tel endroit, en eft couverte dans un tems beaucoup plus court , que celui , qu'il faut pour la calcination. Or comme les parties terreftres, qu'une telle eau depofe, font ordinairement trop groffiéres pour pénétrer dans quelque corps même calciné, elles pourront f'infinuer d'autant moins dans des coquilles qui n'ont point d'altération. Le corps refte par conféquent dans fon état naturel , et ne prend qu'une croûte, qui le fait nommer un corps incrufté. Les coquilles effuient fouvent une incruftation dans la mer même, et y font enveloppées d'un tuf marin.

Il eft évident par là que l'état des coquilles dans le Régne des Pétrifications eft très différent. Quelques unes font de veritables Pétrifications, comme celles, auxquelles l'on donne proprement le nom de *Pétrifiées*, et de *coquilles métallifées*. D'autres font bien comptees parmi les coquilles pétrifiées, mais elles ne font pas proprement des Pétrifications ; et c'eft là , qu'il faut raporter les coquilles *calcinées*, *foffiles* et *incruftées*.

Tel eft l'état des coquilles qui ont paffé dans le Régne minéral ; Ce changement a produit encore un autre effet. Plufieurs de ces coquilles après avoir été transportées dans le Régne minéral, n'y font pas reftées, mais y ayant laiffé feulement la marque de leur féjour, c'eft a dire, leur forme imprimée dans la pierre, et ayant été détruites dans la fuite, elles ont entièrement difparu. Cela f'eft fait d'une double maniére , tant par rapport à leur forme externe, que par rapport à leur forme interne. La premiére a été imprimée, comme un cachet dans la terre molle, fouvent de la maniére la plus nette et la plus délicate, fur tout , lorsque la terre a été fine, effet que fans doute un choc ou une preffion accidentelle a fouvent occafionné. Lorsqu'une telle maffe de terre molle parvient avec le tems à la dureté de la pierre, elle retient l'impreffion de la furface externe de la coquille et devient un foffile, qu'on appelle une *empreinte*. Comme ces empreintes font voir la forme externe de la conque ou du limaçon, les *noyaux* font la même chofe à l'égard de la forme interne. Quand une inondation ou un autre accident a enfoncé des coquilles vuides dans la terre et le limon , elles f'en rempliffent peu à peu, ce qui fe fait principalement par le moien de l'eau, laquelle entrant dans les plus petites ouvertures de la coquille, y dépofe peu à peu les particules terreftres, qu'elle contient, et l'humidité f'évapore, ou bien f'écoule, par les crevaffes de la coquille quand elle eft endommagée. L'infinuation réiterée d'une telle eau trouble remplit enfin entièrement, en dépofant chaque fois des particules terreftres fines, toutes fes cavités et circonvolutions internes. S'il refte de l'eau renfermée dans quelques endroits, elle y forme des criftaux. Souvent il arrive auffi , que toutes les cavités ne fe rempliffent pas de limon ou de terre. Lorsque la matiére, qui a rempli la coquille, eft parvenue a la dureté de la pierre, et que le Teft a été détruit par un acide vitriolique ou par quelque autre accident, on découvre la pierre qui f'eft moulée dans fon interieur, et c'eft ce qu'on nomme un *noyau*. Il nous fait voir la forme interne de la coquille, fes tours et fes circonvolutions fpirales ; et comme chaque efpéce de coquille a fon caractére diftinctif, tant a l'égard de l'extérieur, qu'à l'égard de fa ftructure interne parfaitement organique, il feroit bien convenable de combiner avec la connoiffance des Pétrifications celle de la ftructure interne de chaque efpece de coquille, de la veritable conformation de leurs cavités et circonvolutions fpirales , d'autant plus , qu'il eft fort aifé de fe tromper à l'egard de ces noyaux, lorsqu'il s'agit de déterminer, quel a été leur veritable analogue. L'on trouve parmi les Pétrifications une tres grande quantité de ces noyaux, et l'on prend fouvent pour une Pétrification un corps, qui n'eft qu'un noyau. La plûpart des Ammonites et des Nautilites ne font que des noyaux, et il femble, que la terre s'eft infinuée par tout avec l'eau entre les concamérations à travers les crevaffes de la co- quille externe brifée, car l'on ne fauroit concevoir fans cela, comment cette infinuation ait pû fe faire fi exactement au travers des cloifons, jusqu'à remplir tous les compatimens.

Tout ce que nous venons de dire, n'eft qu'une ébauche d'un Syftéme de Conchyliologie pour le Régne des Pétrifications. Chaque amateur appliquera aifément ce que nous avons dit en géneral, aux coquilles pétrifiées, qui fe prefenteront à fes yeux. Veut - il avoir une connoiffance parfaite de fa coquille pétrifiée, il doit prémiérement faire la recherche de l'a- nalogue, pour favoir, s'il exifte ou non. En cas, qu'il ne foit pas encore découvert, il doit tacher de trouver par la reffemblance avec d'autres efpéces, le genre principal, dans le quel elle doit être rangée, et de completter avec cette Pétrification la Progreffion admirable, qui fe fait connoitre auffi fort diftinctement dans la Conchyliologie. Lorsque l'analogue eft dé- couvert, comme il l'eft de la plus grande partie des Pétrifications, il en doit connoitre le gen- re et l'efpéce, et déterminer, de quelle efpéce eft le corps pétrifié, quel en eft le nom, par quel caractere fe diftingue ce genre des autres genres, et cette efpéce des autres efpéces, et fi l'analogue doit être compté parmi les coquilles rares ou parmi les communes. A l'égard du corps pétrifié même, il faut, en appliquant ce que nous venons de dire, fur tout faire at- tention aux points fuivans: Si le corps pétrifié fe trouve en grande quantité ou non? car, com- me nous avons vû ci - deffus, on ne doit pas juger de la rareté du corps pétrifié par celle de fon analogue: quelles fortes et quelles efpéces en ont été decouvertes et connuës jusqu'ici dans le Regne des Pétrifications? en quoi et comment elles différent les unes des autres? fi c'eft une véritable Petrification ou feulement un corps calciné, un noyau, ou une empreinte &c.? En cas, que ce foit une Pétrification veritable, il faut examiner, quelle eft la matiére pierreufe que le corps a pris, et quel eft le raport de la Pétrification à la matiére de la matrice? en quels endroits fe trouvent les efpéces de ces Pétrifications, et com- ment elles différent tant à l'egard de leur caractére fpécifique qu'à l'égard du changement qu'elles ont fubi et de leur confervation dans le Régne minéral.

Il eft donc évident, qu'un amateur des coquilles pétrifiées doit avoir une connoiffance folide tant de la Lithologie que de la Conchyliologie. La connoiffance de la derniére eft fu- jette à bien des difficultés, fur tout en Allemagne, tant par elle même, puisqu'il n'y a que fort peu de perfonnes, qui ayent l'occafion et les moyens de faire une Collection de coquil- les, qu'à l'égard de l'application de cette connoiffance à la Conchyliologie du Regne minéral. Car ceux, qui fe font occupés à claffifier les coquilles naturelles, et qui s'y occupent encore, ne font pas meme d'accord entre eux fur la détermination de leurs différens genres, efpéces et fortes, et quiconque compare enfemble leurs Claffifications fi différentes, ne faura pas lui même à la fin, quand et en quoi il faudra fuivre le fentiment de celui - ci ou de celui - là. Auffi uni telle claffification n'eft pas fort aifée, fur tout quand on veut la faire fimple, et fe tenir à la belle Gradation de la Nature. Le créateur a obfervé dans le genre des coquilles tous les dégrés poffibles de la perfection, et en répandant tant de diverfité parmi les corps qui s'y rapportent, il a fait, que chaque efpéce en particulier s'enchaine, pour ainfi dire, et confine à d'autres, qui lui reffemblent en certains points et en différent en d'autres. Combien n'eft- il pas difficile ici, fur tout a l'égard de la Gradation, de juger de la reffemblance d'un veri- table point de vué, et de déterminer les Claffes, les Ordres, les Genres et les Efpéces! les limites etant fouvent imperceptibles, au point, que bien des fois nous ne faurions les déter- miner avec certitude. Mais ce n'eft pas là la feule difficulté. La connoiffance des coquilles naturelles, de leurs genres et de leurs efpéces, facilite beaucoup la Conchyliologie du Regne minéral, nous en empruntons plufieurs genres et les transportons dans celle-ci, non obftant

cela

cela il n'y a pas en moyen jusqu'ici de fuivre dans l'une et dans l'autre precifément la même Claffifi-cation. Combien de lacunes n'y a-t-il point encore dans le Régne des Pétrifications, et même dans la Claffe des conques et des limaçons! nous avons plufieurs coquilles, qui conftituent des genres particuliers, et qui manquent dans le Régne minéral ou totalement ou du moins en plus grande partie. Si les coquilles pétrifiées avoient pû dans cet Ouvrage être rangées felon leurs genres, il auroit été beaucoup plus facile de mener mes lecteurs par tous ces genres et efpéces dans le plus bel ordre. Mais comme dans un pareil Ouvrage la chofe étoit impoffible, il ne me refte d'autre reffource, que celle de leur communiquer en abrégé un Plan de Claffi-fication, et de les renvoyer à l'égard de la détermination de chaque genre et de chaque efpé-ce au *cabinet des Raretés d'Amboine de* Rumphius. Je me difpenferai par là de donner ici une défcription detaillée des genres, d'autant plus, que je ferai obligé de le faire ci-après, en préfentant les pièces mêmes, qui font contenuês dans cet ouvrage. J'évite ainfi de dire deux fois la même chofe.

Les animaux aquatiques, qui font couverts d'une écaille fe divifent en *craftacés*, dont l'é-caille eft mince et mobile, et en *teftacés*, dont l'écaille eft dure. On compte parmi les pre-miers les écreviffes, à moins que nous ne les rangions plûtot parmi les infectes, et les our-fins de mer, et parmi les derniers les coquilles. Celles-ci ont pour leur domicile, ou une coquille évafée reffemblante en quelque façon à une écuelle, ou une coquille faite en forme de tuyau. On appelle les premiéres des *conques*, et les derniéres des *limaçons*. La coquille des conques confifte en une, en deux ou plufieurs piéces, et par cette raifon ou les divife en conques univalves, bivalves et multivalves. On compte parmi les univalves non feulement les *Patelles* (*Rumph.* Pl. XL. A. K. M. B. C. D.) mais auffi ordinairement les *Plantes* ou les *Oreil-les de mer* (*Rumph.* Pl. XL. E. F. G. H.)

Les conques bivalves font une Famille fort étendue, et peuvent fort bien être divifées en rondes, longues et courtes, en faifant attention à la forme et à la périphérie de la coquille, par raport à la fituation de la *charniere*, c'eft à dire fi elle eft ronde ou allongée, ou courte et large. Les conques rondes et les ovales ou celles, dont la longueur et la largeur font à peu Près égales, ont des oreilles à la *charniére*, ou elles n'en ont point. Lorsqu'elles ont des oreilles, leurs valves font ou liffés, et alors on les nomme *Difcites*, ou *Manteaux liffes* (*Rumph.* Pl. XLV. A. B.) ou elles font ftriées, fillonnées ou pliffées, et dans ce cas on nomme les grandes, et celles qui ont de grandes ftries, *Manteaux* ou *Coquilles de St. Jaques*, (*Rumph.* Pl. XLIII. A. B. C. Pl. XLVIII, n. 2.) les mitoyennes, lorsque leurs rayes font de l'épaiffeur d'une dent de peigne, *Pectinites*, (*Rumph.* Pl. XLV. C.) et les toutes petites *Pectuncules*. Lorsqu'elles n'ont point d'oreilles, leurs valves font ou égales ou inégales, c'eft pourquoi on les divife en coquilles *à piéces égales* et en coquilles *à piéces inégales*. Les coquilles à piéces égales, tant les rondes, que les allongées font nommées *Camites* dans le Régne minéral. Tous ces Camites ont bien les deux moitiés égales en grandeur et en convexité, mais ce n'eft pas dans tous, qu'un côté des deux moitiés, à l'endroit ou elles font jointes par la charniére, eft auffi rond que l'autre, mais il y en a, dont le bord eft un peu comprimé d'un côté, ou du moins con-tourné d'une autre maniére, que celui de l'autre côté. Par cette raifon on divife les Camites, quoique leurs valves foient égales et fe reffemblent parfaitement, en Camites *à côtes égaux* et Camites *à côtés inégaux*. Les Camites à côtés égaux font ou liffés, ou ftriés, ou pliffés, ou en forme de peigne, ou fillonnés, ou faits en réfeau, comme les exemplaires de *Rum-phius* le font voir (Pl. XLII. A. B. J. Z. H. Pl. XLIII. E. F. G. H. J. K. Pl. XLIV. K. Pl. XLVIII. Nro. 5. Les Camites à côtés inégaux font de même ftriés, ondoyés, fillonnés et pliffés de différentes maniéres, et c'eft là, qu'il faut ranger ceux de *Rumphius* Pl. XLII. C. D. XLIII. D. E. L. N. Lorsque ces Camites, tant ceux qui ont les côtés égaux que ceux qui les ont iné-gaux, font fort renflés, fur tout vers la charniére, ils ont, lorsque les deux valves font join-tes, la forme d'un coeur, et on leur donne le nom de *Cœurs*, (*Rumph.* Pl. XLII. E. Pl. XLIII. G. Pl. XLVIII. g. 11.) ou de *Boucardites*, qui conviennent principalement à ceux, qui font presque

rondes.

ronds, et qui ont les sommets faits comme deux becs recourbés l'un vers l'autre. (*Rumph.* Pl. XLVIII. 10.) Mais lorsque les Camites à côtés inégaux ne sont pas fort convexes ou renflés, il en nait la forme qui caractérise principalement la conque, que l'on nomme Conque de Venus ou le Coeur de Venus epineux, (*Rumph.* Pl. XLII. F. Pl. XLVIII. 4.) dont les noyaux sont assés connus dans le Régne des Pétrifications sous le nom de *Trigonelles.* Toutes ces conques doivent être rangées parmi les coquilles bivalves, qui ont les deux moitiés égales, ce qui les fait nommer Bivalves à piéces égales. Il y a de même un nombre trés considérable d'espéces de coquilles Bivalves à piéces inégales. Nous y raportons 1) Les *Oftracites*, un genre fort étendu, qui comprend une grande quantité de différentes fortes et espéces. Ils ont un double caractére diftinctif. Prémiérement les deux battans font inégaux, de forte, que l'un eft la plûpart plus convexe que l'autre, qui ordinairement eft tout plat, en fecond lieu la coquille même eft raboteuse et n'a jamais les rayes et les fillons parfaitement réguliers, comme les ont par exemple les coquilles de St. Jaques et les Peignes. On en voit des exemples chez *Rumphius* Pl. XLVII. B. C. D. G. et Pl. XLVIII. n. 1. 2, 3. 2) Les *Térébratulites*, qui ont la plûpart deux battans convexes, dont l'un eft tantôt plus tantôt moins renflé; ils conviennent tous en cela, que l'une des deux moitiés a un bec un peu récourbé et percé. 3) Les *Hyfterolithes*. Le corps *pétrifié*, auquel on donne ce nom dans le Régne minéral, n'eft en lui même qu'un noyau d'une conque, qui eft encore inconnuë, à ce que l'on croit, mais ce qu'il y a de fûr c'eft que l'analogue doit être du genre des conques rondes à valves inégales, qui ont une valve renflée et l'autre platte, comme on le voit par la Pétrification. Nous en donnerons dans la fuite une défcription plus exacte. 4) Les *Conchites à trois lobes* de Woltersdorf, (Kaefer-Muscheln) qu'il faut ranger fuivant toutes les conjectures parmi les conques rondes à piéces inégales, comme nous le prouverons plus bas.

Nous comptons toutes cés espéces de conques que nous venons de rapporter, parmi les conques *rondes*, dont la coquille eft ou ronde ou ovale, desquelles on diftingue les conques *longues*, c'eft à dire celles, qui font longues et en même tems étroites, où il faut remarquer principalement, que nous prenons la longueur du côté de la charmére vers le bord oppofé. Il faut y ranger 1) Les *Pinnites*, desquels on voit plufieurs Originaux dans *Rumphius* Pl. XLVI. J K L. M. 2) Les *Solenites* dans *Rumphius* Pl. XLV. F. M. Pl. XLVI. A. 3) Les *Pholades*. Pl. XLVI. F. et 4) Les *Oryphites*, qui pourroient bien un jour faire une espéce particuliére dans le genre des Oftracites. Ce font des conques longues, mais beaucoup récourbées, à piéces inégales. Nous diftinguons des conques rondes et longues les conques *courtes*, et nous donnons ce nom à celles, qui étant mefurées du côté de la charniére jusqu'au bord du côté oppofé, fe trouvent courtes et font en même tems larges eû égard à la mefure de l'intervalle entre les deux autres côtés. Il faut ranger ici dans le Régne des Pétrifications 1) Les *Mufculites* ou les moules communes, et ces moules de mer, qui ont la forme du bec de canard, que l'on trouve dans *Rumphius* Pl. XLV. N. 2) Le genre entier des *Tellines*, où les Tellines, dont on trouve les analogues dans *Rumphius* Pl. XLV. C. D. G. H. J. K., et qui font les *Tellinites* dans le Régne des Pétrifications. 3) Les *Arches*, qui par la proportion de la longueur à la largeur doivent être comptées avec raifon parmi les conques courtes, qui ont beaucoup de reffemblance avec les Mufculites et les becs de canards, et qui en différent principalement, en ce que les fommets de leurs valves font écartés du côté de la charmére, et que le plan qui les fepare repréfente une petite plate-forme. Nous en voyons un exemple dans *Rumphius* Pl. XLV. p. Il faut encore placer ici 4) Les *Mytulites*, qui différent des Mufculites en ce qu'ils n'ont point au milieu, mais d'un côté une charniére, qui va en fe rétréciffant, et de l'autre une courbure oblique, et qu'ordinairement ils font un peu courbés ou comme tordûs; c'eft par cette raifon, qu'on appelle cette derniére espéce: *Mytulites arcuatus.*

Toutes ces coquilles, que nous venons de rapporter, font du nombre des coquilles bivalves, qui conftituent enfemble la feconde Famille. La troifiéme comprend les multivalves, où il faut raporter les *Balanites.* Voyés *Rumphius* Pl. XLI. A.

La seconde Claſſe de ces Corps teſtacés comprend les *Limaçons*, ou ces animaux déſtitues de ſang, qui ont une coquille en forme de tuyau pour domicile. Ce tuyau teſtacé conſiſte en une piéce qui ſe termine inſenſiblement en pointe, et qui eſt ou droite ou tordue et courbée. Lorſque ces tuyaux ſont droits et point contournés, on les nomme *Tubulites* dans le Régne des Pétrifications. Ces Tubulites ſont ou creux en dedans, ſans compartimens, ou bien ils ſont chambrés par des cloiſons, qui les traverſent. On donne aux prémiers le nom de Tubulites ſimples, et aux derniers celui de Tubulites chambrés ou cloiſonnés; on range parmi les prémiers les *Dentalites* (*Rumph.* Pl. XLI. n. 3. 5. 6. et Litt. J.) et parmi les derniers tant les *Belemnites* avec leurs Alvéoles, que les *Orthocératites*. Lorſque le tuyau teſtacé eſt tortillé, il l'eſt ou d'une façon reguliére, ou ſans aucune régularité. Dans ce dernier cas il en naît les *Vermiculites* (*Rumph.* Pl. XLI. n. 1. 2. H.) Dans le prémier cas la circonvolution va ou autour du centre et dans le même plan, ou bien en montant. Ceux, qui ſont contournés autour du centre, ont un tuyau ou creux, ou ſéparé en pluſieurs concamérations par des cloiſons, qui le traverſent. On donne le nom d'*Umbilicites* aux tuyaux creux qui ſont tournes, autour du centre et de ce nombre ſont non ſeulement pluſieurs eſpéces de petits limaçons de terre, mais auſſi toute ſorte de limaçons de mer. (*Rumph.* Pl. XXVII. O. P. R.) Les limaçons contournés et cloiſonnés conſtituent plus d'une eſpéce. Il y en a dont les circonvolutions ſpirales diminuent peu à peu vers le centre, de ſorte que les tours du tuyau, qui ſe rérrecit peu à peu, ſont viſibles de deux côtés juſqu'à l'extremité, et ce ſont ceux, qu'on nomme *Ammonites*. Les circonvolutions de ces Ammonites ſe ſerrent étroitement l'une à l'autre, depuis la pointe juſqu'à la bouche; mais il y en a une autre eſpéce, où l'on obſerve le contraire, vû que leur circonvolution externe, c'eſt-a-dire celle, où ſe trouve la bouche, ſe termine en ligne droite, et ce ſont les *Lituites*, qui conviennent beaucoup avec les Orthocératites, ſi nous en exceptons leur extrémité recourbée et tortillée. Il y en a d'autres, dont la prémiére circonvolution eſt large, au point, que les autres, qui diminuent très rapidement, en ſont pour l'ordinaire preſque cachées, et ce ſont ceux, qu'on nomme *Nautilites* (*Rumph.* Pl. XVII. et XVIII.) Il y en a d'autres enfin, où l'on ne voit aucune circonvolution, mais elles ſe trouvent toutes cachées des deux cotes ſous une coquille convexe, ce qui fait, que le corps entier en a une forme lenticulaire, et ce ſont les *Hélicites*. Toutes ces eſpéces de limaçons appartiennent à ceux, qui ſont contournés autour du centre. Ceux, qui ne ſont pas contournés de cette façon, ont des circonvolutions, qui vont en haut, et ſont de deux ſortes. Il y en a où la prémiére circonvolution externe, qui finit par la bouche, garde ſa figure ronde et tubiforme, et il y en a d'autres, où cette même circonvolution eſt comprimée et recourbée d'une maniére ſi différente, qu'elle en perd preſque entiérement ſa figure ronde et tubiforme, et qu'elle eſt tantôt conique, tantôt cylindrique, tantôt tournée en pointe, tantôt recourbée d'une autre maniére. Les limaçons de la prémiére ſorte, dont la circonvolution externe garde ſa figure ronde et tubiforme, ſont de deux eſpéces. Il y en a, dont la volute externe eſt fort grande, renflée, ronde et large, et dans ceux-ci les différentes maniéres, dont les volutes ſaillantes ſortent l'une par deſſus l'autre, déterminent les eſpéces inférieures. Dans quelques unes les volutes ne ſont qu'un peu ſaillantes de côté, et ce ſont les *Neritites* (*Rumph.* Pl. XXII.) qu'on appelle auſſi limaçons à bouche demi-ronde. Il y en a d'autres, qu'on apéle *Globolites*, où les volutes ne ſont pas ſaillantes de côté, mais au milieu, et dont la circonvolution externe eſt fort grande, renflée et ſpherique. (*Rumph.* Pl. XXVII. A. B. E. G. H. Q.) D'autres encore ont la circonvolution ſupérieure un peu plus ſaillante et la volute externe à proportion des autres moins grande et moins renflée, que dans les Globolites, mais elle eſt pourtant ronde, et ce ſont tant nos limaçons communs, ou ceux que l'on nomme proprement *Cochlites*, que ces limaçons de mer qu'on nomme en Hollande *Noppaer*, *Buckes*. (*Rumph.* Pl. XIX.) Tous ces derniers ont dans le Régne des Pétrifications le nom de Cochlites trochiformes. La volute externe de toutes ces eſpéces de limaçons, ſavoir des Neritites, des Globolites, des Cochlites et des Cochlites trochiformes, eſt grande et large; et c'eſt par là qu'il en faut diſtinguer ceux dont la circonvolution externe eſt petite et étroite, et ne différe

pas

pas beaucoup des autres à l'égard de la grandeur et de la largeur, mais dont la coquille tubiforme entortillée va en montant, et diminue toujours peu à peu, jusqu'à ce qu'elle se termine en pointe. Ces limaçons ont communément plusieurs circonvolutions, mais ils diffèrent les uns des autres, en ce que quelques uns, lorsqu'on en compare le Diamétre de la base avec la mesure de la hauteur, ressemblent à peu près à un triangle équilatéral, et que d'autres, dont le fond n'a souvent qu'un tiers de largeur, sont d'autant plus longs & ont ordinairement des circonvolutions, qui diminuent plus insensiblement, de maniére, qu'ils représentent un cone allongé comme ceux-là representent un cone ramassé. On nomme ceux de la premiére espéce *Trochites*, *Trochilites*, (*Rumph.* Pl. XXI.) et ceux de la derniére *Turbinites* et *Strombites*, parmi lesquels il faut ranger ceux qu'on trouve dans *Rumphius* Pl. XXIX. Q. W. et Pl. XXX. On ne peut distinguer dans le Régne des Pétrifications les Turbinites d'avec les Strombites, que lorsqu'ils ont encore leur coquille naturelle, et que leur bouche n'est point endommagée. Le dehors de la coquille contournée des Turbinites est rond, & il reste tel dans toutes les circonvolutions, mais celui des Strombites est applati. Les Turbinites ont la bouche petite et ronde, les Strombites l'ont oblongue. On n'a qu'à comparer dans *Rumphius* Pl. XXX. Litt. M. avec R. pour observer ce double caractére distinctif. Si ces deux espéces ont perdu leur coquille naturelle dans le Régne des Pétrifications, et s'il n'en est resté que le noyau, il est très difficile de déterminer, si le corps pétrifié doit être rangé parmi les Turbinites ou parmi les Strombites, surtout lorsque la bouche est endommagée. Mais on en pourra mieux décider en faisant attention si la coquille est convexe ou platte.

Nous avons remarqué ci-dessus, que dans plusieurs espéces de limaçons la circonvolution externe garde sa figure ronde et tubiforme, & que dans d'autres cela ne s'observe pas, cette circonvolution externe y étant comprimée et courbée en différentes maniéres. Il y en a dont la volute externe est bien un peu renflée, mais au lieu d'être tubiforme elle finit en pointe, tantôt courte, émoussée & comprimée, et c'est à cette espéce qu'il faut ranger les *Buccinites*, (*Rumph.* Pl. XXVII. C. Pl. XXVIII. A. B. C. D. N. I. Pl. XXIX. M. O. P. F. R.) les *Cassidites*, (*Rumph.* Pl. XXIII. A. B. D. N. et Num. 1. 2. 3. Pl. XXIV. Num. 1. Pl. XXV. Num. 1. 2. 3. 4. et litt. A.) et les *Musiques* (*Rumph,* Pl. XXXII. K. L. M) tantôt longue, comme les *Bullites*, (*Rumph.* Pl. XXVII. F. K.) les *Muricites* (*Rumph.* Pl. XXIV.) et les *Purpurites* (*Rumph.* Pl. XXVI. 2. 3. 4. A. C. D. F. G.) Il y en a d'autres dont la volute extérieure n'est ni renflée ni tubiforme, et s'applique autour de spirale la plus proche de maniére, qu'elle en perd entiérement sa forme de tuyau, ce qui lui donne ou une forme conique, comme l'ont les *Volutites*, un genre fort étendu (*Rumph* Pl. XXXI. C. D. E. F. G. & Num. 5. Pl. XXXII. O. P. Q. R. S. T. & Num. I. Pl. XXXIII. X. Y. W. EE. Z. AA. et Num. 2. 3. 4. Pl. XXXIV. E. F. H) ou une forme cylindrique, comme les *Cylindrites* (*Rumph* Pl. XXXVIII. Num. 1. 2. 3. 4.) ou bien une forme ovoïde, comme les *Porcellanites.* (*Rumph,* Pl. XXXIV.) Il y a enfin d'autres limaçons, où le bord extérieur de la coquille s'élargit beaucoup, de sorte que la partie la plus proche de la levre, qui va au long de la coquille, s'écarte de la spirale la plus proche, ou bien se termine en doigts ou dents contournées, ou en piquans. Il faut compter parmi les prémiers les *ailées* (*Rumph* Pl. XXXV. B. XXXVI. L. M. N.) et parmi les derniers les *Araignées ou Griffes du Diable* et les *Crochets de Matelot.* (*Rumph* Pl. XXXV. A. E. F. XXXVI. I. K.)

Selon cette Classification on range

LES CONCHITES

ou les conques pétrifiées dans les Genres suivans:

1) Les Patellites.

2) Les Planites.

3.) Les Discites.

4.) Les Manteaux avec les Pectinites et les Pectonculites, en tant qu'ils ont tous des oreilles.

5.) Les Camites, en tant que ce nom convient préférablement aux conques rondes à piéces et a côtés égaux.

6.) Les Coeurs et les Boucardites.

7.) Les Trigonelles.

8.) Les Oltracites.

9.) Les

9.) Les Térébratulites.
10.) Les Hystérolithes.
11.) Les Conchites à trois lobes.
12.) Les Pinnites.
13.) Les Solenites.
14.) Les Pholades, ou Pholadites.

15.) Les Gryphites.
16.) Les Musculites.
17.) Les Tellinites.
18.) Les Arches.
19.) Les Mytulites.
20.) Les Balanites.

Quant

AUX COCHLITES

ou aux limaçons pétrifiés, nous en avons établi les genres suivans.

1.) Les Dentalites.
2.) Les Bélemnites.
3.) Les Orthocératites.
4.) Les Ombilicites.
5.) Les Ammonites.
6.) Les Lituites.
7.) Les Nautilites.
8.) Les Hélicites.
9.) Les Nérites.
10.) Les Globulites.
11.) Les Cochlites trochiformes.
12.) Les Trochites.
13.) Les Turbinites.

14.) Les Strombites.
15.) Les Buccinites.
16.) Les Cassidites.
17.) Les Musiques.
18.) Les Bullites.
19.) Les Muricites.
20.) Les Purpurites.
21.) Les Volutites.
22.) Les Cylindrites.
23.) Les Porcellanites.
24.) Les Ailées.
25.) Les Crochets de Matelot et les Griffes du Diable.

Tout ce que nous avons dit jusqu'ici, concerne la Partie Dogmatique ou la Théorie de la Conchyliologie pour la Règne des Pétrifications. Nous allons ajouter la partie Historique, où nous tâcherons de nous expliquer le plus brievement, qu'il fera possible.

On ne fauroit dire avec certitude, si avant les Grecs il y a eu des nations, qui aient observé avec attention les coquilles pétrifiées. Du moins est-il fûr, que les Grecs ont commencé les prémiers à les examiner d'une maniere utile & a en tirer des vérités importantes pour l'Histoire naturelle. Ils rapportent leurs observations avec une noble simplicité, et comme ils étoient libres de tout préjugé, il leur arrivoit rarement, de s'éloigner, même par rapport à la Pétrification des coquilles, de la verité, qu'il a fallu rechercher dans ces derniers tems avec beaucoup de peine, a caufe de plusieurs préventions, qu'il y a eu a combattre. *Xenophanes* 1) l'auteur de la Secte Eléatique a remarqué comme un phénomène particulier, qu'on trouvoit des coquilles pétrifiées dans le sein de la Terre & dans les montagnes, et que des carrières de Syracufe l'on trouve des écailles de toute espece d'animaux marins. Il veut en conclurre, que ci-devant ces endroits aient été couverts des eaux de la mer. *Herodote* l'un des plus anciens Historiens connaissoit les coquilles dans le Regne minéral, si bien, que de ce qu'on en trouvoit fur les montagnes d'Egypte, il crut pouvoir inferer, que la mer s'en étoit peu à peu rétirée. D'autres, et principalement *Eratosthene*, *Xanthe* de *Lydie*, *Strabon* 2) ont tiré le même argument des coquilles pétrifiées à l'égard de toute la terre, qui est habitée aujourd'hui, ce qui prouve suffisament, qu'on a fait attention aux coquilles pétrifiées d'une maniere très utile. Tous ces Philosophes parlent des coquilles pétrifiées comme d'une chose connue a tout le monde. Ils parlent des Pectinites et d'autres écailles pétrifiées d'animaux marins, ils nomment les endroits ou l'on les trouve, & ils prouvent avec la grande connoissance, qu'ils ont eue des coquilles pétrifiées. *Theophraste* même a

E

ecrit

1) *De Ortu* ... plus communeus Cap. XIII. p. 100.
2) On trouve ... argument de ces Auteurs dans ... *Strab*. Lib. I. geograph. pag. 87. Edit. d'Almeloveen.

écrit un livre entier des Pétrifications, 3) et l'on ne sauroit douter, qu'il n'y eût assigné aussi une place aux coquilles pétrifiées. *Pausanias* 4) a compté les coquilles pétrifiées parmi les choses les plus remarquables qu'il vit dans ses voyages, comme il paroit asses clairement d'un passage de son Ouvrage. Du moins il est évident, qu'en Grèce les amateurs de la Nature ont connû les coquilles pétrifiées, qu'ils les ont prises pour des corps naturels, qui dans la suite avoient eté changés en pierre, & quoiqu'ils ne sçussent pas determiner la cause de ce changement, ils n'ont pas laissé, quoiqu'avec une conoissance trés-médiocre, de faire des observations & des conclusions Cosmologiques trés importantes.

Il s'en faut beaucoup que les Romains aient fait la même attention, que les Grecs, aux coquilles pétrifiées. Ils en ont agi a cet égard comme à celui des autres sciences. Ils n'ont montré leur heureux génie que dans les Ouvrages d'esprit. Ils n'ont pas négligé tout a fait les Ouvrages de la Nature, mais ils s'y sont contentés des découvertes des Grecs, qui leur firent plaisir sans leur faire venir l'envie de les corriger ou de les enrichir. Il est bien fait mention des Pétrifications, dans quelquesuns de leurs Ecrits, mais trés rarement des coquilles pétrifiées, ce que l'on observe principalement dans *Pline*, qui quoiqu'il ait été d'ailleurs fort exact à indiquer toutes les choses remarquables, même des païs et des provinces où l'on trouvoit autrefois une grande quantité de coquilles pétrifiées, n'en fait pourtant aucune mention, excepté dans un passage, où il parle en peu de mots des Ostracites, & dans un autre où il parle des petites cornes d'Ammon pyriteuses. 5) Il auroit bien pû en dire davantage, d'autant plus, qu'il avoit sûos la main les Livres de *Theophraste* sur les Pétrifications. Cependant les Romains connoissoient les corps pétrifiés et les observations Cosmologiques, que les Grecs en avoient tirées. *Ovide* nous le prouve, 6) lorsqu'il dit, qu'à une grande distance de la mer sur la terre ferme il y avoit des coquilles marines, (il est trés naturel, qu'il veut dire des coquilles pétrifiées) & qu'on en pouvoit tirer la consequence, que tout étoit sujet au changement, que la terre se changeoit en mer, et la mer en terre. Les Peres de l'Eglise des prémiers siécles ne pensoient sûrement à rien moins, qu'a examiner les coquilles pétrifiées. Cependant nous pouvons en nommer un, qui en a fait mention. C'est *Tertullien*, 7) qui prouve les grandes Catastrophes de nôtre Globe & les différens changemens des mers & de la terre, par les coquilles, qu'on trouve sur les montagnes.

On sait, que les Sciences étoient dans l'age moien dans un état déplorable. On s'y occupoit uniquement de la Philosophie la plus insipide d'Aristote & des Scholastiques. On faisoit bien moins de cas de la connoissance de la Nature, que d'un Sorite, et l'on peut aisément juger du sort, auquel la Conchyliologie dans le Régne des Pétrifications pouvoit s'attendre dans un tems si peu éclairé. Dans tout ce grand Période l'on ne trouve pas, qu'on ait fait la moindre attention aux coquilles pétrifiées, qui pourtant doivent avoir existé et avoir été exposées a la vue de tout le monde. On en est d'autant plus surpris, que dejà dans le huitième Siécle et dans les suivans on a beaucoup travaillé aux mines même dans ces endroits, où l'on trouve aujourd'hui plusieurs couches des plus belles Pétrifications. Cependant il s'en trouva qui firent quelque attention sur les poissons pétrifiés, 8) et l'on en auroit fait probablement aussi sur les coquilles pétrifiées, si elles avoient été plus connuës alors. Le plus grand obstacle provenoit de la Philosophie d'Aristote, qui non seulement écartoit toutes les autres sciences utiles, mais qui contenoit encore de certains principes, aussi faux, que l'influence qu'ils ont euë sur

la

---

3) il l'a nommé: περὶ τῶν λιθουμένων, qui différoit d'un autre: περὶ τῶν λίθων, comme il est évident par Diogen: Laert: de Vitis Philosophorum Lib. V. segm: 42. &. 43. p. 294.

4) Voyés: Mercati Metallotheca Vaticana pag. 287.

5) Libr. XXXVI. cap. 31. Libr. XXXVII. cap. 60.

6) Lib. XV. Metam. n. 261. f,

7) de pallio. cap. II. pag. 6. Edit. de Salmasius.

8) Voyés ce qui est remarqué de *Cedrenus* & de *Glycas* par *Reland* dans sa Paléstine Lib. I. cap. 48. p. 321.

la connoiſſance des Pétrifications à l'égard des coquilles a été nuiſible dans la ſuite. C'étoit la ſole doctrine de la génération équivoque, qui enſeignoit, que des animaux et des végétaux pouvoient être produits ſans la concurrence de quelque autre individu de la même eſpéce, uniquement par un jeu ou une erreur de la Nature. Ainſi lorsque l'on trouvoit des corps petrifiés, on les prenoit pour des ſimples jeux de la Nature, ſans ſonger ni a leurs analogues ni à la maniére dont ils avoient été pétrifiés. *Avicenne*, dans le dixiéme Siécle, n'a pas peu contribué à orner et à établir cette abſurdité, 9) ſans pourtant aller auſſi loin que ſes Partiſans. L'on ne ſait, ſ'il a connû les coquilles pétrifiées, dans ce cas l'on auroit de la peine à croire, qu'il eût cherché la cauſe de leur formation dans un corps organique du Régne Animal ou Végétal, qui lui eût donné ſon exiſtence, mais dans ce qu'on appelloit *Vis Plaſtica*. Comme *Ariſtote* ſuppoſoit une génération équivoque, il étoit naturel que ſes Partiſans y ſuppoſaſſent une certaine vertu. On appelloit communement cette vertu: *Vis Plaſtica*, et à l'égard du Régne Mineral: *Vis Lapidificativa*. Dans le treiziéme Siécle *Albert* le *Grand* fit la même choſe: ſa *Virtus formativa* 10) eſt la *Vis Plaſtica* des autres. Il avoue lui même, que cette vertu formative n'a point de nom particulier, et de là vient que chacun de ſes partiſans ſe crût en droit de lui donner une dénomination à ſa fantaiſie. Cela fit naître les réveries d'un Archæus, d'une vertu ſeminale etc. dans le Régne des Pétrifications. Cependant *Albert* le *Grand* ne nie pas entiérement la poſſibilité de la Pétrification des animaux, vû que cela ſe faiſoit par une vertu pétrifiante, qu'il appelle auſſi *vertu minérale*.

L'on ne ſauroit dire préciſément ſi dans les Siécles ſuivans on ſ'eſt donné quelque peine à l'égard des coquilles pétrifiées, ſ'il y a eu des gens, qui les aient jugées dignes de leur attention, ſi l'on a appliqué auſſi la génération équivoque d'Ariſtote aux coquilles pétrifiés; mais on peut conjecturer avec raiſon, qu'on n'a rien fait de tout cela. Ce que nous en ſavons, c'eſt que dans le quinziéme Siécle *Alexandre* ab *Alexandro* 10*) crût trouver dans un Déluge univerſel la raiſon de ce qu'il y a des coquilles dans les endroits les plus éloignés de la mer et ſur les plus hautes montagnes. Que ce Syſtême qui attribue toutes les Pétrifications au Déluge, et qui a été preſque généralement reçu dans le dix-ſeptiéme Siécle, ſoit fondé ou non, du moins il en paroit que dans ces tems on obſerva les coquilles pétrifiées, qu'il y eut des gens qui les prirent pour de véritables Pétrifications, dont les analogues ſe trouvoient dans la mer, et que par conſéquent la génération équivoque d'Ariſtote et des Scholaſtiques, avec la vertu plaſtique et formative qu'on lui avoit aſſociée, ne fut pas généralement reçue.

Le ſort de la Conchyliologie dans le Régne des Pétrifications fût plus heureux dans le Seiziéme Siécle, et l'on y commença à bien ſ'attacher à l'importante connoiſſance des ces Pétrifications. La gloire d'en avoir jetté les fondemens eſt duë à l'Italie. Du moins ſ'on ne trouve pas, que dans ce tems où on y a commencé a ſe donner à cette étude on ait fait la même choſe dans d'autres Provinces de l'Europe, ni qu'on ait prété, comme en Italie, quelque attention particuliére aux coquilles pétrifiées. Lorsqu'en 1517 pour retablir la Citadelle de St. Felix à Verone, on tailla le rocher, ſur le quel elle eſt batie, on y découvrit une grande quantité de toutes ſortes de coquilles petrifiées, qui excitoient extrémement l'attention de tous les Savans. 11) L'on tachoit d'approfondir la maniére dont de pareilles coquilles marines pouvoient avoir paſſé dans les roches les plus dures, et il n'y eût alors qu'une partie des Phyſiciens, qui prévenus pour la génération équivoque d'Ariſtote, alléguoit une vertu formative exerçant ſon pouvoir dans le Régne minéral; les autres, comme nous allons le prouver, étoient d'un ſentiment plus raiſonnable, ils reconnoiſſoient que les coquilles pétrifiées avoient été autrefois des véritables corps marins. Il ſemble, que dans d'autres Provinces de l'Europe on étoit alors encore aſſés in-

E 2

diffé-

---

9) Cela l'apprend d'*Albert* le *Grand*. Lib. I. mineralium, tract. 2. cap. 8.

10) Il en propoſe la Doctrine Lib. I. mineralium Tract. I. cap. 1.

10*) In genuibus dicbus.

11) Voyés *Bonanni* Muſeum Kircherianum. p. 198. Muſeum Calceolarii, et Muſeum Com. Moſcardi, p. 170.

différent pour la connoissance des Pétrifications, et par conséquent aussi pour celle des coquilles, du moins nous n'avons point de preuve du contraire. *Agricola*, ce grand Minéro-
logue est le prémier, qui ait rendu estimables aux amateurs de la Nature en Allemagne les
fossiles en général. Il étoit aussi a l'égard des corps pétrifiés d'un sentiment plus raisonnable,
que les Scholastiques; Il en cherchoit la raison dans un *Succus lapidescens*, qui pénétroit les
corps naturels, et le distinguoit expressément de l'absurde *Vis lapidifica* d'*Albert* le *Grand*.
Mais les Pétrifications et la recherche des coquilles pétrifiées n'étoient pas son objet favori,
il se plaisoit préférablement a la Métallurgie, à l'égard de laquelle il se fit un merite immor-
tel. Dans le même tems et dans la suite il y en eut d'autres qui allerent beaucoup plus loin dans
la Conchyliologie du Règne minéral. Le célèbre *Conrad Gesner* écrivit un Livre: *de rerum
fossilium, lapidum et gemmarum figuris*, qui prouve suffisament l'attention particuliére, qu'il donna aux coquilles pétrifiées, et que même de son tems on connoissoit deja une partie considérable de leurs genres, sans qu'on eût pourtant de tous des idées justes. *Jean Kentmann* fit
aussi la Collection d'un Cabinet, qui pour ce tems là étoit assés considerable, et suivant sa déscription 12) il assignoit deja une place particuliére quoique peu convenable, aux Cornes
d'Ammon, aux coquilles de St. Jaques pétrifiées, aux Strombites, aux Ostracites, aux Tellinites, aux Camites et à d'autres coquilles. Ce qui doit nous surprendre le plus, c'est que deja dans ce tems là *Valerius Cordus*, 13) un célèbre Medecin entreprit d'écrire une Oryctographie générale de l'Allemagne, et d'y rapporter aussi comme des espéces particuliéres de fossiles les coquilles pétrifiées qui se trouvent dans nos contrées. Cet ouvrage n'a pas été continué, quoique l'utilité en auroit été fort grande, si à l'exemple de ce Savant, plusieurs autres, chacun dans sa patrie, avoient recherché avec attention les fossiles, pour en etablir une
Oryctographie générale. *Bauhin* mérite aussi de grandes louanges par la Collection et la Déscription, qu'il fit avec un grand soin vers la fin du même Siecle, des coquilles pétrifiées, que
l'on trouve prés des bains de Boll. 14) Le célèbre *Michel Mercatus* écrivit dans le même tems
sa *Metallotheca Vaticana;* mais elle n'a été publiée que de nôtre tems par le célèbre *Lancisus*,
Médecin du Pape. 15) Quoique les idées de *Mercatus* à l'égard de la plûpart des Pétrifications furent fausses, il etoit pourtant deja en état de présenter aux amateurs les desseins de
tous les genres de coquilles pétrifiées, et même des plus rares. Je ne saurois dire si dans les
Déscriptions des Cabinets de *Quickeberg*, 16) et de *Brakenhofer*, 17) qui ont paru dans le
même Siécle, les coquilles pétrifiées occupent une place particuliére, et si leurs Possesseurs
en ont fait quelque Collection importante, n'ayant vû ni l'une ni l'autre. Si nous examinons
de plus prés, autant que cela se peut faire par les écrits, qui nous en restent, la connoissance
qu'on a euë des coquilles pétrifiées dans ce Siecle, nous en pouvons affirmer les points
suivans: A l'égard de leur origine la plûpart se servoient d'expressions équivoques, qui fai-
soient qu'il n'étoit pas trop aisé de déviner leur véritable opinion. On les rangeoit parmi les
pierres figurées, sans indiquer la cause de leur figure, on les comptoit parmi les pierres, qui
avoient quelque ressemblance avec d'autres corps, p. ex. avec des conques & des limaçons,
sans déterminer, si cette ressemblance venoit d'un véritable corps marin ou d'une autre
cause. D'autres alloient plus loin en recherchant la cause de leur existence, mais ils étoient
partagés dans leurs sentimens, comme il paroit par ce que *Torellus Sarayna* nous rapporte de
Fracastorius. 18) Car lorsqu'en elargissant la Citadelle de St. Felix à Verone en 1517. on

deman-

---

12) Elle se trouve dans *Conradi Gesneri* Libris de omni rerum fossilium genere. Zürich. 1565. 8.

13) In Sylva observationum variarum, quas inter peregrinandum notavit de rebus fossilibus, lapidibus etc.
On la trouve dans ses Annotationes in Dioscoridis mat. med. Strasbourg. 1561. fol.

14) Dans l'Historia novi et admirabilis fontis balneique Bollensis in Ducatu Wirtembergico. Montbeillard.
1598. 4. et 1660. 4.

15) à Rome l'an 1717. et 1719. fol. la derniére édition est plus complette.

16) Promtuarium artificiosarum miraculosarumque rerum rari thesauri et pretiosae suppellectilis Sam. a
Quickeberg. Belgae, à Münnich. 1565. 4.

17) Museum Brakenhoferianum, *Eliae Brakenhoferi*, quindecimviri reipublicae Argentinensis, delineatum
a *Joanne Joachimo Brakenhofero*, Argentineû. Argentorat. 1577. 4.

18) Voyés *Bonanni* Museum Kircherianum pag. 198.

demanda a Fracastorius, Philosophe trésfameux, son sentiment sur la grande quantité de coquilles pétrifiées, qu'on y avoit trouvée, il repondit, que là dessus il y avoit trois differentes opinions parmi les Physiciens: que quelques uns attribuoient ces coquilles qu'on trouve dans les montagnes à un Déluge universel, qui en inondant les plus hautes montagnes y avoit porté les coquilles: que d'autres croyoient une vertu formatrice cachée dans le Régne minéral, qui sans la concurrence de coquilles naturelles, pouvoit produire de pareilles formes de coquilles par quelque imitation, ce qui etoit précisément la *Vis plastica* et *formativa* des Scholastiques, fondée sur la génération équivoque d'*Aristote*. *Fracastorius* rejette l'une et l'autre de ces opinions, et y joint la troisiéme, qui est la sienne, savoir, que les montagnes où l'on trouvoit aujourd'hui de ces coquilles pétrifiées, avoient eté autrefois couvertes par les eaux de la mer, qui changeoit de lit, & en gagnant insensiblement sur les terres, abandonnoit peu à peu le fond, qu'elle avoit auparant couvert, à nôtre culture et à nôtre séjour. Cela ne prouve-t-il pas, que deja dans ce Siécle les trois opinions principales, qui dans la suite ont causé tant de disputes, furent connues, et eurent leurs Protecteurs et leurs amateurs?

La recherche du veritable analogue de chaque corps pétrifié n'avoit guere avancé dans ce Siécle; car comme on n'avoit alors qu'une connoissance imparfaite des corps naturels, et principalement des coquilles naturelles, il en y eût fort peu qui furent capables de bien juger de l'origine des corps pétrifiés. Quoique dans le milieu de ce Siécle *Gesner* eût jetté les fondemens d'une connoissance plus exacte des testacés pétrifiés, par son *Nomenclator aquatilium animantium*, on ne reüssit pourtant pas encore, vû que la plûpart des Savans etoient occupés de préjugés, et que ceux, qui en avoient moins, ne se soucioient guere, lorsqu'ils s'appliquoient à rechercher les fossiles, de la connoissance du Régne Animal et Végétal.

Dans ce Siécle on ne connoissoit point encore la Division Systématique des coquilles pétrifiées en genres et espéces. Du tems de *Mercatus* les noms de Conchites, d'Ostracites, de Ceramites, de Ctenites, de Muricites, de Buccinites, de Dentalites, de Strombites, de Cochlites, et d'Ammonites, dont Pline s'etoit servi, etoient connus et en usage, mais sans aucune juste Classification, de sorte que les coquilles pétrifiées eûrent bien place parmi les fossiles, mais on les mit tantôt dans la Classe des pierres idiomorphes, tantôt dans celle des pierres figurées, et tantôt dans une autre. On n'examina point alors de plus prés les espéces particuliéres des coquilles pétrifiées, comme on le fit dans les Siécles suivans.

Nous venons à présent à l'histoire des coquilles pétrifiées du dix-septiéme Siécle. Comme dans le précédant quesques auteurs avoient séparé les fossiles des minéraux, et par la même assigné dans le Régne minéral une place particuliére tant aux Pétrifications en général, qu'aux coquilles pétrifiées en particulier, sous le nom de pierres figurées, il ne parût gueres, dans celui-ci, de Minérologie où il ne fût pas traité de ces dernieres; mais souvent on s'y prit fort mal, comme il paroit par les Minérologies de *Bernard Cæsius* 19) et d'*Ulysse Aldrovandi*. 20) *Ferrand Imperati* 21) s'en aquita avant eux un peu mieux, en inserant dans son Histoire naturelle plusieurs coquilles pétrifices, dont il donna les desseins. *Jonston* 22) les plaça, comme on le faisoit ordinairement, parmi les *lapides certa figura*, mais il ne traita que des Ostracites, des Conchites, des Pectinites, qu'on appelloit alors encore Ctenites, des Myites ou des Musculites, des Strombites et des Ammonites, sans se mettre en peine de leur véritable origine. Les Cornes d'Ammon etoient ce que les Minérologues, que nous venons de nommer, connoissoient le moins, et la plûpart d'entr'eux ne se doutoient pas même qu'elles pussent être une espéce de coquille pétrifiée.

F

19) Bern. Cæsii Mineralogia, Lugd. Bat. 1636. fol.

20) Aldrovandi Museum Metallicum, Bonon. 1648. fol.

21) Son Histoire naturelle a paru en Italien à Naples 1599. et à Venise 1672. fol. & en latin à Cologue 1672. +

22) Joh. Jonston Notit. regni mineralis. Lipsiæ 1661. 13.

Si dans ce Siécle plufieurs amateurs de la Nature n'avoient pas commencé à faire des Collections des corps du Régne minéral, fi en recherchant les pierres avec plus d'attention on n'avoit pas transporté avec elles une quantite confidérable de coquilles pétrifiées dans ces Collections de Minéraux, fi par là on n'avoit pas eû occafion de comparer les différentes figures & la ftruêture organique de plufieurs Pétrifications, & d'y trouver quelque chofe d'admirable, il fe feroit paffé bien du tems, du moins en Allemagne, avant que cette lacune confidérable de l'Hiftoire naturelle n'eût été remplie, & cette Partie de la Minéralogie rendué complette. Mais c'eft ainfi, que les Collections des foffiles & de minéraux, qu'on fit dans ce Siécle, dé-montrerent d'abord, combien la connoiffance des corps étrangers du Regne minéral étoit imparfaite. Cela arriva principalement, lorsque l'on commença à publier des Catalogues & des Défcriptions de ces fortes de Collections de corps naturels. Dans le Siécle précédent on n'en eût que deux, mais dans celui-ci il a paru plufieurs Catalogues confidérables & plu-fieurs Défcriptions détaillées. Le commencement en a de même été fait en Italie, & encore à Vérone, qui poffedoit alors un ornement particulier dans le Cabinet de *Calceolarius*, duquel on publia une defcription fort étendue l'an 1622. Vingt ans aprés on publia la Défcription du Cabinet de *Befler*, l'an 1652. le Cabinet de *Wormius*, l'an 1663. celui de *Spener*, l'an 1666. celui de *Septala*, l'an 1669. le Cabinet du Roi de Danemark, l'an 1674. celui de *Cottorp*, l'an 1678. celui de *Kircher*, l'an 1687. celui de *Grew*, l'an 1695. celui de *Pettiver*. Lorsque l'on compare ces defcriptions enfemble, il fe trouve que dans aucune de ces Collections on n'a entiérement négligé les coquilles pétrifiées, & qu'alors même on a deja recherché une grande quantité de genres & d'efpéces particuliéres de coquilles, mais on trouve auffi, qu'il n'y en a eû que fort peu, dont on eût une connoiffance exaête.

Les foffiles, qu'on confervoit dans ces Collections, & principalement les pierres & les Pétrifications, excitérent plufieurs à donner plus d'attention aux produêtions des-environs de leur ville, & de leur pais, & comme ces recherches ne furent pas inutiles, il parut dans ce fiécle plufieurs Ouvrages Oryêtographiques, qui contribuérent infiniment à la connoiffance des co-quilles pétrifiées. Les écrits de *Charleton*, 23) de *Schwenkfeld* 24) de *Lachmund*, 25) d'*Alberti*, 26) de *Balbinus* 27) de *Geyer* 28) de *Wagner*, 29) de *Lifter*, 30) de *Plott*, 31) de *Merret*, 32) de *Childrey* 33) & principalemeut ceux de *Luid*, 34) prouvent fuffifamment l'attention, avec laquelle on a recueilli, tantôt dans cette province tantôt dans une autre, tout ce qu'il pou-voit y avoir de curieux par rapport au Régne Minéral, & furtout, combien on a jugé dignes de cette attention, les coquilles pétrifiées, nonobftant les préjugés qui regnoient encore par rap-port à leur origine. Cependant on a commencé dans ce Siécle à publier des Traités particu-liers de la Pétrification & des Corps petrifiés, lesquels, quoiqu'ils fuffent fondés presque tous fur des principes faux, & qu'ils donnaffent pour la plûpart des raifons fauffes de la formation des coquilles pétrifiées, fervoient du moins à apprendre aux amateurs de la Nature à connoître les différents corps pétrifiés, quoiqu'on ne les prît pas pour ce qu'ils étoient. Et comme dans la fuite on apprit auffi à connoître les coquilles naturelles c'eft à dire les véritables analogues,

de

23) *Gualt. Charleton* exercitationes de differentiis & nominibus animalium, cum mantiffa de variis foffilium generibus. Oxon. 1667. & 1677. fol.

24) *Casp. Schwenkfeld* ftirpium & foffilium Silefiæ Catalogus. Lipf. 1600. 4.

25) *Frid. Lachmund* ὀρυκτογραφία Hildeshemenfis. Hildesh. 1669. 4.

26) *Val. Alberti* diff. de figuris variarum rerum in lapidibus & fpeciatim foffilibus Comitatus Mansfeldiæ. Lipf. 1675. 4.

27) *Bohufl. Balbini* mifcellanea hiftorica regni Bohemiæ. Pragæ. 1682. fol.

28) *Jo. Dan. Geyer* de montibus conchiferis & gloffopetris Alzeyenfibus. Francof. 1687. 4.

29) *Jo. Jac. Wagner* Hiftoria naturalis Helvetiæ. Tiguri 1680. 12.

30) *Mart. Lifter* hiftoria animalium Angliæ traêtatus quartus de lapidibus ejusdem infulæ ad cochlearum quandam imaginem figuratis. Lond. 1678. 4.

31) *Rob. Plott*, natural hiftory of Oxfordshire. Oxfurt. 1685. fol.

32) *Chriftoph Merret*, Pinax rerum naturalium Britannicarum. Lond. 1667. 1677. 1704. 4.

33) *Childrey* hiftoire des fingularités naturelles d'Angleterre, d'Ecoffe & du pais de Galles. Paris. 1667. 12.

34) *Eduard. Luid.* Lithophylacii Britannici Ichnographia. Lond. 1699. 8. Lipf. 1699. 8. & Oxfurt. 1760. 8.

de ces corps petrifiés, la grande ressemblance, que l'on remarqua en les comparant en-semble, fit d'abord revoquer en doute la génération équivoque d'*Aristote*, & reprendre le veritable chemin que les Grecs avoient autrefois trouvé. *Fab. Columna* 35) fût le premier des auteurs de ce siécle qui donnerent des écrits particuliers sur la Pétrification & les corps pé-trifiés, mais il resta longtems sans imitateur; dans la suite il en eût plusieurs, parmi lesquels *Kirchmaier*, 36) *Scaramuzzi*, 37) *Aug. Scilla*, 38) *Major*, 39) *Phil. Jaq. Sachs de Lewenheim*, 40) *Matt. Jean Hesbert*, 41) *Griff. Hartley*, 42) *Paul Boccone:* 43) & *Ste-no*, 44) meritent préférablement d'être allégués. Comme les ouvrages périodiques qui ont commencé à paroitre dans ce Siécle, étoient destinés preferablement a l'histoire naturelle, on n'y oublia pas les Pétrifications non plus que les coquilles petrifiées. A l'égard des fossi-les & principalement des Pétrifications les *Misc. Physico-medica* et les *Ephemerides Academiae Naturae Curiosorum* meritent la prémiére place, quoiqu'il faille convenir, que fort peu des savans, qui travailloient alors a ces ouvrages, étoient en état de bien juger des coquilles pétrifiées. Les ouvrages des *Kanke* et d'autres, qui y sont inférés, le prouvent assés. Cependant ils ne sont pas tous de la même trempe, vû que déja l'an 1671. le célébre *George Wolfg. Wedel* inséra dans ces Ephémerides une piéce: *de conchis saxatilibus*, dans laquelle il l'éloigna des princi-pes qui regnoient alors, & soutint, que les pierres sur lesquelles on trouvoit des figures de co-quilles, étoient de veritables pétrifications, et que des coquilles naturelles se changeoient en pierre. Il ne parut point dans ce Siécle de Traités sur de certaines espéces de coquilles pétriées en particulier, excepté ceux de *Reisle*, 45) *Boccone* 46) & *Worm*, 47) sur les Am-monites, et celui de *Chrét. Menzel* 48) sur les Hystérolithes. C'est ainsi, que dans le dix-septiéme siécle la connoissance de la pétrification des coquilles fût enrichie en différente ma-niére; comme l'on y forma plus de Cabinets d'Histoire naturelle, que dans le siecle precé-dent, on rechercha aussi avec plus d'attention les coquilles pétrifiées, & on découvrit par la plusieurs espéces de coquilles, qui jusqu'alors avoient été inconnues, ce que l'on voit assés en comparant les Catalogues des pétrifications qui parurent dans ce siécle avec ceux du precédent. Les descriptions des coquilles naturelles, qui parurent aussi dans ce siécle, & principalement celles d'*Aldrovandus*, 49) de *Jonston*, 50) de *Charleton* 51) de *Major* & d'autres ne contribué-rent pas peu à augmenter cette connoissance, puis qu'elles démontrerent distinctement la parfaite ressemblance de la structure organique des coquilles pétrifiées avec celle des coquilles natu-

F 2

natu-

---

35) Diss. de Glossopetris. Elle est jointe a son Tract. de purpura, à Rome. 1616. 4. à Kiel. 1674. 4. Il y traite auss. d'autres Corps petrifiés.

36) Seb. *Kirchmaier*, de corporibus petrefactis à Wittenberg. 1664. 4.

37) Jo. Bapt. *Scaramuzzi*, meditationes ad Ant. Magliabechium de Sceleto elephantino ubi & testaceorum petri-ficationes defenduntur. Urbini. 1697. 12.

38) *Aug. Scilla*, la vana speculazione disingannata dal senso, à Naples 1670. 4. Cet ouvrage a paru dans la suite en latin sous le titre suivant: *de corporibus marinis lapidescentibus, qua defossa reperiuntur*, à Rome. 1747. & 1752. 4.

39) Jo. Dav. *Major*, diss. de lithologia curiosa, sive de animalibus & plantis in lapides versis. 1664. 4.

40) Phil. Jac. *Sachs a Lewenberch* de miranda lapidum natura. Ce Traité se trouve dans *Joh. Dav. Major*, Diss. de cancris & serpentibus petrefactis. Jen. 1664. 8.

41) *Matt. Jo. Hartmann* de conchyniis & apr. petrefactis in miscell. nat. curios. dec. III. an. 2. 1694. p. 48.

42) *Griff. Hartley*, de conchis fossilibus in act. erud. Lips. 1685. p. 371.

43) *Paul. Boccone* recherches & observations naturelles touchant le Corail, la pierre étoilée, les pierres de figure de coquille, la Corne d'Ammon &c. à Amsterdam 1674. 8. & en Hollandois 1744. 8.

44) *Nic. Steno* de solido intra solidum contento. à Florence 1670. 4.

45) *Joh. Jac. Reisle* diss. de Cornu Hammonis in misc. nat. curiosor. dec. 2, ann. 7. 1688. append. p. 167.

46) dans les recherches & observations naturelles.

47) dans une lettre: de Cornu Hammonis, qui se trouve dans: Bartholini Epist. Medicinal. Cent. 1. epist. 49. p. 16.

48) de lapidibus admirandis raris ab El. Brandenb. Frid. Wilhelmo expertis in misc. nat. curiosor. dec. 1 ann. 6 1687. p. 1. sq.

49) *Aldrovand.* de animalibus exsanguibus. Bonon. 1606. fol. Francofurt. 1618. fol. Bonon. 1642. fol.

50) *Jonston* historia naturalis de exsanguibus aquaticis. Francof. 1650. fol. Amstelod. 1718. fol.

51) *Charleton* onomasticon Zoicon animalium. Lond. 1668. 4.

naturelles. *Lister* 52) rendit à cet égard un service bien important aux amateurs, en leur présentant dans ses estampes les copies des coquilles naturelles & des pétrifiées ensemble, ce qui fit que plusieurs personnes, qui jusqu' alors avoient crû aux jeux de la Nature, commencérent à se douter de l'erreur; nous pouvons alléguer ici comme temoins de la verité *Moscardi*, 53) *Steno*, 54) *Merret*, 55) *Scilla*, 56) *Columna*, 57) *Chiocci*, 58) *Leibnis*, 59) & plusieurs autres. Cependant cette science avoit encore dans ce Siécle des défauts bien considérables. Quant à la maniére de proposer les choses les Philosophes, qui suivoient Aristote, eurent une methode analytique toute particuliére, & comme tout ce que l'on traitoit, etoit modelé pour ainsi dire sur ce patron, on fit la même chose dans les ouvrages qui concernoient la pétrification des coquilles. On commença la plûpart par la *Caussa efficiens universalis prima*, & ainsi Dieu étoit l'auteur de la coquille pétrifiée, en suite on chercha la *Caussa secunda*, qui devoit être l'influence des astres. Après cela il falloit une *Caussa efficiens particularis*, & comme Aristote l'avoit cherchée dans deux *qualitates attive*, un *calidum* & un *frigidum*, on les allégua aussi lorsqu'il fût question de la pétrification d'une coquille. Il est bien aisé de comprendre dans combien de recherches ridicules & inutiles on tomba alors. Mais ce ne fût pas la l' unique defaut. Les préjugés qui regnoient encore presque en général, défigurérent tout à fait cette science. Ces préjugés perçoient principalement, lorsqu'il falloit déterminer la raison de la formation & l'origine des coquilles pétrifiées. Quelques uns supposoient une véritable pétrification des corps marins, mais ils n'étoient pas tout à fait d'accord sur la maniére en laquelle elle s'opéroit. D'autres étoient bien aussi dans le bon chemin, mais ils ne vouloient pas tout à fait déplaire au parti contraire. Ils admettoient la pétrification, là où l'on ne pouvoit nier l'existence des analogues; mais ils attribuoient pourtant à la Nature une *Vis plastica*, une vertu formatrice cachée, là où ils croyoient trouver de certaines formes sans un analogue connu. On découvre ce Syncrétisme lithologique dans plusieurs ouvrages, sur tout dans le *Museum* de *Wormius*, de *Calceolarius*, de *Lister* & de plusieurs autres. D'autres encore ne vouloient rien du tout décider, & se contentoient des expressions: *lapides sui generis, idiomorphi, lapides figurati, qui figuram habent concha, cochlea*, ou bien: *concha lapidea, ostrea lapidea*, sans alléguer l'origine de ces pierres figurées & sans déterminer, si par ex: cette huître de pierre étoit une huître naturelle petrifiée, ou bien si elle devoit sa forme à quelque autre cause. La plûpart des Naturalistes de ce siécle étoient dans la folle opinion, que ces corps du Régne minéral qui représentoient des coquilles, n'avoient aucun rapport avec les coquilles naturelles de la mer, & qu'ils étoient formés par une vertu secrette & particuliére. Les partisans de cette opinion différent encore entre eux tant dans la maniére de s'exprimer, que par rapport à de certaines circonstances. Quelques uns nomment cette vertu: *Vis plastica* d'autres: *mineralis formativa*, d'autres, un jeu de la Nature, & encore d'autres l'attribuent à un esprit universel, un Archée, à un esprit pétrifiant, architecte, figurant. Il y en avoit aussi qui donnoient à cette même vertu le nom d' *Aura seminalis*, de vertu seminale, en prétendant chercher la cause de la formation des coquilles pétrifiées dans un principe végétatif propre au Régne minéral, & ce principe devoit se trouver selon quelques uns dans de certaines particules salines, & selon d'autres dans des corps morts, qui exhaloient une semence & une vertu seminale, lesquelles s'étant unies à la terre formoient toutes sortes de figures particuliéres. D'autres tiroient ces particules seminales de la mer, & croyoient qu'elles etoient emportées & introduites dans les montagnes par les vapeurs qui s'élevoient de la mer, & que de la il naisso.

52) *Martin Lister* historia animalium Angliæ, Londin. 1678. 4. Ej. Historia seu Synopsis methodica conchyliorum. Londin 1685. 1688. fol.

53) *Lud. Moscardi* note overo memorie del museo de Lud. Moscardo. à Padoue 1656. fol. à Verone 1672. fol.
54) dans son livre: de solido intra solidum.
55) *Chrisf. Merret* pinax rerum natural: Britanniæ. Lond. 1704. 8.
56) *Aug. Scilla* de corporibus marinis lapidescentibus. Rom. 1752. 4.
57) *Fab. Columna* Tractatus de purpura Kielou, 1674. 4.
58) *Andreas Chiocci* dans ses remarques sur: Mus. Calceolar. à Verone 1622. fol.
59) *Gottf. Wilh. Leibniz* protogæa seu de prima facie telluris. à Göttingue 1749. 4.

naissoient ces différentes figures de coquilles dans les pierres & dans les montagnes. Toutes ces absurdités dérivoient de la Génération équivoque d'*Aristote* & de la *Vis plastica d'Avicenne* & d'*Albert le Grand*. Celui-ci la transmit aux Scholastiques, & cependant on en auroit jugé plus raisonnablement même dans ce Siécle, si la grande autorité de *Kircher* & du *Gaffendus* n'avoient appuié particuliérement cette erreur. *Kircher* n'eût pas honte de nommer la *Vis plastica d'Avicenne*, (il avoit bien étudié ce Philosophe Arabe) un *spiritus lapidificus, architectonicus, plasticus*, & *Gassendus* se servit de l'expression: *Vis lapidifica seminalis*. L'un & l'autre supposoit la Génération équivoque d'*Aristote*. Même dans les vingt derniéres années de ce Siécle il fallût, que le Systéme Cosmologique de *Burnet* confirmat & conservat cette erreur, puisque l'on ne sçavoit expliquer comment il étoit possible que des montagnes entiéres fussent remplies d'une quantité infinie de coquilles.

Dans ce dix-huitiéme Siecle la Conchyliologie du Régne minéral a été beaucoup perfectionnée & considérablement enrichie. Nous tenons la prémiére Minéralogie de ce Siécle d'*Emmanuel König*, 60) mais, par raport à la doctrine des coquilles pétrifiées, elle ne merite aucune préférence sur les précédentes. On l'a traitée avec d'autant plus d'exactitude dans les Minéralogies, qui ont parû dans la suite, & c'est on nous rapportons préférablement les ouvrages de *Linné* 61) de *Wallerius*, 62) de *Woltersdorf*, 63) de *Cartheuser*, 64) de *Justi*, 65) de *Lehmann*, 66) de *Vogel*, 67) de *Baumer* 68) & de plusieurs autres. Quand on compare ces Minéralogies avec les précédentes, on trouve que non seulement leurs auteurs ont donné beaucoup plus de genres de coquilles pétrifiées, mais aussi qu'ils l'ont fait dans un bien meilleur ordre que leurs prédécesseurs. Nous sommes redevables de ce changement avantageux des Minéralogies aux soins de *Luid*, 69) de *Scheuchzer*, 70) et de *Rumphius*, 71) qui ont fourni des observations importantes, desquelles les auteurs des Minéralogies ont sçu bien profiter, deja dans la premiére moitié de ce siécle. D'autres, qui dans leurs ouvrages ne se sont occupés que des fossiles, ou seulement des pierres, ont de même beaucoup contribué à la connoissance des pétrifications, et la plûpart ont eû principalement en vûe de distribuer les coquilles dans un ordre convenable et de ranger d'une maniére juste sous leurs genres les différentes espéces, dont on découvroit tous les jours un plus grand nombre, comme les ouvrages de *Woodward*, 72) de *Hill*, 73) de *Lesser*, 74) et de *Bertrand* 75) le prouvent assés. Quelques uns d'entre eux ne se sont occupés uniquement que de la Collection & de la Déscription des corps pétrifiés du Régne Végétal et du Régne Animal, et ils accordérent aux coquilles

G

pétri-

60) Emm. *Koenig* regnum minerale generale & speciale. à Basle 1703. 4.

61) Car. *Linnæi* Systema naturæ Lugd. Bat. 1735. fol. Il en a paru depuis neuf Editions, la derniére à Stockholm 1748. 8.

62) Jo. Gottschalk *Wallerii* Mineral-Reich, en suedois à Stockholm 1747. 8. en allemand, à Berlin 1750. 8. en françois à Paris 1753. 8.

63) Jo. Luc. *Woltersdorf* systema minerale, en allemand & en latin, à Berlin 1748. 1755. fol.

64) Frid. Aug. *Cartheuser* elementa mineralogica, à Francf. sur l'Od. 1755. 8.

65) Joh. Heinrich Gottlob von *Justi* Grundriß des Mineral-Reichs. Göttingen 1757. 8.

66) J.G. Gottl. *Lehmann*: Entwurf einer Mineralogie. Berlin 1758. 8.

67) Rud. Augustin *Vogels* praktisches Mineral-System. Leipzig 1760. 2r. 8.

68) Joh. Wilh. *Baumer* Natur-Geschichte des Mineral-Reichs, erster Theil 1763, Zweyter 1764. 8.

69) in Lithophylacio Brittannico.

70) Dans son specimen lithographiæ Helveticæ, à Zuric 1702. 8. et dans son Oryctographia Helvetica à Zuric. 1718. 4.

71) Dans le Cabinet des Raretés d'Amboine, en Hollandois. Amsterd 1741. fol. en Allemand à Vienne 1766. fol.

72) Joh. *Woodward* Géographie physique &c. en Anglois à Londres 1702, en latin à Zuric 1704. 8. en Allemand à Erfurt 1744. en françois à Amsterdam 1755. 8. On a joint à ce livre une Classification des fossiles.

73) J.J. *Hill* the history of fossils, à Londres 1748. fol.

74) F. Chr. *Lesser* Lithotheologie. Hamb. 1738. 8.

75) *Bertrand* Dictionnaire des fossiles, à la Haye. 1763. en deux Volumes. 8.

pétrifiées, à cause de leur grand nombre et de leur diversité, la prémiére place. *Pogatschnik* 76) commença et peu aprés *Robert Hook* 77) prouva que ces coquilles pétrifiées étoient de veritables pétrifications du Régne Animal. *Buttner,* 78) *Baier,* 79) *Stobæus,* 80) l'Abbé *Diego Retillas,* 81) *Gesner,* 82) *Antoine Vallisneri,* 83) *Hollmann,* 84) *Bourguet,* 85) *Bertrand,* 86) *Ant. Lazar. Moro* 87) et plusieurs autres l'ont suivi, en ce qu'ils ont tous depuis le commencement de ce siécle jusqu'à présent découvert avec beaucoup de sagacité un grand nombre de coquilles pétrifiées, dont ils ont donné la déscription, et dont ils ont fait connoître aux amateurs une bonne partie par des desseins. Cette partie considérable de la connoissance des pétrifications a été de même traitée avec beaucoup plus de zéle dans les Ouvrages Périodiques de ce siécle que dans ceux du précédent. Combien de beaux Traités de plusieurs espéces de coquilles, qu'on a découvertes dans le Régne minéral, combien d'observations sur des contrées entiéres, sur des montagnes & sur des couches de terre, qui sont pleines de ces pétrifications, combien de différentes observations sur des corps pétrifiés, qui jusqu'ici avoient été inconnus, mais qui aprés avoir été examinés avec plus de soin ont été reconnus pour des coquilles testacées, n'y trouvons nous pas? Nous ne citerons à présent que les *Memoires de l'Academie Royale de Paris,* les *Acta et Ephemerides Naturæ curioforum,* les *Breslauische Sammlungen der Natur und Kunst,* *Burkmanni Epistolæ Itinerariæ,* l'*Hamburgisch Magazin,* les *Versuche nüzlicher Sammlungen von Obersachsen,* les *Berlinische Physicalische Belustigungen,* *Hannöverische Sammlungen und Beyträge,* *Denso physicalische Briefe und physicalische Bibliothec,* les *Fränkische Sammlungen,* le *Bremische Magazin.* Lorsqu'outre cela on compare les déscriptions de tant de precieux Cabinets, qui ont parû dans ce siécle, avec celles du siécle passé, on trouvera d'abord une augmentation très considérable par rapport aux espéces différentes des coquilles pétrifiées. Nous ne parlerons point ici du *Museum Kircherianum* qui a été amassé dans le siécle passé & mis au jour dans celui-ci par le savant *Bonanni*; 88) les Cabinets de *Kundmann,* 89) de *Beiler,* 90) de *Gronovius,* 91) de *Hofmann,* 92) de *Tessin,* 93) et de *Richter* 94) meritent mieux que nous en fassions ici mention.

Les favans Physiciens, qui dans ce siécle se font empressés à l'envi de rechercher les fossiles de leurs contrées et de publier des Oryctographies particuliéres, ont beaucoup contribué à cette augmentation. Il n'y en a presque aucune, où la Conchyliologie soit oubliée, puisqu'on trouve rarement un endroit entiérement dépourvu de coquilles pétrifiées.

Ces

76) *Georg Segism. Pogatschnik* de lapidibus Conchylii forma fignatis. in miscell. nat. curiofor. dec. 3. ann. 9. 1701. et 1702. pag. 372.

77) *Robert Hook* tractatus de terræ motibus, dans fes Oeuvres posthumes. à Londres 1705. fol.

78) *David Sigismund Buttneri* rudera diluvii testes. à Leipfic 1710. 4.

79) *Ioh. Iacob Baieri* monimenta rerum pétrificatarum præcipua. à Nuremberg 1757. fol.

80) *Kiliani Stobæi* opuscula in quibus petrefactorum, numismatum et antiquitatum historia illustratur. à Danzic 1752. 4.

81) *Diego Retillas* Abhandlung von der Versteinerung. Hamb. Mag. I. Stük I. Band.

82) *Ioh. Gesneri* tractatus phyf. de petrificatis. Lugd. Bat. 1758. in 8vo.

83) *Anton Vallisneri* offervationi di corpi marini, che in monti fi trovano. Venetia 1721. 4.

84) *Hollmanns* Abhandlung vom Ursprung der See- und anderer fremden Cœrper. Elle se trouve en latin dans le Tome. III. commu. reg. soc. Goetting. en allemand dans le Hamb. Mag. dritter Theil, Band XIV.

85) *Lud. Bourguet* memoires pour servir à l'histoire naturelle des pétrifications dans les quatre parties du monde, à la Haye. 1742. 4.

86) *El. Bertrand* essay sur les usages des montagnes. à Züric. 1754. 4.

87) *Antom: Lazar. Moro* de' crostacei e degli altri marini corpi, che fi truovano su monti. à Venife. 1740. 4.

88) Museum Kircherianum Romæ 1709. fol.

89) *Ioh. Christ. Kundmanni* promtuarium rerum naturalium & artificialium. à Breslau 1726. 4. & rariora naturæ et artis 1717. in fol.

90) *Mich. Ruperti Beileri* gazophylacium rerum naturalium ex regno vegetabili, animali et minerali depromtarum. Lipf. 1716. & 1733. in fol. ex recensione *Mich. Frid. Lochneri.*

91) *Ioh. Frid. Gronovii* index suppellectilis lapideæ. Lugd. Bat. 1740. 8. 1750. in 8vo.

92) *Iod. Leopold. Frisch.* musei Hofmanniani petrefacta et lapides. en allemand. à Halle 1743. in 4to.

93) *Caroli Linnæi* Museum Tessolanum. à Stokholm. 1753. in fol.

94) Museum Richterianum. à Leipfic 1743. in fol. en allemand et en latin.

Ces Oryctographies aident beaucoup, et a plusieurs égards, a avancer une connoissance solide & utile de la Conchyliologie du Régne minéral. Elles nous procurent la connoissance d'un grand nombre d'espèces de coquilles, elles nous font connoitre en quelque façon le caractére distinctif qui sert a discerner les pétrifications de chaque pais, ou de chaque province, de celles d'un autre pais ou d'une autre province, nous en apprenons, quelles espèces de coquilles se trouvent en général dans une contrée, quelles sont celles qui y sont en grand nombre, et quelles au contraire y sont rares, quelle est la direction des filons, ou en quelles couches & en quels lits on les trouve dans les montagnes, quelle est leur position, si l'on trouve ensemble un grand nombre d'individus de la meme espéce, ou bien si elles se trouvent éparses et mêlées avec d'autres. Toutes ces observations ont une grande influence non seulement sur la Géographie souterraine, qui peut-être est reservée à notre postérité, mais aussi sur les Systêmes Cosmologiques, et sur la connoissance exacte des grandes Catastrophes qui sont arrivées à nôtre Globe. De pareilles Oryctographies ont été publiées dans le présent Siécle, comme celle d'Jene par *Schütte*, 95) celle d'Erfort par *Baumer*, 96) celle de Sondershausen par *Ritter*, 97) celle du Voigtland par *Büchner*, 98) celle de la Saxe par *Mylius*, 99) celle de Dresde et de Pirna par *Heik*, 100) celle de Francfort sur l'Oder par *Carthenier*, 101) celle de la Pomeranie et du Meklenbourg par *Denis*, 102) celle d'Angerbourg par *Hellwing*, 103) celle de Lübek par *Melle*, 104) celle de Cellenberg, d'Osterode et de Goslar par *Ritter*, 105) celle de Hannovre par *Eccard*, 106) celle du Hartz, (Hercinie) par *Behrens*, 107) et *Zükert*, 108) celle de Halle par *Lerche*, 109) et *Schreber*, 110) celle de la Hesse et de Hanau par *Wolfarth*, 111) et *Liebknecht*, 112) celle de Nuremberg par *Baier*, 113) et *Purraker*, 114) celle de Hof par *Longolius*, 115) celle de Busweiler par *Binninger*, 116) celle de la Silesie par *Volkmann*, 117) *Herrmann*, 118) et *Lehmann*, 119) sans faire mention à présent de plusieurs autres. Il en a paru

G 2

aussi

95) *In. Henr. Schütte*, Oryctographia Jenensis, à Soest. 1720. et à Jene 1761. in 8vo.

96) *Jo. Wilh. Baumer*, mineralogia territorii Erfurtensis. à Erfurt. 1759. in 4to.

97) *Alb. Ritteri* commentatio epistolaris de Zoolitho-dendroidis in genere et in specie de Schwarzburgico Sondershusano cum Supplemento rerum naturalium harum regionis. à Sondershausen, 1744. in 4to.

98) *Joann. Godofredi Büchneri* dissertationes de memorabilibus Voigtlandiae subterraneae et de marmoribus in Voig-landia, à Greiz, 1743. in 4to.

99) *Gottl. Frid. Mylii* memorabilia Saxoniae Subterraneae, das ist, des unterirrdischen Sachsens seltsame Wunder der Natur, à Leipsic. le premier Tome 1709. le second 1718. in 4to.

100) *Heik.* Nachricht von den Versteinerungen um Dresden und Pirna; Hamb. Mag. Art. V. Band. IV. p. 336.

101) *Frid. Aug. Carthenier* rudimenta Oryctographiae Viadrino-Francofurtanae. à Francfort sur l'Oder. 1755. in 8vo.

102) Dans le prémier Volume de la *Physicalischen Bibliotheck*, p. 193. et dans les *Einladungs-Schrifften von Pommerischen gegrabenen Seltenheiten* du même auteur. à Starrard. 1750. in 4to.

103) *Georg. Andr. Helwing* Lithographia Angerburgica. à Koenigsberg. 1717. in 4to.

104) *Jac. von Melle* commentatio de lapidibus figuratis agri littorisque Lubecensis. à Lubek. 1720. in 8vo.

105) *Alb. Ritter*, oryctographia Goslariensis, à Helmstädt. 1733. in 4to. à Sondershausen. 1738. in 4to. Specimen I. Oryctographiae Cellenbergicae. à Sondershausen. 1741. in 4to. & Specimen II. 1743. in 4to commentatio de tophibus et naturae miraculis Osterodanis. à Sondershausen. 1744. in 4to par le même auteur.

106) *Joh. Georg. Eccard* von denen unweit Hannover in der Erde gefundenen Curiositäten und Naturalien. Dans les Bresl. Samml. ... 19. p. 333.

107) *Georg. Henning Behrens* Hercynia curiosa, oder curioser Harzwald. à Nordhausen 1720. in 4to.

108) *Joh. Frid. Zükert* Naturgeschichte und Bergwerksverfassung des Oberharzes. à Berlin 1762. in 8vo. Naturgeschichte einiger Provinzen des Unterharzes. 1763. in 8vo. par le même auteur.

109) *Joh. Jac. Lerch* Oryctographia Halensis. à Halle. 1730. in 4to.

110) *Joh. Christ. Schreber* Lithographia Halensis. à Halle. 1739. in 8vo.

111) *Peter Wolfarth* historia naturalis Hassiae inferioris, à Cassel. 1719. in folio. Vale Hanoviae et salve Cassiae dictum. à Francfort. 1707. in 8vo. par le même auteur.

112) *Joh. Georg. Liebknecht* Specimen Hassiae subterraneae. à Francfort sur le Mein 1760. in 4to.

113) *Joh. Jac. Baier* Oryctographia Norica, à Nuremberg. 1708. in 4to. et 1758. in folio.

114) *Joh. Purraker* Oryctographia Burggraviatus Norici superioris, à Bayreuth. 1764. in 4to.

115) *Paul. Dav. Longolii* propyleum curiae Regnitianae subterraneae. à Hof. 1751. in 4to.

116) *Ludov. Bernh. Binninger* oryctographia agri Buxovillani et viciniae. à Strasbourg. 1763. in 4to.

117) *Georg. Adam Volkmann* Silesia subterranea, à Leipsic. 1720. in 4to.

118) *Leonh. Dav. Herrmann* Maslographia. à Brieg. 1711. in 4to.

119) *Joh. Gottlob. Lehmann* in der Vorrede zum Versuch einer Geschichte von Flöz-Gebürgen. à Berlin 1756. in 8vo.

auſſi dans d'autres païs, et ſi l'on compare ces écrits avec les Oryctographies de l'Allemagne, on peut faire pluſieurs remarques, ſur tout a l'égard des coquilles pétrifiées, très propres à donner une exacte connoiſſance de l'état de nôtre Globe, tel qu'il étoit du tems paſſé, et des Cataſtrophes extraordinaires, qu'il a ſouffertes. Nous allons auſſi citer quelques-uns des plus célèbres auteurs, qui ont donné une attention particuliére aux coquilles pétrifiées. Celles de la Suiſſe ont été décrites par *Scheuchzer*, 120) *Lange*, 121) et d'autres, celles de la France par *d'Argenville*, 122) par *Réaumur*, 123) par *Juſſieu*, 124) par *Hellot*, 125) et par *Alléon Dulac*, 126) celles de l'Italie par *Spada*, 127) par *Zannichelli*, 128) et par *Baldaſſar*, 129) celles du Golfe de Veniſe par *Vitalian Donati*, 130) celles de la Sicile par *Domenic. Schiavo*, 131) celles de l'Angleterre par *Charles Leigh*, 132) par *Morton*, 133) et par les auteurs de pluſieurs petites piéces du *Gentlemens Magazin*, celles de la Suede par *Bromel*, 134) et par *Tilas*, 135) celles du Danemark par *Pontoppidan*, 136) et par *Abildgaard*, 137) celles de la Norwege par *Pontoppidan*, 138) celles de la Pologne par *Schober*, 139) celles d'Amboine par *Rumphius*, 140) celles de Madere et de Barbade par *Sloane*. 141) On a auſſi traité dans des écrits particuliers de pluſieurs eſpéces de coquilles pétrifiées, et l'on a principalement taché de découvrir parmi les différents corps marins l'origine de celles, qui étoient encore incon-

nues.

120) *Joh. Jac. Scheuchzer* meteorologia et oryctographia Helvetica, à Züric. 1718. in 4to. Et Specimen lithographiae Helveticae. à Zürc. 1702. in 8vo du même auteur.

121) *Car. Nic. Langii* hiſtoria lapidum figuratorum Helvetiae, à Veniſe 1708. in 4to. Tractatus de origine lapidum figuratorum. à Lucerne. 1709. in 4to. du même auteur,

122) *A. S. D. d'Argenville* enumerationis foſſilium, quae in omnibus Galliae provinciis reperiuntur, tergemina. à Paris. 1751. in 8vo,

123) Les remarques de M. *René. Ant. de Réaumur* ſur les coquilles foſſiles de la Touraine ſe trouvent dans les Memoires de l'Acad. royale des Sciences. de l'an. 1720.

124) *Ant. de Juſſieu* recherches phyſiques ſur les pétrifications, qui ſe trouvent en France. Dans les mêmes Memoires de l'an. 1721.

125) *Hellot* eſſai ſur les mêmes. 1759. On y trouve une deſcription des foſſiles et des pétrifications de la France.

126) Memoires pour ſervir à l'hiſtoire naturelle des provinces de Lyonnois, Forez et Beaujolois, par M. *Alléon du Lac*. à Lion. 1765. II. Vol. in 8vo.

127) *Jac. Spada* catalogus lapidum Veronenſium ιδιογεαφος, qui apud Jo. Jac. Spadam aſſervantur. à Verone. 1739. in 4to.

128) *Jo. Hieron. Zannichelli* epiſtola de lithographia duorum montium Veronenſium, di Boniolo et di Zoppica. à Veniſe. 1721. in 8vo.

129) La deſcription des foſſiles, qu'on trouve prés de Siéne, par *Baldaſſari* ſe trouve en Italien dans le Vol. II. des: Atti dell'Academia delle Scienze di Siena. à Siène. 1703. in gr. 4to.

130) *Vitaliano Donati* Saggio della ſtoria naturale marina dell'Adriatico. à Veniſe. 1750. in 4to, en allemand. à Halle 1753. in 4to en françois. à la Haye. 1758. in 4to.

131) *Domenico Schiavo* deſcrizione di varie produzione naturali della Sicilia. à Palerme. 1762.

132) *Car. Leigh* natural hiſtory of Lancashire, Cheshire and the Peack in Derbyshire. à Oxtort. 1700. in folio. Dans le Chap. VI. du Liv. I, l'auteur traite des Pétrifications, qu'il prend pour des jeux de la Nature.

133) *Jo. Morton* natural hiſtory of Nordhamptonshire, à Londres. 1712. Il a de même traité des Pétrifications de ce païs.

134) *Magn. von Bromel* minerologia et lithographia Suecana, traduite du Suedois in allemand. à Stokholm et à Leipſic. 1740. in 8vo. Les Specimina lithographiae Suecanae ſe trouvent dans les Act. literar. Upſal.

135) Des Freyherrn von *Tilas* Entwurf einer Schwediſchen Mineral-Hiſtorie aus dem Schwediſchen überſetzt von Joh. Beckmann. 1767. in 8vo. Cependant l'auteur s'occupe plus des minéraux et des pierres, que des petrifications.

136) *Erich Pontoppidans* kurzgefaſte Nachrichten, die Natur-Hiſtorie in Dænemark betreffend, aus dem Dæniſchen überſetzt, Hamburg. 1765. in 4to.

137) *Sören Abildgaards* Beſchreibung von Stevensklint und deſſen natürlichen Merkwürdigkeiten, aus dem Dæniſchen überſetzt, Kopenhagen und Leipzig. 1764. in 8vo.

138) *Erich Pontoppidan* Verſuch einer natürlichen Hiſtorie von Norwegen, aus dem Dæniſchen überſetzt, Kopenhagen, erſter Theil 1753. zweyter Theil 1754. in 8vo.

139) *Schober* Abhandlung von den Pohlniſchen Salz-Gruben. Hamb. Mag. II. St. VI. Band. p. 115.

140) *Rumphs* Amboiniſche Raritaeten-Kammer, Amſt. 1741. in fol. où il a auſſi traité des pétrifications d'Amboine.

141) *Hans Sloanes* voyage to the Island Madera, Barbados, Nievers &c. à Londres. le prémier Tome en 1717. et le ſecond en 1725. in folio.

nues. Ce sont sur tout les Belemnites, qui ont été l'objet des recherches de plusieurs savants Naturalistes, parmi lesquels nous ne nommerons à présent que *Klein*, 142) *Breyn*, 143) *Fichardt*, 144) *Stobæus*, 145) de la *Tourette*, 146) *Baker*, 147) *Kundmann*, 148) et *Bourguet*, 149) *Klein*, 150) et *Kruckardt*, 151) ont traité en particulier des Orthocératites. *Bianchi* 152) s'est donné principalement bien de la peine à découvrir les coquilles marines encore inconnues pour répandre de la lumière sur les coquilles pétrifiées. *Jussieu* 153) et *Scheuchzer* 154) ont décrit les espéces d'Ammonites, *Hoppe* 155) les Gryphites, *Stobæus* 156) les Balanites, *Brakmann*, 157) *Bater* 158) et *Genzmer* 159) les Hystérolithes.

Combien d'ouvrages ne pourrions nous pas alléguer, concernant cette partie de la connoissance des pétrifications, qui ont paru dans ce Siécle-ci? Mais comme jusqu'ici nous n'avons rapporté que l'histoire des travaux de plusieurs savans Naturalistes, tachons à présent de connoître de plus près, jusqu'où l'on a poussé cette science dans ce Siécle. Dans le précédant *Siécle*, par la comparaison exacte qu'il fit des coquilles pétrifiées avec les naturelles, fit naître à plusieurs des doutes sur la certitude des principes d'une *Vis Plastica* ou d'un jeu de la Nature, presque communement adoptés, et en recueillant de plus en plus les coquilles naturelles, on fut entierement convaincu par les sens de la structure organique d'un corps animal ou végétal changé en pétrification. *Luid* par la Collection de plusieurs corps pétrifiés qu'il découvrit en Angleterre avoit fort bien commencé, *Woodward* par son Systéme Cosmologique étoit allé plus loin et entreprit de démontrer la possibilité du passage des corps marins dans les plus hautes montagnes; mais *Scheuchzer* hazarda de s'opposer publiquement à l'opinion, que les corps pétrifiés ne dévoient leur origine qu'à un jeu ou à une vertu formatrice de la Nature, et de soutenir l'ancienne et véritable opinion sur la pétrification des corps marins naturels. *Scheuchzer* eut le bonheur d'avoir en peu de tems plusieurs Partisans, sur tout en Allemagne, qui, non contents de rechercher avec beaucoup d'attention les coquilles de leurs contrées, prouvérent que c'étoient de véritables pétrifications, et s'opoférent avec force aux jeux de la Nature et à de pareilles absurdités. Les ouvrages de *Bater*, de *Rosinus*, de *Büttner*, de *Mylius*, de *Wolfarth*, de *Herrmann*, de *Volkmann*, de *Schutte* et de *Hellwing* 160) le prouvent assés. Dans d'autres provinces il n'y eut pas moins de temoins de la veri-

H

té,

142) *Jac. Theod. Klein* lucubratiuncula de aculeis echinorum marinorum. Elle se trouve dans sa Dispositio Naturalis echinodermatum, à Danzic. 1734. in 4to en françois à Paris. 1754. in 8vo.

143) *Jo. Phil. Breyn* comment. de belemnitis Prussicis. Elle se trouve dans sa Diss. physica de polythalamiis, à Danzic. 1732. in 4to.

144) *Job. Bapth. Fichardt* Diss. de belemnitis Suevicis, à Leyde 1724. & à Augsbourg. 1727. in 4to.

145) *Kil. Stobæi* Diss. de cerauniis betulisque lapidibus. Elle se trouve dans ses Opuscula. à Danzic. 1752. in 4to.

146) *de la Tourette* dans une lettre sur les belemnites, qui se trouve aussi dans le Dictionnaire des fossiles de Mr. Bertrand.

147) *David Erskine Baker* letter to Mr. Martin Folkes containing considerations on two extraordinary Belemnitæ. dans les Transact. Philosoph. Vol. 41. n. 488. p. 598.

148) Dans le Chap. IX. de ses Rariora naturæ et artis.

149) Dans ses lettres philosophiques sur la formation des sels et des Crystaux, à Amst. 1729. in 12mo.

150) *Jac. Theod. Klein* descriptiones tubulorum marinorum, à Danzic. 1731. in 4to.

151) *Kruckardt* relatio de orthoceratis Megapolitanis, dans le premier Tome des Act. Academiæ Mecklenburg. p. 118.

152) *Janus Planus* de conchis minus notis in litore Ariminensi. à Venise. 1739. in 4to.

153) *Ant. de Jussieu* de l'origine et la formation d'une sorte de pierre figurée, que l'on nomme corne d'Ammon, dans les mémoires de l'acad. royale des sciences de l'an 1722. p. 310.

154) *Joh. Jac. Scheuchzer* Specimen de cornu Ammonis dans les Ephemer. Nat. Curiot. Cent. 5. p. 15.

155) *Joh. Conr. Hoppe* kurze Beschreibung versteinter Gryphiten. Gera. 1745. in 4to.

156) *Kil. Stobæi* monumenta diluvii universalis ex hist. naturali. dans les Opuscula. p. 286.

157) *Ant. Ern. Brakmann* relatio physica de duabus conchis marinis, quarum una valva marina et altera terrena venerea nominatur. à Brounsvic, 1722. in 4to.

158) *Joh. Henr. Bater* epistola ad viros doctos. à Francf. & Leipz. 1730. in 4to. p. 131.

159) *Genzmer* Abhandlung von der concha triloba, dans le prémier Volume des: Schrifften einer gel. Gesellschaft in der Ober-Lausiz.

Nous avons cité ci-dessus les écrits de ces auteurs.

té, comme *Hook* 161) en Angleterre, *Aftruc* 162) en France, *Valifneri* et *Lancifi* * 162) en Italie, pour ne point en citer d'autres. *Lange* en Suiffe fût un des derniers à foutenir tout de bon la fauffe opinion des jeux de la Nature, et *Beringer* 163) finit par une fcéne affés comique; il prit le change, et trouvant fur des pierres artificielles, qu'on avoit travaillées exprés et lui fait déterrer, les figures du foleil, de la lune, des aftres, des caractéres hébreux, et plufieurs animaux teftacés qui f'accouploient, il renouvela aux depens de fa reputation, toutes les opinions d'un efprit univerfel, d'une *Vis Plaftica* et d'une *aura feminalis*, qui n'étoient plus de mode depuis longtems. Mais comme il arrive rarement, qu'à la place d'un préjugé depofé il ne f'en gliffe un autre, ou quelque principe, qui étant peu à peu pouffé trop loin devient par là même un nouveau préjugé, il en fût de même à l'égard de ce Syftéme. On fe crût pleinement convaincu, que c'étoit dans la mer, qu'il falloit chercher les analogues des coquilles pétrifiées, il f'agiffoit donc de favoir, comment elles avoient été transportées de la mer fur les plus hautes montagnes. La conjecture, que cela f'étoit fait dans le tems du Déluge univerfel, trouva une approbation presque générale, et dans les prémiers trente ans de ce Siécle la plûpart des Naturaliftes allérent jusqu'à croire que toutes les coquilles pétrifiées, qu'on trouvoit dans la terre, y exiftoient depuis le Déluge, et etoient, fuivant l'expreffion de *Büttner*, des temoins et des monumens du Déluge univerfel.

Dans les derniers trente ans on a encore beaucoup perfectionné cette fcience. La plûpart des Naturaliftes font perfuadés, que le paffage des corps marins dans les entrailles de la terre, eft l'éffet de plus d'une caufe, quoiqu'il y en ait, qui fondent leur Syftéme favori fur quelque principe general, et veulent deduire toutes les pétrifications d'une même caufe, par ex: uniquement des tremblemens de terre, des montagnes de la mer abandonnées, &c. Non feulement on a publié plufieurs Oryctographies, mais on a même commencé à faire des collections univerfelles de pétrifications, fur tout de coquilles, où il faut principalement rapporter celle de *Bourget*. Les découvertes importantes, que *Vitalian Donati* a faites fur l'état du fond de la mer, et des montagnes de coquilles, qui f'y trouvent, celle de *Breynius* et *Klein* touchant le genre des limaçons chambrés, celle de *Blanchi* qui decouvrit plufieurs efpéces d'analogues de coquilles pétrifiées jusqu'ici inconnûs, et celles de quelques autres fur l'origine animale des Belemnites, que *Baier* avoit encore revoquée en doute, ont beaucoup embelli la Conchyliologie du Régne minéral, et ont convaincu les amateurs, qu'on peut placer des pétrifications parmi les coquilles, quand même on n'a pas encore trouvé leurs analogues dans la mer. Les foins, que d'*Argenville*, *Gualtieri*, *Klein* et plufieurs autres fe font donnes, par rapport à l'étude et à la claffification des coquilles naturelles, ont été d'un grand avantage à la Conchyliologie du Régne minéral, et ont beaucoup contribué à la perfectionner, ce qu'on fentira encore mieux dans l'avenir, vû la peine, qu'on fe donne à préfent a ranger plus exactement la fuite des genres des coquilles naturelles. En revanche les coquilles pétrifiées ont eû leur influence fur plufieurs nouveaux Syftémes Cosmologiques, ou ont du moins donné occafion à mieux examiner les Syftémes des anciens; nous avons fur ce Sujet une piéce trés importante de Monfr. le Prof. *Hollmann*.

Il faudroit à préfent alléguer les auteurs, qui ont traité des coquilles pétrifiées; mais comme nous l'avons fait dans l'hiftoire, que nous venons de donner, il feroit fuperflû d'en répéter les noms. Nous aimons mieux faire connoitre a nos lecteurs les principaux auteurs, qui ont traité des coquilles naturelles, vû que cette connoiffance fait la bafe la plus folide & la plus fure de la Conchyliologie du Régne minéral: Les voici fuivant l'ordre Chronologique:

1) Coa-

161) Voyés fon Traité: de terræ motibus.

162) *Aftruc* écrit un Traité fur les pétrifications de Boutonnet, l'an 1707. Il fe trouve dans le prémier Tome de l'hiftoire de la focieté royale des fciences de Montpellier. à Lyon. 1766. in gr. 8vo.

* 162) *Lancifi* dans fes remarques fur *Mich. Mercati* Metallotheca. à Rome 1719. in folio.

163) *Jo. Barth. Adam Beringeri* lithographia Wirceburgenfis, à Würzbourg. 1726. in fol.

1) *Conrad Gesner* in nomenclatore aquatilium animantium. à Zuric. 1560. à Heidelberg. 1606. in folio.

2) *Ulysses Aldrovandus* de animalibus exsanguibus, utpote de mollibus, crustaceis, testaceis & Zoophytis. à Bologne 1642. in folio avec des figures en bois.

3) *Joh. Jonston* in historia naturali de exsanguibus aquaticis, à Francf. 1650. & à Amsterdam 1718. avec des figures en taille douce. fol.

4) *Gualter Charleton* in Onomastico Zoico, animalium contin. plerorumque differentias et nomina propria. à Londres 1668. in 4to avec figures.

5) *Robert Sibbald* in Scotia illustrata. à Edimbourg. 1684. in fol. avec figures. l'an 1696. se trouve sur le titre de quelques exemplaires.

6) *Philippe Bonanni* in recreatione mentis et oculi in observatione animalium testaceorum. en Italien à Rome 1681. in 4to et en latin 1684. et in Museo Kircheriano. à Rome 1704. in fol. L'un & l'autre avec figures.

7) *Martin Lister*, dont l'Historia sive Synopsis methodica Conchyliorum a paru par parties à Londres, depuis l'an 1685. jusqu'à l'an 1688. in folio avec beaucoup de belles estampes.

8) *George Eberh. Rumphius* dans le Cabinet des Raretés d'Amboine. en hollandois à Amsterdam 1741. in folio, en allemand à Vienne. 1766. in folio; traduit par Mr. *Phil. Louis Stat. Müller*, Prof. à Erlang. On a non seulement joint à cette Edition Allemande l'Introduction du célèbre Mr. *Jean Andr. Cramer* Chapelain de S. M. le Roi de Danemarc, qui se trouve à la tête de l'ouvrage magnifique de Regenfus, mais le savant Mr. *Jean Jérome Chemnitz*, Ministre de la Legation Danoise à Vienne y a aussi ajouté des remarques fort instructives.

9) *A. J. D. d'Argenville* dans son *Histoire naturelle éclaircie dans une de ses parties principales, la Conchyliologie*, dont la première Edition a paru à Paris. 1742. et la seconde 1757. avec un grand nombre de figures en taille douce. L'une, & l'autre in 4to.

10) *Nic. Gualtieri*, qui a publié un *Index testarum Conchyliorum, quæ in ejusdem museo adservantur, et methodice distributæ exhibentur tabulis CX.* à Florence. 1744. in fol.

11) *Jac. Theod. Klein in tentamine methodi ostracologicæ sive disquisitione naturali cochlidum et concharum in suas classes, genera et species iconibus singulorum generum æri incisis illustratæ.* à Leyde. 1753. in 4to.

12) *Valentyn*, dont la *Verhandeling der Zeehorentjens, dienende tot een vervolg op Rumphius*, a paru à Amsterdam 1754. in fol. avec figures.

13) *Georg Wolfgang Knorr Vergnügen der Augen und des Gemüths in Vorstellung einer allgemeinen Sammlung von Muscheln*, dont le prémier Tome a paru à Nuremberg 1757. et le second 1764. avec beaucoup de Planches enluminées. Le troisième & le quatrième Tome suivront. La déscription françoise et allemande, chacune imprimée separement, vient du savant Mr. *Phil. Louis Stat. Müller.* Prof. à Erlang

14) *Auserlesene Schnecken- Muscheln- und Sebaal- Thiere auf Befehl Seiner Königl. Majestät von Dennemark nach den Originalien gemahlt, in Kupfer gestochen, und mit natürlichen Farben erleuchtet von* Franz Mich. Regenfus. Kopenhagen 1758. gr. fol. in zween Theilen. C'est l'ouvrage le plus magnifique, que nous ayons sur la Conchyliologie.

15) *Alb. Seba* dans le troisième Tome de son magnifique ouvrage, qui a paru à Amsterdam sous le titre: *locupletissimi rerum naturalium thesauri accurata descriptio*, en trois Tomes. in gr. fol. dont le premier a paru en 1734. le second en 1735. & le troisième en 1758. avec de fort belles estampes.

C'est à dessein, que nous nous dispensons de nommer ici plusieurs autres auteurs, que l'on trouve soigneusement cités dans *Gronovii Bibliotheca regni animalis & lapidei.* Il y a sur les différentes divisions des coquilles dans leurs genres & espèces un ouvrage fort utile de Mr. *Charl. Aug. de Bergen*, intitulé: *Classes Conchyliorum.* à Nuremberg. 1760. in 4to.

CHA-

CHAPITRE II.
DES AMMONITES ET DES NAUTILITES.

Comme la défcription des corps naturels repréfentés dans ce Tome, que nous avons entrepris de mettre au jour, ne peut être utile au lecteur, qu'autant qu'elle lui fera connoître en même tems les genres & les efpéces, fous lefquelles chaque pétrification doit être rangée, nous croyons devoir combiner ces deux fortes d'inftruction, en obfervant cependant toute la briéveté qui nous fera poffible. La claffification fyftematique générale fera donnée dans l'Introduction à l'Ouvrage entier. Par le moien de celle-ci il fera bien facile de connoître le rapport des efpéces à leurs genres, la reduction des genres à leurs genres fupérieurs & la fubordination des Varietés à leurs efpéces.

C'eft par les Cornes d'Ammon pétrifiées que commence cette partie. Elles ont le nom d'*Ammonites* ou de *Cornes d'Ammon* de Jupiter Ammon, qu'on repréfentoit autrefois avec des Cornes tournées fur elles-même et femblables à nos Ammonites. Les Rois des plus anciens peuples, parmi lefquels regnoit encore la fimplicité, portoient ordinairement, en marchant à la tête de leurs trouppes, une corne de buffle au bout d'une perche, et c'étoit là la marque à laquelle le Soldat reconnoiffoit fon Roi, et l'endroit où il fe trouvoit dans la bataille. La corne devint ainfi avec le temps la marque de la dignité Royale, comme le furent dans la fuite la couronne et le fceptre, & l'on peignoit les Rois avec une Corne à chaque côté de la tête, à la quelle on donnoit la forme d'une Corne de bélier femblable à nos Ammonites. C'eft ainfi qu'on repréfenta un ancien Roi, au quel on rendit dans la fuite un culte divin fous le nom de Jupiter Ammon, & c'eft de là que les Cornes d'Ammon ou les Ammonites ont pris, comme nous venons de le dire, leur nom. Celui de *Ceratites*, qu'on leur donne quelquefois, eft trop vague, et comprend toutes les cornes pétrifiées d'animaux. Dans les Temps où on ne favoit pas encore, que les Ammonites dans leur état naturel, appartenoient aux coquilles & particulièrement aux limaçons, on les nomma fouvent des ferpents pétrifiés, & on les prit pour tels, comme l'on voit dans plufieurs auteurs du quinziéme, et même dans quelques uns du feiziéme Siècle.

Les Ammonites font des limaçons, qui confiftent en un tuyau teftacé, cloifonné, qui, tourné fur lui même, finit en diminuant au centre. Ses circonvolutions font apparentes des deux côtés jufqu'à l'extrémité intérieure du tuyau. Au travers de ces cloifons ou de ces concamerations tout près du dos de la coquille paffe un fiphon, qui eft vifible dans quelques efpéces & caché dans d'autres. Là où les concamerations finiffent, il y a encore une partie vuide & libre, mais qui eft caffée dans la plûpart des Ammonites, & c'eft proprement la loge de l'animal, qui habite cette coquille, & qui cache une partie de fon corps charnu dans le fiphon. Les Nautilites, les Lituites & les Hélicites font des efpéces de Coquilles, qu'il faut ranger fous le même genre avec ces Ammonites. Le caractère générique confifte en ce qu'ils font tous des tuyaux teftacés, cloifonnés & tournés autour du centre. Lorfque ce tuyau teftacé diminue peu à peu, en forte que les circonvolutions font apparentes des deux côtés, on donne à ces coquilles le nom d'*Ammonites*. Lorfque la prémiére volute eft fi grande et fi large, que les autres n'en font ou point du tout ou fort peu apparentes, et cela point dans le centre, mais ordinairement près de la bouche, et lorfqu'outre-cela ces coquilles ont des cloifons demi rondes, qui par dehors ne paroiffent pas dans toutes les efpéces, & que le fiphon ne paffe pas près du dos, mais par le milieu des concamerations, on les nomme *Nautilites*. Comme la Nature met communément entre les limites de deux efpéces du même genre une troifiéme efpéce, qui a quelque chofe de reffemblant avec l'une & avec l'autre, elle a fait ici la même chofe, & l'on trouve de certains Ammonites Nautiliformes, à l'egard defquels on eft incertain f'il faut les ranger parmi les Nautilites ou parmi les Ammonites. Lorfque la coquille a la forme d'un Ammonite, à cela près, que la circonvolution extérieure f'ecarte des autres & finit en une ligne longue et droite, & que par là elle prend la forme d'un bâton

re-

recourbé par le bout, on l'appelle *titoire*. Quand enfin toutes les volutes, même la derniére, sont entiérement couvertes & cachées par une écaille lenticulaire, et qu'aprés avoir enlevé celle-ci, l'on decouvre un grand nombre de circonvolutions d'un tuyau fin diminuant imperceptiblement, et séparé en plusieurs concamérations étroites, on donne à ce corps le nom d'*Hélicite*. Ces caractéres distinctifs suffisent pour faire discerner les quatre espéces de limaçons cloisonnés, tournés autour du centre.

On n'a point découvert jusqu'ici le véritable analogue marin des Ammonites; par cette raison l'on suppose, que ce limaçon doit avoir sa demeure particuliere & ordinaire au fond de la mer. Cependant on est entiérement convaincu aujourd'hui, que cet analogue est un limaçon de mer qui a passé dans le Régne des fossiles. Ces cochlites d'une petitesse extrême, qu'on a découverts dans le sable de la mer près de Rimini, de Bologne et en Norwége, dont la structure entiére s'accorde parfaitement avec celle de nos grands Ammonites, l'écaille naturelle, qu'on trouve encore sur quelques Ammonites et le rapport qu'ils ont avec d'autres espéces de coquilles assés connues dans le Régne des pétrifications, mettent la chose hors de doute, et l'on est généralement convaincu, que les Ammonites ont été des animaux testacés avant leur pétrification.

Le corps pétrifié, qui tire son origine de cet animal testacé, considéré en général, différe tant à l'égard de sa conservation que de sa pétrification. Dans plusieurs l'écaille naturelle manque tout à fait, & il ne nous reste que la matiére qui s'y est moulée, ou le noyau. Dans d'autres il ne s'est conservé qu'une portion de l'écaille, qui se distingue facilement du noyau, et dont la couleur tire ordinairement sur le brun. Ceux-ci se trouvent le plus souvent dans ces endroits, où la terre n'est pas melée d'un acide vitriolique, qui dissout et détruit la coquille, qui est d'une substance calcaire. D'autres encore font voir entre le noyau et l'empreinte, qu'ils ont laissé dans la matiére qui les avoit environnés, une substance cretacée, qui n'est que l'écaille calcinée. Mais c'est une chose extremement rare que de trouver une corne d'Ammon qui ait conservé son écaille naturelle toute entiére. Outre cela la plûpart des cornes d'Ammon font endommagées à la partie antérieure de leur tuyau testacé, où se trouve la bouche. Car dans ces Ammonites, qui sont ou tout à fait ou presque entiers, on voit, à l'extremité de la volute extérieure, ou au devant les cloisons, qui dans plusieurs espéces sont apparentes par dehors, une partie, qui n'a ni stries ni tubercules par dehors. C'est cette partie, qui dans les cornes d'Ammon naturelles est la loge de l'animal, et de laquelle part la queuë, qui passe par le siphon, & avec laquelle il tient au reste de sa coquille, & c'est cette même piéce, qui manque à la plûpart des Ammonites. tant par ce que, n'ayant point de cloisons, elle devoit être la premiére cassée par la compression & les chocs que ces coquilles ne pouvoient guére éviter en passant dans le Régne des fossiles, que parce que les cornes d'Ammon naturelles tiennent peut être fermes par leur bouche aux rochers de la mer. comme les patelles, & qu'alors etant dans quelque orage emportées de force, elles perdent ordinairement cette partie de leur coquille. La qualité de la pétrification différe dans ces corps comme dans le reste des corps pétrifiés, & cette différence provient en partie de la qualité des particules terrestres, qui pénétrent dans la coquille calcinée, & en partie des vapeurs minérales, qui passent par l'endroit ou celle-ci est couchée. Lorsqu'il n'y a point de ces vapeurs, la substance des Ammonites n'est que pierreuse. Quand la terre qui les renferme est martiale, ou chargée d'un acide vitriolique, la coquille naturelle est ordinairement tout à fait détruite, de sorte qu'il n'en reste que le noyau. Si l'endroit est pyriteux ou ferrugineux, le corps pétrifié prendra cette même substance à l'aide de la chaleur, qui introduit ces particules minérales dans le corps calciné & poreux, & c'est par cette raison, qu'on trouve des Ammonites pyriteux & ferrugineux. La pyrite s'attache fort souvent à la surface intérieure du tuyau, qui forme la coquille, et à ses cloisons, & c'est ce qui fait que les stries pyriteuses dans les Ammonites sciés & polis en font voir très distinctement tou-

te la ftructure interne. Lorsqu' à la coquille calcinée, il f'eft unie une matiére fluide criftalline, ce qui refte du teft en prend une fubftance fpatheufe. Souvent il y a dans les Ammonites des taches quartzeufes, qui proviennent d'une eau renfermée, dans laquelle la matiére
calcaire de la coquille rongée n'a point pénétré. Nous ne déciderons pas fi la fubftance
vifqueufe de l' animal a contribué quelque chofe à ce rempliffage quartzeux, ou f'il a été
changé en une fubftance femblable au quartz, mais nous ne voulons pas non plus foutenir,
que les humeurs de l'animal putrefié n'aient rien pû contribuer au changement de la matiére
pierreufe, qui conftitue l' Ammonite.

Les Ammonites, lorsqu'on les trouve, font ou libres & détachés de la pierre, qui les renfermoit, ou enchaffés dans leur matrice. Les prémiers font ordinairement endommagés par
le frottement qu'ils ont fouffert en roulant, mais les derniers font mieux confervés. Quelques-
uns fe trouvent ifolés et entourés d'une terre argileufe ou marneufe, qui en roulant a pris la
forme d'une boule. D'autres font renfermés dans de grandes pierres, la plûpart en grand
nombre enfemble, mais fans qu'on obferve quelque ordre dans leur fituation, quelques uns
étant droits, d'autres couchés fur le côté plat, d'autres entremélés dans une direction
oblique, felon que la violence des inondations lesa entrainés, entremêlés & enfoncés. D'autres
encore fe trouvent fur des plaques, jcommunement couchés fur le côté plat; comme ceux-
ci font allés peu à peu à fond dans l'eau, qui les a emportés, et qu'en l'atteignant ils fe
font couchés fur leur côté plat, ils ont été couverts dans la fuite de limon, et enfoncés dans
leur lit. Il y en a d'autres enfin dans des ardoifes blanches ou noires. Ils y font communément couchés de niveau à la pierre même, & fur plufieurs de ces ardoifes on ne voit, qu'une
fimple empreinte d'une corne d'Ammon.

En confidérant en général les endroits, où les Ammonites fe trouvent aujourd'hui,
nous obfervons communément que telle ou telle efpéce fe rencontre principalement dans un
endroit, une autre efpéce dans un autre. Ce n'eft que rarement qu'on en voit une quantité
à peu pres égale de plufieurs efpéces enfemble dans le même endroit, & dans la même contrée. On les trouve ou ifolés, detachés, & difperfés çà & là dans les champs, & ce font ceux,
qui y ont été transportés par des inondations, ou bien ils fe trouvent enfoncés dans de grandes pierres, fouvent dans une quantité incroyable, de la même efpéce, de façon que l'on
en rencontre jufqu' à 30. & 40. enfemble. Il eft probable que ceux-ci aient eu là leur domicile dans un lac qui doit avoir couvert autrefois l'endroit où on les trouve. Quant aux endroits
en particulier, où l'on en decouvre, il y a rarement une contrée, pour peu qu'elle foit abon-
dante en pétrifications, où l'on ne trouve de ces Ammonites parmi d'autres coquilles pétrifiées. L' Allemagne, l' Angleterre, la France, la Suiffe & l' Italie en font principalement
pourvuës. Cependant une contrée en eft plus riche que l'autre. Il y en a plufieurs où ils
font d'autant plus rares qu'ils font abondans dans les contrées voifines. C'eft felon la contrée même, que l'efpéce, la pétrification et la confervation en font differentes.

Le genre des Ammonites contient un nombre confidérable d'efpéces différentes qui ont
leurs efpéces fubordonnées. Quelques uns ont la fuperficie liffe, d'autres ne l'ont pas telle;
ja coquille de ceux-ci eft ou ftriée ou rayée, et par conféquent fillonnée, ou tuberculeufe.
Quelques uns ont plufieurs circonvolutions, d'autres n'en ont que peu. Dans quelques uns
le tuyau tourné en fpirale qui conftitue la coquille diminue peu a peu, dans d'autres il diminue
fubitement et fort fenfiblement, de forte que dans ceux-là la circonvolution extérieure n'eft
qu'un peu plus grande & plus large que les autres, au lieu que dans ceux-ci elle l'eft de
beaucoup, et c'eft parmi ces derniers, qu'il faut ranger ces Ammonites Nautiliformes, qui
conftituent, comme nous avons remarqué ci-deffus, une efpéce mitoyenne, que la Nature a
placée entre les limites des Ammonites & des Nautilites. Ceux, qui ont des ftries élevées,
différent encore entre eux en ce que dans quelques uns ces ftries font fimples, dans d'autres bifourchues ou trifourchues &c., ou divifées en deux, trois ou davantage de branches.

Quelques

Quelques uns ont le dos arrondi, d'autres l'ont large, et d'autres l'ont aigu. Ceux qui ont le dos large, différent encore entre eux, en ce que dans quelques uns le dos est plat, dans d'autres marqué d'un fillon, qui est ou vuide ou rempli par le fiphon. C'est fur ces différences qu'on doit claffifier les genres d'Ammonites, de forte que certains caractéres diftinctifs doivent déterminer les efpéces, d'autres les co-efpéces ou les efpéces fubordonnées. Le meilleur caractere pour diftinguer les efpéces fe tire de la conformation de la coquille du cote plat et a cet égard ou les Ammonites font liffes, ou ils ne le font pas. Les premiers ont le dos ou liffe ou fillonné. Les derniers ont ou des entailles, ou des ftries en relief, & des fillons, ou bien des tubercules. Il y a donc trois efpéces différentes d'Ammonites, dont l'écaille n'eft pas liffe, favoir les ftriés, les fillonnés, & les tuberculeux. Les ftriés ont les ftries ou droites, ou demi-rondes, ou ondovées, ou arborifées: les fillonnés ont les fillons ou droits & fimples, ou fourchus, ou recourbés. Ces co-efpéces différent encore entre elles en plufieurs points. Dans quelques unes les fillons font étroits & ferrés, dans d'autres ils font rares, c'eft à dire un peu plus éloignés l'un de l'autre. Quelques unes ont les fillons profonds, d'autres les ont plats ou peu profonds: quelques unes ont le dos arrondi, d'autres l'ont aigu, & encore d'autres l'ont large; ce dos eft ou liffe ou canelé, & lorsqu'il eft canelé, il renferme communément un fiphon. Les fillonnées a dos arrondi different encore entre elles en ce que dans quelques unes les fillons paffent tout droit par deffus le dos et que dans d'autres ils fe rencontrent au milieu du dos, ou dans une direction droite ou fous un angle. Le fiphon eft de meme dans quelques unes uni, dans d'autres échancré et dans d'autres encore tuberculeux. A l'égard de la grandeur, il y en a des petits, des mediocres et des grands. Les petites cornes d'Ammon pétrifiées n'ont fouvent pas meme la grandeur d'une lentille, & les Cornes d'Ammon naturelles, que Bianchi a trouvées dans le fable de la mer prés de Rimini, furent fi légéres, que 130 n'egaloient que le poids d'un grain d'orge. Les grandes ont fouvent une aune & au de là de Diametre.

Il femble que les Ammonites aient été connûs dans les tems les plus reculés. *Pline* dit, qu'en Ethiopie l'on trouvoit des Ammonites pyriteux, et qu'on les eftimoit extrêmement. Probablement *Pline* 1) le tenoit de l'ouvrage perdu de *Theophrafte* fur les pétrifications, du moins il n'eft pas vraifemblable, qu'ils ayent été tout à fait inconnus aux Grecs, & fur tout a ce Lithologifte Grec. Outre *Pline*, il n'y a aucun Auteur, ni parmi les Grecs ni parmi les Romains, qui faffe mention des Ammonites. La raifon en eft, que les Grecs et les Romains abandonnoient communement la Lithologie aux Medicins, et que ceux-ci ne faifoient cas que de ces pétrifications, qu'ils croyoient avoir quelque vertu medicinale. Comme l'on n'en cherchoit, & que l'on n'en trouvoit aucune dans les Ammonites, ils étoient peu eftimés. On peut dire la meme chofe des auteurs du moien age, dans lesquels, autant que je fai, il n'eft pas non plus fait mention des Ammonites. Au milieu du feizieme fiécle *Agricola* 2) & *Gesner* 3) furent les premiers a les faire connoître. On les appella Ammonites de *Pline* & on les plaça ordinairement parmi les pierres figurées, fans fe mettre beaucoup en peine de leur origine d'un animal marin. Il femble cependant que *Agricola* en a été convaincu d'une certaine maniére, vu qu'il appelle ces Ammonites *fteinerne Scherbhörner*, et les diftribue en *Scherbhörner en harnois & fans harnois*, c'eft à dire en Ammonites mineralifés, qui font ou pyriteux ou ferrugineux, et en ceux, qui n'ont pris qu'une fubftance pierreufe. Les Lithologiftes prenoient alors la fubftance fpatheufe des Ammonites pour de l'Alun, comme l'on voit chés *Gesner*. Quelques auteurs de ce fiécle, qui ont traité des pierres precieufes, ont accordé aux Ammonites, 4) une place parmi celles-ci & cela par aucune autre raifon, a ce qu'il paroit, que par ce que *Pline* a nommé l'Ammonite *facratiffima Aethiopix gemma*, quoiqu'il ait pris le

1) Libr. XXXVII. cap. 10.
2) Nomenclator rerum foffilium. à Zuric. 1565. in 8vo.
3) Hiftoria Doris & balnei Bollenfis. à Montbeillard. 1598. in 4to.
4) *Cardanus* dans fon Livre de Gemmis.

mot de *Gemma* dans un sens bien plus étendu, en y comprenant toutes les pierres qu'on estimoit particulièrement, soit à cause de leur rareté, soit pour d'autres raisons. Quoique déja dans ce siécle la fausse opinion des jeux de la Nature, & d'une vertu formatrice, qui devoit produire de ces sortes de pierres, commençât à trouver ses partisans, comme il paroit assés par les informations, que *Torellus Sarayna* & *Fracastorius* nous en ont laissées, 5) ce ne sut pourtant que dans la suite du tems, qu'elle devint, malgré les oppositions de quelques savans toujours plus générale. C'est la raison pourquoi les Lithologistes ne purent s'accorder sur l'origine des Ammonites. Quelques uns s'en tinrent à l'ancienne opinion & placérent les Ammonites parmi les pierres figurées, qui avoient quelque ressémblance avec d'autres corps, sans discuter d'où elle pouvoit provenir. D'autres, qui ne vouloient jamais rien prendre pour une pétrification, a moins que l'analogue n'en fut entiérement connu, furent bien d'avis que les Ammonites devoient être des pétrifications, mais ils ne surent pas où il faloit proprement les ranger. Tantôt on en faisoit des serpens pétrifiés, 6) tantôt des épines du dos de certaines espéces de serpens, 7) tantôt, & sur tout des petits, de certains insectes & vermisseaux de mer entortillés sur eux mêmes. 8) Cependant on prit même dans ce Siécle l'Ammonite pour un corps du Régne minéral digne d'attention, & a peine y avoit-il un Cabinet, 9) qui n'en fut pourvû, sans qu'on lui assignat, du moins dans les premiers cinquante ans du dix-septiéme Siécle, sa veritable place. On en écrivit même des Traités particuliers, comme *Worm* 10) & *Reiske* 11) quoique l'un & l'autre se soit écarté de la verité, le premier ayant pris les Ammonites pour des serpens pétrifiés, et celui-ci en ayant fait des jeux de la Nature. Mais dans le tems même que *Reiske* écrivit ce Traité, il y eut deja plusieurs qui trouverent la route qui conduit à la découverte de l'origine des Ammonites, et c'est à quoi contribua particulierement l'industrie avec la quelle on commença dans ce siécle à s'appliquer à la Conchyliologie. On apprit à mieux connoître les Nautiles, et l'on commença de s'assurer par la ressémblance de leur structure avec celle des Ammonites, que ceux-ci pouvoient bien être une espéce de Nautilites. *Lister* 12) donna un grand poids à cette conjecture si bien fondée en comparant les coquilles naturelles avec les pétrifiées; & *Woodward* 13) y ajouta beaucoup, par son Systéme Cosmologique dans lequel il démontroit, qu'on devoit trouver necessairement des coquilles sur la surface & dans l'interieur des montagnes. On commença donc à déduire avec plus d'assurance l'origine des Ammonites du Régne minéral d'une coquille de mer, quoique encore inconnûe. *Luidius* 14) & *Scheuchzer* 15) furent les premiers. Et telle fut la connoissance, qu'on eut des Ammonites au commencement de nôtre Siécle, où les favans Naturalistes *Scheuchzer*, *Baier* 16) *Büttner*, *Bianchi* 17) & *Breynius* 18) se sont principalement distingués. *Scheuchzer* & *Baier* ont recherché toutes les espéces d'Ammonites & les ont rangées en de certaines Classes & en de certains Ordres. *Büttner* 19) a démontré

5) On les trouve dans le *Museum Calceolarii*, dans le *Museum* du Comte *Moscardi*, & dans le *Museum Kircherianum* de *Bonanni*.

6) Comme le Comte *Moscardi* dans son *Museum*, dont les serpens pétrifiés ne sont que de certaines espéces d'Ammonites. *Balbinus* in miscell. historicis regni Bohemiae. *Wormius* dans son *Museum*.

7) *Charl. Nic. Lange*, in hist. lap. figurat. Helvet. p. 86.

8) Voyés le même auteur.

9) Comme celui de Calceolarius, de Besler, de Worm, de Gottorp, de Pettiverius, sans en faire mention d'autres.

10) Son Traité se trouve dans *Bartholin*. epist. medicin. cent. I. p. 15.

11) de Cornu Ammonis, dans les Ephem. Nat. Curios. de l'année 1689. dans le Supplément p. 163.

12) Historia Conchyliorum. à Londres. 1685. in folio.

13) Specimen geographiæ physicæ. à Züric 1704. in 8vo.

14) Lithophylac. Briteau. ichnographia. à Leipsic. 1699.

15) Natur-Geschichte des Schweizer-Landes. à Zürich. 1707. en trois Volumes. in 4to.

16) In Oryctographia Norica. à Nürenberg. 1708. in 4to & 1758. in folio.

17) De conchis minus notis.

18) De polythalamiis. à Danzic. 1732. in 4to.

19) Zeichen und Zeugen der allgemeinen Sündfluth. à Leipsic. 1730. in 4to.

montre l'origine animale des Ammonites par des raisons les plus solides, mais il prétendit encore, que tous les Ammonites, comme en général toutes les pétrifications, derivoient du Deluge universel. *Bianchi* a découvert le premier dans le sable de la mer près de Rimini de petites cornes d'Ammon tout à fait ressemblantes par leur structure aux Ammonites, & dans la suite *Beccaria* 20) & *Hofmann* 21) en firent autant; Mr. de *Jussieu* 22) examina les cornes d'Ammon pyriteuses, qu'on avoit trouvées en France, & Mr. *Gottl. Sigism. Gruner* 23) s'est donné bien de la peine à découvrir la raison pour quoi aucune espèce de pétrification ne se trouve aussi souvent imprégnée de pyrite que le genre des Ammonites.

Les Oryctographies & les descriptions de plusieurs cabinets, qui ont paru dans ce Siècle, ont de même contribué à augmenter la connoissance qu'on avoit des Ammonites. On a vû par ces Oryctographies, que les Ammonites étoient beaucoup plus communs, qu'on n'avoit crû auparavant, & l'on a appris en même tems à connoitre les différentes espèces de pierre, en les-quelles les cornes d'Ammon naturelles etoient chargees selon la diversité des pais & des terrains. Les descriptions des cabinets 24) nous firent connoitre encore plusieurs espèces d'Ammonites échappées aux recherches de *Scheuchzer* & de *Baier*.

Voilà jusqu'où l'on est parvenu de notre tems à l'égard de la connoissance de cette pétrification. Il reste bien des choses à découvrir & à corriger, qui sont sans doute réservées à nôtre postérité. Le véritable analogue des Ammonites, quant aux différentes grandeurs, qu'on observe aux corps qui appartiennent à ce genre, n'est pas même encore découvert. Nous n'avons point encore de collection complette, ni une représentation exacte de toutes les espèces d'Ammonites, qu'on a découvertes jusqu'ici en Europe & dans les autres parties du monde, dont le nombre pourroit bien monter au moins à 100. Car la collection de l'auteur des *mémoires pour servir à l'histoire des pétrifications* 25) est incomplette & ne regarde proprement que les Ammonites de la Suisse, comme cela est évident par plusieurs circonstances. La question pourquoi parmi une si grande quantité d'Ammonites, on en trouve à peine un seul, dont la bouche soit entière, semble de même avoir encore besoin d'être éclaircie. On n'a pas non plus assés examiné la manière dont les cornes d'Ammon ont pu se remplir tout à fait, après avoir passé dans le Règne des pétrifications, car comme elles ont des concamérations qui sont traversées par un tuyau ou siphon, qui passe de l'une à l'autre, sans avoir aucune communication avec elles, il s'agit d'expliquer la manière, dont ces interstices vuides ou ces cellules ont pu être remplies toutes de terre jusqu'à l'extrémité. Nous ignorons de même encore la situation & la courbure des cloisons de plusieurs espèces d'Ammonites, qui sûrement sont très différentes. Tout cela deviendra beaucoup plus clair pour nous, quand nous serons parvenus à avoir des pièces sciées & polies de toutes les espèces d'Ammonites.

Les auteurs qui ont écrit des Ammonites, sont *Reiske* dans les *Ephemer. nat. curiosor.* de l'an 1689, dans le Supplément p. 169. *Scheuchzer* dans l'histoire naturelle de la Suisse, dont le troisième Tome contient l'Oryctographie de ce pais: le même auteur dans le *Specimen ex lexico diluviano* & dans les *Ephemer. N. C.* de l'an 1717, dans le Supplément p. 17. *Lange* dans l'*Historia lapidum figuratorum Helvetiæ*: *Wormius* dans une lettre sur la corne d'Ammon, qui se trouve dans *Bartholin. epist. medicinal. Cent. I.* p. 15. *Baier in Orydogr. Noric.* p. 29. & dans les *monumenta rerum petrificatarum* p. 18. les auteurs de l'*Onomatol. Inst. nat. T. I.* p. 363. *Lesser* dans la Lithothéologie p. 75. *Kilian Stobæus* dans ses *Opuscula* p. 303. de *Jussieu* dans les *mémoires de l'académie roya-*

K

le

20) Comment. de Bonon. scient. institut. à Bologne, 1731. in 4to.
21) De Cornu Ammonis variega. dans le premier Volume des Act. acad. elector. Moguat.
22) Dans les memoires de l'Academie des Sciences de l'an. 1722.
23) Dans la Geschichte der Schweizerischen Eis-Gebürge.
24) Principalement celles des Cabinets de Kircher, de Kundmann, de Hofmann, du Comte de Tessin, & de Richter.
25) A la Haye, 1742. in 4to.

le *des sciences* de l'an 1722. *Gesner* tract. de petrif. p. 49. *Kundmann* dans les *rarior. nat. & mentis* p. 65 : l'auteur des *memoires pour servir à l'histoire des pétrifications*, pour ne point faire mention de plusieurs autres. Les espéces les plus remarquables des Ammonites, dont nous venons de parler, sont représentées dans cet ouvrages d'après de fort bons Originaux, & nous allons en donner une déscription abregée.

PLANCHE I.

N. 1. Un Ammonite a stries demirondes & à dos arrondi & lisse, auquel on n'apperçoit point de siphon. Les stries ou les entaillures ont beaucoup de ressemblance avec celles d'une certaine espéce de Nautile. Les volutes intérieures sont apparentes, mais la premiére est de beaucoup plus large que les autres. La partie antérieure de la premiére circonvolution manque, comme cela se trouve presque généralement. Sa couleur est brunatre, & sa substance n'est point métallique.

N. 2. ne différe de N. 1. qu'en ce que la premiére volute y est de beaucoup plus large & plus grande en comparaison des autres. Il appartient ainsi à cette espéce d'Ammonites qui ressemblent beaucoup aux Nautiles, & qui tiennent, pour ainsi dire le milieu entr-eux & les véritables Ammonites.

N. 3. est un morceau d'un Ammonite, qui semble être de l'espéce de ces deux, dont nous venons de donner la déscription, puisque le tuyau, qui constitue sa coquille, diminue trés rapidement & tres sensiblement. On y observe comment les volutes inférieures sont d'une certaine façon enchassées dans les supérieures, & il sert à faire connoître la situation du siphon, qui dans la plûpart des Ammonites est caché, comme on le voit par l'ouverture ronde, qui est exprimée tant au haut qu'au bas de la figure.

N. 4. Lorsqu'on n'établit pas un genre mitoien entre les Ammonites & les Nautilites, il faut à juste titre ranger cette pétrification parmi ces derniers, puisque par dehors on voit à peine la grandeur d'une lentille de la place, que les volutes intérieures avoit occupée, & que ce petit espace doit avoir joint l'ouverture de la premiére volute : du moins le peut-on conjecturer assés clairement par la partie endommagée. Mais lorsqu'on prend pour le caractére essentiel d'un Nautile, qu'on ne doive rien du tout voir en dehors des convolutions cachées dans la premiére, cette pétrification doit apartenir au genre mitoien, dont nous venons de parler. C'est donc un Ammonite Nautiliforme à sillons serrés, plats & simples. Le dos est étroit & arrondi, & le siphon n'est point apparent, comme cela se trouve dans tous ceux qui apartiennent à ce genre mitoien. Sa couleur y fait soupçonner quelque chose de ferrugineux.

N. 5. Un Ammonite a six volutes, a sillons larges, considérablement enfoncés & à stries rondes & droites. Les volutes diminuent peu à peu. Le dos est comprimé & etroit. Les volutes interieures sont fort apparentes, proprieté de cette espéce d'Ammonites, sur tout lorsque la pierre a moins de cohésion que le corps pétrifié, car dans le cas contraire les volutes internes, qui sont fort tendres, se brisent facilement & restent adhérantes a la pierre. La bouche ou la loge de l'animal manque de même ici. Cette espéce de cornes d'Ammon a communement l'écaille naturelle forte & brune, dont on trouve encore quelques fois des restes. Il semble en général, que parmi les Ammonites, tout comme parmi les Nautilites, il y en a qui ont l'écaille mince & d'autres qui l'ont épaisse.

N. 6. Un Ammonite d'une substance calcaire, telle qu'elle est ordinairement dans ceux de la Suisse. Il a six a sept volutes qui se rétrécissent peu à peu & des sillons médiocrement larges & profonds. Les stries sont aigües, & sur la derniére volute toujours alternativement simples & bifourchues. Le dos est arrondi & pas trop épais. La bouche & la partie antérieure

rieure eſt de même endommagée comme dans la plûpart des Ammonites. Le ſiphon n'eſt point apparent.

PLANCHE I. a.

N. 1. Un très bel Ammonite, qui appartient au genre mitoien, dont nous avons donné la déſcription ci-deſſus, & que l'on peut par conſéquent bien ranger parmi les Ammonites, mais qui d'ailleurs a beaucoup de reſſemblance avec un Nautilite par la grandeur & la largeur de la première volute, qui cache la plus grande partie de la ſeconde. Il a les ſillons étroits & pas trop profonds, & les ſtries minces, émouſſées & toutes biſourchues. Il ſemble appartenir dans ſon état naturel à ceux, dont l'écaille eſt mince; & il eſt d'une grandeur moienne, ſous laquelle nous rangeons tous ceux dont le Diamètre n'eſt pas au deſſous d'un ni au deſſus de cinq pouces. Il ne contient rien de métallique. La première circonvolution devient peu a peu plus mince vers le bord, & a le dos aigu. Cette eſpéce d'Ammonite eſt une des plus belles, & c'eſt bien dommage que la partie antérieure manque à cet Exemplaire, tout beau qu'il ſoit d'ailleurs.

N. 2. Un Ammonite à cinq volutes, qui diminuent peu à peu. Les ſillons ſont larges & profonds, & les ſtries épaiſſes & émouſſées, d'une double façon. A la partie antérieure tout près de la bouche, qui eſt endommagée, l'on voit quatre ſtries épaiſſes & droites, a côté une ſtrie fendue ou biſourchue, dont la fente commence au milieu, & tout près de celle-ci une ſtrie ſimple & droite. Ces ſtries ſont toutes plus épaiſſes, que celles qui ſuivent, & qui ſont auſſi biſourchues, ſans qu'il y en ait d'une autre façon. Cette eſpéce d'Ammonite eſt très rare, du moins n'en avons nous point encore vu.

N. 3. Un Ammonite à ſept volutes, qui diminuent presque inſenſiblement, & à dos arrondi, tel qu'il eſt preſque dans tous ceux, dont le tuyau diminue ſeulement peu à peu, & dont par conſéquent le côté plat de la première circonvolution n'eſt pas large. Les ſillons ſont d'une largeur & profondeur médiocre, & les ſtries minces, émouſſées & biſourchues, qui alternent avec des ſtries courtes & droites, qui ſe perdent peu à peu au milieu de la première circonvolution. Il ſemble que la matrice en ait été, de même que celle du précédent, une pierre calcaire, & c'eſt ce qui fait que la ſubſtance de l'un & de l'autre eſt calcaire.

Les Ammonites, que nous avons décrits juſqu'ici, ſe rapportent aux Ammonites ſillonnés & ſtriés. Mais il faut bien remarquer, qu'on ne peut pas juger de la ſituation & de la conformation des cloiſons par la forme des ſtries; cela n'ayant lieu, qu'à l'égard de ceux, qui ont des ſutures, comme nous allons le faire voir. Il eſt certain du moins, que les concaméraſtions des Ammonites ſont courbées de plus d'une façon, mais ce n'eſt que du plus petit nombre que nous en connoiſſons la conformation : nous parviendrons ſeulement à la découvrir dans le reſte, lorsque nous aurons toutes les eſpéces d'Ammonites en piéces ſciées & polies, qui nous feront voir toutes les variétés qu'il y a dans la figure & dans la ſituation des concamérations.

N. 4. & 5. Deux Ammonites à ſutures ondoyées. Celui de N. 4. a encore une partie conſidérable de la première volute, qui ci-devant a été la loge de l'animal. Cette partie eſt creuſe en dedans, ſans cloiſons & preſque tout à fait liſſe en dehors. Les ſutures fourniſſent toujours une marque, qui prouve, que l'animal a perdu ſa coquille naturelle après avoir paſſé dans le Régne des pétrifications, & qu'il n'en eſt reſté que le noyau. Mais comme les cloiſons différemment recourbées ont paſſé au travers des cavités du tuyau, qui conſtitue la coquille, & ont été peu à peu détruites, ſur tout dans ceux, où il y a de l'ochre de fer, il eſt reſté dans le noyau des traits ou des traces qui indiquent les courbures de ces cloiſons. Du reſte ces deux Ammonites ne ſont pas tout à fait de la même eſpéce; (tant il y a de variété dans les eſpéces dans les Régnes de la Nature). Car N. 4. a des tubercules oblongs & le dos arrondi & étroit, & N. 5. n'a point de tubercules, mais le dos un peu plus large, & à la moitié anté-

K 2

rieure

rieure de la volute l'écaille peu à peu pliée en dedans et en dehors. L'espéce de N. 5. se trouve en grande quantité en Thuringe. Les futures sont tantôt plus tantôt moins écartées l'une de l'autre, ce qui est en partie causé par la nature de la terre, dont a été formé le noyau, et en partie par l'exsiccation plus ou moins prompte de cette terre qui devoit etre molle lorsqu'elle s'y insinuoit. Quelques fois ces futures se détachent l'une de l'autre, de maniére pourtant qu'elles tiennent ensemble, à cause de leurs découpures, qui s'engrainent l'une dans l'autre, ce qui fait, que quelques unes de ces vertebres ou articulations deviennent mobiles. Mais cela ne se trouve que très rarement, et ce n'est que dans ceux qui ont les futures arborisées, et dont les cloisons ont plusieurs courbures.

PLANCHE A.

N. 1. jusq' à 11. sont des Ammonites pyriteux. Comme une ochre de fer imprégnée de soufre ou d'Arsenic, ou des deux ensemble, depose ordinairement sur d'autres corps, ou y introduit à l'aide de la chaleur souterraine les particules pyriteuses, qui en sont nées, il n'est pas surprenant que nous trouvions dans le Régne des fossiles des pétrifications pyriteuses, et parmicelles-ci aussi des Ammonites. Mais ce qu'il y a de particulier à remarquer, c'est qu'on trouve bien plus d'Ammonites pyriteux que d'autres pétrifications pyriteuses. Or comme la substance et les particules primitives du test ou de l'écaille des Ammonites sont les mêmes que celles des autres coquilles, ce n'est pas dans ces corps mêmes, mais dans des circonstances accidentelles, qu'il faut chercher la cause de ce phénoméne. Les Ammonites pyriteux ne se trouvent pas partout, mais seulement dans ces contrées, où il y a des montagnes pyriteuses. Ce n'est donc que l'effet d'un pur hazard, si précisément dans ces endroits il s'est rencontré une très grande quantité de Cornes d'Ammon, (et même telle qu'elle surpasse celle de tout autre éspéce de Pétrifications qu'on trouve dans le même lieu) soit qu'ils y aient été amenées par quelque inondation, ou qu'il y ait eu autrefois un lac, qui leur a servi de demeure. Si par hazard une autre éspéce de coquilles avoit eté amassée dans le même endroit, elle auroit pris une substance pyriteuse tout comme les Ammonites, ce qui est une chose qu'on observe fort distinctement dans les Ammonites de Cobourg et de Memelsdorf, qui dans leur matrice font voir par-ci par-là des petits Camites, qui sont aussi pyriteux, que les Ammonites. On trouve aussi dans un certain endroit en Angleterre une quantité de Buccinites pyriteux, comme l'on trouve des Ammonites dans d'autres contrées. La couleur des Ammonites pyriteux varie beaucoup, ce dont il faut chercher la cause dans le dégré de mixtion du soufre et du fer, et dans la couleur de la pierre, qui en a été impregnée. Il y a des Ammonites pyriteux d'un jaune pâle, d'un jaune doré, d'un jaune rougeâtre, des bruns, d'un jaune brunâtre, des fauves & des noirs. Ces derniers sont composés d'une pierre noire, qui étant presentée au grand jour, fait voir la couleur métallique propre à la pyrite sulfureuse. L'Histoire de la Pyrite par *Henkel* peut être d'un grand secours pour se procurer une connoissance plus exacte de cette pétrification pyriteuse. Nous allons à présent éxaminer de plus près l'espéce, que la Planche A représente.

N. 1. Un Ammonite pyriteux d'un jaune-brunâtre, de la derniere ou plus petite grandeur, avec une circonvolution large. Il a les stries sort fines, dont quelques unes à l'extremité antérieure sont bifourchues. Le dos est cannelé, au milieu duquel se trouve le siphon enfoncé dans le sillon.

N. 2. Un Ammonite pyriteux brun, avec une volute large, à dos arrondi, & à entailleures arborisées. Ces entailleures sont les futures, dont nous avons parlé ci-dessus, et elles font voir les cloisons pliées de coté & d'autre, propres à cette espéce d'Ammonites, mais elles font connoitre en même tems, qu'il n'en est resté que le noyau.

N. 3. Un Ammonite de la derniere grandeur, avec des spirales, qui diminuent peu à peu. A proportion de sa grandeur les sillons sont larges & les stries épaisses, alternativement

simples

simples & bifourchues. Le dos est dentelé dans cette espéce d'Ammonites, et le siphon en est caché.

N. 4. Un Ammonite pyriteux d'un jaune brunâtre, de la derniére grandeur, à quatre circonvolutions, dont la premiére est assés large. Les striés en font épaisses, emoussées, assés près l'une de l'autre, alternativement simples & bifourchues, et dans ces derniéres la fente est assés profonde. Il a le dos arrondi & canelé et dans le milieu le siphon fort enfoncé.

N. 5. convient avec le précédent quant à la couleur, la grandeur & la forme, mais il en differe sensiblement par les striés, qui font fort écartées l'une de l'autre, & bifourchues, les fentes s'ouvrent beaucoup par enhaut, et à leur commencement il y a des petits tubercules. La premiére volute devient toujours plus mince vers le bord, et forme par là un dos étroit, canelé, qui a de petits tubercules fur les deux bords du fillon.

N. 6. convient avec le précédent quant à la grandeur, à la couleur & au nombre des spirales, mais il a les striés épaisses, élevées & bien éloignées l'une de l'autre, le dos canelé, et dans le milieu un fillon, dont les bords font tuberculeux, comme dans N. 5.

N. 7. est un peu plus grand que les précédents, cependant de ceux de la derniére grandeur; les striés en font larges, et finissent en tubercules là où le dos commence. Son dos est rond et a des entailles droites, ou plûtot des striés, fort ferrées.

N. 8. Un Ammonite pyriteux, noir, de la derniére grandeur, comme les précédents, à quatre volutes, dont la premiére est fort large. Il a des entailles demi-rondes, et doit être rapporté aux Ammonites Nautiliformes. Les dos en est arrondi, et le siphon caché.

N. 9. Un Ammonite pyriteux d'un brun noir, avec une volute fort large, semblable à celles des Nautiles, & garnie de striés larges demi-rondes. Sur le dos, qui se retrecit peu a peu, il y a un siphon tuberculeux.

N. 10. ressemble parfaitement à celui-ci, au siphon près, qu'il a liffe.

N. 11. a beaucoup de ressemblance avec les précédents quant à la spirale & au siphon; il a les striés fort fines, ferrées et un peu recourbées; à l'égard de la grandeur il faut le ranger avec ceux d'un volume médiocre.

N. 12. a la même couleur & les circonvolutions semblables, les striés écartées, fines, emoussées & simples, le dos arrondi & ondoyé.

N. 13. Un Ammonite à quatre volutes, la premiére large. Il a les striés un peu recourbées, le dos aigu, et par enhaut le siphon liffe.

N. 14. Un Ammonite à 4. volutes, comme le précédent. Il a le dos arrondi & dentelé, dans lequel descend un fillon large, qui cache le siphon.

N. 15. Une espéce d'Ammonite rare. La premiére volute en est d'une largeur extraordinaire, et a cela de particulier, qu'il y a au milieu un enfoncement, de sorte que ses striés semblent être entrecoupées, et devenir ondoyantes. On voit la même chose sur les écailles de certains Gryphites. Le siphon n'en est pas apparent, et le dos est aigu.

N. 16. & 17. Il y a de certaines espéces de limaçons, qui font tournées autour du centre, de la même maniere que les limaçons cloisonnés, de façon qu'elles ont les volutes intérieures étroites, petites & enfoncées des deux côtés de leur surface plate. Ils ne différent des Ammonites liffes, qu'en ce qu'ils n'ont ni cloisons ni concamérations, mais que la cavité du tuyau, qui les compose, continue fans interruption jusqu'à l'extrémité. L'on ne sauroit s'affurer, si ces deux piéces, qui font représentées par N. 16. & 17. (à moins qu'on ne voulût à les scier ou les polir) font de véritables Ammonites, ou bien des espéces de ces limaçons, que nous venons de décrire, et que l'on nomme d'ailleurs *Cochlitae umbilicati*.

N. 18. et 19. font des Nautilites, qui font affés connoître leur caractére, en ce que les volutes intérieures font toutes cachées dans la premiére qui les entoure. Ils ont le dos arrondi, & ce qui eft très rare, les entailleures arborifées ou en forme de fleurs, tandis que la plûpart des Nautilites ont les cloifons demi-rondes. Le fiphon n'en eft pas apparent, comme il l'eft auffi dans les autres efpéces de Nautilites. La bouche de l'un & de l'autre eft endommagée, ce dont nous avons expliqué la raifon ci-deffus.

N. 20. Cet Ammonite eft du nombre de ceux, qui ont en même tems quelque chofe de reffemblant aux Ammonites & aux Nautilites, & qui par conféquent dans la gradation de ces efpéces de limaçons tiennent le milieu entre les véritables Ammonites & les véritables Nautilites. La proportion de fa volute externe aux autres a beaucoup de rapport à la ftructure d'un Nautile, mais il reffemble à un Ammonite en ce que fes volutes internes paroiffent au dehors, n'etant point cachées dans la premiére, comme elles le font dans un véritable Nautile. On n'a qu'a comparer N. 14. 19. 20. de cette Planche pour obferver cette gradation, dont nous venons de parler, & on remarquera, qu'entre les Ammonites & les Nautilites il y a une efpéce mitoienne, comme il y en a presque entre toutes les efpéces de corps naturels.

PLANCHE A. II.

N. 1. Un Ammonite de la moienne grandeur, & d'une couleur noirâtre. Il a cinq volutes, qui diminuent peu à peu. Les volutes ont des fillons affés profonds & larges, & les ftries, qui paffent entre eux, font un peu recourbées. Le dos en eft étroit, & le fiphon, qui eft tortillé, paffe par deffus, fans y être enfoncé. La partie extérieure de la premiére volute y manque.

N. 2. Un Ammonite à quatre volutes, qui diminuent un peu plus fenfiblement que celles du précédent. Il eft de ceux de la moienne grandeur, & il a les ftries ferrées & ondoyantes, le dos aigu, & un fiphon liffe qui paffe par deffus.

N. 3. convient beaucoup avec N. 1. Les ftries font plus ferrées, & plus ondoyées fur la premiére volute.

PLANCHE A. III.

N. 1. 2. & 3. repréfentent quelques Ammonites polis, pour en mieux connoître la ftructure interne. Le premier, quelque peu digne d'attention qu'il puiffe paroître au premier coup d'œil, ne laiffe pas de faire voir plufieurs particularités. Premiérement il a fur le dos un fiphon tuberculeux, qu'il faut bien fe garder de prendre pour une partie d'un dos dentelé. Car comme cet Ammonite a été fcié par le milieu & poli, comme l'on voit par les volutes internes, il faut que ce bord dentelé fe foit trouvé précifément au milieu du dos. Or les Ammonites à dos dentelé ont de pareilles éminences dentelées aux deux côtés, non pas au milieu, comme celui-ci. Ce bord echancré n'a donc été qu'un fiphon tuberculeux, ou femblable à un Chapelet. Il eft de plus à remarquer, que du côté poli l'on ne voit point de traces des compartimens, qui d'ailleurs font conftamment le Caractére d'un Ammonite. L'on ne fauroit prendre cette piéce pour un Umbilicite, puisque cette efpece de limaçons n'a pas le fiphon teftacé, qu'on voit ici affés diftinctement. Il eft donc probable, que cette efpéce d'Ammonite ait les cloifons extraordinairement fines, & que dans ce morceau elles aient été détruites avant la pétrification, par quelque fluide acre & corrofif, qui y a pénétré. En dernier lieu on voit auffi des taches quartzeufes fur cet Ammonite. Lorsqu'il a paffé de fon ancien fejour dans le Règne des foffiles, fes compartimens n'ont pas ète partout remplis de terre, une partie l'a été d'eau. Or comme l'eau, qui fe trouve renfermée dans des rochers & dans des grottes ou des cavernes, fe congéle avec le tems, fe criftallife & fe change tantôt en quartz, tan-

tantôt en Spath par l'admixtion de particules fines calcaires ou gypseufes, il en a été de même ici de cette eau renfermée. L'Ammonite N. 2. fait voir d'autant plus distinctement fes concaméra- tions. Ce morceau nous fait connoître en même tems, que dans quelques cornes d'Ammon les cloifons ne font pas contournées de la même façon par toutes les volutes; celles de la pre- miére volute font pliées dans le milieu, a l'endroit où probablement a passé le fiphon. Les cloifons fuivantes font courbées d'une autre maniére. A l'Ammonite N. 3. il fe voit encore une partie confiderable de la bouche, ou de la derniére loge, dans laquelle l'animal avoit autre- fois fa demeure. Dans les entailles, qui font en partie ondoyantes, l'on ne voit aucun refte des cloifons teftacées. celles-ci ont été détruites peu a peu, & les entailles, qui fe voient dans le noyau durci, ne font que les traces des cloifons, qui y paffoient autrefois. Lorsque la matiere du noyau (*nucleus*) de ces Ammonites a été une terre argilleufe, l'on y verra pour la plupart les entailles larges & profondes, vû que l'argile fe refferre en féchant.

N. 4. & 5. font des fragmens d'affés grands Ammonites, que l'on repréfente ici pour faire voir, tant les directions des volutes à moitié ou presque entiérement cachées, que la véritable con- formation du fiphon, qui paffe au travers de toutes ces circonvolutions. L'inférieure, eft tou- jours plus ou moins emboîtée dans la fupérieure. L'on y obferve un petit trou rond, par où un tuyau fin paffe à travers toutes les volutes. Dans l'état naturel ce tuyau eft rempli d'un gros nerf, qui fait partie de l'animal.

N. 6. Un Ammonite de ceux de la derniére grandeur, & d'une couleur brunâtre. Il a trois volutes, la premiére beaucoup plus grande & plus large que les autres. Les ftries font bifourchues, & fur la premiére volute elles alternent avec des ftries fimples qui fe terminent au milieu de fa largeur. Le dos, qui fe rétrécit peu à peu, eft aigu & dentelé. Le fiphon n'y paroit point. La bouche eft endommagée. Il a encore fon écaille naturelle, ce qui fait, que l'on ne fauroit determiner ni la conformation de fes cloifons, ni leurs diftances.

N. 7. Eft un fragment d'un grand Ammonite, qu'on place ici, par ce qu'il fait connoître les cloifons de cette efpece, principalement a l'égard de leurs diftances. Mais l'on ne fauroit juger affés pofitivement par ce fragment de leur véritable forme & de leur courbure. Lors- que ces corps font transportés dans le Régne des foffiles, ces cloifons delicates fouffrent beau- coup par les chocs & les compreffions qu'elles eprouvent. Elles font fouvent défigurées, bri- fées & mifes tout à fait hors de leur fituation naturelle. On le voit fouvent fort diftinctement dans les Ammonites polis, lorsqu'une pyrite fulfureufe f'eft attachée à la furface de ces cloi- fons. On y decouvre fouvent fur la furface polie des lignes jaunes trés fines, qui f'entrecou- pent d'une maniére bizarre, celles ci ne font que des cloifons brifées, couvertes d'une pyrite fulfureufe, qui ont pris la dureté d'une pierre, avec le noyau qui a rempli leurs interfices.

N. 8. & 9. des noyaux qui fe font formés de cette terre molle, qui f'eft infinuée entre les cloifons d'une corne d'Ammon lorsqu'elle paffa dans le Régne des foffiles. On peut juger par leur forme de celle des cloifons, & par leur épaiffeur de la largeur des cellules. Il faut, que les deux piéces, qu'on repréfente ici, viennent de cornes d'Ammon, qui ont eu les cel- lules fort étroites & les cloifons beaucoup recourbées. Au milieu de la partie inférieure il y a dans l'un & dans l'autre une marque ovale, où le fiphon a paffé.

N. 10. Le fragment d'un noyau d'un grand Ammonite, qui nous fournit les remarques fuivantes. Comme la furface arborifée de cette piéce fait voir les grandes courbures des cloifons propres à cette efpéce d'Ammonite, & que ces courbures ne paroiffent point fur la coquille naturelle des cornes d'Ammon, on a raifon de conclure, que cette piéce n'eft que le fragment d'un noyau. Les figures de feuilles, qu'on y voit, ne font que des articulations fines, qui fe fermerent lorsque la matiére du noyau, encore molle, f'eft moulée dans les interfices des cloifons, ce qu'on voit diftinctement au coté gauche où l'articulation f'eft detachée. Le fiphon eft d'une figure particuliere. Il f'élargit peu à peu, & fe retrécit alternativement, com- me la figure le fait voir.

L 2

PLAN-

PLANCHE A. IV.

Cette piéce à été trouvée fur l'Ettersberg dans le Duché de Weimar, qui n'eſt pas ſterile en pétrifications. C'eſt un Nautilite Ammonitiforme, ou un de ceux, dont les volutes internes paroiſſent en dehors, comme dans les Ammonites, mais qui d'ailleurs par leur ſtructure entiere & les cloiſons demi-rondes reſſemblent aux véritables Nautilites. A l'endroit où la ſeconde volute s'enfonce dans la premiére, on voit une éminence en forme de chaine d'une couleur plus foncée que le reſte, & ce ne font que des morceaux ou des éclats des cloiſons, aux quels quelque preſſion ou quelque accident a fait prendre cette poſition & cette forme.

PLANCHE A. IV. *

N. 1. Cette piéce, qui a été trouvée à Ariſtorf dans le Canton de Baſle, mérite toute nôtre attention. C'eſt un *Nautilites umbilicatus*, eſpéce fur la quelle on peut conſulter *Breyn de poly-thalamis* §. 37. Une grande partie du dos de ce Nautilite eſt encore couverte de ſon écaille naturelle, et aux endroits où elle manque, ſe fait voir la ſtructure interne de la coquille d'une maniere fort diſtincte. On y voit non ſeulement la véritable conformation des compartimens ou cellules, qui ſont pour la plus grande partie remplies d'une pierre calcaire il ſe préſente auſſi d'un côté le ſiphon, dont nous avons parlé ci-deſſus; il paſſe par le milieu de ces concamérations, & reſſemble à un chapelet. Il eſt couvert de criſtaux de Spath de même que la ſurface interne des cellules. Un connoiſſeur fait ſouvent plus de cas d'une piéce caſſée & de peu d'apparence, que d'une autre qui eſt des mieux conſervées. Dans celles-ci il n'y a ſouvent rien, que la belle conſervation, qui merite d'être admirée, au lieu que dans celles-la nous trouvons ſouvent bien plus de quoi nous inſtruire.

N. 2. Un petit Nautilite, couvert en plus grande partie de ſon écaille naturelle, fur la quelle on voit les ſtries ondoyantes, qui traverſent le dos qui ſont coupées par d'autres, qui ſuivent la ſpirale des circonvolutions. La pierre s'éléve des deux côtés prés du centre en forme de bouchon. Dans la IX. Partie des *Curioſ. nat. de Bâle* &c. ou *Verſuch hiſt. und nat. Merkwürdigkeiten der Landſchaft Baſel*. Planche IX. Fig. K. on voit une piéce, où une telle éminence a la forme d'un piedeſtal; ce n'eſt que le noyau, qui s'eſt moulé dans la cavite qui ſe trouve à l'entour de la clavicule du limaçon, et qui ne vient à paroitre qu'après que les volutes externes, qui l'ont couvert, ont été emportées, 1) comme le fait voir diſtinctement la Piéce qui eſt repreſentée dans la 3me. Fig. de cette Planche. C'eſt un fragment de deux compartimens, ou le noyau, qui s'eſt formé dans l'interſtice de deux cloiſons du même Nautile. (Fig. 2.) Il ſe joint étroitement au dos et aux éminences ci-deſſus décrites, d'où l'on peut conclure, que c'eſt un reſte d'une volute, qui autrefois avoit entouré le Nautile et embraſſé ces éminences, mais qui a été emportée par quelque accident. Cette piéce, dont la matiére eſt une pierre calcaire, eſt de même d'*Ariſtorf*.

PLANCHE A. IV. **

N. 1. Un Nautilite de l'eſpéce que *Rumphius* et d'autres auteurs nomment *Nautilus maior ſive craſſus*. Il a ſouvent la grandeur de deux ou trois empans et appartient aux Nautiles chambrés. On rangeoit autrefois ſous le même genre tous les limaçons, qui ont la forme d'un Nautile. Mais comme l'on a vû, qu'ils ne ſontpas tous chambrés, on en a fait deux genres ſéparés, et l'on appelle aujourdhui ceux qui ſont chambrés, *Nautiles*, *Schiffknittel*, en hollandois *Schippers*, et ceux, qui ne le ſont pas, *Argonautes*, en hollandois *Zeilers*. Le Nautile, que l'on voit ici a dans ſon état naturel communement 30. à 40. concamérations. Quelques auteurs ſoutiennent, que le nombre en va même juſqu'à 50. Cette piéce a été trouvée en Angleterre. Elle a conſervé la plus grande partie de ſon teſt nacré ou de ſon écaille naturelle, et en eſt

par

) Voyés Merkwürdigkeiten der Landſchaft Baſel, &c. Tab. 17. Fig. F. G.

par conféquent d'autant plus précieufe qu'elle manque dans la plûpart des Nautilites, & qu'on s'en trouve ordinairement que les noyaux. Les taches obfcures, qu'on voit par-ci par-là font des taches pyriteufes, car toute la piéce eft imprégnée d'une pyrite fulfureufe. Par un heureux hazard fa partie fupérieure eft un peu endommagée, de forte, qu'on peut voir diftinctement la ftructure interne & le fiphon.

N. 2. & 3. Cette Corne d'Ammon du païs de Cobourg, eft fciée en deux et polie des deux côtés. J'ai jugé à propos par une double raifon d'en donner ici la repréfentation. Premierement parcequ'on y voit parfaitement, presque jusqu'à l'extremité intérieure toute la ftructure interne d'une Corne d'Ammon, et en fecond lieu, parceque la partie antérieure, qui a été autrefois la loge de l'animal, et que j'ai dit ci-deffus manquer dans la plupart des Ammonites, s'y trouve encore confervée. L'on peut obferver que fa longeur fait à peu près la quatrième partie de celle de la coquille entière.

PLANCHE A. V.

N. 1. Une Corne d'Ammon fort ventrue, fans épine au dos, à ftries affès larges, demirondes & fimples, qui par trois & par quatre aboutiffent alternativement à une pointe élevée; ces pointes forment une couronne, telle qu'on la voit fur le coquillage, qu'on nomme *Couronne d'Ethiopie* (V. *Gualtieri Index* &c. *Tab*: 29. H.) ce qui fait, que cette Corne d'Ammon ne reffemble pas mal a un Turban couronné; on y voit par-ci par-là des reftes confidérables de la coquille naturelle, et aux endroits où l'écaille a été emportée, on decouvre les bords arborifés des cloifons, qui féparent les compartimens du limaçon. Cette piéce eft d'une pierre calcaire et a été trouvée à *ariftorf*.

N. 2. Une Corne d'Ammon, d'une efpece particuliére, qu'on n'a encore jamais vûe. Elle reffemble beaucoup à la précédente. La hauteur ou l'épaiffeur de la volute exterieure eft égale presque au Diametre de la coquille entière. Au deffus du dos, qui n'a point d'épine, l'on voit paffer des ftries un peu recourbées de coté, demi-rondes, en partie fimples & en partie fendues en deux ou bifourchues, qui forment des deux côtes des tubercules; à la bouche l'on voit par-ci par-là des petits oolithes, du refte c'eft une pierre calcaire tirée d'*Ariftorf*.

N. 3. Une Corne d'Ammon à cinq volutes, qui a été fendue dans une direction horizontale & fi heureufement, qu'elle fait voir d'une maniere trés diftincte toute la ftructure interne; l'on y peut compter jusqu'à 56. concamerations avec leurs cloifons; elles ne font point remplies, mais feulement incruftées tout autour de petits criftaux blancs & clairs: auprès du centre la piéce eft encore entiére, et dans quelques endroits l'on voit des reftes du petit fiphon, qui paffe entre les volutes. La pierre eft une efpéce de Marbre; elle a été trouvée à *Frenkendorf* dans le Canton de Bâle.

N. 4. Un fragment d'une Corne d'Ammon à dos aigu, qu'on repréfente ici, parcequ'au côté interieur on y voit trés diftinctement une partie du fiphon; il eft imprégné d'une pyrite fulfureufe; de *Delfperg* dans l'Eveché de Bâle.

N. 5. Une Corne d'Ammon coupée horizontalement et polie; on y voit la coupe de fon écaille naturelle brune & brillante, et les compartimens des volutes intérieures remplies d'une criftallifation transparente; elle eft pyriteufe & vient probablement du païs de *Cobourg*.

N. 6. Une Corne d'Ammon pénétrée, et en partie couverte d'une pyrite fulfureufe, luifante comme du laiton, avec des ramifications ou arborifations fuperbes; un peu plus de la moitié n'eft point endommagée, mais le refte eft ecraffé & un peu défiguré; on y voit une portion confidérable de la coquille du limaçon, qui eft auffi minéralifée & marquée de ftries fimples, qui vont tout droit du centre à la circonférence; fur le dos arrondi il y a des traces affès apparentes du fiphon; elle eft de *Roche* dans l'Eveché de Bâle.

N. 7.

N.º 7. Une petite Corne d'Ammon, à laquelle une violente compression a fait prendre une figure allongée, sans épine, à stries étroites, en partie simples en partie bifourchues, qui passent par dessus le dos. Elle est aussi pyriteuse, & du même endroit que la précédente.

CHAPITRE III.

Des Orthocératites, Lituites & Hélicites.

Les Orthocératites tirent leur nom des mots ὀρθός & κέρας, et le mot, qui en est formé, signifie une corne droite. Ce nom leur a été donné par ce qu'ils ont la plûpart une forme cylindrique ou conique, et qu'ils sont à proportion de leur Diamétre & de leur épaisseur, d'une longueur considérable.

Ces Orthocératites sont des tuyaux testacés pétrifiés, la plûpart droits, qui finissent en pointe émoussée; ils sont, comme les Nautilites, chambrés en dedans par de certaines cloisons jointes étroitement à la coquille extérieure, et traversées par un siphoncule. Il est fort aisé, en s'en tenant à cette description, de les distinguer des Ammonites, des Nautilites, des Cératites & des Bélemnites. Le tuyau chambré, qui constitue la coquille des Ammonites & des Nautilites, est tourné sur lui-même au tour du centre; celui des Orthocératites ne l'est pas. Les Cératites ne doivent pas être rangés avec les coquilles pétrifiées, ce sont des cornes d'animaux pétrifiées, qui par conséquent n'ont ni compartimens ni cloisons. Souvent il est arrivé, qu'on les a confondu avec les Bélemnites. Mais comme ceux-ci ont toujours à leur fracture des rayons, qui vont du centre à la circonférence, ce qui ne se trouve pas dans les Orthocératites; comme la partie cloisonnée des Belemnites est de beaucoup plus petite, que l'écaille extérieure qui la renferme, tandis que les cloisons des Orthocératites touchent les parois internes de l'écaille extérieure; comme enfin celle-la a toujours une figure conique, quand même l'écaille extérieure a une forme cylindrique, au lieu que le tuyau de l'Orthocératite est cloisonné d'un bout à l'autre, de façon que les cloisons occupent toute la longueur & la largeur de la coquille; ce triple caractére suffira toujours pour distinguer le Belemnite d'avec l'Orthocératite.

Cependant ils ont beaucoup de raport entre eux et forment deux familles, qui appartiennent au même genre. Les tuyaux de mer (*tubuli marini*) sont pour ainsi dire la tige qui se partage en deux genres, dont l'un comprend les tuyaux, qui n'ont qu'une seule cavité, qui regne d'un bout à l'autre, & l'autre les tuyaux cloisonnés. Ce dernier genre comprend deux familles, l'une des Orthocératites, & l'autre des Bélemnites, selon la différence que nous venons d'expliquer.

La famille des Orthocératites contient plusieurs espéces, qui différent tant à l'égard de leur volume, qu'à celui de leur structure organique. Il y a des Orthocératites à peine plus grands qu'une petite aiguille, qui ont les mêmes compartimens que les grands. On en trouve à Francfort sur l'Oder, sur des pierres parmi d'autres Dentalites et des coraux. Mais il y en a aussi dont le Diamétre a près de deux pouces, et la longueur jusqu'à quatre pieds En examinant leur structure, il faut faire attention à leur écaille extérieure, à leurs concamérations & au siphon. Ordinairement l'écaille n'est que d'une épaisseur médiocre, vû que même dans ceux, dont le Diamétre est au de là d'un pouce, & la longueur au de là de dix pouces, elle passe à peine celle du dos d'un couteau: cependant les Orthocératites différent entre eux, en ce que quelques uns ont l'écaille lisse, d'autres raboteuse, d'autres sillonnée & striée, et encore d'autres marquée d'entaillures. Les sillons courent dans quelques uns le long de l'écaille et dans d'autres de travers, en ligne droite ou en serpentant et en ondoyant. Dans quelques uns ils sont si serrés et si fins, qu'il faut un microscope pour les

voir

voir diftinctement. Il y en a d'un volume afsès confiderable ou l'on obferve ceci. Il faut diftinguer de ces Orthocératites ceux, qui ont des entaillures; celles-ci font fouvent afsès près l'une de l'autre, ce qui donne à ces efpéces d'Orthocératites un air comme f'ils étoient compofés d'un affemblage d'écailles minces qui f'emboitent l'une dans l'autre. L'intérieur de la coquille forme un canal chambré, dont les cloifons touchent partout les parois internes du tuyau qui les renferme, & ce canal eft d'une figure tantôt cylindrique tantôt conique, en le confidérant en fon entier, c'eft à dire comme un noyau folide qui f'eft moulé dans les concamérations, qui dans leur état naturel ont été vuides, & lui ont fait prendre la forme d'une piéce compofée d'articulations. La partie fupérieure de tous les Orthocératites femble fe retrécir peu a peu & finir par une pointe obtufe, mais la partie inférieure eft ordinairement cylindrique. La partie étroite f'etend ordinairement en ligne droite, cependant il y en a, dont la pointe eft un peu courbée, de la même maniére que celle des Dentalites communs. Mais ceux, dont la pointe fupérieure eft non feulement courbée, mais tortillée & tournée fur elle même, font bien plus rares; ce font ceux qu'on nomme *Lituites* du mot latin: *Lituus*, par ce qu'ils reffemblent à une croffe d'Eveque.

Cette piéce cloifonnée, que l'on peut nommer avec raifon le noyau de l'écaille extérieure, eft la plûpart liffe en dehors; quelque fois on en trouve auffi avec des ftries en relief, & de petits anneaux tout près l'un de l'autre, de forte qu'une articulation en a fouvent quatre a fix. Comme ce noyau n'eft que la matiere qui f'eft petrifiée dans les concamérations qu'elle a remplies, & dont on y voit encore les cloifons, ces anneaux ne font que l'empreinte des ftries de la furface intérieure du tuyau qui les renfermoit, d'ou l'on peut conclure, que dans quelques Orthocératites la furface intérieure eft liffe, & dans d'autres fillonnée & ftriée.

Les compartimens des Orthocératites font formés par les cloifons, qui les féparent; celles-ci font très minces, comme la petrification le fait conjecturer, convexes d'un côté & concaves de l'autre; elles traverfent la cavité de ce tuyau, de forte que leurs extrémités touchent les parois internes de tous cotés, tout comme dans les Ammonites & les Nautilites. Il y en a cependant, qui au milieu forment une pointe ou un angle par lequel le fiphon paffe en ligne droite. La diftance des cloifons n'eft pas la même dans tous les Orthocératites. Leur nombre eft fouvent très différent dans des piéces de la même longueur; ainfi il eft très naturel, que ceux, qui ont beaucoup de cloifons, ayent les compartimens étroits & courts, & que ceux, qui en ont peu, les ayent larges & longs. Ordinairement les concamérations font fimples; cependant le favant *Klein* dans fes: Defcript. Tubulor. marin. Tab. II. fig. 4. en reprefente une efpéce, qu'il pretend avoir des compartimens doubles qui communiquent les uns aux autres.

Nous n'en avons point encore vû de pareils, & ne faurions par conféquent en juger. Ne feroit-il pas poffible, que cet auteur d'ailleurs fort exact fe fût trompé?

Nous verrons plus bas, qu'un Orthocératite, par quelque choc ou par quelque preffion violente peut être pouffé dans un autre, dont il enfonce les cloifons. On en trouve même un exemple dans *Klein*, tab. II. B., quoique cet accident tout à fait naturel ait échappé à fa fagacité connue. Le fiphon n'eft pas non plus le même dans tous les Orthocératites tant a l'égard de fa pofition qu'à l'égard de fa grandeur relative. Dans quelques uns il paffe par le milieu, dans d'autres entre le centre & la circonférence, & dans d'autres encore tout près de la circonférence. Quelquefois il eft très delié à proportion de la groffeur du canal chambré, quelquefois il eft d'une groffeur extraordinaire. Dans quelques uns on trouve des criftallifations formées par l'eau, qui y a pénétré. Aux extremités où ils font caffés, la place du fiphon fe fait voir communément par une petite tache ronde, cependant on ne l'apperçoit pas toujours.

Il fera fort facile, après ce que nous venons de dire, de faire une divifion convenable des Orthocératites. Ils font ou droits, ou recourbés, ou tortillés. L'écaille extérieure four-

fournit la différence spécifique de chaque espéce, qui dans quelques uns est lisse, dans d'autres raboteuse, ou sillonnée, ou marquée d'entaillures. Les Lituites, dont nous avons donné la description ci-dessus, se rapportent aux Orthocératites tortillés.

On n'a pas trouvé jusqu'à présent l'analogue de ces Orthocératites, cependant personne ne doute plus aujourd'hui, que ce corps ne soit la pétrification d'un animal testacé. L'écaille naturelle, que l'on y voit encore, & qui leur est commune avec d'autres animaux testacés, leur structure organique, qui convient avec celle des autres limaçons chambrés, la liaison, qu'ils ont dans le Régne des fossiles avec d'autres animaux testacés & des coraux, même les petits tuyaux chambrés naturels, que *Bianchi* 1) a découverts dans le sable de la mer, & que *Gualtieri* 2) a représentés en grand, & qui ne différent des grands Orthocératites pétrifiés que par la grandeur, non par la structure organique, tout cela, dis-je, prouve suffisament, que ces corps pétrifiés ont été autrefois une espéce d'animaux marins testacés.

Nous tacherons cependant de connoître encore mieux l'état présent de cette pétrification, qui tire son origine d'un corps marin, qui nous est encore inconnu. C'est quelque chose de rare que de la trouver entiére, l'on n'en deterre communément que des fragmens détachés. L'écaille naturelle manque dans la plûpart, & d'autres n'en ont conservé qu'une partie. On la trouve rarement sans noyau, comme il arrive des Bélemnites, auxquels les alvéoles manquent souvent. La raison en est, que dans ces Orthocératites les cloisons sont fortement unies à l'écaille extérieure. L'on trouve quelquefois deux Orthocératites inférés l'un dans l'autre, effét d'un accident, qui fit passer l'un par les cloisons que l'autre eût deja avant que d'être petrifié, enfoncées & brisées au point, qu'il n'en reste souvent que fort peu de vestiges. Communément ces Orthocératites se trouvent dans une pierre très compacte, ce que l'on peut dire sur tout de ceux du païs de Meklenbourg. Ils s'y trouvent la plûpart dans un marbre rougeâtre, susceptible d'un très beau poli. Cependant il y a aussi dans ce païs une pierre blanche, dure & calcaire, remplie de petits Corallites, parmi lesquels il y a quelquefois de grands & de beaux Orthocératites. D'ailleurs cette espéce de pétrification n'est pas commune, vû qu'elle ne se trouve que dans peu d'endroits; le païs de Meklenbourg est peut-être celui où on en trouve le plus grand nombre. Il y en a aussi dans les environs de Francfort, mais la plûpart de la grandeur seulement d'un Bélemnite ordinaire. L'on pretend qu'on en trouve aussi en Suisse, quoique très rarement. Mr. *Gmelin* 3) en a découvert en Sibérie, & le Chevalier de *Linné* 4) dans l'Isle d'Oeland. Suivant le rapport de Mr. *Zükert* 5) on en trouve aussi quelque fois dans les carriéres de Marbre de Blankenbourg.

Voici ce que nous observons touchant l'histoire de cette pétrification. *Gesner* 6) & *Aldrovandus* 7) furent les premiers qui y donnérent quelque attention dans le seiziéme Siécle. Ils ignoroient cependant encore entiérement sa véritable origine. L'un & l'autre prirent les Orthocératites pour des queuës d'écrevisse petrifiées, & par cette raison le premier les nomma: *cauda cancri s. astaci fluviatilis*, & le dernier: *cancrite*. Dans le dix-septiéme Siécle on apprit à mieux connoître la structure des Bélemnites & principalement celle de leurs alvéoles. Or comme les Orthocératites ressemblent assés aux Bélemnites, on confondit les uns avec les autres; on prit communément les Orthocératites depouillés de leur écaille extérieure pour des alvéoles de grands Bélemnites, & on leur donna le nom d'alvéoles cylindriques. Selon le sentiment de quelques auteurs c'étoient des vertébres de grands animaux marins. Dans les premiers vingt ans du dix-huitiéme Siécle la connoissance des Orthocératites n'alla presque

pas

1) Dans son livre : de Conchis minus notis. p. 14, comparé avec la premiére Planche. N. 5.

2) Ind. test. tab. 19. litt. L. M. N.

3) Comment. acad. petropol. tom. III. p. 246.

4) Reise durch Oeland und Gothland. p. 47.

5) Natur-Geschichte des Unterharzes. N. 81.

6) de figuris lapidum. cap. XIIII. p. 167.

7) Museum metallicum. pag. 732.

pas plus loin. *Luidius* 8) n'y fit pas plus de progrés, que ses prédécesseurs, & il est probable, comme il y a de ces petrifications en Angleterre, que ce savant Naturaliste les ait présentés à ses lecteurs sous le nom de Bélemnites. *Scheuchzer* 9) approcha plus de la vérité. Il ne savoit pas que l'Orthocératite appartint au genre des tuyaux marins, ni qu'il fût cloisonné. Il le nomma *Ceratoites*, & a cause de ses articulations, *Ceratoites articularus*, cependant il ne le confondit point, comme ses prédécesseurs, avec les Bélemnites. Même le savant *Klein*, auquel, ainsi qu'à *Breyn*, nous sommes le plus redévables à cet egard, prit encore en l'an 1726 les Orthocératites pour des espèces de Bélemnites. Cependant il les examina avec plus d'attention dans les annees suivantes, & entra l'an 1729 en correspondance sur ce sujet avec le célébre *Sloane*. Par ces recherches il trouva le premier, que les Orthocératites devoient faire une famille particuliére parmi les tuyaux marins, & sur cela il publia ses: *Descriptiones tubulorum marinorum* à Danzic l'an 1731.

Dans le même tems le savant *Breyn* 10) donna toute son attention à cette pétrification particuliére, & démontra par celles, qui lui étoient tombées entre les mains, qu'elle devoit être originairement un corps marin univalve, chambré & different du Bélemnite. Quoiqu'alors on n'eût plus le préjugé du siècle précédent, c'est à dire, qu'on ne voulut point accorder une origine animale à une pétrification, dont l'analogue n'avoit pas encore été decouvert; la conjecture de ces deux savans Physiciens s'en trouva bien d'etre si heureusement confirmée par les découvertes, que le célébre *Jan. Plancus* 11) avoit faites dans le sable de Rimini. Ce savant y avoit trouvé de petits tuyaux de mer, fort deliés, & cloisonnés, dont la structure convenoit parfaitement avec celle des grands Orthocératites, & qui n'en différoient que par le volume. Par cette découverte le savant *Breyn* confirma dans une lettre particuliére adressée à Mr. *Bianchi* 12) les conjectures, qu'il avoit hazardées auparavant, & voila jusqu'où l'on avoit poussé alors la connoissance de ces Orthocératites.

Depuis ce tems la cette connoissance a été triplement augmentée. Non seulement on a découvert un plus grand nombre d'espèces d'Orthocératites, mais aussi plus d'endroits, où l'on en trouve, & aiant imaginé de représenter en grand les petits tuyaux de mer cloisonnés, qu'on avoit decouverts, on a eû l'avantage de pouvoir les comparer plus exactement avec les Orthocératites. Le premier a été fait presque par tous ceux, qui ont traité des Orthocératites après *Breyn* & *Klein*; nous sommes de même redévables du second à plusieurs savans Naturalistes. Mr. *Gmelin* nous a fait connoitre ceux de la Sibérie, 13) Mr. *Züken* ceux du Hartz, 14) Mr. *Reinhard* ceux du Meklenbourg, 15) *Wbrigt* ceux de l'Angleterre, 16) le Chevalier *a Linné* ceux de l'Isle d'Oeland, 17) & Mr. *Carthenser* ceux de Francfort. 18) Nous tenons le troisiéme avantage du magnifique ouvrage de *Gualtieri*, 19) où quelques uns de ces petits tuyaux marins cloisonnés sont représentés en grand, ce qui nous fait mieux connoitre leur structure entiére.

Il reste cependant encore bien des découvertes a faire, reservées peut-être a nótre postérité. Nous ne connoissons pas encore le véritable analogue des grands Orthocératites, ni

la

---

8) Dans son Lithophylacium Britannicum.

9) Dans le Specimen Lithographiæ Helveticæ p. 59.

10) Dissertatio de polythalamis nova testaceorum classe. à Danzic, 1732. in 4to.

11) De conchis minus notis in litore Ariminensi. à Venise. 1739. in 4to. p. 14.

12) Elle se trouve dans les *Memorie di Valentuomini*. p. 184.

13) Dans les *Commentar. Petropol*. T. III. p. 346.

14) Naturgeschichte des Unterharzes p. 81.

15) *Comment. de Orthoceratitis Megapolitanis*, dans le premier Tome des *Acta Academiæ Electoralis Moguntinæ*. §. 113.

16) An account of a remarkable Fossil, commonly called Orthoceratites, dans les *Transactions Philosoph.* Vol. 49. p. 670, 671.

17) Reisen durch Oeland und Gothland. p. 47.

18) Dans les vademecum, *Oryctographie Viadrino-Francofurtana*.

19) Ind. testar. tab. 19. litt. L. M. N.

la structure de cette partie de la coquille qui fait la loge de l'animal: nous ne connoissons pas mieux la véritable conformation d'un Lituite par raport a son écaille extérieure, nous ne savons pas, si la pointe en est tournée de la même façon autour du centre, comme sa coquille cloisonnée. Il est aussi probable qu'il y a encore dans le Régne des fossiles plusieurs espèces d'Orthocératites, qui seront peut-être découvertes avec le tems.

Comme venons de parler des écrits, qui ont paru sur les Orthocératites, & qu'à cette occasion nous avons fait mention de *Klein*, de *Breyn*, de *Gmelin*, de *Reinhard* & de *Whrig*, il n'est pas necessaire de nous étendre d'avantage sur les auteurs qui en ont parlé.

Nous allons examiner de plus prés les beaux Orthocératites qui sont représentés dans cet Ouvrage.

PLANCHE A. VI.

N. 1. Un Orthocératite cylindrique d'un volume médiocre & d'une couleur rougeâtre, de l'Isle d'Oeland. Il a encore son écaille naturelle, & ce n'est qu'au milieu, où elle est un peu endommagée, qu'on apperçoit deux de ses cloisons. Il est de ceux, qui ont les compartimens étroits, & des sillons larges & profonds sur l'écaille extérieure. Ses extrémités ne paroissent pas entiéres; du moins n'est-il pas probable, que la partie inférieure, qui est la plus large, & qui doit avoir été la loge de l'animal, puisse finir, comme elle fait ici, par une pointe obtuse. Il est encore dans sa matrice, qui est une espéce d'ardoise, ce qui est d'autant plus remarquable, que la plûpart des Orthocératites se trouvent d'ailleurs dans de grandes masses de pierres dures. Cet Orthocératite paroit être ferrugineux; Mr. *Klein* a observé la même chose dans plusieurs piéces de son Cabinet.

N. 2. Un Orthocératite, aussi de l'Isle d'Oeland, du même volume, enchassé dans sa matrice, de maniére, qu'on n'en peut voir qu'une partie. Il n'a plus l'écaille extérieure, & finit par une pointe émoussée, ce que l'on observe communement dans les Orthocératites cylindriques. On ne voit plus que quelques unes de ses cloisons convexes, éloignées a distances inégales les unes des autres; quelque accident a probablement brisé les autres cloisons vers l'extrémité, avant que ce corps fut pétrifié: car ordinairement les cloisons des Orthocératites vont jusqu'à la pointe antérieure

PLANCHE A. VII.

représente les Hélicites, des quels nous traiterons bientôt. Nous ajoutons a présent les Orthocératites, que l'on voit sur la

PLANCHE A. VIII.

N. 1. Un Orthocératite scié & poli, dans lequel, outre sa grandeur & sa longueur, on observe plusieurs choses qui meritent de l'attention. Il nous apprend, que dans quelques Orthocératites les cloisons n'ont ni toutes la même figure ni la même courbure. L'on voit au bas des vestiges de cloisons convexes, celles-ci sont suivies d'autres, qui au milieu se terminent en pointe, & qui vers le bord paroissent légérement courbées. Plus haut recommencent les cloisons convexes, & vont sans interruption jusqu'au bout. Mais ce qu'il y a de plus remarquable, c'est que tous les compartimens paroissent être separés l'un de l'autre par une cloison double, composée de deux calottes, l'une posée sur l'autre, ce qu'on observe tant dans cette piéce que dans celle qui suit N. 3. Car s'il est sûr, que les traits blancs qu'on voit sur ces deux Orthocératites, sont les restes des cloisons, nous ne concevons pas du moins, comment cette même terre calcaire rougeâtre, dans laquelle l'Orthocératite a été enfoncé & pétrifié, a pû pénétrer dans le milieu d'une telle cloison, a moins qu'elle n'ait été double, & qu'il n'y ait eu un petit interstice vuide entre ses deux calottes. Il n'en est pas de même des Ammonites pyriteux. On y voit bien aussi quelquefois, quand ils ont été sciés & polis, de doubles

stries

ſtries pyriteuſes, mais cette duplicité provient de la pyrite, qui s'eſt attachée aux deux côtés de la cloiſon, & jamais il ne s'en trouve qu'une ſeule entre deux de ces ſtries. Cet Orthocératite eſt du Meklembourg, où on les trouve dans un marbre rouge, compacte, qui prend un beau poli. On y diſtingue parfaitement l'écaille extérieure, avec les cloiſons qui la touchent. Par ſon milieu paſſe un ſiphon aſſés large, qui a été rempli de Quartz, qui doit ſa naiſſance à l'eau, qui y a pénétré, & qui y eſt reſté enfermée. Comme le ſiphon deſcend juſqu'à l'extrémité de l'Orthocératite, & que par conſéquent le tuyau, qui cachoit le nerf de l'animal, s'étend juſques là, on en peut conclure avec raiſon, que cette partie de la coquille, qui ſervoit autrefois de loge où l'animal demeuroit, doit avoir été caſſée & emportée. Il ſemble que les Orthocératites, en paſſant dans le Règne des Pétrifications, ont eu à peu près le même ſort que les Ammonites, qui ont perdu de même la plûpart la partie antérieure, qui recevoit l'animal.

N. 2. Un fragment d'un Orthocératite conique avec ſon écaille. Celle-ci merite de l'attention à cauſe de ſes ſtries. Elles ſont ondoyantes; il y en a toujours quatre à cinq fort près l'une de l'autre; & entre celles-ci on obſerve par toute la ſurface de la piéce d'autres ſtries beaucoup plus fines. Sa couleur eſt d'un brun tirant ſur le bleu. Il eſt du Meklembourg.

N. 3. Cette piéce eſt du même pais, & comme elle convient pour la plus grande partie avec la précédente, nous ne nous y arreterons pas beaucoup. Il ſemble de même avoir les cloiſons doubles, mais elles ſont toutes convexes. C'eſt un Orthocératite cylindrique. Sur les côtés on n'appercoit plus rien de ſon écaille extérieure. On feroit preſque tenté de conjecturer par la couleur obſcure, que l'on voit au deſſous de la dernière cloiſon, & de ce qu'il n'y a plus de veſtige d'aucune autre cloiſon, qu'à cet endroit il y ai teu la loge où l'animal a fait ſa demeure, & que par conſéquent cette piéce nous fait voir un Orthocératite cylindrique entier, avec toute ſa ſtructure interne.

Nous finirons ce chapitre par la deſcription des *Hélicites*, qu'on voit ſur la Planche qui ſuit,

PLANCHE A. VII.

avec un autre ſur la Planche I. On a donné de différents noms à ces corps ſinguliers. On les nomme *Hélicites* du mot Grec ὅλιξ, ἕλιξ, *gyrus*, à cauſe de leurs nombreuſes circonvolutions; *Phacites* de φακός, *lens*, une lentille, puiſqu'ils ont une figure lenticulaire; *lentes lapideæ* par cette même raiſon; *lapides nummularii*, puiſqu'ils reſſemblent à une monoye, dont la gravure eſt effacée, ſur tout lorſqu'ils ſont fendus ou uſés; *lapides cumini*, *frumentarii*, *ſeminales*, puiſqu'ils reſſemblent au cumin ou à quelque autre ſemence, lorſqu'ils ſont enfoncés verticalement dans la pierre. On les appelle auſſi *lapides vermiculares*, parceque leur ſection horizontale repréſente une figure qui reſſemble à un ver tourné ſur lui même. Ces Hélicites ont la figure d'une loupe ou d'un corps convéxe de deux côtés; lorſqu'on les ouvre, on voit, qu'ils ont pluſieurs ſpirales cloiſonnées tournées autour du centre, qui ne ſe rétréciſſent & ne diminuent point vers le centre, comme celles des Ammonites & des Nautilites, mais qui paroiſſent garder la même largeur juſqu'à l'extrémité. Si on fend latéralement en deux un Hélicite, dont les concamérations ſont encore creuſes & vuides, on y trouve ordinairement les volutes ouvertes, & on obſerve que ces volutes ou ces canaux tournés ſur eux mêmes ne ſont pas tubiformes, mais que leurs parois ſe joignent ſous un angle oblique, avec lequel chaque volute ſe cache ſous celle qui la ſuit immediatement; ce qui donne à l'Hélicite un air comme s'il étoit compoſé de pluſieurs calottes, qui diminuent toujours de grandeur, & poſées l'une dans l'autre, avec cette différence cependant, que le canal de l'Hélicite eſt tourné ſur lui même, & va juſqu'au centre. Les volutes des Hélicites ſont extrèmement fines & étroites, de façon, qu'un Hélicite, dont le Diamétre eſt à peine d'un pouce, en a ſouvent au dela de vingt. Les concamérations ſont fort étroites, & les cloiſons d'une fineſſe extrème. L'écaille, qui couvre ces volutes, eſt compoſée de pluſieurs couches minces, comme les oignons ce

que

que l'on obferve particuliérement dans les Hélicites, qui font plutôt calcinés que pétrifiés. L'epaiffeur de cette écaille convéxe n'a pas toujours le méme rapport à la grandeur de l'Hélicite, & fouvent les petits font de beaucoup plus épais à proportion, que les grands. Quant au fiphon, perfonne, autant que nous en favons, n'en a encore rien découvert; mais le favant Mr. *Gefner* dans fons Traité : *de petrefactis.* p. 51. a bien obfervé dans quelques uns la bouche, & par conféquent l'endroit de la coquille, où l'animal a eu autrefois fa loge.

Il y a plufieurs efpéces d'Hélicites, comme il y en a d'Ammonites. On les diftribue quant à la grandeur en grands, moiens & petits. Les petits ne font fouvent pas plus gros que la tête d'une epingle, & cependant ils ont, comme on le voit diftinctement à l'aide d'un microfcope, leurs circonvolutions & concamérations comme les autres. Ceux de la premiere grandeur ont deux pouces, jusqu'à deux pouces & demi, de diamétre, & entre ceux - ci & les petits l'on place ceux de moienne grandeur, qui ordinairement ont un pouce de large. Leur épaiffeur n'eft pas toujours proportionnée a leur grandeur, vû qu'il y en a de grandeur moienne, qui font bien le double plus épais que ceux du plus grand volume. Et cette difference fe trouve fouvent dans des Hélicites de grandeur egale tant parmi les petits que parmi ceux d'un volume médiocre. A l'égard de la ftructure interne les uns ont plus de volutes que les autres, & le nombre n'en eft pas en raifon de leur grandeur. Il y en a où l'on compte vingt ou d'avantage de circonvolutions, & il en a d'autres de la méme grandeur, qui en ont à peine huit à dix. Les cloifons ne font pas non plus dans tous les mêmes. Elles font droites dans quelques uns, & dans d'autres demi - rondes, comme dans la plûpart des Nautilites. Et il y a dans ces Hélicites particuliérement une grande variété à l'égard de l'écaille extérieure. Dans quelques uns elle eft liffe, & dans d'autres raboteufe, quelquefois marquée de points, quelquefois tirée & ridée, tantôt d'une maniere tantôt d'une autre. Il s'en trouve enfin, quoiqu'affez rarement, qui ont au centre des deux côtés un petit bouton.

Le favant *Bianchi* a découvert l'analogue de ces Hélicites dans le fable de la mer près de Rimini. Il en a traité dans fon bel ouvrage: *de conchis minus notis*, & l'a pris pour une efpéce d'Ammonites. Ses petits limaçons naturels conviennent parfaitement, quant à la ftructure, avec les grands Hélicites, & mettent hors de doute tant l'exiftence que la pétrification de ce corps.

Dans le Régne des foffiles on trouve ce corps marin ou detaché ou enchaffé dans fa matrice. Ceux, qu'on trouve féparés, font ordinairement bien confervés, puisque l'écaille extérieure eft affés forte & épaiffe à proportion de la pefanteur du corps, de forte que la ftructure interne ne peut pas en être fi aifement endommagée. On en trouve cependant, dont l'écaille eft fort ufée des deux côtés, par le frottement, qu'ils ont fouffert en roulant, & c'eft dans cet etát que par des entaillures fines ils laiffent entrevoir leurs circonvolutions & concamérations. Or comme ceux- ci reffemblent de loin à une monnoye, dont la gravüre eft à moitié effacée, on les nomme *lapides nummularii.* Dans ceux, qui font bien confervés, les compartimens ne font pas toujours remplis, & ce font les plus beaux, lorsqu'on reuffit à les bien fendre en deux. L'on y voit encore le teft nacré, & l'on ne fauroit affés en admirer la ftructure fine & reguliére. Lorsqu'ils fe trouvent dans une pierre, la forme fous laquelle ils fe préfentent, varie felon la diverfité de leur fituation, & felon que la pierre fe fend. Car lorsque cela arrive de maniére, que les Hélicites préfentent le côté plat, ils reffemblent ordinairement à un ver mince, filiforme, tourné fur lui - méme, qui a un grand nombre d'anneaux ou d'entaillures. On en trouve beaucoup en Suiffe; dans une pierre calcaire noire & trés compacte; ils font d'une couleur brunatre. Mais lorsque l'Hélicite fe fend verticalement, il prefente, puisqu'il eft convexe des deux côtés, la figure d'un grain d'orge ou d'avoine, ou, s'il eft fort petit, celle, d'une gréne de cumin, c'eft pourquoi on l'appelle: *lapis frumentarius*, ou *Kümmelftein.* Sa matrice eft ordinairement une pierre calcaire dure de couleur blanche, grife, noire ou rougeâtre.

Ce

Ces Hélicites ne fe rencontrent pas partout, mais dans les endroits, où il y en a, on les trouve en une quantité incroyable. En Suiffe on en trouve fur la montagne du Klein-Aubrig, fur le Pilatus-Berg, dans le Canton de Bâle, prés de Pfeffers, & en d'autres endroits; en France à Paris, à Chaumont, à Soiffons; en Italie principalement prés de Vérone & de Bologne; en Stirie, en Hongrie & en Tranfylvanie en différents endroits; & entre autres auffi à Brugg fur la Leuthe. On en a auffi trouvé en Lapponie & dans l'Isle de Gothlande, comme le rapportent *Scheffer* dans fa: *Lapponia* p. 416. & *Stobæus* dans fes: *Opufcula*. p. 8.

On a découvert l'analogue marin des Hélicites de la derniere grandeur non feulement dans le fable de la mer prés de Rimini, mais auffi dans ceux de Pifé, de Corignano & de la Sicile. Les lentilles de Bethlehem, qu'on trouve en Egypte, dans la Judée, & fur les montagnes de la Lybie, ne font peut-être que des Hélicites.

Quant à l'hiftoire de cette pétrification, voici ce que nous remarquons: L'on pretend qu'elle a été connue du tems de *Pline* 1) fous le nom de *Daphnias*. Dans ce cas il faut qu'elle l'ait été long-tems auparavant, vû que *Pline* tient, ce qu'il en rapporte, de *Zoroaftre*, qui confeilla de s'en fervir contre l'Epilepfie. On n'eft pourtant pas tout à fait affuré, que ce Daphnias foit proprement nôtre Hélicite, cependant la chofe eft probable, puifque les petits Hélicites epais quand ils font caffés en travers par le milieu, reffemblent a un grain d'orge, ou, lorfqu'ils font plus minces, au cumin. Or comme l'imagination de l'un y a vû des grains d'orge & de cumin, celle d'un autre peut dans les anciens tems y avoir vû de petites feuilles femblables aux feuilles de Laurier, & celle d'un troifiéme, peu avant nos tems, de petites feuilles de Saule. On les a donc nommé anciennement *Daphnias* par la même raifon peut-être, que quelques auteurs modernes les ont nommés *Salicites*. Ce qui eft fur c'eft que du tems de Pline on ignoroit auffi bien que dans le feizieme & dix-feptiéme Siécle, que ces petites feuilles, foit qu'on les compare a celles du Laurier ou à celles du Saule, fuffent des pétrifications. On fe contenta de donner à une pierre le nom de la chofe, a laquelle elle ref-fembloit, fans fe mettre en peine d'où cette forme pouvoit provenir, fi elle la devoit à un corps etranger du Régne Animal ou Végétal, ou à quelque autre caufe. Et comme d'ailleurs bien des corps marins étoient encore inconnus dans le quinziéme & feiziéme Siécle, il étoit trés difficile alors de fe convaincre, qu'un corps, dont l'analogue n'étoit pas généralement connu & expofé aux yeux de tout le monde, fût une pétrification. Tel étoit le cas d'*Agricola* & de *Gefner* dans le feiziéme Siecle & de plufieurs favans Naturaliftes dans les Siécles fuivans. Agricola ne dit de l'Hélicite, finon, qu'on avoit trouvé aux environs de Paris (car c'eft la qu'il y a des Hélicites) une pierre, qui étant fendue avoit montré la forme d'une couronne de feuilles de Laurier. Pour *Gefner*, il ne paroit pas même qu'il ait jamais vû un Hélicite. Il ne fait que répéter le rapport d'Agricola, & place cette pierre fous la rubrique de *Laurus* dans la lifte alphabetique des pierres, qui tiennent leurs noms de certains arbres. 2) Dans tout le dix-feptiéme Siécle on ne fût ce qu'on devoit faire de cette pierre, & perfonne ne vint à foupçonner, qu'elle dût fon origine a un corps marin teftacé. On s'en tint aux différentes defcriptions, fuivant lesquelles les Hélicites entiers & féparés devoient reffembler a une mon-noye, 2 *) & ceux qui étoient enchaffés dans leur matrice & fendus de travers, tantôt à une feuille, tantôt à quelque femence, ce dont on trouve deux exemples dans le *Mufæum* de *Calceolarius*. 3) A peu-prés fur la fin du feiziéme Siécle *Imperati* 4) connoit la forme de cette pierre fans en connoitre l'origine; il aimoit en fait de recherches fur les pierres à fe contenter des découvertes de fes prédéceffeurs, fans aller plus loin. Il la nomma: *lapis natura fcriptus figuris frumenti, feminumque leguminum*, c'eft à dire, une pierre, que la nature avoit marquée de grains de bled

O

&

---

1) Lib. XXXVII. Cap. LVII.

2) De figuris Lapidum. p. 129.

*, 2) Les tables de plufieurs miracles, qui furent inventées à l'occafion de ces pierres, nous font rapportées par *Stobæus in Opufcula* p. 9. & *Brynæus Epift. de Melabæta, peristach. Montis Carmel* p. 21. Le rapport de l'un & de l'autre eft tiré de *Chifsi hifto. ... Riep.*

3) p. 111. 112. 127.

4) Hift. Nat. Libr. XXIII. cap. 24. p. 768

& de semences de legumes, & crût ainsi en avoir assés dit. L'on ne pouvoit gueres esperer quelque chose de mieux de *Kircher* qui suivit Imperati, du moins selon les principes qu'il avoit adoptés, il ne devoit point trouver de difficulté d'attribuer au pur hazard les figures, qui se presentoient sur une pierre qui contenoit de ces Hélicites. 5) Vers la fin de ce Siecle *Scheffer* 6) découvrit aussi ces Hélicites dans la Lapponie, sans cependant savoir, ce qu'ils étoient effectivement. Il les trouva sur les bords de la riviére de Torne, & les nomma des monnoyes jaunes de pierre, puisqu'ils étoient jaunatres comme ceux de Verone, & c'étoit tout ce qu'il en savoit dire. Plusieurs autres auteurs de ce tems étoient dans le même cas, ils n'examinoient que la forme externe de cette pierre, & l'appelloient tantôt: *lapis numismalis*, tantôt *circularis*, tantôt d'un autre nom; ce qui marque combien peu ils en avoient de connoissance. *Scheuchzer* même ne fût pas plus heureux. Il suivit *Imperati* & nomma cette pierre 7) *lapis frumentarius*, cependant il fût le premier à faire attention à la structure interne des Hélicites, & à les comparer avec les Ammonites, quoiqu'il n'osa pas encore les declarer positivement pour dés pétrifications. *Lange* 8) le fit bien moins encore, vû que les prejugés, qu'il avoit sur la cause des pierres figurées, l'empéchérent même de soupçonner, que ce pourroient être des pétrifications. Cependant *Scheuchzer* a continué ses observations, & a exactement décrit ces Hélicites dans son *Specimen Lithographiæ Helveticæ* 9) sans oser pourtant rien décider là dessus, & comme toujours dans le doute. Mais après qu'en Angleterre le savant *Woodward* publia son Systéme Cosmologique, qui ajouta un grand poids à la doctrine des pétrifications, *Scheuchzer* eût le courage d'assigner aux Hélicites une place parmi les pétrifications, & de vaincre le préjugé, qui avoit regné jusqu'alors, suivant lequel on ne devoit prendre pour des pétrifications que celles, dont les analogues étoient connûs. C'est ce qu'il exécuta dans son Oryctographie de la Suisse, 10) & il fut le premier non seulement à donner une déscription exacte des Hélicites, mais aussi à les récevoir parmi les bourgeois du Régne des pétrifications. *Luidius* 11), savant Anglois, avoit bien fait dans ce tems des observations sur l'Hélicite, sans en connoitre cependant la veritable origine. Il le met dans la Classe des corps incertains, mais il suppose, qu'avec le tems il pourroit être rangé dans la Classe des animaux marins, dont l'écaille est marquée de points, parmi lesquels il compte les Echinites, mais c'est en quoi il s'est trompé. Il paroit n'avoir point du tout connû la structure interne de l'Hélicite. On étoit parvenu ainsi jusqu'à reconnoître nôtre Hélicite pour une pétrification, mais, son analogue étant encore tout à fait inconnu, qu'en devoit-on faire? La chose resta en suspens jusqu'en 1739. & il y eût là dessûs bien des conjectures, quoique *Scheuchzer* eût beaucoup approché du vrai. Quelques auteurs, comme p. e. *Volkmann*, 12) s'en tinrent à l'ancienne opinion & l'Hélicite resta un *Lapis circularis*. D'autres comme *Lesser*, 13) récueillirent les différentes opinions, & comme cet Hélicite étoit connu tantôt sous ce nom, tantôt sous un autre, on forgea, faute d'une meilleure connoissance, autant d'espéces particuliéres de pierres figurées, & l'on distingua soigneusement d'entre elles les pierres numismales, les lenticulaires & les circulaires. D'autres encore tachérent d'en découvrir la véritable origine. Quelques uns en firent de certaines espéces de fongites, & les nommérent *porpitæ nummulares, fungitæ minimi pediculo destituti*, opinion, dans laquelle aussi *Stobæus* 14) paroit avoir donné. D'autres croioient que c'etoient des opercules de certains limaçons, peut-etre même des Ammonites, conjectu-

re

---

5) Mund. subterran. Lib. VIII. Sect. I. p. 39.

6) Dans sa: *Lapponia*. p. 416. comparé avec *Schellers Reisebeschreibung durch Lappland und Bothnien*. p. 28. & *Brukmann, Magnal. Dei.* part. II. p. 923.

7) Miscell. Nat. Curios. Ann. 1697. & 1698. p. 63. Dans le Supplément.

8) Hist. lapidum figurator. Helvetiæ. p. 69.

9) p. 30. sq.

10) p. 326.

11) Lithophyl. Britann. n. 1763.

12) Siles. subterran. part. II. p. 331. tab. II. fig. 1.

13) Dans sa Lithothéologie. p. 510. 512. 513.

14) In Opusculis. p. 8.

re hazardée par le savant *Bourguet*. 15) D'autres rencontrérent plus juste en concluant, que les Hélicites étoient des limaçons chambrés, & peut-être une espéce particuliére de Nautilites; le premier qui eût cette idée fut le savant *Breynius*: il la publia en 1732. Ainsi il y a de quoi s'étonner, que *Spada* 16) ait encore en 1739. pû s'aviser de placer les Hélicites dans la Classe des Coquilles bivalves. La même année cette conjecture de Mr. *Breyn* si bien fondée par elle-même devint incontestable par les petits limaçons chambrés, que *Bianchi* 17) avoit trouvés dans le sable de la mer près de Rimini, & qui ressembloient parfaitement à nos Hélicites, si non par la grandeur, du moins par la structure; & quelques années après elle fut entierement confirmée par les Limaçons de *Gualtieri*. 18) On ignoroit seulement si de ces petits limaçons naturels on devoit faire une espéce d'Ammonites ou bien une espéce de Nautilites. Mais on n'eut pas beaucoup de peine à lever cette difficulté: comme l'on découvrit une différence réelle & très marquée entre un Hélicite & entre un Ammonite & un Nautilite; on fit des Hélicites une espéce particuliére, qu'on plaça sous le genre des limaçons chambrés tournés sur eux mêmes, auquel on assigna quatre espéces, savoir les Ammonites, les Lituites, les Nautilites & les Hélicites. Le savant Mr. *Gesner* fut le premier à leur donner le nom d'Hélicites, il en publia aussi dans la suite une description fort exacte. 19)

On trouve les meilleures instructions sur ces Hélicites dans les ouvrages susmentionnés de *Stobæus*, de *Scheuchzer* & de *Gesner*. Outre ceux-ci il y a Mr. le D. *François Ernest Brickmann*, qui publia: *Specimen physicum sistens historiam naturalem lapidis numismalis Transylvaniæ*. à Wolfenbuttel. 1727. in 4to.

Quant aux Hélicites représentés sur la

PLANCHE A. VII.

ils sont tous de Vérone, où ils se trouvent en grande quantité. On les voit tous depuis N. 1. jusqu'à 28. avec leur écaille naturelle, excepté N. 2. & principalement N. 4. qui sont un peu usés par le frottement, de sorte que les volutes internes, sur tout celles de N. 5. paroissent un peu; mais on n'y distingue point du tout les cloisons & les concamérations. Nous observons en les comparant ensemble la différence de leur grandeur. N. 1. est un Hélicite de la grande espéce; l'on en trouve cependant qui sont encore plus grands. L'épaisseur n'est pas non plus égale dans tous, comme nous l'avons dit ci-dessus. N. 4. est mince à l'égard de sa grandeur, mais N. 5. & 8. sont d'une épaisseur extraordinaire. Ils sont la plûpart d'une couleur jaunâtre, comme ceux de Vérone le sont ordinairement. N. 29. est une masse des plus petits Hélicites, lesquels, s'ils étoient isolés, seroient à peine visibles, & ressemblent à un petit grain de sable. On trouve aussi de ces Hélicites de la derniere petitesse dans le pais de Meklembourg.

N. 30. Une pareille masse d'Hélicites un peu plus grands. N. 31. Un Amas d'Hélicites enfoncés verticalement dans leur matrice, lesquels étant un peu usés, ressemblent, selon ce que nous avons dit plus haut, aux grains de blé, de Cumin, ou d'autres semences; Quoique la copie n'ait pas attrappé tout à fait l'original. Sur la Planche L. N. 4. on voit bien plus distinctement non seulement la véritable forme de ces Hélicites enfoncés perpendiculairement dans la pierre, mais aussi leurs nombreuses circonvolutions & cloisons. Il faut que l'Hélicite, qui s'y présente dans une position horizontale, ait été d'une grandeur extraordinaire.

15) Dans ses lettres philosophiques sur la formation des sels & des cristaux. p. 13. sq.
16) Catalog. Lapidum Veronensium. p. 48.
17) De conchis minus notis. p. 10. Tab. 1. E.
18) Ind. testac. conchyl. p. 10. Tab. 19. A.
19) Tr. de Petrificatis, p. 50. seq.

CHAPITRE IV.

DES DIFFERENTES ESPECES DE CONQUES
PETRIFIEES.

Parmi les différentes espéces de conques

LES COQUILLES DE St. JAQUES

ou les Manteaux occupent la première place dans cet ouvrage. Ces coquilles constituent, comme nous l'avons vû plus haut, un genre principal parmi les conques. Elles appartiennent aux conques rondes, & leur caractère générique consiste en ce qu'elles ont des oreilles à coté de la charniére, & les valves inégales. On en trouve dans le Régne des fossiles des espèces fort différentes tant a l'égard de leur figure, qu'a celui de leur grandeur. Quant à la figure, elles différent sensiblement l'une de l'autre par les oreilles, par la superficie externe de l'écaille & par le rapport qu'il y a entre leurs valves: les oreilles font à proportion tantôt grandes tantôt petites: quelques unes les ont égales, dans d'autres l'une est plus grande que l'autre: quelques unes ont deux oreilles, une de chaque côté, d'autres n'en ont qu'une seule. Quant à la superficie de l'écaille ces Manteaux font ou lisses, ou ils ont de certaines éminences & enfoncemens reguliers, qui vont depuis la charniére jusqu'au bord. Ceux, qui font lisses, ont la superficie des deux côtés externes unie & lisse. Ceux, dont l'écaille a des éminences & des enfoncemens, différent encore entre eux, & peuvent être distribués en quatre espèces. *La prémière* comprend *les Manteaux plissés*, & ceux-ci ont les plis ou grands & larges, ou étroits. Les plis des uns & des autres font ou arrondis & élevés, ou plats & comprimés, lisses ou echancrés, ou ridés, quelquefois un peu dentelés & tuberculeux, 1) les enfoncemens ou les sillons, qui se trouvent entre ces plis, font de même tantôt larges, tantôt étroits, tantôt lisses, tantôt échancrés ou ridés. Tous ces plis, que d'autres nomment aussi des côtes, s'étendent sur la surface de l'écaille en partant comme d'un centre de l'endroit où est la charniére, mais il y a des manteaux sur lesquels ces plis font dans cet endroit plus apparens que sur d'autres, & sur quelques uns ils font dans leur commencement à peine sensibles. Nous comprenons sous *la seconde* espèce *les Peignes*. Ceux-ci n'ont point de plis, mais des stries l'une tout prés de l'autre, ordinairement de l'épaisseur d'une dent de peigne, & c'est pour cela qu'on les nomme Pectinites, quoique d'autres donnent ce nom au genre entier des coquilles de St. Jaques. Pour éviter toute confusion, il faudroit les nommer *pectinitæ auriti*, & les distinguer d'avec les Pectinites du genre des Camites. *La troisiéme* espèce contient les conques rayonnées, qui ont des stries fines, semblables à des cordelettes ou des fils deliés, qui partent tous du même centre, & s'étendent, en divergeant beaucoup, sur leur surface, ce qui les fait ressembler en quelque façon à un cadran solaire ou un Eventail, nom, qu'on donne aussi par cette raison aux coquilles de mer qui leur font analogues. Nous rangeons sous *la quatrieme* espèce *les Manteaux entaillés*, qui n'ont ni des plis, ni des stries, ni des rayons, mais seulement des entailles fines dans une certaine distance l'une de l'autre. Le rapport qu'il y a entre les deux valves de ces conques n'est pas le même dans toutes. Ordinairement les deux valves n'ont pas la même forme, l'une est toujours plus courbée & plus renflée que l'autre. Mais elles différent encore entre elles, en ce que dans quelques unes la valve supérieure est plus ventruë que l'inférieure, qui est la plûpart tout à fait plate, quelquefois tant soit peu bombée & renflée. Quant à la grandeur, on les distribue en trois Classes, savoir celles de la première, de la moyenne, & de la derniere grandeur, & on nomme les derniéres *Pectonculi-tes*, lorsquelles ont des stries en forme de dents de peigne. Les analogues de ces coquilles de St. Jaques ou Manteaux pétrifiés se trouvent dans toutes les Conchyliologies, chez *Lister*,

Rum-

---

1) Un manteau pétrifié de cette espéce se voit dans le *Museum* de *Moscardi* p. 185.

Rumphius, *Gualtieri*, *d'Argenville* & d'autres, mais quant aux pétrifiés, quoique nous n'en connoiſſions aucune eſpéce, qu'on n'ait pas trouvée auſſi dans ſon état naturel, il faut remarquer cependant, qu'une eſpéce en eſt toujours plus rare que l'autre. On ne trouve que trés rarement dans le Régne des pétrifications les Manteaux liſſes, ſur tout bien conſervés, avec leurs deux battans & l'écaille naturelle, & ce ſont proprement ceux, dont l'analogue eſt rayonné au côté interne de la coquille, & que l'on nomme *Eventails* ou *Soles* (*Compas-Doublets*) Parmi ceux, qui ont des éminences & des enfoncemens, ceux dont les plis ne ſont qu'en petit nombre, mais grands & épais, ne ſe trouvent pas ſi fréquemment que les autres, & parmi ceux-ci ceux de la premiere grandeur ſont plus rares, que ceux de la moyenne & de la derniere. Ordinairement dans l'état de pétrification on ne trouve plus leurs deux battans enſemble, ſur tout lorsqu'une inondation ou quelque autre cauſe violente les a fait paſſer dans le Régne des foſſiles. La raiſon en eſt que la charniére, n'étant point formée de dents, qui s'engrénent, mais ſeulement d'un ſimple nerf, eſt détruite ou par la putréfaction, ou s'étant durcie, ſe caſſe par la moindre violence, de ſorte que les deux piéces ſont déjointes. Ce qu'il y a de particulier à remarquer ici, c'eſt que dans le Régne des pétrifications on trouve bien plus ſouvent la piéce ſuperieure & ventruë que l'inferieure qui eſt plate. Les oreilles ſont de même la plûpart endommagées, & à moitié ou entiérement détruites. C'eſt pour cela qu'il faut bien ſe garder de prendre pour une eſpéce de Camites une Coquille de St. Jaques pétrifiée, qui a perdu ſes oreilles. Quant au degrés de pétrification, pluſieurs de ces manteaux, ſur tout lorsqu'ils ont ſéjourné dans des endroits ſecs & ſablonneux, ne ſont pas parvenus à une pétrification complette, & ont conſervé encore beaucoup de leur ſubſtance naturelle. D'autres ne ſont que calcinés. Parmi ceux, qui ſont véritablement pétrifiés, les ſpathueux, tels qu'on les trouve près de Tunis & de Tripoli, ſont les plus rares. Aprés ceux-ci les manteaux changés en pierre de corne ſont plus rares que ceux, dont la matrice eſt une pierre calcaire, & qui ont pris par la une ſubſtance calcaire. Comme en général les pétrifications d'un pais ſont plus belles que celles d'un autre, il en eſt de même de ces manteaux pétrifiés. On en trouve préférablement de fort beaux, & qui ſont le grand ornement des Cabinets, près de Turin, dans l'Iſle de Malthe, en Hongrie, en Tranſylvanie, en Pologne près de Wielizka & de Bochnic.

Les coquilles de St. Jaques n'étant pas fort rares dans le Régne des foſſiles, il en eſt fait mention presque dans tous les ouvrages, qui traitent des pétrifications. Dans le ſeiziéme Siécle on les nommoit communement *ctenites*, *conchæ ſtriatæ*, *pectines lapidei*, 2) GESNER en a deja donné deux deſſeins. Mais dans le même tems MERCATI 3) en avoit de bien plus belles dans ſa Collection. Dans le dix-ſeptiéme Siécle les manteaux furent bien plus communs & plus connus. Le Comte MOSCARDI 4) en conſerva dans ſon Cabinet pluſieurs morceaux fort beaux & en partie rares, & entr'autres un manteau épineux & tuberculeux. Dans le dix-huitiéme Siécle non ſeulement SCHEUCHZER, BAIER, BOURGUET & d'autres en ont repréſenté de trés beaux Exemplaires, mais il n'a même paru presque aucune Oryctographie ou déſcription de Cabinet où ces Manteaux pétrifiés manquaſſent entiérement.

Nous allons à préſent examiner le manteau, qui eſt repréſenté ſur la

PLANCHE B.

Il eſt trés bien conſervé & a ſes deux battans entiers. Les oreilles, qui ſouffrent le plus, lorsque la piéce paſſe dans le Régne des pétrifications, ne ſont pas endommagées. Il appartient aux manteaux de la premiere grandeur, & à ceux, qui ont des oreilles égales aux deux côtes de la charniére. Les plis s'étréciſſent, comme cela eſt ordinaire, vers le ſommet, & ſans diſparoitre, ils ſont viſibles jusqu'à l'endroit où ils concourent. Les ſillons ont la même

P

gran-

2) De figuris lapidum, p. 160.

3) Metallotheca Vaticana. p. 197.

4) Dresa ſon *Majſum* p. 178. & p. 180.

grandeur & la même largeur que les côtes. Du reste il semble être de ceux, qui ne sont pas parvenus à un parfait degré de pétrification. On l'a trouvé dans une montagne de sable a Kemedingen à une lieuë d'Ortenbourg.

PLANCHE B. I.

N. 1. 1. Ce manteau est à plis fort larges & à cannelures assés larges un peu striées. Les plis sont lisses joliment arrondis. Il a deux oreilles, l'une plus grande que l'autre. D'ailleurs tous les manteaux à plis larges sont plus rares dans le Régne des fossiles, que ceux à plis étroits, & les Pectiniformes. Il a été trouvé à Kemedingen. Les Conchites, que l'on voit sous les Nro. suivans, appartiennent aux Camites, ce qui nous oblige, avant de les examiner de plus prés de traiter en général

DES CAMITES.

Le nom, qu'ils portent est trés ancien. Il derive du Grec, savoir du mot χαίνω, qui signifie une bouche béante ou un bâillement. L'on donne ce nom à cette espéce de conque, puisqu'elle a communément les deux battans ouverts, comme si elle ouvroit la bouche. Ce nom s'est soutenu presque dans toutes les langues, il est même en usage parmi les habitans d'Amboine, qui nomment ce genre de conques *Kemas*. Le nom Allemand *Gien-Maschel* derive probablement du mot *gähnen*. Les Camites sont des conques rondes ou oblongues, à piéces égales, plus ou moins convexes, & ordinairement épaisses, qui a l'egard de leur variation constituent un genre fort étendu, qui comprend un grand nombre d'espéces, tant principales que subordonnées. Ils different principalement des Manteaux pétrifiés, en ce que ceux-ci ont les valves inégales & des oreilles, & que ceux-là ont les deux piéces égales & point d'oreilles. Ils différent de même des Tellinites, qui ont bien aussi les piéces égales, mais jamais aussi convexes que les Camites, & ordinairement presque plates & minces; outre cela les Tellinites n'ont jamais les deux côtés de la même étenduë, & ce qui est le principal, c'est qu'ils ne sont ni parfaitement ronds ni ovoïdes, mais plus larges que longs, de sorte pourtant, que par la proportion de leur longueur à la largeur ils tiennent toujours le milieu entre un Camite rond & une moule commune de riviére.

Les Camites différent beaucoup entre eux; quelques uns ont la surface de leurs écailles lisse, d'autres y ont des éminences & des enfoncemens. Ces derniers sont encore de trois espéces. La premiére a des traits ou des plis longs, qui partent tous du sommet & s'étendent par dessus l'ecaille ou en ligne droite ou en se courbant d'un côté. Ces traits ou ces stries sont tantôt larges, tantôt fines, & tantôt ce ne sont que des entailles, c'est pourquoi les Camites sont divisés en plissés, en pectiniformes & en entaillés. Les plissés ont les plis ou lisses ou écailleux ou échancrés. La seconde espéce a des stries transversales, & la troisiéme les a faites en réseau ou en treillis, c'est à dire des stries longitudinales coupées par des stries transversales. Quant a l'étenduë ou au contour des deux côtés, les Camites les ont ou égaux ou inégaux. Ceux qui les ont égaux, sont de la même forme d'un côté comme de l'autre, ceux au contraire qui les ont inégaux, ont la partie, ou les bords se serrent, un peu comprimée, & en même tems tantôt enfoncée, tantôt un peu convexe, ou comme s'il en avoit été emporté quelque morceau des deux côtés du contour arrondi, & c'est sous cette derniére espéce, qu'il faut principalement ranger les coquilles de Venus & *les Trigonelies* qui en sont les noyaux. Quant à l'épaisseur, que les Camites ont à proportion de leur grandeur, on les distribue en Camites ordinaires & en Camites renflés, & ces derniers, soit qu'ils ayent les côtés égaux ou inégaux, ont la forme d'un Coeur, & portent le nom de *Coeurs*, ou de *Boucardites*, lorsqu'ils sont d'un forme ronde, relevée, & garnis de becs saillants & épais. C'est parmi ces Coeurs & ce Boucardites, qu'il faut ranger aussi les *fausses Arches*. RUMPHIUS Pl. XLIIII. litt. I.

Telle

Telle est la grande variété, que l'on trouve dans ces Camites. Quant a leur grandeur, il est différent de même beaucoup. Il y a sur les montagnes d'Amboine & des autres Isles Moluques des Camites pétrifiés, du genre des ecailleux & plissés, qui ont prés de cinq pieds en longeur, & qui ressemblent à de gros morceaux de roche, où il faut bien cinq à six hommes pour les transporter. 1) Ils se trouvent sur les rochers, & on les nomme Arches de Noé (*Noah-Schulpen*), nom tiré d'une ancienne tradition, qu'il y a parmi les habitans, que ces conques sont des restes de *N.bbi-Noch*, c'est a dire de Noé, ou plutôt du Déluge universel. Autant d'ailleurs que cette espéce de grands Camites pétrifiés abonde dans ces pais, autant sont rares dans d'autres pais les petits Camites écailleux & plissés, dont les plus grands sont de la longeur d'une main, & les plus petits de celle d'un doigt. Les plus communs dans le Régne des fossiles sont les pectiniformes, qui sont d'une triple grandeur. Le Diamétre de ceux de la premiére est de sept à dix pouces, de ceux de la seconde de deux a trois pouces; ceux de la troisieme, qui portent le nom de *Pectunculites*, n'ont pas même un pouce de diamètre: souvent on en trouve qui ne sont pas plus grands qu'un pois ou une lentille; & il y en a, qui ont les stries les plus fines & souvent pas plus larges qu'un cheveu. Les Camites lisses, tant a côtés égaux qu'à cotés inégaux, sont de même fort grands, & ont souvent jusqu'a dix pouces de long & de large; mais il y en a aussi, qui ne sont pas plus gros qu'une lentille.

Il est rare de trouver dans le Régne des fossiles des Camites d'une parfaite conservation. Ordinairement les deux battans ne sont plus ensemble, & l'écaille naturelle est fort souvent détruite, en sorte qu'il n'en reste que le noyau. La raison en est tant la forme applatie & peu concave de leurs écailles, desquelles le noyau se sépare facilement, que parceque ces conques ne se ferment pas, comme nous l'avons dit ci-dessus. Les ecailles saillantes des Camites plissés se detruisent de même ordinairement lorsqu'ils passent dans le Régne des fossiles. Quand même les Camites ont encore leur coquille naturelle, elle semble dans la plûpart être fort mince, tandis que dans d'autres de la même espéce elle est souvent fort épaisse dans son etat naturel, ce qui provient de ce que ces coquilles sont d'un tissu lamelleux formé de parties très fines entassées par couches, qui souvent se décomposent peu a peu & se perdent. On les trouve communement dans des pierres calcaires, & dans du grais, mais très rarement dans l'ardoise. Ceux qui se tirent des lits d'argille, ne sont souvent que calcinés. Ils tiennent ordinairement très ferme à la pierre, puisque les bords externes s'y enfoncent, & c'est pourquoi il est bien difficile de les en detacher, sans les endommager, surtout lorsque la pierre est compacte & dure. Dans les couches de grais ils prennent souvent quelque chose de brillant a fracture, ce qui provient d'un sable quartzeux extrêmement fin, que l'eau y introduit. On les trouve souvent avec des Turbinates, des Strombites & des Dentalites, enfoncés dans la même pierre, où ils sont ordinairement couchés dans une situation horizontale. On les rencontre presque dans tous les endroits, où il y a des pétrifications. Ceux de la premiére grandeur sont plus rares que ceux de la seconde & de la troisiéme. En conséquence de ce que nous venons de dire, il sera fort facile de discerner les Camites représentés sur cette Planche & sur les suivantes, & de les ranger sous leurs espéces.

N. 3. Un Camite de la seconde grandeur. Il est à cotés égaux & pectiniforme. Il a encore sa coquille naturelle, mais endommagée par ci par la. Cependant il semble être de ceux, dont la coquille a souffert une décomposition, de sorte, que, plusieurs couches s'en étant detachées, elle se trouve beaucoup plus mince sur la pierre, que dans son etat naturel. La coquille est d'une couleur brune très ordinaire aux Camites pétrifiés. D'un côté le noyau paroit un peu. Mais ce qu'il y a de remarquable, c'est que la plûpart des Camites n'ayant sur la surface interne de leur coquille ni eminences ni enfoncemens, le noyau, qui s'y est moulé, en est souvent. Il faut donc supposer, que ces conques aient souffert une forte calcination avant d'être parfaitement petrifiées, & que les couches inférieures de l'ecaille se soient si etroitement unies à la substance de la pierre, qui forme le noyau, que l'on ne sauroit plus le distinguer

des

---

1) Voyez Rumphius Cabinet des Raretés d'Amboine, p. 129.

des feuillets de l'écaille, qui y font attachés, & que l'on prend par conséquent pour des parties du noyau.

N. 4. Un Camite de la moyenne grandeur, un peu comprimé d'un côté; il est pectini-forme comme le précédent, & a vers la charniere cinq stries transversales en cercle, d'où l'on peut conclure, qu'il les a eu aussi dans son état naturel. Car quoiqu'ordinairement la couleur naturelle des coquilles se perd tout à fait, lorsqu'elles sont parfaitement pétrifiées, il y en a cependant qui en retiennent assés, pour faire connoître, que la coquille a eu ci-devant des taches & des stries d'une autre couleur. Sur tout il ne faut pas s'étonner, si ces Camites, dont les lames supérieures ont conservé la plus grande partie de leur substance, sans que des fluides étrangérs y aient pénétré, montrent souvent quelque reste de leur ancienne couleur.

N. 5. Un Camite plissé à sillons également larges, & à entailles fines. On le peut ranger parmi ceux de la moyenne grandeur. Il appartient a ceux qui ont les côtés égaux; il a encore ses deux battans, & est d'une conservation parfaite.

N. 6. Cette figure représente l'espéce de Camites, à laquelle le nom de *Boucardite* convient particulierement. Ce Camite est à peu prés sphérique, au sommet vers la charniére, il a deux becs d'une grandeur considérable l'un vis a vis de l'autre a quelque distance. Ses deux piéces sont toujours égales, & sa coquille est pectiniforme. Il y en a aussi de lisses.

N. 7. Un manteau à plis larges de la seconde grandeur. Les oreilles en sont détruites. Cette espéce se trouve rarement dans le Régne des fossiles. Il a encore sa coquille naturelle. Lorsque la pétrification est d'une autre couleur que la matrice, on en peut surement conclure, que ce n'est pas un simple noyau; mais l'on ne peut pas inférer le contraire de l'identité de la couleur de la pierre avec celle de la pétrification.

N. 8. Une coquille de St. Jaques de la seconde grandeur, oblongue, à oreilles inégales, & à dents fines entremelées de stries plus épaisses. Les manteaux & les Camites pectiniformes, ont bien ordinairement les dents ou les stries égales, cependant il y a dans chacun de ces deux genres une certaine espéce, qui a des stries fines entremelées de stries un peu plus larges, rangées alternativement deux ou trois des premieres avec une des dernieres. Les Camites de cette espéce sont la plûpart fort bombés, & l'on en trouve quelquefois dans les carriéres de grais de Quedlinbourg.

N. 9. Une coquille de St. Jaques de la troisiéme grandeur. Les oreilles en ont été détruites dans l'etât de pétrification. Elle appartient aux pectiniformes, dont les stries sont entrecoupées transversalement de sorte, qu'elles paroissent granulées. On y voit encore la plus grande partie du Test.

N. 10. Une coquille de St. Jaques de la troisiéme grandeur, à plis d'une largeur mediocre & lisses & à sillons étroits. Elle a encore son Test, ainsi que ce n'est pas un simple noyau.

PLANCHE B. I. *

N. 1. 2. & 3. sont des Camites pectiniformes a pieces égales de la seconde grandeur, dans une pierre calcaire compacte. Celui de N. 1. est de la Souabe, celui de N. 2. du pais de Cobourg, & celui de N. 3. de la Thuringe. Une chaîne de montagnes d'une pierre calcaire, qui s'étendent au dela d'Iene, de Weimar, d'Erford, de Gotha, d'Eisenach de Langensalza & plus loin encore, renferme une quantité de ces Camites pectiniformes. Cependant dans la plus grande partie les coquilles ont été détruites, ou du moins usées & endommagées par le frottement qu'ils ont souffert en roulant dans l'eau. Le Camite N. 1. est fort enfoncé dans la pierre, ce qui fait que son bord extérieur présente des figures de dents isolées.

N. 4. Des Mytulites dans une pierre calcaire de la Thuringe; cette efpéce de coquille fe trouve en grande quantité tant dans les montagnes de la Thuringe, dont nous venons de parler, que dans des plaques de pierre detachées & ifolées, repandues dans les champs. Voi- ci ce qu'il y a a remarquer à l'égard des Mytulites. Le nom derive du mot Grec μύτιλος, & fe trouve affez fouvent dans les auteurs Latins, qui l'écrivent tantôt *mytilus*, tantôt *mutylus*, & tantôt auffi *mytulus*. 1) Mais quelle foit l'efpéce de coquille, que les anciens ont comprite fous ce nom, c'eft ce qu'il eft d'autant plus difficile à determiner, qu'il eft évident, qu'ils ont confondu les Tellines avec les *mytuli*, & qu'ils ont mis de la différence entre les *mytuli*, & ce qu'ils appelloient *mufculi*. Les Conchyliologiftes modernes ne s'accordent pas non plus en cela. La plupart prennent les mots *mufculus* & *mytulus* pour des Synonymes & donnent ces noms à une efpece de pinnes, & rangent par contre parmi les Tellines cette efpéce de coquil- les, qu'on appelle Mufculites dans le Régne des foffiles. Il feroit bien a fouhaiter que la Ter- minologie des Conchyliologiftes s'accordat avec celle des Lithologiftes, vû que cette diffé- rence ne caufe que de la confufion. Nous ne pretendons pas juger de ce différent, mais fans fortir de nôtre fphére nous allons examiner de plus près le Caraftére diftinctif de cette efpéce de coquille que l'on nomme Mytulite dans le Régne des pétrifications.

Les Mytulites font des coquilles bivalves courtes & larges, qui ont à l'extrémité d'un côté une charniére, qui fe termine en pointe. Elles font plus étroites du côté de la charnié- re, que du côté oppofé. En même tems elles font un peu courbées, & l'efpéce commune a la valve inférieure plus petite que la fupérieure. On les nomme auffi *Mytulites arcuati* pour les diftinguer d'une autre efpéce, qui a la charniere au côté pointu, n'eft pas courbée, & con- fifte en deux pièces égales, qui vers le milieu font confiderablement bombées. Mais c'eft à favoir, fi l'on ne feroit pas mieux de feparer d'ici cette derniére efpéce, & d'en faire une efpéce particuliére de pinnes, avec lefquelles elle a beaucoup de reffemblance. A un certain égard on pourroit faire la même chofe des Mytulites courbés (*Mytulite arcuati*) quoique nous les ayons appellés des moules courtes & larges, qui feroient l'oppofé des pinnes, qui font lon- gues & étroites. Tout cela depend du côté auquel on veut attribuer la charniere qui fe trouve au coin, fi c'eft au côté large, ou au côté court. Quand on l'attribue au côté lar- ge la moule eft très courte, jufqu'au bord directement oppofé, & rarement au de là d'un pouce, en revanche la largeur prite du bord lateral étroit jufqu'à l'oppofé, eft bien de deux pouces & dont jufqu'à trois pouces. A la confiderer fuivant ces raports elle reffemble pres- que a une moule commune des rivieres ou des étangs, quand on fe la repréfente comme un peu torduë & courbée, & c'eft la raifon, pourquoi nous avons rangé plus haut ces Mytuli- tes parmi les moules courtes & larges en les joignant aux Mufculites. Mais lorfque l'on ra- porte la charniére qui occupe le coin ou le fommet au côté court, & que l'on prend pour la longueur de la moule l'étendue jufqu'au côté étroit oppofé, elle trouve fa place parmi les lon- gues & étroites, & par conféquent dans le genre des Pinnes. Suivant ces raports on peut nommer longue & étroite cette même moule, que nous avons dit être courte & large. Ces Mytulites du Régne des foffiles different manifeftement des Tellinites & des Mufculites. 2) Les Mufculites ont la charniére au côté large, les pièces égales, & ne font point courbés; ils font courts & larges, comme le font toutes les moules communes d'eau douce, dont les peintres fe fervent pour y detremper les couleurs; par contre les Tellines par la proportion de la longueur à la largeur tiennent, comme nous l'avons dit ci-deffus, le milieu entre les Caril- tes & les Mufculites. Tel eft l'état préfent de cette efpéce de coquilles dans le Régne des fof- files. Il y a de différentes efpéces de ces Mytulites courbés. Les uns font plus courbés que les autres: quelques uns s'élargiffent plus d'un côté. Ils font la plûpart liffés, il y en a cepen- dant auffi de feuilletés & de ridés, & encore d'autres a ftries reguliéres de la grandeur des dents de peigne, dont nous parlerons plus bas. Ceux de la grandeur ordinaire ont commu- nement un pouce de long fur trois de large, il y en a cependant non feulement de plus grands,

Q

qui

1) Plin. Lib. IX. c. 51. & XXXIII. c. 5. Horat. Lib. II. Sat. 4. v. 28. Martial. Lib. III. Epigram. 60.

2) Les anciens ont déjà diftingué les *Mytuli* d'avec les *Mufculi*. Voyez Rader dans fes Remarques fur Mar- tial, p. 256.

qui ont la largeur de trois pouces & demi, mais auſſi de plus petits, qui ſont ordinairement
fort courbés, & à proportion plus courts que ceux des autres eſpéces. Il y en a auſſi de ſi
petits, qui paſſent rarement la groſſeur d'une lentille. Pluſieurs ont encore dans l'état de pétrification leur Teſt, qui eſt trés mince & noir, ou d'un brun ou bleu noirâtres. On les
trouve plus ſouvent dans la pierre, ou dans leur matrice que ſéparés. Ceux qui ont encore
les deux piéces enſemble, ſont les plus rares. La pointe, où ſe trouve la charniére, eſt ſouvent endommagée, ſur tout dans ceux qui ſont detachés de leur matrice. Ceux qui ſe
trouvent ſur des plaques de pierre, n'y ont point de poſition reguliére, & la même plaque en
renferme ſouvent une grande quantité. Bien ſouvent on les trouve melés avec des Conques
pectiniformes & liſſes, des Cornes d'Ammon, & quelquefois avec des petits Turbinites.
Tous ces Mytulites, que nous avons vûs juſqu'ici, (& dont il y a un très grand nombre,
car ils ſont très frequens dans nos contrées,) ſe ſont toujours trouvés dans une pierre calcaire.

PLANCHE B. I. ✷✷

N. 1. Un Oſtracite à valves épaiſſes, avec un Mytulite ridé enfoncé dans la pierre, &
quelques veſtiges de petites moules de la Franconie. La matrice en eſt une pierre calcaire.

N. 2. Une pierre calcaire fine avec des Oſtracites à valves épaiſſes, des Pectoncules
& des Térébratules, de la Thuringe. Ils ſe trouvent dans une pierre calcaire fine. Nous traiterons plus bas en detail des Oſtracites & des Térébratules.

PLANCHE B. I. a.

N. 1. et 2. Une conque cordiforme, que l'on range communement parmi les Boucardites, quoique les veritables Boucardites ſoient plus ronds & plus bombés que cette eſpéce de
Coeurs. On obſerve diſtinctement cette différence ſur la Planche XLVIII. du Cabinet des
Raretés d'Amboine de RUMPHIUS. On y voit N. 10. cette eſpéce de conque qui fait le veritable Boucardite, lorsqu'elle eſt pétrifiée, & N. 11. celles, que l'on appelle Coeurs dans le
Régne des foſſiles. Elles ſont toutes ventrües, ſe rétréciſſent vers les bords, & repreſentent
ainſi la forme d'un Coeur, lorsqu'on les regarde du côté où elles ſe ferment. Cependant il
les différent beaucoup entre elles. Les unes ſont plus renflées que les autres. Elles ont bien
toutes les deux valves égales, & appartiennent par là aux conques à piéces égales, mais elles
n'ont pas toutes les côtés parfaitement égaux en circonférence, l'un eſt ordinairement un peu
comprimé, & il y a par conſéquent un petit enfoncement ou ſinus. A certains égards toutes
les conques cordiformes ne ſont que des Camites ventrûs, ſoit que les ſommets de la charniére ou les becs, ſe joignent, ou qu'ils ſoient écartés l'un de l'autre; dans ce dernier cas
leurs analogues ſont les fauſſes Arches, qui dans le Régne des foſſiles appartiennent auſſi aux
conques cordiformes, & conſtituent une eſpéce principale du genre des Camites. Les valves
ſéparées de cette conque cordiforme que nous avons ici ſous les yeux, ſe trouvent aſſez ſouvent dans le Régne des foſſiles, & on les range communement parmi les Camites pectiniformes. Cette conque cordiforme eſt repreſentée ici des deux côtés. Elle a encore ſon Teſt, &
appartient à celles à côtés inégaux, qui ont d'un côté des bords ſaillans & tranchans, & de
l'autre côté des bords comprimés. La conque étant fort renflée, elle a les becs conſidérablement courbés, & les ſommets ne ſe touchent pas tout à fait. Les deux valves ont des ſtries
en forme de peigne, qui partent des ſommets & s'étendent vers les bords. D'un côté il y adhére un petit Oſtracite, & par-ci par-là on aperçoit les veſtiges de pluſieurs autres qui s'y
étoient attachés autrefois. On obſerve bien ſouvent de ces veſtiges, ſur tout des traces de
Balanites, qui aiment fort à s'attacher à ces coquilles. Où on les trouve ſur une coquille ils
prouvent clairement, qu'elle a encore ſon Teſt, à moins que l'on ne ſuppoſe, que dans la mer
ces corps ſe ſoient attachés ſur des ſimples noyaux, & ayant été détruits dans la ſuite, y aient
laiſſé leurs veſtiges. Il y a encore à remarquer ici, que l'analogue de cette conque cordiforme qui lui reſſemble parfaitement, n'eſt point à ce qu'on pretend, encore trouvé, à moins
que

que l'on ne prenne pour tel la fauſſe Arche, que RUMPHIUS repréſente Pl. XLIV. litt. I. Le Coeur que nous venons de décrire ici, a été trouvé à Augſt dans le Canton de Bâle. D'ailleurs ils ne ſont pas fort rares, mais la plûpart ont perdû le teſt, ce qui fait qu'on n'y voit point de ſtries.

N. 4. Une autre piéce de la même eſpéce & du même endroit, dont les valves ſont un peu défigurées, écraſées & remplies de marne durcie.

N. 3. & 5. Une eſpéce de Conque de Venus pétrifiée avec ſon écaille naturelle entiére, repréſentée tant en face qu'en profil. Le ſavant Mr. D'ANNONE, Prof. à Bâle, qui en poſſéde l'original, nous en a envoyé une deſcription, que nous allons inſérer ici. Cette eſpéce de coquille, dit-il, convient aſſé par la forme & les ſtries, ou pour mieux dire, les côtes ſaillantes, tranchantes & paralleles, qui traverſent ſes valves, avec la conque de Venus, que l'on trouve dans RUMPHIUS Pl. XLVIII. N. 4. & chez pluſieurs autres auteurs, mais elle en différe conſidérablement, en ce que 1mo la côte élevée qui paſſe de la charniére vers le bord de la conque, eſt garnie de tubercules & non d'épines, comme elle l'eſt dans celles-là, & qu'elle ne peut même jamais avoir eu d'épines, vû qu'il eſt manifeſte que cette piéce n'eſt pas endommagée; 2do que les côtes transverſales ſont ſeparées par un ſillon de cette côte longitudinale, & 3tio que les levres & les nymphes ont des ſtries en long & en travers, qui s'entrecoupent & forment de petits noeuds. Cette coquille appartient donc à celles, que Mr. de LINNE nomme *Veneres ſpuleres*, mais je ne trouve ni dans cet auteur ni dans aucun autre la deſcription d'un analogue qui lui convienne parfaitement. LANGE eſt le premier, autant que je ſai, qui ait donné la deſcription de cette eſpéce de pétrification, *Inſ. Lapid. ſiſ. Helv.* p. 146, Tab. II. ſous le nom de *Conchites Helveticus tuſa prodigioſa* etc. Il croudit, qu'elle convient avec la *concha indica tuſa prodigioſa* etc. N. 91. de RUMANNI, mais la figure de ce dernier eſt ſi mal faite, qu'on ne ſçauroit le determiner poſitivement. La piéce qui eſt repreſentée ici, a été trouvée dans une argile bleuâtre prés de Tenniken dans le Canton de Bâle.

N. 6. eſt un noyau calcaire d'une coquille, qui appartient ſans doute auſſi aux *Veneres* de Mr. de LINNE, mais l'on ne ſauroit determiner facilement auxquelles. En parlant de la *Venus meja* Sp. 111. il allegue auſſi, Muſ. Tab. 44. t. M. & quant à la forme, elle ſemble convenir à celle-ci. Peut-être eſt-ce la *Theror*, f. *Dsconcha connivens*, *convexa*, *uniſous ſtriaco*, *in alterum latus acute effuſa*, etc. de Mr. KLEIN. *Method. Oſtrocol.* p. 142. n. 3. a. Je ne me ſouviens pas d'avoir vû ailleurs cette pétrification décrite ou repréſentée. Elle eſt du Canton de Bâle.

N. 7. repréſente une Conque de Venus pétrifiée de la même eſpéce, que la précedente, ou peut-être une variation de celle-ci, qui ſe diſtingue par les côtes, qui ſont plus émouſſées. Cette piéce différe d'ailleurs de la précédente par la grandeur, la couleur & la pierre, qui eſt calcaire; elle eſt d'Aeſchary.

N. 8. Une eſpéce particuliére & trés rare de Conque de Venus pétrifiée, qui différe de la précédente, en ce qu'au lieu de ſtries ou de côtes, elle a des rangs de tubercules, que ces rangs ſont courbés d'une autre maniére, & point paralleles, de façon que vers la partie de devant ils ſe rapprochent de plus en plus l'un de l'autre, & que les levres & les nymphes ne ſont pas ſtriées en réſeau, mais ſeulement ridées transverſalement. Mr. le Conſeiller ZWINGER fait faire connoitre le premier, & en a donné, de même que de la précédente, une deſcription dans les *Aſſ. Helvet.* Vol. III p. 231. La nôtre eſt calcaire, d'Iſlator dans le Canton de Bâle.

N. 9. eſt une conque minéraliſée, qui ſelon le Chevalier de LINNE appartient aux *Arca margine integra, natibus recurvis* etc. ſelon KLEIN aux *Muſculi polyginglymi* etc. mais elle a cela de particulier, que leurs ſommets (*Nates* ou *Vertices*) ne renferment pas entre eux un plan ou une plate forme, comme dans d'autres qui appartiennent à ce genre, mais deux ailes, qui s'élevent depuis les extremités recourbées des deux côtes des valves juſqu'au ſommets. Par le milieu de ces *Sinus* paſſe un rang de dents , à l'aide desquelles les valves ſe ferment , & qui en comparaiſon de la coquille même ſont d'une grandeur fort confidérable. On n'a point encore trouvé cette eſpéce ni pétrifiée ni dans ſons état naturel. Elle eſt de Roche dans l'Evê- ché de Bâle. Nous ſommes redevables de tout ce que nous avons dit des eſpéces de con- ques repréſentées ſur cette Planche , aux obſervations que Monſieur le Profeſſeur D'ANNONE a bien voulu nous communiquer.

PLANCHE B. I. b.

N. 1. & 2. Une conque cordiforme fort grande & épaiſſe. Elle appartient à celles à cô- tés inégaux , qui ont les bords un peu comprimés d'un côté , & par conſequent un enfonce- ment. Les becs ou les ſommets de la charniere ſont émouſſés & comprimés , & ne ſe tou- chent pas tout à fait. Les ſtries que l'on y voit , montrent à decouvert les feuilles intérieu- res de l'écaille. La pierre eſt une pierre calcaire, compacte & griſatre. Elle eſt des mon- tagnes de Tranſylvanie.

N. 3. Cette pétrification eſt , dans ſon état naturel , le véritable Coeur , que quelques Conchyliologiſtes nomment le Coeur de l'homme , d'autres le Coeur de Venus , qu'il ne faut pas confondre avec la Conque de Venus. Il ſe trouve dans RUMPHIUS Pl. XLII. fig. E. Ce qu'il y a de plus ſingulier dans cette coquille , c'eſt qu'elle ne s'ouvre pas par les côtés com- me les autres , mais au milieu , de forte , que la coquille , qu'on prendroit pour entière au premier coup d'oeil , étant ouverte ſe ſépare en deux piéces , chacune d'une figure demi- ronde. D'un côté elle eſt un peu aplatie , de l'autre un peu élevée , de façon qu'elle forme une crête au milieu ; Telle eſt préciſement la figure de cette Petrification. L'écaille des Ana- logues marins eſt mince & delicate , cependant cette pétrification prouve aſſés , qu'il en doit y avoir auſſi d'épaiſſes , vû que l'écaille calcinée qui s'y trouve encore , eſt plus épaiſſe que le dos d'un couteau. Ces coquilles ſont fort rares dans leur état naturel , & les petrifiées le ſont encore davantage. Cette piéce a été trouvée à Brouk ſur la Leutha en Autriche par Mr. D'ARENSWALD , Premier-Lieutenant , & le préſent qu'il m'en a fait , m'eſt d'autant plus pré- cieux , que je n'ai pas pû trouver depuis aucun exemplaire , qui lui reſſemblat.

N. 4. ſe trouve dans le Cabinet de Mr. le Prof. MÜLLER à Erlang. Cette conque ap- partient au Cames transverſalement ridées , & fait une eſpéce ſubordonnée de celle que l'on trouve chez RUMPHIUS Pl. XLVIII. fig. 5. Elle en differe en ce qu'elle a les côtés égaux au lieu que celle de RUMPHIUS les a inégaux. Dans ſon état naturel elle a le nom de *vieille ridée*, & il y en a pluſieurs eſpéces. Dans le Régne des foſſiles on regarde comme la plus belle & la plus rare celle qui a les anneaux fort minces & relevés , entre lesquels il y a des ſtries fines, ſerrées & aigues , qui deſcendent tout le long , & qui a du reſte à peu prés la forme d'une Con- que de Venus. On la trouve repréſentée dans le ſecond Tome de la Deſcription des Coquil- les de Mr. KNORR , qui a paru ſous le titre: *Delices des yeux & de l'eſprit.* Pl. XXVIII. fig. 3. Dans le Régne des foſſiles on nomme communement ces conques ſtriées ou ridées transverſalement , *Chamita rugoſi*. La piéce qui eſt repréſentée ici , a été trouvée ſur les rochers des montagnes de Curacao , à une demi lieuë du fort. On y trouve encore pluſieurs eſpéces de coquilles & de corail foſſile. Les habitans de cette Isle diſent , qu'elle avoit eſſuié il y a deux cents ans un tremblement de terre , par lequel ces corps marins fuſſent jettés ſur les cô- tes & enfoncés ſous des monceaux de terre & de ſable.

PLANCHE B. I. c.

N. 1. Un trés beau manteau de Wielicska en Pologne , où l'on trouve des coquilles trés bien conſervées , préférables par leur beauté à la plupart de celles des autres Pais. Elles ont la plûpart la coquille naturelle , laquelle n'a ſouffert point de changement , à l'exception de la couleur , & même il y en a beaucoup , qui ont conſervé encore les bandes circulaires , qui leur ſont propres & qui dans la pétrification ont pris une couleur un peu plus claire. La *raiſon*

de

de ce qu'elles font si peu changées, fe trouve probablement dans la qualité de la pierre où on les trouve. C'eft un amas de petites pièces de quartz & de caillou cimentées enfemble, & mêlées d'un fable fort groffier, de petites pierres & de debris de coquilles. Les particules de cette compofition font trop groffières pour que l'eau pût les introduire dans ces corps etrangers, & les pétrifier. Outre-cela on ne trouve aucune fubftance martiale ou corrofive dans cette pierre, peut-être auffi que l'endroit que ces corps ont occupé fous terre y a contribué, en mettant les coquilles à l'abri de la deftruction, qui peut être caufée par l'accès de l'air. Cette pétrification eft brunâtre; à l'un des côtés on voit encore une de fes oreilles qui s'eft confervée; elle a des plis étroits placés à diftances égales, & des cannelures de la même largeur avec des ftries tranfverfales très fines. Les plis ne font pas échancrés, vers le bord inférieur elle a une fafcie blanche, qui eft un refte de fa couleur naturelle.

N. 2. La partie fupérieure d'un pareil manteau, de la Hongrie, avec fes deux Oreilles, des plis fins & des filons un peu plus étroits. Celui-ci a éprouvé comme les autres, que l'on trouve en Hongrie, une pétrification beaucoup plus forte que le précédent. Il eft d'une couleur blanchâtre, & fa matrice, quoique compofée d'un fable fort groffier, eft mêlée de particules de coquille très fines, lefquelles étant parfaitement calcinées, fembient avoir été introduites par l'eau dans la coquille, & l'avoir ainfi pétrifiée. Il faut que l'eau, qui a cimenté ce fable, ait eu une fubftance très gluante, vû qu'on a de la peine à détacher les petits grains de fable, qui fe font attachés à la furface de l'écaille. Cette fubftance gluante, unie à l'eau, contribue beaucoup à la beauté & à la confiftence d'une pétrification. Cependant dans ces coquilles de la Hongrie l'on ne découvre rien qui indique quelque fluide criftallin, qui d'ailleurs a la vertu gluante la plus forte.

N. 3. La partie intérieure d'un petit manteau à plufieurs fafcies circulaires de couleur claire. Elle eft de même, que N. 1. de Wielicska en Pologne, cependant la pierre, où elle fe trouve, eft un peu plus compacte.

N. 4. Une efpèce de Came particulière & très rare de Vérone. Elle a encore fes deux valves, parfaitement égales, toutes deux peu bombées, & telles à peu-près que les Eventails les ont ordinairement. Elle eft oblongue, noire & très bien pétrifiée, le noyau, que l'on voit à l'entour, puifque la coquille n'eft pas entièrement fermée, eft une pierre calcaire dure. Elle a des ftries en relief, qui reffemblent aux dents de peigne, & qui ont ceci de particulier, qu'elles ne font pas toutes de la même épaiffeur, car entre deux dents étroits il y en a toujours une qui eft un peu plus épaiffe.

N. 5. Un manteau de moienne grandeur, de Malthe. Il a des plis larges, peu élevés. Les pétrifications de Malthe font fort belles. Elles fe trouvent dans une pierre compofée de marne & de fable, & fe détachent facilement de leur matrice. Ces écailles ne font plus dans leur état naturel, elles ont paffé dans celui des corps pétrifiés. Les oreilles y font ordinairement un peu endommagées.

N. 6. Une Valve d'un Came à côtés égaux, d'Alger. Ce Came eft fort bombé, & par conféquent il peut être compté parmi les Coeurs. Il a des ftries un peu épaiffes, & entre celles-ci des filons étroits & échancrés. Ces coquilles d'Alger ont un caractère particulier de pétrification, qui les diftingue de toutes les autres. Leurs écailles font changées en Spath blanc, fin & fort beau; elles femblent comme candies, & reluifent au tour, comme fi elles étaient garnies des plus beaux criftaux. On en trouve fouvent des groupes, qui tiennent fi bien enfemble, fans être jointes à aucune pierre, qu'on ne peut prefque point les féparer fans les caffer. Un fluide criftallin, qui a intimément penetré le Teft décompofé par un aride & changé en gypfe, doit avoir contribué le plus à leur formation. Elles nous apprennent en même tems l'origine du Spath gypfeux, dont elles ont pris la fubftance. Le Spath gypfeux n'eft qu'un gypfe imprégné d'une matière fluide criftalline, qui a pris la confiftence d'une

pier-

pierre. Ces coquilles ont auffi le même degré de tranfparence, qu'un Spath gypfeux de la même épaiffeur.

PLANCHE B. I. d.

N. 1. 2. 3. Une efpéce de coquille des plus rares dans le Régne des foffiles, qu'on ne fait encore fous quel genre elle pourroit être convenablement rangée, vû qu'elle tient en même tems beaucoup du Mufculite, de l'Arche & de la Conque de Venus. Elle approche fort du Mufculite par le raport de fa longueur à la largeur: elle reffemble à une Arche par une petite éminence, ou une efpéce de petite plate forme qui fe trouve entre les deux bords de la charniére: & les bords, qu'elle a un peu convexes d'un côté, lui donnent la reffemblance avec la Conque de Venus. Elle eft bombée, mais elle s'étrecit peu à peu vers les bords oppofés à la charniére. Elle a des ftries vers le bord inférieur, qui lui donnent un air comme fi elle étoit garnie d'anneaux. La piéce de N. 1. eft tirée des carriéres de grais de Quedlimbourg, & les deux autres, qui ont encore leurs deux battans, font de la Bourgogne. Il y en a encore une efpéce fubalterne, dont la figure convient préférablement avec celle de la Conque de Venus, & que nous repréfenterons peut-être encore dans cet Ouvrage. L'un des bords latéraux eft de même convexe, comme dans la Conque de Venus, par deffus celui-ci paffent des ftries transverfales, élevées & réguliéres, qui fe terminent en tubercules, à l'endroit où la Conque de Venus a des épines. Du côté large des deux valves elle n'a cependant point de ftries tranfverfales, mais longitudinales, fort écartées & tuberculeufes. L'autre bord latéral s'étrecit peu à peu. Elle eft un peu plus large & plus courte que les Conques de Venus ordinaires, ce qui lui donne quelque reffemblance avec un Mufculite.

N. 4. Un Camite pliffé tranfverfalement à côtés inégaux, de Malthe, d'un rouge jaunâtre dans une marne grife, compacte & dure. A caufe de fes plis tranfverfaux on peut bien le ranger fous cette efpéce de Camites, que les Hollandois nomment *Oude Wyfi*, ou *Vieilles ridées.*

N. 5. & 6. Deux Gryphites de l'efpéce, qu'on trouve en grande quantité, mais feulement dans une certaine contrée, aux environs de Gera: celle-ci commence près du village de Schwaare & a environ deux lieues de long fur un quart de large. Nous parlerons à préfent des Gryphites en général, & nous ferons en même tems une défcription un peu plus détaillée de ceux de Gera.

Les Gryphites ont leur nom de la reffemblance, que l'imagination a trouvée entre eux & le bec d'un griffon, ou puisqu'ils ont, comme d'autres difent, la forme de griffes d'oifeau. On les nomme auffi: *Conchitæ anomii roftra fubtereti adunco, conchitæ curviroftri lunati.* C'eft une coque à valves inégales, dont l'une eft courbée, & finit par un bec recourbé en dedans, l'autre eft petite, ordinairement platte, ovale & couchée fur l'autre comme un couvercle. Par le raport de leur longueur à la largeur ils appartiennent aux conques longues & étroites, mais à l'égard de l'écaille ils ont un grand raport avec les Oftracites, & on pourroit bien par cette raifon les ranger parmi les Oftreopinnites, & en établir un efpéce particuliére fous le nom d'Oftreopinnites à bec recourbé. Leur caractére confifte dans ce bec recourbé, qui eft effentiel à tous les Gryphites, quoique d'ailleurs ils différent entre eux de plus d'une maniére. On peut les divifer comodément en deux efpeces principales. Quelques uns ont le bec arrondi, d'autres l'ont large avec un enfoncement ou fillon au milieu, comme s'il etoit creufé ou fendu. Ainfi nous les diftribuons en Gryphites à bec arrondi, & en Gryphites fillonnés.

Les Gryphites qui ne font point fillonnés, font d'une triple efpéce, à l'égard de l'écaille, telle que nous la voyons dans le Régne des foffiles. On en trouve de feuilletés, de ridés & de liffes. Les feuilletés reffemblent parfaitement aux Oftracites feuilletés en ce que les lames ou les feuillets qui les compofent font couchés l'un fur l'autre de maniére, que les uns débordent toujours un peu fur les autres. D'un côté ces couches de lames entourent la coquille

quille, en gardant la même courbure, de l'autre côté au contraire elles font ordinairement un peu ondoyantes. Les fillonnés ont des ftries élevées & rondes, & entre elles des fillons étroits. Dans quelques uns les ftries font plus ferrées & plus épaiffes, que dans d'autres, mais toutes d'un côté un peu ondoyantes. Il y en a qui font feuilletés & en même tems fillonnés. Dans les liffes on n'obferve guére de lames, & la plûpart ne femblent être que de fimples noyaux de ces Gryphites dont nous parlons. La valve inférieure de ces efpéces de Gryphites, qui fouvent a des ftries circulaires fines, eft ou tout à fait platte, comme le couvercle d'une boëte, ou tant foit peu convexe ou concave. Le bec eft ordinairement recourbé vers le côté gauche.

Les Gryphites à bec fillonné font ceux, dont nous avons dit ci-deffus qu'on en trouvoit prés de Gera. Mr. *Joh. Conrad* HOPPE favant Negociant à Gera en a donné la defcription dans un Traité particulier. Nous raporterons fes propres paroles: Il y en a, dit-il, qui font liffes en dehors (ou plûtôt marqués de points, comme la peau d'un limaçon ordinaire) d'autres, qui font garnis de petits piquans; d'autres encore, qui paroiffent comme comprimés par le poids de la maffe qui les avoit couverts. D'autres font creux en dedans, d'autres donnent un fon comme les Erites quand on les agite, & d'autres ont encore l'écaille naturelle. Quelques uns, qui fe trouvent dans des couches qui renferment de la mine de plomb, font métallifés, d'autres font cuivreux, & d'autres encore ont l'interieur garni de criftallifations. Il y en a auffi, qui font enduits de limon, & ont pris la forme d'un citron, comme les poiffons, qu'on trouve prés d'Ilmenau dans ces maffes métalliques qu'on connoit fous le nom de Rognons. C'eft là ce que Mr. HOPPE nous dit au fujet des Gryphites de Gera. Lorsqu'on les compare avec la premiére efpéce, que nous avons décrite, on obferve la difference fuivante: Ils font plus courts & s'élargiffent un peu des deux côtés vers le bord oppofé à la charniére, où eft l'ouverture, de forte qu'en pourroit bien les nommer *Gryphite alati*. Le bec a au milieu un enfoncement ou un fillon, & c'eft par cette raifon que nous leur avons donné le nom de Gryphites à bec fendu. Ils ont une couleur de fer, laquelle dans plufieurs tire fur l'argentin, ce que l'on ne trouve dans aucun autre Gryphite.

On ne connoit pas encore le véritable analogue de toutes ces efpéces de Gryphites. Cependant il y a dans le *Mufeum Kircherianum* de BONANNI 1) une efpéce de coquille, qui leur reffemble beaucoup, à moins que cette figure ne doive repréfenter parmi les coquilles naturelles un corps pétrifié, ce dont il y a un exemple chez FABIUS COLUMNA à l'égard des Térébratulites. Suivant le raport de Mr. HOPPE 2) l'analogue de cette efpéce de Gryphites, qu'on trouve prés de Gera, doit féjourner dans une riviére prés de Livourne. Quant aux pétrifications des Gryphites, on les trouve la plûpart avec leur écaille naturelle, changée en pierre, laquelle étant très épaiffe & compacte, pouvoit d'autant mieux refifter à la deftruction. On en voit plufieurs qui ont encore la valve inférieure, que l'on trouve rarement detachée. La partie qui a fouffert le plus dans l'etat de pétrification c'eft le bec. La pointe en eft endommagée ou caffée dans plufieurs, & l'on trouve auffi parmi les Gryphites de Gera rarement des piéces entieres. La partie, qui avance un peu des deux côtés, eft detruite dans la plûpart.

N. 5. Un fort beau Gryphite d'une grandeur très confiderable. Il eft feuilleté & a le bec fort recourbé. Il eft de Wielicska en Pologne, & très bien confervé. Le teft en a pris un degré de pétrification affez fort.

PLANCHE B. I. e.

N. 1. Le Camite, que nous repréfentons ici, appartient à ceux de la premiére grandeur. Il a l'écaille fort epaiffe, entierement pétrifiée, & les côtés égaux; il eft rond & fort bombé. L'écaille a des ftries fines en long & en travers, de forte qu'on y voit comme une efpéce de

R 2

treil-

1) Claff. II. teftaceor. bivalv. num. 30.
2) Dans la Defcription des Gryphites. p. 17.

treillis très delié. Aux bords où la valve inférieure s'élargit, & où la coquille s'ouvre, il y a de petites éminences, qui se terminent en pointes émouffées. Il est de Turin, où l'on trouve de très belles pétrifications. Non seulement on rencontre parmi celles-ci des coquilles pétrifiées, qui dans d'autres païs sont extrèmement rares, mais aussi la pierre en la quelle elles sont changées, est très dure & compacte, de sorte que l'écaille naturelle a pris une substance partiellement pierreuse; la matrice est une argile seche, grisâtre, mêlée d'un sable grossier à gros grains.

N. 2. Ce Camite est de même des montagnes des environs de Turin. Il a encore ses deux piéces & les côtés inégaux, les bords d'un côté sont beaucoup comprimés, & forment un enfoncement considérable. Il est fort peu bombé, ce qui nous empeche de le ranger parmi les Coeurs. Le Test est d'un brun noiratre & brillant. Au côté opposé au bord comprimé il a des entaillures trésfines, traversées par d'autres qui ne le sont pas moins.

PLANCHE B. II.

N. 1. Nous comptons sans hesiter parmi les Musculites les cinq coquilles, qui se trouvent couchées ensemble sur cette pierre, maigré la ressemblance qu'elles paroissent avoir avec de certaines espéces de Tellinites, que quelques Curieux rangent encore parmi les Camites. Les Musculites ont la charnière vis à vis du côté large ou de celui où la coquille s'ouvre: la longueur prise de la charnière jusqu'au bord opposé n'est pas si grande que la largeur transversale. La différence de ces dimensions est toujours assés considérable. Tous ces caractéres se trouvent exactement dans la pétrification qui est au milieu, mais point dans les quatre autres, dont la largeur est tellement proportionnée à la longueur, qu'on pourroit bien les ranger parmi les Tellinites. Mais comme on voit clairement, que ces cinq piéces sont de la même espéce, on peut bien supposer, que le raport de leurs dimensions doit être le même, & que les bords des cotés se cachant dans la pierre, ces quatre coquilles ne paroissent pas aussi larges, qu'elles le sont effectivement. D'un côté il y a encore un Pectonculite à côtés égaux, & un Camite à plis étroits & à côtés inégaux de la moyenne grandeur.

Du reste ces coquilles sont bien conservées, elles ont encore leur Test & se trouvent arrangées d'une manière agreable à l'oeil.

N. 2. Un Musculite qui a ses deux battans & l'écaille lisse. Le raport de la longueur à la largeur n'est pas tout à fait le même dans tous les Musculites. Ils sont la plûpart plus courts & plus étroits que celui-ci. Le côté ou se trouve la charniére, n'a pas non plus la même configuration dans tous. Dans plusieurs cette partie finit par une pointe émouffée, comme l'on voit au N. 1 de cette Planche. Dans d'autres ce coté s'etend plus en ligne droite, comme dans la piéce que nous sommes à decrire. A l'endroit de la charnière la coquille est un peu enfoncée, de l'autre côté elle est évasée, ce qui fait que la partie, qui se trouve entre deux ressemble à un bec court & émouslé. Du reste elle n'est pas fort bombée.

N. 3. Une Plaque de pierre qui renferme des Pectinites avec plusieurs Camites ovales à côtés inégaux & un Camite rond pectiniforme à côtés égaux. Ils sont bien conservés & agreablement disposés. Quoique ces sortes de Plaques avec des Camites se trouvent souvent, il y en a pourtant fort peu, dont les coquilles soient toutes également bien conservées & bien disposées, c'est à dire sans qu'il y ait beaucoup de places vuides. Du reste les trois pétrifications reprélentées sur cette Planche semblent être du même païs, mais nous ne saurions dire d'où feu Mr. KNORR les a tirées.

PLANCHE B. II. a.

N. 1. Comme tous les Camites bombés ont les piéces égales, ils appartiennent aux Coeurs, & constituent parmi les Camites une espéce particuliére, à la quelle sont subordonnées deux espéces dont l'une comprend ceux à cotés égaux, où il faut ranger aussi les véritables Bucardites, & l'autre ceux à côtés inégaux. Le Coeur qui est reprefenté ici appartient à ceux

à côtés

à côtés égaux; le Teſt en eſt détruit, mais le noyau conſerve encore l'empreinte des ſtries, qui l'ont traverſé. Comme l'écaille ſe détache par feuillets minces, il arrive quelquefois, que les couches inférieures ſont tout a fait calcinées. Les particules terreſtres, que l'eau y fait pénétrer, abſorbent alors pour ainſi dire, le petit reſte de l'écaille calcinée, & ſe dépoſant dans les interſtices qui étoient auparavant remplis des particules les plus fines de l'écaille, elles prennent la forme entiére de l'écaille détruite, de façon qu'on ne les prendroit que pour un ſimple noyau, ſi ces mêmes ſtries & ſillons ne nous découvroient leur origine. Cette piece eſt des environs de Bologne.

N. 2. & 4. Un grand Coeur a côtés inégaux avec des plis fort ſerrés qui ne ſont pas trop larges, mais trop épais pour être pris pour des ſtries ou des dents de peigne. Ils ne ſont pas liſſés, mais un peu écailleux & raboteux, ſur tout d'un côté N. 2. Ce Coeur a côtés inégaux appartient a ceux dont le côté comprimé eſt un peu enfoncé. Il eſt de la premiere grandeur & a encore ſon écaille naturelle bien conſervée; il a été trouvé dans l'Amérique Méridionale d'ou il a paſſé en Allemagne. Suivant l'opinion de quelques ſavans le véritable Analogue de ce Coeur n'a pas encore été trouvé. Cependant, comme nous l'avons remarqué ci-deſſus, il paroit devoir être rangé ſous l'eſpéce de fauſſe Arche, que l'on trouve dans RUMPHIUS Pl. XLIV. litt. J.

N. 3. Un noyau d'un très grand Coeur, d'un grais jaunâtre & compacte de l'Autriche. On n'y voit aucune trace des ſtries que l'écaille peut avoir eues ce, qui ne provient pas tant de la qualité du noyau, que plûtôt d'un pur accident, par lequel l'écaille entiere a été perdue. Car on trouve près de Pirna & dans les carriéres de grais de Blankenbourg des noyaux, même d'un grais aſſez peu compacte, qui ont encore tous les traits et toutes les ſtries de l'écaille de la coquille, quoique celle-ci ait entiérement diſparu. L'on ne ſauroit expliquer autrement ce phénomene ſingulier que comme nous venons de le dire, ſavoir que les particules du ſable ont pris la place de l'écaille qui s'eſt détruite peu à peu, & ont rempli les interſtices vuides, d'ou le grais a pris la forme externe de la coquille, ce qui eſt ſouvent arrivé de même à l'égard du bois pétrifié.

N. 5. Une valve d'un Coeur a côtés inégaux, de l'Autriche. Elle a les plis aſſez larges, ſeparés par des ſillons peu larges, & ce qu'il y a de remarquable, c'eſt que les plis ne ſont point courbés vers la partie inférieure, comme il en eſt ordinairement, mais vers le bord de l'un des côtés.

PLANCHE B. II. b.

N. 1. & 2. Un Camite repréſenté de deux côtés. Il eſt de l'Amérique Méridionale, & a encore ſes deux battans. Comme il eſt d'une largeur conſidérable & que les ſommets de la charniére ne ſont pas élevés, il ne préſente pas la forme d'un Coeur, lorſqu'on le regarde de côté, & par cette raiſon il ne ſauroit être compté parmi les Camites cordiformes.

N. 3. Ce groupe de coquilles pétrifiées vient auſſi de l'Amérique Méridionale. La matrice en eſt une pierre calcaire mêlée de ſable, & les coquilles qu'elle renferme ne ſont pas toutes de la même eſpéce. L'on y voit près d'*a*) des *Chamæ ruget*, ou des Camites tranſverſalement ſtriés, près de *b*) une autre eſpece vûe du côté interne, près de *c*) & *d*) des Tellinites, près d'*e*) des Pectinites, & près d'*f*) un Cochlite un peu méconnoiſſable, qui ſemble convenir d'une certaine maniere avec le limaçon que RUMPHIUS repréſente Pl. XXII. lit. F.

PLANCHE B. II. b.*

N. 1. & 2. Il y a de certains Camites fort renflés, qui dans le Régne des foſſiles appartiennent aux Coeurs, & dans leur état naturel portent le nom de fauſſes Arches. Ce nom leur vient de ce que l'inventeur a cru découvrir une certaine reſſemblance entre ces Coquilles & l'Arche de Noé, car comme elles ont ordinairement les deux becs fort éloignés l'un de

l'autre,

l'autre, l'efpace qui les fépare, repréfente une efpéce de plateforme, ou de tillac, la partie inférieure convéxe des deux valves le fond d'un vaiffeau ou la Carène, & la partie fupérieure pareillement convexe le toit de l'Arche de Noé. On les nomme fauffes - Arches, parce qu'elles ne font pas fi larges que les véritables, aiant la longueur & la largeur presque égales, & par conféquent une forme presque ronde, tandis que les veritables Arches font non feulement beaucoup plus larges, mais qu'elles ont encore entre les fommets de la charniére ou les becs une plateforme un peu plus haute.

Les coquilles N. 1. & 2. appartiennent toutes les deux aux fauffes Arches. Elles font repréfentées de grandeur naturelle, du coté où l'on voit cette paroi ou plateforme qui fépare les becs, & c'eft pour cela qu'on n'y voit pas la forme d'un Coeur qui fe préfente quand on les regarde de côté. Elles ont, comme tous les Camites les valves parfaitement égales, mais leur cótés ne le font pas tout à fait, car l'un avance un peu plus en dehors, & s'aplatit peu à peu, l'autre au contraire qui donne à la coquille la forme d'un Coeur, eft plus court & plus émouffé, non comprimé comme les conques cordiformes ci - deffus décrites, mais un peu élevé au milieu, où les bords fe ferment. Ces coquilles font l'une & l'autre de Malthe, & conviennent parfaitement en tout ce que nous venons de dire, cependant elles different en ce que celle de N. 1. eft d'un brun noiratre, & qu'elle a encore fon écaille naturelle a ftries fines relevées mais plus plattes & plus minces, que les dents de peigne ne le font ordinairement, tandis que de l'autre il ne femble être refté qu'un noyau couleur d'orange. Cette efpéce de coquille n'eft pas trop frequente dans le Régne des Pétrifications. L'original, comme il paroit par nôtre defcription, n'eft pas le même qui fe trouve dans RUMPHIUS Pl. XLIV. litt. i & K, mais ce n'eft qu'une efpéce fubordonnée de ces fauffes Arches qui y font repréfentées litt. I.

N. 3. Une Arche des environs de Turin, de laquelle il n'eft refté que le noyau, dont la fubftance approche de la marne. Toute fa ftructure, dont nous venons de parler, prouve affés, que cette pétrification eft le noyau d'une Arche. Cependant elle différa confidérablement de celle qui fe trouve dans RUMPHIUS Pl. XLIV. litt. P. Les fommets de la charniere avancent beaucoup fans être recourbés, & donnent par là à la coquille, jusqu'au bord oppofé, une longueur affés proportionnée à la largeur, de forte que nous pouvons bien en faire une efpéce particuliére de Camites. Parmi les Arches naturelles qu'on tire de la mer, on trouve pourtant plufieurs qui font de beaucoup plus larges que longues, & qui, fi l'on fait confifter leur véritable caractére dans la raport de la longueur a la largeur, devroient plûtôt etre rangées fous le genre des Mufculites. Cependant ce n'eft pas à nous mais aux Conchyliologiftes à faire des recherches là deffus. Outre cela dans l'Arche que nous avons devant les yeux la paroi qui fépare les fommets de la charniére n'eft pas fi elevée, que dans celle de RUMPHIUS; & cette circonftance, de même que la différence ci - deffus expliquée prouve fuffifamment, que le Regne des pétrifications nous préfente des corps pour fuppléer aux naturels, & pour completter cette grande gradation dans la Claffification & la diftribution des genres & des efpéces du Régne animal. Le genre des Arches, & particulierement celui, dont nous avons préfenté ici un exemplaire, fe trouve fort rarement dans le Régne des pétrifications fur tout avec fes deux piéces. Ces Arches ont d'ailleurs auffi des dents de peigne, mais la nôtre, n'etant qu'un noyau, eft liffe.

N. 4. 5. Parmi les coquilles, que l'on comprend fous le nom de Came, *Chama*, il faut ranger auffi une efpéce particuliére, qu'on nomme le fabot du cheval, la feuille de choux, en hollandois *Perfpective - Doubletten*, *Fonteyn - bakken*, le baffin ou lavoir. La largeur convient affés avec la longueur, & comme par là elle appertient aux conques rondes à pieces égales, ce n'eft pas fans raifon, que la plûpart des Curieux la regardent comme une efpéce particuliére du genre des Cames. Elle eft ventrue, & a les côtés inégaux, comme fi d'un côté on en avoit coupé un morceau, de là & fur tout de ce qu'elle a les fommets de la charniére recourbés,

bés, vient qu'à la regarder de ce coté, elle reſſemble à un Coeur, ce qui dans le Regne des pétrifications lui a fait aſſigner une place parmi les conques cordiformes ſous le genre des Camites. Cette feuille de choux ſe trouve très rarement pétrifiée; la piéce qui eſt repreſentée ici eſt de Vérone. Elle a encore ſon Teſt, qui eſt fort épais, & ſe diſtingue de l'analogue marin par deux choſes; celui-ci a des ſtries en relief, comme de groſſes dents de peigne, entre lesquelles il y en a d'autres plus fines, enfoncées, & outre cela il eſt un peu plus court que notre foſſile, qui par cette raiſon ſemble faire une eſpéce particuliére ſubordonnée à cette eſpéce de Camites.

PLANCHE B. II. b. ✳✳

N. 1. Le genre des huitres contient une eſpéce particuliére, qu'on nomme la Cliquette de Lazare. Elle eſt garnie de pluſieurs feuilles obliquement placées, dreſſées, & hériſées de pointes. On en trouve deux eſpéces (quoiqu'il y en ait pluſieurs) dans KUMPHIUS Pl. XLVII. E. & Pl. XLVIII. 1. & 2. & la piéce qui eſt repréſentée ſur cette Planche, eſt une valve intérieure d'une de ces eſpéces de Cliquette. Dans le Regne des foſſiles cette eſpéce d'huitre eſt extrèmement rare, ſurtout ſi elle a ſes paquans bien conſervés. Cette piéce eſt de la Suiſſe; elle eſt parfaitement pétrifiée, & très bien conſervée.

N. 2. Un Oſtracite des carriéres de grais près de Pirna, de l'eſpéce que l'on pourroit bien nommer les Oſtreopinnites tranſverſalement pliſſés, dont nous parlerons dans la ſuite. Il eſt dans un grais à grain groſſier, ſa ſurface pliſſée eſt purement ſablonneuſe, de maniere qu'on n'y obſerve plus aucun veſtige de la ſubſtance denticuleuſe. Or comme les écailles des huitres ſont liſſes en dedans, il eſt impoſſible, que cette pétrification ne ſoit qu'un ſimple noyau, & la conjecture que nous avons hazardée ci-deſſus, en eſt confirmée, c'eſt à dire, que ſouvent à la place des particules de l'écaille, qui peu à peu diſparoiſſent entiérement, des particules de la matrice y pénétrent & ſ'inſinuent ſi exactement, qu'elles repréſentent toute la ſurface de la coquille avec tous les traits, émirences & enfoncemens, quand même il n'y eſt plus rien reſté des véritables particules oſtraires de la coquille.

N. 3. Un Camite à ſtries fines & à cotés inégaux, de l'Angleterre, avec ſon écaille naturelle, point du tout changée, dans une pierre calcaire griſe & très compacte. Les ſtries en ſont de celles, qu'on nomme capillaires, ſtriæ capillares, & d'une fineſſe extrème. Ce qu'il y a de plus remarquable, c'eſt qu'il a encore ſa couleur naturelle, olivatre, vers le bord inférieur une fatcie large blanche & une autre au milieu, entre lesquelles on en obſerve encore deux autres très fines, auſſi tranſverſales.

N. 4. & 5. Deux Muſculites, dont le premier a encore ſon Teſt, & dont la matrice eſt un grais peu compacte, comme le noyau le fait voir. Il eſt de Maſtricht. L'autre a encore ſes deux battans, & eſt de la Thuringe. Quant aux Muſculites mêmes, ce ſont des coquilles bivalves, courtes & larges, qui ont la charniére au bord ſupérieur large. Ils conſtituent dans le Regne des foſſiles un genre particulier, dont les Mytulites ſont une eſpéce. On les diſtingue plus facilement d'avec les Camites que d'avec les Tellinites, tant parce que pluſieurs Tellinites approchent de la forme de quelques eſpéces de Muſculites, que parce que pluſieurs Conchyliologiſtes rangent ordinairement ces Muſculites ſous le genre des Tellinites. Cependant il y a des eſpéces de Muſculites, qui à l'égard du raport de la longueur à la largeur peuvent facilement être confondus avec les Camites. En examinant le raport de la longueur à la largeur, on trouve que ces eſpéces ſont trop étroites & trop longues pour un Muſculite, trop courtes & trop larges pour un Camite, & que pour un Tellinite elles ont la charniére & l'écaille trop épaiſſes & le contour trop régulier, de ſorte que ſouvent mêmes des connoiſſeurs ſont en peine de déterminer le genre, ſous lequel il faut les ranger. Cela ne doit point nous ſurprendre; la nature dans ſa gradation, paſſant imperceptiblement d'un genre à l'autre, a mis ſur les confins des eſpéces qui participent de deux genres voiſins, de ſorte qu'il eſt difficile de ranger convenablement ces eſpéces limitrophes. Il en eſt ainſi des

Muſcu-

Musculites, & nous en avons effectivement des espéces, qui le sont à l'égard de leur caractére principal, mais qui en même tems ressemblent les uns aux Tellinites, les autres aux Camites.

Le genre des Musculites (soit que nous fassions attention à leur forme, ou à leur grandeur) comprend beaucoup d'espéces tant principales que subordonnées. Quant au raport
de la longueur à la largeur, quelques uns sont en raison de 2 à 5, d'autres de 2 à 4. & d'autres encore de 2 à 3, & ce sont ces derniers, qu'on pourroit bien nommer Musculites Telli-
niformes. A l'égard de la surface de leur écaille ils sont ou lisses, ou striés ou faits en treillis. Les lisses ont quelquefois des fascies transversales, plus ou moins obscures ou claires, dont
souvent ils font voir encore les marques, quand la coquille n'a pas été endommagée. Les
striés ont les stries un peu en relief, & celles-ci sont ou transversales, comme dans N. 5., ou
longitudinales qui vont de la charniére vers le bord opposé où elles se dilatent. Ils ont souvent ces stries comme les Camites, & leur ressemblent beaucoup, excepté qu'ils sont plus
courts & plus larges, & que par conséquent ils doivent être rangés parmi les Musculites.
Dans quelques Musculites striés les stries ne sont pas tout à fait transversales, mais courbées
avec beaucoup de régularité vers le bord ou se trouve la charniére. Ceux qui sont faits en
treillis, & dont on trouve de fort beaux dans les carriéres de grais de Mastricht, ont des stries
transversales, relevées, minces, tranchantes, à distances égales & assés prés l'une de l'autre,
entre lesquelles il y en a de capillaires extrèmement fines, qui vont tout le long jusqu'aux bords,
& contribuent beaucoup à donner à cette coquille un coup d'oeil admirable. Les Musculites
ne se ressemblent pas tous non plus quant au côté où se trouve la charniére. Dans la plûpart
il est droit, mais dans quelques uns il s'éleve un peu, de maniére que la charniére paroit finir en pointe conique obtuse. La situation de la charniére en est de même différente. Dans
quelques uns elle est presque au milieu, dans d'autres de côté, de sorte que depuis la charniére jusqu'à l'une des extremités il y a d'un coté beaucoup plus loin que de l'autre; il y en a
même, où la charniére est placée tout pres de la pointe du côté large, & dont le bord latéral
ne va pas, comme ordinairement en rond, mais paroit comme comprimé ou tronqué. Les
Musculites différent encore entr'eux à l'égard de l'épaisseur. Il y en a qui sont fort plats,
d'autres sont ventrus, sur tout vers la charniére. Parmi ces derniers il y en a qui representent d'un côté la forme d'un Coeur, & par cette raison ils pourroient bien porter le nom de
Musculites cordiformes.

La grandeur des Musculites est de même très différente. Il y en a dans le Régne des
fossiles qui sont larges de 6 a 7 pouces & longs de trois pouces; mais il y en a aussi de si petits, qui ont à peine la grosseur de la moitié d'une lentille.

On connoit assés l'analogue de ces Musculites. Les plus communs sont les moules d'eau
douce, dont les peintres se servent pour detremper les couleurs. Cependant il y en a plusieurs espéces dans le Régne des fossiles, dont nous avons parlé ci-dessus, qui pourroient bien
encore manquer parmi les naturelles.

La pétrification de ces Musculites se trouve très souvent dépouillée de son Test naturel
qu'elle a perdu dans le Régne des fossiles, de sorte qu'il n'en est resté que le noyau. La raison en est principalement comme dans les Camites, que ces coquilles ne se ferment pas exactement, que le noyau durci en tombe, & les deux valves se séparent & se perdent. On trouve par cette raison plus souvent les Musculites avec le Test dans une matrice, que séparés &
sans matrice. Ceux que l'on trouve dans des carriéres de grais, comme à Mastricht, ou
dans des ardoises bitumineuses, comme il y en a prés de Verone, ou dans de certaines couches
d'argile, ont encore le plus souvent leur écaille naturelle. On en trouve encore une espéce
particuliére dans le pais de Brounsvic, dans de certaines ardoises rougeatres, qui se séparent
en tables minces. Ce sont de grands Musculites transversalement striés, couchés les uns sur
les autres & applatis de maniére que les stries des uns sont entrecoupées & en partie couver-

tes par ceux, qui font couchés deffus. On trouve rarement les deux valves des Mufculites avec l'écaille naturelle, à caufe de la charniere qui eft trop foible, mais on remarque precifement le contraire dans les fimples noyaux, ce dont nous avons expliqué ci-deffus la raifon. La nature de la pierre, dont le mufculite prend la fubftance, n'eft pas dans tous la même. Les Mufculites fpatheux font peut-être les plus rares, & les calcaires les plus communs; très peu ont la dureté d'Agate, & quelques uns font pyriteux. On en trouve en Angleterre, en Allemagne quoique rarement, à Memelsdorf près de Cobourg parmi les Ammonites. La matrice eft communement une pierre calcaire ou argileufe. Rarement ils fe trouvent en grande quantité enfemble dans la même matrice.

N. 6. Un Mufculite ftrié d'Angleterre, ventru, cordiforme d'un côté, & telluniforme par le raport de la longueur à la largeur. Il a encore fon Teft. La matiere dont il eft rempli, eft une marne jaunatre, qui femble auffi avoir communiqué fa couleur à l'écaille mediocrement épaiffé qui y tient encore.

N. 7. Ce Mufculite ftrié eft de même d'Angleterre; il eft noiratre, & a fes deux pieces, & l'écaille naturelle. Son noyau eft une pierre calcaire noiratre. Plufieurs Conchyliologues rangeraient peut-être cette efpèce de Mufculite parmi les Camites. Nous aimons mieux le nommer Mufculite camiforme. Tant que le caractère du genre des Mufculites confiftera en ce que la longueur en foit plus petite que la largeur, il faudra dans le Règne des foffiles compter encore cette efpèce de coquille parmi les Mufculites. Cependant nous n'entrerons pas en conteftation avec ceux, qui aiment mieux la ranger parmi les Camites.

N. 8. Une efpèce de Trigonelle, qui n'eft pas commune, ou un noyau d'une coquille de Venus. Du côté droit on voit la partie convexe de la coquille, qui fait le caractere effentiel d'une coquille de Venus. Mais au lieu des ftries transverfales, que les coquilles de Venus ont ordinairement, celle-ci a trois enfoncemens affés larges & entre ceux-ci deux éminences. Le bord du côté gauche paroit comme s'il etoit un peu enfoncé, mais il ne l'eft pas réellement & ce n'eft qu'une partie de la matrice, qui s'y eft attachée, & qui le couvre un peu. Cette petrification a eté trouvée dans les environs de Jene.

PLANCHE B. II. c.

N. 1. eft un amas de coquilles petrifiées de l'Amerique meridionale, femblable à celui qui eft repréfenté Pl. B. II. b. Outre plufieurs debris de coquilles & fragmens de Pectinites elle contient plufieurs Camites, bombés, couchés, transverfalement ftriés ou ridés de la troifième grandeur. Comme ces coquilles fe trouvent amaffées pele-mele fans aucune regularité, on peut en conjecturer qu'elles ont été transportées par quelque inondation dans cet endroit où dans la fuite elles ont été enfevelies & petrifiées.

N. 2. Le côté inférieur de cette Plaque.

PLANCHE B. II. d.

Sur cette Planche fe préfente une grande maffe d'une pierre calcaire de la Thuringe, qui eft presque toute compofée de Camites dont l'un embraffe ou joint tout près l'autre. On trouve dans ce païs ces fortes de Camites d'un très grand volume, & en grande quantité; mais c'eft bien dommage, que la matrice calcaire qui renferme ces coquilles avec plufieurs autres, contienne une fubftance martiale, trop corrofive, pour que les coquilles s'y puffent bien conferver, ce qui fait, qu'on ne trouve la plûpart que des noyaux.

PLANCHE B. III.

Dans le Règne des Pétrifications toutes les petites Conques à ftries en relief, qu'elles foient épaiffes ou minces, portent le nom de Pectonculites. Les uns ont des oreilles, & ne

T

font

font que des manteaux de la derniére grandeur, d'autres n'en ont point & différent encore entr-eux de plus d'une maniére. Ils ont tous des stries en relief, & par conséquent des sillons entre celles-ci; ces stries font tantôt épaisses, tantôt fines; souvent elles forment des plis, qui sont tantôt larges tantôt étroits; quelquefois les stries sont capillaires ou de la finesse d'un cheveu, & quelquefois un peu plus épaisses, comme des dents de peigne. Quant à la forme, ils sont tantôt ronds, tantôt ovales, tantôt comme les Musculites, courts & un peu larges, tantôt demi-ronds, de maniére que le côté de la charniére est droit, & que le bord inferieur forme un demi cercle. D'autres encore finissent a l'endroit de la charniére en pointe émoussée, & ont la forme d'une poire. Il y en a qui sont fort bombés & presque sphériques, d'autres sont fort plats & d'autres encore tiennent le milieu. A l'égard du raport de leurs piéces, les uns ont les deux valves égales, les autres les ont inégales. Ceux qui les ont inégales, & que l'on nomme *pectunculite anomii*, ont l'une des valves ventrue & convexe l'autre platte, & parmi ceux-ci il y en a qui ont un bec un peu recourbé & percé d'un trou. Ces derniers sont nommés *Terebratule striate* ou Térébratules striées. Il y a plusieurs espéces de ces Térébratules, & autant qu'elles sont frequentes dans le Régne des fossiles, autant sont elles rares dans leur état naturel. Les Pectonculites & sur tout les Térébratulites différent encore entr-eux à l'égard des bords. Les uns les ont unis, les autres les ont courbés ou repliés, & ces courbures ou ces plis ne commencent dans quelques uns que prés du bord, & dans d'autres elles vont plus avant vers le sommet de l'écaille. Quoique tous les Pectonculites en général sont petits, ils ne laissent pas de différer beaucoup entr-eux par raport à la grandeur. Il y en a qui ont a peine la grosseur d'une lentille, tandis que d'autres ont presque un pouce de longueur & autant de largeur.

La plaque de Pectonculites, qui est représentée ici N. 1. contient trois sortes de pétrifications: 1) des Pectonculites pectiniformes a côtés égaux, dont la charniére se trouve dans une pointe émoussée, & dont le bord est replié: 2) des Pectonculites un peu plus longs à côtés inégaux, recourbés un peu d'un côté vers la charniére & à bord replié. Entre ces deux espéces de Pectonculites il y a 3) des fragmens de petits Pectinites, & quelques places vuides ombrées, dont on ne sauroit dire si c'est du quartz, qui s'y est attaché, ou quelque autre substance. Nous n'avons pas l'original, & nous n'avons pû découvrir, en parcourant les papiers de feu Mr. KNORR, d'où il a pris cette pétrification. Du reste ces Pectonculites y sont très bien disposés, & il semble que ce n'ait pas été une inondation qui ait fait passer cette piéce dans le Régne des fossiles, mais le desséchement d'un étang ou d'un petit lac.

N. 2. semblent être des noyaux de cette même espéce de Pectonculites, & il est remarquable, qu'ordinairement sur ces sortes de plaques les coquilles ont ou toutes conservé ou toutes perdu leur Test. La cause en est probablement dans la matrice & la nature de la terre, dont elle tire son origine. Cette terre est ou argileuse & grasse, dont les coquilles, qui s'y étoient apliquées, peuvent, aprés y avoir imprimé leur partie concave, se détacher plus facilement que d'une autre sorte de terre, ou la matrice est remplie de particules martiales corrosives, ou bien les bords de la coquille ne s'étoient pas enfoncés assés avant lorsque la masse étoit encore molle, & s'en sont par conséquent séparés lorsqu'elle a commencé à se durcir; & c'est ce qui est probablement arrivé avec cette petite plaque.

N. 3. Une autre Plaque avec des Cochlites trochiformes, & des limaçons ombiliqués, qui sont contournés comme les Cornes d'Ammon, mais sans compartimens. Comme ils appartiennent aux limaçons & point aux Conques, nous aurons occasion d'en parler plus au long, lorsque nous viendrons à ces espéces de limaçons.

N. 4. Une Plaque avec des noyaux de conques, qui semblent appartenir au genre des Mytulites ou à celui des Pinnites. Il est plus probable que c'est au premier.

N. 5. Une Plaque avec des petits Cochlites trochiformes & un Camite de la troisiéme grandeur. Il faut prendre garde de ne pas confondre les Cochlites trochiformes avec les Cochlites ou avec les Turbinites. Les Cochlites ne font pas tant élevés que les Cochlites trochiformes, la premiere volute eft fort grande, & les autres très petites & peu faillantes, comme les efcargots communs de jardin. Les Turbinites font longs, ont une petite bafe, & vont en s'allongeant par plufieurs circonvolutions finir en pointe. Les Cochlites trochiformes n'ont pas plus de volutes, que les efcargots communs, mais ils ne font pas tant emouffés, que les Cochlites, ni auffi longs que les Turbinites.

N. 6. Une Plaque avec des efpèces de Trigonelles ou des noyaux de certaines conques de Venus, dont nous aurons peut être dans la fuite occafion de parler plus au long. A coté il y a un Mufculite caché à moitié dans la matrice.

PLANCHE B. III. a.

N. 1. Eft une maffe d'Hyftérolithes, de Pectonculites & de Trochites de la baffe Heffe. La pierre eft brune & ferrugineufe. Nous traiterons plus bas des Hyftérolithes. Mais quant aux Pectonculites, qui fe trouvent ici, on y obferve plufieurs particularités, par lesquelles ils différent de toutes les autres efpèces de Pectonculites. Le coté, où fe trouve la charniére, s'étend en ligne droite, & les deux bords latéraux avec l'inférieur forment un demi-cercle. Cette coquille eft toujours plus large que longue. Celles de la moyenne grandeur ont la largeur d'un pouce. Au milieu de l'une des valves il y a un pli en relief, & au milieu de l'autre une canelure ou une lacune, & outre cela il y a fur les deux valves des ftries affés fortes & élevées, traverfées par d'autres très fines qui vont en ondoyant. Ceci cependant ne fe trouve pas dans toutes. Dans quelques unes il y a, comme dans les Arches, entre le bord de la charniére & le fommet comme une petite paroi recourbée en dedans, de la hauteur d'environ une ligne. Cette efpèce de Pectonculites fe trouve auffi entre Gera & Ronnebourg, dans le Duché de Brounfvic & en d'autres endroits.

N. 2. Une petite Plaque, auffi de la baffe Heffe. Au milieu il y a un Camite, du quel on ne voit plus que les ftries pectiniformes tout près du bord. A côté il y a un morceau d'un Pectonculite. La figure peu diftincte, qu'on voit a coté, pourroit bien être le refte d'un Hyftérolithe.

PLANCHE B. IV.

N. 1. & 2. Comme il fe préfente ici deux fort beaux Térébratulites, il faut donner quelque petite notice fur cette efpèce de coquille d'ailleurs affés connue. Les Térébratulites font des conques, la plupart rondes ou oblongues, pas trop grandes, à côtes égaux; ils ont toujours l'une de leurs valves plus grande que l'autre, la grande avance un peu fur la petite, & a le bec un peu recourbé & emouffé. Ce bec émouffé eft percé d'un trou, qu'on dit to être fait avec un perçoir. Les Térébratules appartiennent ainfi aux Conques anomies, ou à celles, qui ont les deux piéces inégales. Cette inégalité confifte, ou en ce que l'une des valves d'une telle conque anomie eft ronde & convexe, l'autre platte, fans trou & fans bec, & ce font proprement celles qu'on nomme *conques anomies*, & dont il y a plufieurs efpèces; ou encore que les deux piéces font bien toutes deux renflées, mais l'une plus que l'autre; c'eft cette piéce plus ventrue qui a le bec percé près de la charniére, & ce font celles qu'on apelle proprement *Térébratulites*.

Ces Térébratulites différent encore entr-eux en plus d'une maniére. Il y en a beaucoup qui font presque ronds, d'autres font oblongs, quelques uns font retrecis vers le bec, d'autres larges, & l'épaiffeur n'eft pas la même dans tous. Il y en a qui font liffes, & en même tems feuilletés, de façon que les feuillets débordent de diftance à diftance l'un fur l'autre, comme dans quelques efpèces d'Oftracites. Les liffes ont quelquefois fur la petite valve tout près du bec un petit filon longitudinal. D'autres ont des ftries extrêmement fines, qu'on n'obferve fouvent qu'à l'aide du Microfcope, & d'autres encore ont, comme les Pectinites

des

des stries en relief, plus ou moins épaisses, différence cependant, qui ne depend pas de leur grandeur. Quelques uns de ces Térébratulites ont des stries transverfales & circulaires.

Le bord oppofé à la charnière n'est pas non plus de la même configuration ni dans les côtés ni dans les striés. Dans quelques uns il est rond & uni, dans d'autres il a deux ou trois plis, de manière pourtant, que là où dans l'une des valves il y a une éminence, il y a dans l'autre une lacune qui y repond. Le pli du milieu est ordinairement le plus petit. Dans quelques - uns les plis aprochent affez près du fommet, dans d'autres c'est le contraire. Les plis des deux valves se joignent & s'entreferrent tous étroitement, & contribuent beaucoup à la beauté des Térébratulites striées, dont les bords ont encore des petits plis entre les grands. Il y en a beaucoup qui ont les plis profonds, en Zicsacs à angles aigus, & exactement ferrés comme ces efpeces d'Huîtres qu'on connoit fous le nom de *Crête de Coq*, ou *Rostellum*. Le trou du bec est fouvent plus grand dans les petites Térébratules, que dans les grandes. A l'égard de la grandeur toutes les Térébratules doivent être rangées parmi les petites conques. La plus grande efpéce est telle que nous la reprefentons fur cette Planche. Les plus petites ont la grandeur d'une lentille. Celles qui font d'une grandeur moyenne font les plus communes.

Quant à l'Analogue marin, la plûpart des Curieux ont crû jusqu'ici qu'il ne s'étoit pas encore trouvé; mais ils fe font trompés. On trouve parmi les conques naturelles le genre des Térébratules de couleur blanche, à stries trés fines & à écailles trés minces; mais il est fûr, qu'on ne connoit l'analogue que de trés peu d'efpeces.

La plûpart des Térébratules ont perdu leur Test dans le Régne des pétrifications. Où il y en a des restes, on voit bien, qu'il est fort mince. Les plus épaiffes n'ont pas l'épaiffeur d'un dos de couteau; la couleur en est blanchâtre, blanche tirant fur le jaune, brune, brune tirant fur le jaune, & même noire. Quelques unes ont, quoique trés rarement, des stries fines rougeâtres trés obfcures. Dans quelques unes l'écaille montre encore quelques restes de fon nacré, lors qu'il y a des taches verdâtres, elles proviennent de l'admixtion de particules cuivreufes. Quelquefois on y voit, tant en dehors qu'en dedans, des petits cristaux, qui s'y font attachés, & c'est fur tout du côté interne, lorsque l'eau qui s'y est insinuée ne fût que peu chargée de particules terrestres. Lorsque cette eau a été imprégnée d'une terre argileufe fine, les noyaux, qui fe font formés, après que le fluide s'est congulé, ont pris la nature d'une pierre de corne, à moitié tranfparente. Le bec des Térébratules pétrifiées est fouvent endommagé. Lorsqu'il est parfaitement confervé, elles ont encore le Test, du moins au tour du bec. On voit quelquefois fur les valves des taches plus claires, blanches & rondes; & lorsqu'on les examine avec attention, ou à l'aide d'un microfcope, on decouvre que ce font des circonvolutions, qui vont autour d'un centre, comme de très petites Cornes d'Ammon. Elles ne femblent être que des restes de certaines efpeces de vermisseaux de mer. Les Térébratulites ont ordinairement encore les deux pièces, mais fouvent applaties, & c'est pour cela qu'on les nomme *Térébratulite compressi*. La pétrification en est communément calcaire, & quelquefois, comme nous venons de le dire, une pierre de corne. Souvent ils fe trouvent en grande quantité enchaffés enfemble dans leur matrice; on les rencontre en Allemagne presque par tout.

Les Térébratulites reprefentés N. 1. & 2. doivent être rangés, à ce que nous avons dit, parmi les plus grands, qu'on ait trouvés jusqu'ici. Dans celui de N. 1. on voit au haut prés de la charnière des deux côtés des restes de l'écaille naturelle. Il est du Canton de Bâle. N. 2. est encore entiérement couvert du Test. Il a peu de plis presque imperceptibles. Il est d'Arrignano en Piémont.

N. 3. Une *Concha anomia terebratuleformis* pétrifiée. Le bec de la grande valve est confidérablement élevé au deffus de l'autre, recourbé en dedans & point percé; les deux valves tout à fait entiéres, font picotées d'une infinité de petits points, à peine visibles fans l'aide d'un microfcope, comme s'ils étoient faits avec une aiguille fine, & fur chaque valve on voit trois stries ou entaillures, qui commençant à la charnière, fuivent le contour des bords de la coquille.

quille, & la font paroître composée de trois feuilles couchées l'une sur l'autre. Cette conque est de *Muttenz* dans le Canton de Bâle.

N. 4. Monsr. le Prof. d'ANNONE nous donne la description suivante de cette coquille: C'est la Pétrification d'une *Concha anomia ventricosa, striata, echinata*: je ne la trouve pas dans LINNÆUS, & je la nomme *echinata*, puisque toute l'écaille en est garnie de petits piquans. Elle est de *Muttenz*, & se trouve assés rarement.

N. 5. et 6. Cette espèce de coquille porte le nom d'Hystérolithe, dont il faut donner ici une description exacte. Les Hystérolithes tirent leur nom de la langue Grecque, dans laquelle ὕστερα signifie les parties naturelles de la femme, de ὕστερος, *posterior*, à cause de leur situation à la partie inférieure du corps, par conséquent ὑστερολίθος, *hysterolithus* doit signifier une pierre, qui représente ces parties. On lui a donné encore d'autres noms. PLINE 1) le nomme *diphyes*, CARDAN 2) *hysteropetra*, AGRICOLA 3) & d'autres *Bucardites*. LUID 4) *Bucardites collatus*, d'autres *nucleus Conchæ anomiæ ventricosæ, nucleus ostreopectinitæ ventricosi, lapis hystericus* etc. L'Hystérolithe a particulièrement eu le sort, même encore dans ce Siècle, d'être confondu avec d'autres Coquilles pétrifiées, ce qui a fait, qu'on lui a donné des noms, qui ne lui convenoient point du tout. L'erreur la moins pardonnable c'est de l'avoir confondu avec les Boucardites. BAIER même est tombé dans cette faute, & ce fut de SCHEUCHZER qu'il a appris dans la suite la différence qu'il y a entre un Boucardite & un Hystérolithe. Les Hystérolithes ne sont que des noyaux de certaines coquilles. Ils sont élevés d'un côté & applatis de l'autre, & diminuent peu à peu d'épaisseur vers les bords. Ils ont presque la forme d'un quarré, dont les angles ont été coupés & arrondis. Sur le côté plat il y a une éminence, qui ressemble à un noyau oblong, enculé à un bout & pointu à l'autre. Au milieu de cette éminence il y a une fente, qui représente la vulve, & les deux parties élevées portent les Ailes ou les levres, de sorte que la pièce entière ressemble aux parties naturelles de la femme. Une certaine espèce de ces pierres a de l'autre côté, c'est à dire du côté convexe, quelque chose qui ressemble, à ce qu'on prétend, aux parties naturelles de l'homme, en ce que la pointe de ce noyau oblong, dont nous avons parlé, avance un peu, & qu'au dessous il y a une éminence fendue, ce qui doit représenter la verge & le Scrotum. On en voit beaucoup où cette dernière forme ne se trouve pas, de sorte qu'il y a deux espèces particulières de ces coquilles. Celles, qui ne représentent que la figure des parties féminines, portent le nom d'*Hystérolithes*.. & celles qui représentent à la fois les deux sexes sont nommées selon PLINE *Diphytes*. Cependant ce dernier nom n'est plus en usage aujourd'hui & l'on donne celui d'Hystérolithes aux deux espèces. En conséquence de cette description il est bien facile de déterminer sous quel genre de coquilles il faut ranger les Hystérolithes. Ils appartiennent aux conques bivalves, rondes, à pièces inégales, sans oreilles, c'est à dire à celles, qu'on nomme *Concha anomia*, & en constituent une espèce particulière, dont le caractère consiste principalement en ces figures des parties naturelles. Quand WALLERIUS 5) & d'autres après lui prétendent, qu'il y ait des Hystérolithes ailés & sans ailes, nous avouons sincèrement, que nous ne comprenons pas, ce qu'ils veulent dire par là; nous n'en avons jamais vû d'ailés. Les Hystérolithes ne diffèrent pas beaucoup d'entr-eux à l'égard de la grandeur. La plûpart est de la grosseur d'une noix, quoiqu'il y en ait de plus petits & de plus grands, & ces derniers ont quelquefois un pouce & demi de large. La couleur en est brune tirant sur le noir, ou blanchâtre, comme PLINE l'a observé à l'égard des Diphytes. La couleur noirâtre provient de l'admixtion des particules martiales, aussi la matrice en est ferrugineuse. KUNEMANN 6) qui en a fait l'expérience, a trouvé que l'aimant attire la limaille des Hystérolithes.

U   Quel-

---

1) Lib. XXXVII. Cap. 57.
2) Lib. VII. de Subtilitate.
3) Lib. V. de Nat. Fossil. Cap. 11.
4) Lithophyl. Brit. p. 12. n. 646.
5) Dans la Minéralogie p. 492.
6) Nat. mat. & art. p. 107.

Quelques auteurs prétendent, qu'on a trouvé la coquille de laquelle les Hystérolithes font les noyaux, d'autres soutiennent le contraire. Les premiers la rangent parmi les Ostreopectinites ou parmi les conques striées à piéces inégales. WALLERIUS 7) la nomme *Ostreopectinites, quadratam ferè ctans figuram, striis subtilissimis.* Comme nous possedons nous mêmes cette coquille parmi nos pétrifications, nous pouvons assurer que la description de Wallerius est exacte. Elle convient parfaitement avec ces noyaux, que nous nommons Hystérolithes, par la grandeur, par le raport de la longueur a la largeur, par la courbure du bord inférieur & par son contour, cependant on n'aperçoit rien sur l'écaille externe, qui ressemble à ces figures des parties naturelles, qui font le caractére spécifique de ces noyaux. Il faut donc que l'écaille ait en dedans près de la charniére des éminences ou parties saillantes & des enfoncemens, dont l'empreinte donne au noyau cette forme. Le Test de cette coquille est assès épais & a des stries capillaires d'une finesse extrème. Cependant nous avons remarqué, que comme il y a deux espèces d'hystérolithes, chacune a son espèce particuliére de coquille, dans laquelle elle s'est moulée. Ceux qui ne présentent pas la figure des parties de l'homme, ont les valves à peu près égales, plus larges que longues, & l'écaille lisse, garnie près du bord inférieur de stries fines transversales.

C'est donc de ces espèces de conques, que les Hystérolithes, dont nous venons de donner la description, font les noyaux. La cause principale de ce que le Test, sur tout de ceux d'une couleur noiratre, est détruit, vient sans doute des particules martiales corrosives, dont la matrice est impregnée. Comme ce que nous nommons *hystérolithe* n'est la plûpart qu'un simple noyau, les empreintes des deux piéces se trouvent ordinairement encore ensemble, comme dans tous les noyaux, mais ce qu'il y a de particulier, c'est que dans la plûpart des hystérolithes noiratres il manque un petit morceau à l'un des côtés vers le bord inférieur à l'endroit où le noyau est le plus mince. La raison en est, que lorsque ce noyau est bien conservé, il a du côté plat, au tour de son bord, un petit enfoncement, & par conséquent le bord un peu élevé; Or il se peut facilement, que le noyau, après qu'il s'est détaché de la matrice ou de la coquille, tienne encore par cet enfoncement, & que le moindre choc ou pression en puisse endommager la partie la plus foible, de sorte, qu'une petite portion du noyau y reste attachée, lorsque le reste s'en sépare.

L'Hystérolithe est une pétrification, qui merite bien que nous ajoutions ici quelque chose, qui concerne son histoire. PLINE 8) est le premier, qui en ait fait mention, il le nomme *diphytes*, & dit qu'il y en a des mâles & des femelles, que la couleur des uns étoit blanche, des autres noire, & qu'ils présentoient la figure des parties naturelles de l'homme & de la femme, séparée l'une de l'autre près de la charniére par une ligne ou par un petit sillon. Depuis Pline aucun auteur n'en a plus fait mention jusqu'à AGRICOLA, 9) qui fût le premier à les faire connoitre aux amateurs des Pétrifications; il rapporte que de son tems on en trouva dans le païs de Treves en fouillant la terre près de la forteresse d'Ehrenbreitstein, qu'il étoient d'un brun noiratre, & que peu après on en avoit trouvé aussi à Marienbourg. CARDAN 10) les nomma *hysterapetra*, & dans le commencement du dix-septiéme Siécle on changea ce nom en celui d'*Hystérolithe* qu'on croioit plus convenable. GESNER 11) par son attention ordinaire trouva le premier, que le Diphyte de Pline étoit caché sous la pétrification, qu'on avoit nommée dans la suite Hystérolithe. C'est tout ce qu'on en savoit dans le seizième Siécle.

Au commencement du dix-septiéme BOOT 12) le rangea parmi les pierres curieuses, sans cependant rien ajouter à ce que Cardan & Agricola en avoient déjà dit avant lui

---

7) Dans sa Minérologie. p. 492.
8) Lib. XXXVII. cap. LVII.
9) Lib. V. de nat. fossil. cap. 11.
10) Lib. VII. de Subtilitate.
11) De var. fossil. generibus. p. 147
12) Hist. gemmar. & lapid. p. 408.

BESLER, 13) autant que je ſai, en donna dans la ſuite le premier un deſſin quoique très peu reſſemblant. Il ſemble presque avoir confondu le Boucardite avec l'Hyſtérolithe. 14) Bientôt aprés WORM 15) s'y prit mieux. Il fit le premier connoître les Hyſtérolithes de la Heſſe, qu'il avoit reçus du D. Horſt, Medicin du Landgrave de ce tems, & qu'on avoit trouvés dans les vignobles de Hohenſtein. Ce même Horſt attribuoit à ces Hyſtérolithes une certaine vertu medicinale en conformité du principe qui regnoit alors, que la nature marquoit les vertus cachées dans les pierres par de certaines formes. Worm rapporte ceci des lettres de Horſt ſans paroître diſpoſé lui même a y ajouter beaucoup de foi. Du reſte Worm, ainſi que les prédéceſſeurs, ignoroit l'origine de ces pierres; il approcha cependant du vrai, en les rangeant parmi les pierres figurées, dont une partie ſe formoit, lorsqu'un fluide pétrifiant rempliſſoit le creux ou l'eſpace dans lequel avoit couché autrefois ſous ſterre quelque corps étranger. Mais il ne ſavoit pas, que ce noyau, qui s'y mouloit, tiroit ſon origine d'une coquille. On s'aviſa bien dans la ſuite d'attribuer l'origine de l'Hyſtérolithe à une coquille, mais on voulut par force, que ce fut un Boucardite, comme nous le voyons chez GREW 16) LUID 17) & d'autres auteurs, qui ont vécu vers la fin de ce Siécle. Au commencement du dix-huitiéme il y eût en Allemagne VALENTINI 18) & en Suiſſe LANGE, 19) qui contribuérent à étendre la connoiſſance qu'on avoit des Hyſtérolithes. Le premier allégua pour raiſon de la rareté des Hyſtérolithes de Heſſe, qu'un grand Seigneur les avoit fait chercher ſoigneuſement pour en tapiſſer une grotte. Le dernier ne fit qu'en faire. Selon lui l'Hyſtérolithe reſſembloit beaucoup à l'ittitica mamma, c'eſt pour quoi auſſi il lui donne le nom d'ittitites. En même tems BAIER 20), comme nous l'avons dit, renouvella l'erreur de prendre les Hyſtérolithes pour de certaines eſpeces de Boucardites. La même année, que BAIER publia l'Oryctographie de Nüremberg, HERRMANN 21) en préſenta dans ſa Maſiographie quelques pieces méconnoiſſables, & la deſcription qu'il en donne, prouve, qu'il n'en a eu aucune connoiſſance. Quelque tems après le D. VERDRIES Medecin de Gieſſen & le D. WOLFARTH, auſſi Medecin & homme d'un grand merite par rapport à l'hiſtoire naturelle de la Heſſe, préſentérent les premiers aux amateurs des pétrifications des deſſeins d'Hyſtérolithes fort exacts: le premier le fit dans un Traité inféré aux *Ephemer. Nat. Cur.* 22) le dernier dans ſon Hiſtoire naturelle de la Heſſe. 23) Ce fût lui, qui propoſa le premier l'opinion, que les Hyſtérolithes etoient des noyaux de certaines coquilles marines, mais il paroît s'etre trompé par rapport au veritable analogue, qu'il pretendoit avoir trouvé de même pétrifié. Toute fondée que fût cette opinion, Mr. HENKEL, homme d'ailleurs très ſavant, s'aviſa quelques années après de leur conteſter avec aſſurance l'origine animale, 24) cependant il reconnut dans la ſuite ſon erreur, & l'avoua publiquement avec une candeur digne d'imitation. 25) On ne ſauroit guères pardonner a Mr. KUNDMANN 26) qui eut d'ailleurs aiſés de lecture, de n'avoir rien ſû de toutes ces conjectures qui avoient paru juſqu'à ſon tems touchant les Hyſtérolithes, & d'avoir oſé, encore quinze ans après préſenter, ſous un tas de digreſſions ſuperflues, l'idée que les Hyſtérolithes n'etoient point des pétrifications de coquilles, mais des ſimples *lapides ſui generis*.

U 2

Dans

13) Dans ſon Gazophylacium.

14) Voyez Baier Oryctograph. Noric. p. 14.

15) Muſeum. p. 83.

16) Baier. Oryctogr. Noric. p. 54.

17) Lithophyl. Britannic. p. 31. n. 645.

18) Prodrom. Hiſt. nat. Heſſiz. p. 14.

19) Hiſt. nat. lap. fig. Helvet. tab. X. p. 48.

20) Oryctogr. Noric.

21) Maſiograph. p. 215, coll. tab. IX, num. 55. & 58.

22) Centur. III. & IV. obſ. LXXXVIII. fig. VIII.

23) In hiſt. nat. Haſſ. inferior. p. 70.

24) Flor. Saturn. p. 110.

25) Dans la Pyritologie p. 318.

26) In rarior. nat. & artis. p. 202

Dans les derniers vingt ans de ce Siécle la plûpart des Naturalistes ont adopté l'idée que les Hystérolithes étoient des noyaux d'une coquille, mais il ne s'accordent pas sur la coquille. KLEIN 27) croit que l'analogue nous manque encore, FRISCH 28) & en quelque maniére aussi LESSER, 29) font du même sentiment; ce dernier ajoute avec raison, qu'il y a deux especes d'Hystérolithes, & que par conséquent aussi leurs analogues doivent etre différens. Dans le *Museum* de KICHTER on les prend pour des charniéres (*cardines*) d'une espèce de coquilles de Venus. WALLERIUS 30) les plaça, avec FRISCH & d'autres auteurs, dans la Classe des simples noyaux, en distinguant cependant les Diphyites, auxquels il donne aussi le nom de *Bunzensteine*, d'avec les véritables Hystérolithes, & leur assigna des analogues différens. Il donna aux Diphyites pour analogue une espèce de coquille, qui se trouve, quoique d'une grandeur trés petite, en Scanie, & qu'il nomme *anomia ventricosa rotunda minor Hysterolithum referens*. Il trouve la véritable coquille des Hystérolithes en Gothlande & la nomme *Ostracopectinites quadratam affectans figuram, subtilissimis striis*, comme nous avons dit ci-dessus. A voir ce grand nombre de conjectures différentes sur les Hystérolithes, on auroit été bien en droit de s'attendre à les voir examinés & decrits avec plus de soin & de precision, dans l'Edition du *specimen Hassiae subterranee* de Mr. LIEBKNECHT, qui parüt en 1759. 31) d'autant plus que la Hesse est en quelque maniére le pais des Hystérolithes. Mais il n'y en a pas même de bons desseins, dans ce Livre.

I. Hystérolithe, qui est représenté ici des deux côtés, est de la Hesse; il est ferrugineux, d'un brun noiratre & de l'espèce, que *Pline* nomme *Diphyites*. Il semble comme si d'un côté il en eût été emporté un petit morceau, ce qu'on observe dans plusieurs piéces de cette espèce, comme nous l'avons dit plus haut. Au milieu du dos N. 6. on voit plusieurs petites éminences longitudinales l'une a côté de l'autre, qui s'arrondissent vers le haut. On ne les trouve que trés rarement telles qu'elles se présentent ici, & l'on ne voit la plûpart a leur place qu'une bosse ronde, fendue, tout prés de la pointe saillante du milieu, & c'est cette bosse, qu'on compare ordinairement avec la bourse ou le Scrotum.

N. 7. & 8. représentent des deux côtés un *Conchites anomius* de l'espèce dont nous avons donné la description Pl. B. III. a. La grande valve a un pli large & trés profond, qui part du bec & traverse le milieu du dos; sur la petite valve un pli saillant également large s'étend de la charniére vers le bord oposé où il va se joindre à ce grand pli de l'autre piéce. Ces plis, de même que tous les autres, ont des stries transvérsales. De l'Analogie qu'on la trouve avec les Arches, on peut conclure, que la charniére de cette espèce de Conchite doit être formée d'un rang de petites dents. Il est de Metz.

N. 9. différe du précédent principalement en ce que le bec de la grande valve n'est pas tant recourbé en dedans, & de beaucoup plus éloigné de celui de la petite valve, de sorte que la partie de la grande valve, qui est renfermée entre les deux becs, forme un triangle recourbé vers le haut, dans le milieu duquel il y a une ouverture triangulaire, qui s'étend du sommet de la grande valve jusqu'a la charniére. On n'a point encore eü jusqu'a la, du moins autant que nous scavons, de description exacte de ces deux sortes de Conchites NN. 7. 8. & 9. Ce dernier vient aussi de Metz.

N. 10. Un *Conchites anomius*, qui se distingue du précédent par le raport de la largeur de son écaille à la longueur, par la grandeur & la forme des plis, & par ce que le bec de la grande valve est plus recourbé en haut & en avant. Mr. le Professeur d'ANNONE a donné une description de ce Conchite Vol. IV. Act. Helvet. p. 232. Il est d'Aristorf, Village du Canton de Bâle.

PLAN.

27) dans son *Nomenclator*.
28) Mus. Hofmannian.
29) dans la Lithothéologie. pag. 787.
30) dans la Mineralogie p. 492.
31) Specim. Hass. subterran. pag. 93.

PLANCHE B. V.

N. 1. & 2. nous repréfentent d'un double point de vûe un Camite de la premiére grandeur, de l'Amérique méridionale. Il a encore fes deux piéces, fort bombées, & appartient à l'efpéce de Camites qui comprend les Conques cordiformes. Il a des ftries tranfverfales à peu près de l'epaifleur d'une dent de peigne, qui tournent en rond & traverfent la coquille d'un côté de la charniére à l'autre. A l'endroit où les deux pieces fe joignent, près de la charniére, elles ont les fommets arrondis fans avoir des becs recourbés l'un vers l'autre, ce qui diftingue ce Camite des Conques cordiformes. Il a encore fon Teft, comme cela fe trouve dans la plûpart de ceux, qui nous viennent des côtes de l'Amérique.

N. 3. Une empreinte de la Conque, que les Lithologiftes nomment *Conque a trois lobes*, (Cacadou - Mufchel) *Conchites trilobes*, & qu'ils rangent avec raifon, à l'égard du raport de la longueur à la largeur, qui ne différent pas beaucoup, parmi les conques rondes, & la regardent ordinairement comme une efpéce de Camite. L'analogue marin n'en a pas encore été découvert. Même dans le Règne des foffiles on n'en a point encore trouvé, autant que nous favons, qui eût fes deux pieces enfemble, & par cette raifon il refte encore a decider, s'il faut les ranger fous le genre des Camites a piéces égales, ou fous celui a piéces inégales. A en juger par l'une des piéces, qui nous eft confervée dans le Règne des foffiles, l'on voit qu'elle confifte en trois eminences toutes tranfverfalement ftriées, ou plutôt en une écaille ronde, convexe, tranfverfalement ftriée, partagée en trois parties ou en trois plis par deux fillons profonds presque parallèles. LUID, 1) à ce que nous favons, l'a vûe le premier; il lui donna un nom, comme à une efpéce de coquille, que fes prédeceffeurs n'avoient pas encore obfervée, il l'apella *trinucleum fimbriatum vulgare*, apparemment parce que, lorsqu'on ne fait pas attention aux ftries tranfverfales, elle reffemble a trois noifettes placées l'une a coté de l'autre. Il parle de trente pieces de cette efpéce de Pétrifications qu'il ait vûes en main, quoique, fur tout en Allemagne, elle foit très rare. Après LUID, Mr. LANGE 2) trouva cette coquille en Suiffe, & Mr. le Pafteur HERRMANN 3) à Maifel en Silefie, ce dernier la nomma: *petrumcalita marmorea trilobos imbricata.* Mr. de BROMEL 4) Medecin du Roi de Suede, découvrit dans la fuite cette même efpéce de coquille fur une ardoife, mais il en connut fi peu la veritable origine, qu'il les prit pour des efcarbots pétrifiés, & crût voir fur ces ardoifes des infectes coléoptéres ou a ailes couvertes. (*infecta vaginipennia.*) Elles retinrent ainfi le nom d'efcarbots, (Kaifer - Mafcheln) & font encore affés peu connues, fur tout en Allemagne. Mr. WOLTERSDORF 5) plaça enfin avec raifon ces efcarbots de Bromel parmi les Conchites, & les nomma *Conchitœ trilobi feu oblongi, tribus lobis diftincti, fcarabœum quodammodo referentes.* Mr. LEHMANN en fit connoître peu après deux, qu'il poffedoit lui même, dans fon *Hiftoire des Mines qui ont leurs lints par lits,* 6) où il en donna les deffeins. Elles font de deux efpéces, l'une ronde, l'autre allongée, il obferve qu'à la derniére l'on donne le nom de lievre marin.

La piéce qu'on a repréfentée fur cette Planche, n'eft qu'une empreinte, cependant toujours très remarquable. Elle nous fait voir en creux, de la maniére la plus diftincte, la veritable forme de ces Conques à trois lobes, telle qu'elle fe prefente en relief dans leur état naturel. Outre cela ce morceau eft d'une conque de la premiére grandeur, car ordinairement elles ne font que la moitie auffi grandes, fouvent encore de beaucoup plus petites. Autant que nous favons, l'analogue de cette coquille n'a pas encore été trouvé.

X

PLAN.

---

1) in Epift. I. Lithophylac. Britann. p. 90.

2) hift. lapid. figurat. Helvet. p. 140.

3) in Musœographia tab. X. n. 50.

4) in lithographia Suecana p. 76. & in Act. litterar. Suec. Upfal. An. 1729. p. 491.

5) Dans fon Syftème Minéralogique. p. 42.

6) Geschichte von Floez-Gebürgen. p. 72.

PLANCHE B. VI.

N. 1. & 2. Un Pinnite ou *Pinna marina*, dont la matrice est une pierre de corne, a été trouvé en Franconie. Les Pinnites font des pétrifications, qu'on trouve rarement en Allemagne.

N. 3. Cette conque, étant courte & large, & ayant sa charnière au côté large, est rangée dans le Régne des fossiles sous le genre des Musculites plissés, à plis étroits & serrés. Mr. le Prof. MÜLLER a donné une description exacte de l'analogue dans les remarques jointes au second Tome de l'Histoire des Coquilles de KNORR p. 48 Mr. d'ARGENVILLE dans sa Conchyliologie tab. 26. litt. H & Part. II. tab. 7. litt. Q. lui donne le nom de *pitaut au Dai*. Ce morceau qui est très rare, a été trouvé a Naumbourg sur la Queis en Silesie dans un grès blanc.

N. 4. Passe pour une espèce d'Hystérolithe, & se trouve dans la Hesse.

N. 5. & 6. Le noyau d'un véritable Boucardite, tel que nous l'avons décrit ci-dessus, de Bologne.

CHAPITRE V.
DES COCHLITES PROPREMENT DITS.

Le nom de Cochlite est pris dans la Conchyliologie aussi bien que dans la Lithologie, dans un double sens. Tantôt il comprend tous les tuyaux testacés d'une structure réguliére, tant contournés que non-contournés, habités par de certains animaux destitués de sang: Tantôt il ne designe qu'une certaine espèce de tuyaux testacés contournés sur eux-mêmes, & dans ce sens il comprend tous les limaçons, qui ressemblent en quelque maniére à nos escargots communs, où l'on range aussi les Umbilicites, les Néritites & les Globosites, les limaçons à bouche ronde ou les Rubans, les Trochites, & les Cochlites trochiformes.

Les Planches dont nous allons donner l'explication, contiennent plusieurs espèces de ces Cochlites, parmi lesquelles il y en a quelques unes d'aises rares. Nous allons premiérement en déterminer le Caractère générique & spécifique, ensuite nous donnerons quelque notice sur chaque piéce qui y est représentée.

LES UMBILICITES

Plusieurs Auteurs leur donnent simplement le nom de Cochlites, d'autres pour en déterminer l'espéce, les nomment *planorbes lapidei*, *Cochlitæ orbiculati*, *Cochlitæ umbilicati*, limaçons orbiculaires. On les nomme *Orbiculati* ou orbiculaires par ce que leurs circonvolutions ne s'élevant point, ils font presque plats comme une assiette ou un disque, & *Umbilicites*, par ce qu'ordinairement les spirales font d'un côté couvertes par la premiére circonvolution, de sorte qu'il n'y a qu'un petit enfoncement au milieu, qu'on compare à un nombril.

Ces Umbilicites font formés d'un tuyau testacé rond & lisse, qui, en diminuant peu à peu se tourne autour du centre à peu près comme les Ammonites, dont ils différent principalement, en ce que ceux-ci font cloisonnés, & que les Umbilicites font creux fans aucune concamération. Cependant dans le Régne des fossiles il est bien facile de les confondre & de prendre les uns pour les autres, comme cela est même déjà arrivé, 1) fur tout lorsque les Ammonites ont l'écaille toute lisse fans tubercules & fans stries, de sorte que les cloisons internes ne paroissent pas en dehors. Lorsque l'Umbilicite n'a plus fon Test, & que fur la surface

1) voyez: G. fnerii Tract. de petrefactis p. 13.

face lisse du noyau on ne voit aucun vestige de cloisons qui y aboutissent, c'est une marque sûre, que la pétrification n'est pas un Ammonite mais un Umbilicite. Comme les opercules de certains limaçons de mer portent le nom d'*Umbilicus*, & qu'on pretend d'en avoir trouvé aussi de pétrifiés, il faut prendre garde de ne pas confondre ces dénominations. Ces opercules ne sont ni ronds, ni tubiformes, ni contournés; ainsi qu'il est fort aisé de les distinguer d'avec les Umbilicites. Mais on pourroit bien plus facilement confondre ces derniers avec de certaines espèces de Vermiculites, tels que sont non seulement ceux, dont on trouve quelquefois les traces sur des coquilles pétrifiées, sur tout sur les Térebratulites, 2) mais particulierement cette espèce, qu'on trouve en Suisse, & que SCHEUCHZER 3) nomme: *tubulus marinus, fossilis, parvus, Cornu Ammonis instar in se iplum revolutus*. Ces Tubulites ou plûtôt Vermiculites sont bien aussi contournés au tour du centre, mais ils ont le bord en vive-arrête, le tuyau en est de la même largeur d'un bout à l'autre, comprimé, & d'une structure moins régulière que les Umbilicites. Tout cela sert aussi à faire connoître la différence qu'il y a entre un Umbilicite & un escargot petrifié. Le tuyau testacé des Umbilicites ne diminue que peu à peu, de sorte que la grandeur de la première volute ne diffère que fort peu de celle de la seconde, & ainsi du reste; au lieu que dans les escargots la première volute est considérablement plus grande que les autres. Les volutes des Umbilicites vont autour du centre, mais dans les escargots la seconde la troisième & la quatrième circonvolution s'élevent considérablement. Dans le Régne des fossiles il y a plusieurs espèces de ces Umbilicites. Quelques uns ont des deux côtés le centre enfoncé & les spirales apparentes, comme les Ammonites. Parmi leurs analogues il faut ranger plusieurs espèces de Cornets de Postillon, tant d'eau douce que de la mer, comme ceux de RUMPHIUS Pl. XXVII. O. P. R. Dans quelques uns les volutes ne sont apparentes que d'un côté, étant couvertes de l'autre par la première circonvolution. Parmi les analogues de ceux-ci il faut placer non seulement plusieurs escargots ou limaçons terrestres, mais aussi certains limaçons de mer, sur tout ceux, que nous trouvons dans SLOANE. 4) D'autres encore ont bien des volutes apparentes des deux côtés, comme la première espèce, mais d'un côté ils sont un peu convexes, cependant cette convexité est si petite, que néanmoins on peut ranger ces limaçons parmi ceux, qui sont tournés autour du centre. On en trouve les Analogues dans le *Museum Kircherianum* de BONANNI. 5)

La plûpart des Lithologistes avant Lister confondirent ces Umbilicites avec les Ammonites lisses; ceux mêmes qui y observoient quelque différence, mêlerent l'Umbilicite parmi les Cochlites, sans en distinguer assez les espèces. MERCATUS 6) fit bien la même chose à l'égard de la dénomination, mais il distingua exactement les Umbilicites d'avec les Ammonites à cause des cloisons, qui manquent aux premiers, il sût aussi distinguer les Umbilicites de terre d'avec les Umbilicites marins. Lister a été le premier qui représenta d'une maniere distincte les Analogues des Umbilicites, il les nomma *Cochlea umbilicata*. Dans la suite ce nom passa aussi dans le Régne des fossiles, & LUID 7) fût le premier qui introduisit la dénomination de *Cochlites umbilicatus*. Scheuchzer, Lange, Volkmann & Bromel le suivirent. SCHEUCHZER 8) & LANGE 9) firent connoître les Umbilicites de la Suisse. VOLKMANN 10) ceux de la Silesie, & BROMEL 11) ceux de la Suede. Cependant les Naturalistes de ce tems ne prétérent pas tous assez d'attention à cette espèce de coquille, plusieurs la confondirent avec les Ammoni-

X 2

tes

2) voyés: Scheuchzer Oryctogr. Helvet. fig. 114. & 125. & Specim. lithograph. Helv. p. 24. fig. 33.
3) Specim. Lithogr. Helvet. p. 24. fig. 85.
4) Voyage to the Madera, Barbados. tom. II. tab. 141. num. 6. 7.
5) Clas. III. testar. univalvium num. 208. 209. 210. 211.
6) Metallotheca Vaticana. p. 304.
7) Lithophylac. Britann. p. 20. num. 589.
8) Specim. Lithogr. Helvet. p. 24.
9) Hist. lap. figurat. Helvet. p. 105. tab. 10.
10) Subterran. p. 175. 176. tab. XXIX. num. 4. 5. 11
11) Lithograph. Suecan. p. 90. num. XI. XII.

tes liffes, d'autres fe contentérent d'en parler fous le nom général de Cochlite. La plûpart des Minérologiftes ne firent pas même mention des Umbilicites dans leurs liftes de Pétrifications, jusqu'à Mr. WOLFERSDORF, 12) qui les diftingua avec raifon d'avec les Néritites, les Globofites & les autres efpèces de Cochlites. Cependant cette différence effentielle n'a pas été généralement obfervée dans la fuite, & on ne prit pas toujours l'Umbilicite pour une efpèce particuliére de Cochlite.

LES NÉRITITES ET LES GLOBOSITES

peuvent bien être pris enfemble pour une efpèce particuliére de Cochlites, & on en peut faire deux co-efpèces ou efpèces fubordonnées. Les Néritites portent plufieurs noms différens. On les apelle: *Nerite lapidei*, *Cochleæ lapideæ valvatæ*, *Cochleæ femilunares lapideæ*, *Cochleæ turbinati pauciorum turbinum fpecie*. Le nom de *Nerite*, qui vient du Grec, s'exprime en allemand par *Schwimm-Schnecke*, (limaçon qui nage) puisque le limaçon, étant tourné, a la forme d'une nacelle ronde, qui nage fur l'eau. Ce limaçon a peu de fpirales, il les a obliques, & toutes couchées de côté. La première volute eft grande, large & affés ronde, les autres font peu faillantes & comme enfoncées & comprimées. Les Néritites ne font pas tous de la même efpèce. Il y en a de liffes, de ftriés, de treilliffés, & de grenus. La première efpèce eft la plus commune dans le Régne des foffiles. Dans quelques uns la première volute eft un peu élargie & allongée; les volutes fupérieures fe trouvent plus comprimées & plus enfoncées dans les uns, que dans les autres, & dans ceux-ci elles différent encore, en ce que tantôt elles font arrondies, tantôt aplaties, & dans ce dernier cas on n'en aperçoit fouvent au dehors que les entaillures. Ils ont tous la bouche demironde, les uns plus grande & plus large que les autres. Cette différence fe remarque fur tout dans ceux, qui s'élargiffent un peu vers le bord de la première volute, parmi lesquels il faut principalement ranger une efpèce de Nérite d'eau douce, foffile, qu'on trouve près de Mayence & de Francfort. Les Nérites de mer ont ordinairement l'écaille épaiffe, & la plûpart de celles d'eau douce l'ont d'autant plus mince. La même différence s'obferve auffi dans le Régne des foffiles. La grandeur des Néritites n'eft pas la même non plus. Les plus grands de ceux, que nous trouvons dans le Régne des foffiles, font d'un pouce, ou tout au plus d'un pouce & demi, & il y en a qui ont à peine la groffeur d'une lentille. Les plus communs font ceux, qui tiennent le milieu. Les analogues de ces Néritites font des limaçons tant d'eau douce que de mer. Les premiers ont l'écaille jaunatre, fale, unie & très mince, celle des derniers eft affés épaiffe, quelquefois liffe, quelquefois ftriée, & de différentes couleurs. On les trouve dans tous les Conchyliologiftes, dans RUMPHIUS, 13) d'ARGENVILLE, 14) GUALTIER, 15) BONANNI, 16) & SEBA. 17) La petrification qui en tire l'origine, n'eft pas de la même efpèce à l'égard de l'écaille. Celle des Néritites d'eau douce, étant extraordinairement mince, eft la plûpart détruite, excepté dans ceux qui fe trouvent dans le Tuf. L'écaille des Néritites de mer différe, par raport à fa confervation, de trois manieres, fuivant la nature des couches où ils ont été enfermés, pendant qu'ils étoient dans le fein de la terre. Dans quelques uns elle eft entierement pétrifiée, ce que l'on obferve principalement dans ceux de Turin, de Verone, de Suede & de Schaffhoufe. Dans d'autres elle n'eft que calcinée, ce qui fe trouve la plûpart dans ceux de Maftricht. Dans d'autres encore elle n'a presque rien perdu de fa fubftance naturelle, à la couleur près, comme dans ceux du Piémont. Du refte cette efpèce de limaçons fe trouve plus fouvent detachée, que dans la matrice, & quand même elle y eft encore enfermée, elle s'en détache facilement parce qu'elle eft ronde & liffe.

Les

---

12) Dans fon Syftéme Minérologique.

13) Dans le Cabinet des Raretés d'Amboine Pl. XXII.

14) Conchyliologie. Tab. 7.

15) Ind. teft. conchyl. LXVII.

16) Recreat. ment. & oculi III. 226. & Muf. Kircher. Clafs. III, teftac. num. 226. fq.

17) Thef. tom. III. 41. 9. fq.

Les Cochlites auxquels on a donné le nom de Globofites, ne diffèrent pas beaucoup, tels qu'on les a trouvés jusqu'ici dans le Régne des foffiles, des Néritites, ce qui fait qu'on les a bien fouvent confundus enfemble. Ils font plus ronds & plus enflés que les Néritites, de la vient que leurs fpires ne font pas fi fort inclinées vers le côté que celles des Néritites: auffi font elles peu fuilantes, excepté que dans plufieurs le fommet ne fe trouve pas tant aplati que dans les Néritites. On en voit un Analogue dans RUMPHIUS Tab. XXVII. Litt. Q. Dans le Regne des foffiles ils ne font pas trop frequents, de même que les Néritites, & il y a bien des contrées d'ailleurs affés riches en pétrifications, où l'on ne trouve ni Néritite ni Globofite. SCHEUCHZER & plufieurs autres Auteurs rangent auffi parmi les Globofites les *Bullites*, mais ceux-ci conftituent un genre particulier; plufieurs Conchyliologiftes donnent auffi le nom de Globofes, Conques fphériques, ou Tonnes à différentes efpèces de limaçons ovoïdes.

Il n'y a pas beaucoup à dire fur l'hiftoire des Globofites & des Néritites. Encore dans le feizième Siècle ils etoient inconnus à la plûpart des amateurs des pétrifications. MERCA-TUS fût le feul 18) qui les connût. Il en donne une défcription courte mais très exacte, & dit qu'on les trouvoit, quoique très rarement, fur le *Monte Mario* près de Rome. LISTER les apprit à connoître aux Lithologiftes, & après lui LUID 19) fût le premier qui leur preta fon attention, les decouvrit dans le Regne des foffiles, & leur affigna une place parmi les coquilles pétrifiées. Luid fût fuivi de SCHEUCHZER 20) & LANGE 21), & Lifter le fût de BAIER, 22) Les deux premiers trouvoient les Néritites en Suiffe, & le dernier en Allemagne, quoi-qu'il n'en pût montrer qu'une feule pièce. Après ces découvertes ils devinrent plus frequents. LESSER 23) en donna une défcription; SPADA fit connoître ceux de Verone, & BROMEL ceux de Suede, & parmi ceux-ci les premiers Nerites friés, qu'on avoit trouves dans le Régne des foffiles.

RUMPHIUS 24) fit la même chofe à l'égard de ceux d'Amboine, & BOURGUET 25) en decrivit d'autres. Dans les Minéralogies univerfelles on fe contentoit encore de les embraffer fous le nom gé-néral de Cochlites, fans en determiner le Caractére fpécifique; WALLERIUS 26) les fepara le premier, en quoi il fût fuivi par WOLTERSDORF 27) & d'autres. Après ces favans Na-turaliftes BERTRAND, 28) d'ARGENVILLE 29) & AILION 30) contribuerent beaucoup à enrichir & à perfectionner la connoiffance des Nérites du Régne des foffiles.

LES ESCARGOTS PETRIFIES OU *COCHLITAE HORTENSES*,

conftituent une efpece particuliére de Cochlites dans le Régne des foffiles. Tout le monde en connoit la forme. La premiere volute en eft grande, ronde & large, moins grande ce-pendant à proportion des autres volutes faillantes, que dans les Néritites & dans les Globo-fites, plus grande au contraire que dans les Umbilicites. Les volutes fuperieures font plus elevées, & jamais tant inclinées de côté, que dans les Néritites. La feconde fpire a le con-tour à proportion plus grand qu'on ne l'obferve dans ces derniers, & les autres finiffent peu à peu en pointe emouffée. Ils ne diffèrent guere entre eux par leur ftructure, ils font tous liffes, de couleur blanche, jaune ou brune, & on en trouve fouvent, qui ont des fafcies

Y

bleu-

18) Metallotheca Vaticana. p. 304.

19) Lithophyl. Britan. p. 16. num. 311.

20) Oryctogr. Helvet. p. 273. Muf. diluv. p. 34.

21) Hift. lap. figurat. Helvet. tab. 31. p. 107. fq.

22) Oryctogr. Noric. tab. 111. num. 27.

23) Dans fa Lithothéologie p. 655.

24) Dans l'Edition Hollandoife du Cabinet des Raretés d'Amboine.

25) Memoires pour fervir à l'hiftoire des pétrifications. tab. X. p. 256.

26) Dans fa Minéralogie. p. 472.

27) Dans fon Syftème Minéralogique.

28) Ufages des montagnes. p. 276.

29) Oryctologie. tab. X. p. 256.

30) Oryctograph. Pedemontan. p. 54

blanches ou noires. Dans quelques uns les volutes fupérieures font plus faillantes que dans les autres. Quoique l'Analogue de cette efpèce de Cochlites eſt d'ailleurs très commun, on n'en trouve la pétrification ni par tout, ni en grande quantité. L'on en voit beaucoup dont l'écaille, qui dans cette efpèce de coquilles eſt fort mince & delicate, s'eſt perdue, & quand elle s'y trouve encore, elle n'eſt pas dans tous de la même confervation. Plufieurs font un noyau dur, recouvert de l'écaille calcinée, qui quelquefois eſt friable comme la craye, ou fe fépare en paillettes d'une fineffe extrème. Dans d'autres l'écaille eſt entierement pétrifiée, & changée tantôt en une pierre calcaire compacte, tantôt en une fubſtance fpatheufe; & ces derniers font les plus rares. Leur matrice eſt ordinairement une pierre calcaire blanchatre, jaunâtre ou rougeâtre, & la couleur de la pétrification eſt ordinairement la même que celle de la matrice. Quelquefois on en trouve aufſi dans des Tufs, & ceux-ci ont la plûpart encore leur Teſt, parfaitement confervé. L'on voit aufſi des efcargots incruſtés, c'eſt à dire enveloppés d'une croute tofeufe compacte. On trouve de ces Cochlites des morceaux d'une grande beauté en Allemagne, à Sternberg dans le Meklenbourg, à Ulm & à Nordlingue en Souabe, dans les carrieres de Quedlinbourg, dans le Duché de Brounsvic, & en plufieurs endroits de la Suiffe, tantôt avec leur teſt naturel, tantôt fans lui. Ceux d'Angleterre approchent, par rapport au changement qu'ils ont fubi dans la pétrification, le plus de ceux de la Suiffe. SCHEUCHZER 31) les a rangés parmi les Globofites. Quand les autres Naturaliſtes en font mention, ils leur donnent la plûpart fimplement le nom de Cochlites.

LES COCHLITES TROCHIFORMES

conſtituent aufſi une efpèce particuliére du genre des Conchylites. Nous donnons ce nom à tous ces limaçons, que les Cochyliologiſtes nomment *Cochlea lunares*, Limaçons à bouche ronde, les Hollandois, *Alykruiken* ou *Naffauwers*, Rubans. Dans le Régne des foffiles on les nomme *Cochlite trochiformes*, Cochlites trochiformes, puifque le raport du Diamétre de la premiére volute à la hauteur du limaçon eſt à peu près le même que celui de la hauteur d'un Trochite au Diamétre de fa bafe. La premiére volute des Cochlites de cette efpèce eſt ronde, large & plus grande que dans les efcargots, les autres, dont le nombre ne furpaffe pas celui des volutes des Limaçons communs, finiffent en une pointe plus allongée, mais la longueur de toutes ces volutes prifes enfemble n'egale pas tout à fait celle de la premiére: leur bouche eſt parfaitement ronde, & c'eſt ce qui leur a fait donner ce nom. Ainfi il eſt évident, que ces Cochlites trochiformes ne font pas de la même efpèce que les efcargots. Ceux-ci ont les fpires emouffées ou arrondies, ceux-là les ont d'une forme différente, ceux-ci les ont encore de beaucoup moins élevées, que ceux-là: outre cela ils ont la bouche comprimée d'un côté & diminuant en pointe, tandis que la bouche des premiers eſt parfaitement ronde.

Il y a plufieurs efpèces de Cochlites trochiformes. Dans quelques uns l'extrémité de la premiére volute eſt ronde, dans d'autres elle eſt allongée en une petite pointe émouffée, de façon cependant, que la bouche eſt toujours ronde, & cette différence paroit clairement, lorfque l'on compare dans RUMPHIUS Pl. XIX. 5. 6. & 7. avec C. D. & E. De là vient qu'on confond facilement ces derniers avec de certains Buccinites, qui leur reffemblent prefque parfaitement, à la bouche près, que les Buccinites n'ont jamais ronde mais toujours allongée. La premiére volute de ces Cochlites trochiformes n'eſt pas non plus toujours de la même conformation, vû que dans quelques uns elle a le dos un peu élevé au milieu, de forte que des deux faces qu'elle forme l'une eſt tournée vers en haut, l'autre en bas, & qu'elle eſt contournée presque de la même façon, que la coquille que l'on nomme *Cochlea lunaris major*. On trouve l'analogue de ces Cochlites trochiformes pétrifiés dans RUMPHIUS, 32) SHEA, 33) GUALTIERI, 34) D'ARGENVILLE, 35) BONANNI 36) & d'autres Conchyliologiſtes.

le

31) Oryctogr. Helvet. p. 280.
32) Tab. XIX.
33) Tom. III. 74.
34) Tab. 64.
35) Tab. 6.
36) Muf. Kirch. claf. III. num. 227.

Le Test est détruit dans la plûpart de ces Cochlites trochiformes, du moins dans ceux, que nous trouvons en Allemagne, de là vient que leurs spires ne se touchent point. On en trouve beaucoup de comprimés, sur tout parmi les noyaux. Pour l'ordinaire on les trouve adhérents à une pierre calcaire; cependant on les rencontre souvent aussi hors de la matrice. Dans plusieurs les spires supérieures sont endommagées ou tout à fait détruites. Ils ne sont pas trop frequents, surtout en Allemagne. On en trouve beaucoup près de Goslar, dont le noyau est une pierre calcaire. Ceux que l'on trouve en Suisse près de Schafhouse, sont de la même qualité. La substance pierreuse qui compose ceux de Verone, est une marne blanche & compacte. Près de Wettersleben dans le territoire de Quedlinbourg on en trouve qui sont couchés dans une argile grise, fine, le noyau en est un Spath jaune & fragile & l'écaille décomposée, qui les recouvre encore quelquefois, sous la forme de petites lames fines, ressemble à de la craye, & s'en détache lorsqu'on les frote. Dans les environs de Querfourt on trouve des tout-petits Cochlites trochiformes dans une pierre calcaire jaunatre.

Les Cochlites trochiformes & d'autres limaçons ont un opercule, qu'on nomme *Umbilicus marinus*, nombril marin, dont les différentes espèces portent des noms differents dans la Conchyliologie, selon l'espèce de limaçons dont ils viennent. On les trouve representés dans RUMPHIUS PL. XX. Il y a de quoi s'étonner, que sur aucun de ces limaçons on n'ait trouvé encore le moindre vestige de ces nombrils marins dans le Règne des fossiles, & que leur pétrification même détachée soit d'une rareté si prodigieuse. SCHEUCHZER 37) en posseda une; & quelques autres pretendent en avoir trouvé de même. 38)

LES TROCHITES

tirent leur nom du mot grec τρόχος, qui signifie une roue & une toupie, instrument qui sert à un jeu d'enfans. On a donné ce nom tant aux articulations de la tige de l'Encrinite, qui ressemblent à des roues, qu'à ces limaçons, qui ont la forme d'une toupie, & à cause de cette ressemblance on les a nommés Trochites. Pour éviter la confusion, que cette dénomination commune à ces deux espèces de corps pétriés pourroit causer, quelques Auteurs ont mieux aimé, les nommer *Trochilithes*. D'autres les ont nommés *Cochlitæ turbinati*, *Cochleæ lapideæ ore depresso*, *Cochlitæ plurium turbinum*, *specie trochorum*, *trochi lapidei*.

Ces Trochites ont les volutes comprimées, diminuant peu à peu, la figure d'un cone à base large, & la bouche ovale & comprimée. Le Diamètre de la base est ou égal à la hauteur, ou en raison de 2. à 3, quelquefois de 2. à 4, ainsi l'on peut fort bien les distribuer en Trochites courts & longs. Les premiers se comparent à un triangle équilatéral, les derniers à un pain de sucre ou une Piramide. LUID nomme ces derniers *Trocho-cochlites*.

L'analogue de ces Trochites est suffisament connu par les desseins de RUMPHIUS Pl. XXI & d'autres Conchyliologistes. On en trouve de differentes espèces dans le Règne des fossiles. Quelques Trochites ont les spires comprimées ou aplaties, & on trouve de cette espèce non seulement parmi ceux qui ont conservé leur Test mais aussi parmi ceux, qui l'ont perdu. D'autres ont les spires arrondies, & ce ne sont ordinairement que des noyaux. L'écaille, lorsqu'elle s'y trouve encore, est lisse dans quelques uns, dans d'autres tuberculeuse & granuleuse, & dans d'autres encore striée. Le nombre des volutes varie beaucoup, ils en ont depuis trois jusqu'à sept ou huit. Quant à la grandeur, il y en a, dont le Diamètre de la base a bien trois à quatre pouces, & plus ils sont grand plus ils sont rares; par contre il y en a aussi qui ne sont pas plus grands qu'un grain d'orge. Dans l'état de Pétrification les volutes, sur tout les plus proches du sommet, qui sont les plus minces & les plus delicates, sont ordinairement endommagées. Les volutes de ceux, qui ont perdu leur Test, ne s'entretouchent point, & par là il est fort facile de les distinguer de ceux, dont le Test s'est conservé & a été petrifié. La matrice de ces Tro-

Y 2   chites

37) Mus. Diluvian. num. 141. Lithogr. Helvet. p. 24.
38) Voyez Knorr, Prompt... p. 211.

chites est ordinairement une pierre calcaire. Les pyriteux sont les plus beaux & les plus rares. On trouve les Trochites plus souvent détachés que dans leur matrice, & dans ce dernier cas il est difficile de les en tirer sans les endommager. Ils ne sont pas trop fréquents dans le Régne des pétrifications. On en trouve en Suisse, en Angleterre, principalement à Bath, & sur tout de fort beaux, tant avec leur Test que sans Test dans l'Isle de Feroe; Il y en a outre cela en Norwege, en Suede & en Danemark. Comme les Trochites ont eu à peu près le même fort dans le Régne des pétrifications, que les autres espèces de Cochlites, il seroit superflu d'en faire ici l'histoire en particulier. Nous nous contenterons d'alleguer quelques auteurs, qui méritent préférablement d'être confultés fur cet article, comme SCHRUCHZER Oryctog. Helvet. p. 274. d'ARGENVILLE Conchyliolog. p. 260. LUID Lithophyl. Britann. p. 21. BOURGUET memoires pour servir à l'histoire des pétrifications tab. XXXII. XXXIII. seqq. Catalog. Lapid. Veronens, p. 23. 24. ALLION Oryctograph. Pedemont. p. 59. LANGE Hist. Lapid. figurat Helvet. tab. XXXI. p. 107. sq. BERTRAND usages des montagnes p. 247. sq. sans compter les autres.

Après ce que nous venons de dire nous pouvons entreprendre d'exposer & de distinguer comme il faut, les différentes espèces de Cochlites qu'on voit représentés dans cet Ouvrage.

PLANCHE B. VI. a.

N. 1. Un Umbilicite à quatre volutes, qui diminuent peu à peu; d'un coté il est un peu convexe, de l'autre coté la première volute qui est d'une forme applatie, occupe la moitié de sa base qu'elle couvre jusqu'à l'umbilic; il est de la Suisse, & dépouillé de son Test, d'ou vient que les spires sont séparées par un profond sillon.

N. 2. Un Umbilicite de Turin. Ses volutes ont à peu près la même largeur jusqu'à leur extrémité. Il est de même un peu elevé d'un côte, de l'autre, la première volute n'étant que fort peu applatie, il a un enfoncement aslés large autour du centre de sa base.

N. 3. & 4. Le dessein de ces deux piéces n'exprime pas tout à fait l'original; a le voir on les prendroit, sur tout celui de N. 3. pour des Umbilicites; ce font des escargots pétrifiés, la première volute en est grande, arrondie & épaisse, & les autres y ont le même raport que nous trouvons dans tous les escargots. N. 4. a encore son Test, qui a pris la couleur de la pierre, dont la substance est une marne fine rougeâtre. L'un & l'autre vient de la Suisse, & doit avoir été trouvé à Schaffhouse.

N. 5. 6. 7. 8. des Umbilicites de Suisse. Ils font tous convexes d'un coté, de l'autre l'enfoncement du milieu n'est pas trop petit; la première volute n'étant que peu comprimée.

N. 5. 7. 8. font d'un gris cendré. Ils ont encore leur Test, & en les examinant de plus près on remarque qu'ils doivent avoir eu des stries fines. Dans N. 5. & 8. la première volute est plus large vers la bouche qu'elle ne l'est ordinairement. L'analogue de cette espèce d'Umbilicite doit avoir, suivant toutes les apparences, l'écaille fort mince. N. 6. n'est qu'un noyau, qui a été trouvé en Suisse, dont la première volute est si large, puis qu'il a probablement souffert quelque violente compression, avant de s'etre entiérement durci.

N. 9. Un petit Umbilicite, d'une grande beauté, avec son écaille naturelle entiérement pétrifiée, d'un rouge brunatre. La pierre calcaire, dans laquelle il est couché, est jaunâtre & a, peu s'en faut, la dureté du marbre. Il est de Francfort fur le Main.

N. 10. Un escargot pétrifié des carriéres de Quedlinbourg. Les volutes supérieures n'ont pas dans tous les escargots la même hauteur. Les uns les ont plus saillantes que les autres, & c'est sous cette derniere espèce qu'il faut ranger cette pétrification. Ses volutes supérieures font trop courtes & trop émoussées, & la première est trop petite & trop etroite, pour qu'on puisse la prendre pour un Cochlite trochiforme.

N. 11. Un petit efcargot pétrifié, avec fon écaille brillante entierement pétrifiée, d'une confervation parfaite. Le noyau en eft une pierre calcaire groffiére. Cette efpèce doit fe trouver dans le Duché de Brounsvic.

N. 12. Un petit efcargot des environs de Francfort fur le Main. Le Teft en eft blanchatre, fort mince, presque tout a fait calciné, & fe détache facilement du noyau qui eft une pierre calcaire jaunatre & compacte.

N. 13. Un petit Trochite à cinq volutes, de Suiffe.

N. 14. Un petit efcargot pétrifié de ceux, qu'on trouve dans les environs d'Ulm. Ils font encore recouverts de leur Teft, qui eft pétrifié, jaunatre, & quelquefois marqué de taches d'un rouge jaunatre. La bouche en eft fort petite, & les volutes fupérieures, qui avancent beaucoup, font applaties. Leurs fpirales font très fines, & dans la plúpart presque imperceptibles.

N. 15. 16. 17. Des efcargots pétrifiés de moyenne grandeur, de Nördlingue. Ils ont leur Teft pétrifié. Le noyau en eft une pierre calcaire jaunatre. Dans quelques uns, on découvre fous la coquille une fubftance fpatheufe, qui vient de ce qu'au lieu d'une matiere pierreufe ou terreftre, il y a pénétré une eau imprégnée de particules fines calcaires ou gypseufes. Ces efcargots pétrifiés de même que ceux d'Ulm dont nous avons parlé dans le §. précédent, meritent d'être préférés a plufieurs autres, a caufe de leur belle confervation.

N. 18. & 19. Ces deux piéces font de Suiffe. N. 18. eft un efcargot pétrifié, dont les fpires fupérieures font un peu comprimées. N. 19. eft un Trochite, dont le Teft eft détruit.

N. 20. Un' efcargot pétrifié d'Angleterre. A juger par la copie de cette piéce, on lui trouve quelque reffemblance avec un Trochite, cependant l'original n'en eft point, mais un de ces efcargots qui ont les fpirales grandes & fort faillantes.

N. 21. 22. 23. 24. 25. 26. 27. 28. 29. 30. 31. 32. Pour remplir le vuide de cette place nous avons jugé à propos d'y mettre plufieurs petits cochlites metallifés tels qu'on les trouve près de Hildesheim. N. 21. 22. 23. font des Cochlites trochiformes. N. 24. 25. 26. 28. & 30. font de petits Turbinites & Strombites. N. 31. Un petit Buccinite. N. 27. 29, 32. font de tout petits Trochites tuberculeux a ftries fines.

PLANCHE B. VI. b.

N. 1. Un efcargot pétrifié de moyenne grandeur, de Suiffe.

N. 2. Un Umbilicite &

N. 3. Un efcargot petrifié, l'un & l'autre de Giengen en Souabe.

N. 4. Un Umbilicite d'Angleterre très bien confervé.

N. 5. Une efpèce particuliére d'Umbilicite, qu'on nous a donnée pour avoir été trouvée à Turin; ce de quoi cependant nous ne voulons pas être garant. Quoique plufieurs pais aient un Caractére propre de pétrification, par lequel un connoiffeur exercé peut fouvent avec probabilité, & même avec certitude, determiner la patrie d'un corps pétrifié, cependant cela n'a pas généralement lieu, car il eft fur qu'il y a beaucoup de pétrifications, tirées de pais fort éloignés l'un de l'autre, qui fe reffemblent comme deux goutes d'eau. Dans ce cas il eft bien difficile de décider quelque chofe, furtout lorsqu'on a fujet de fe défier un peu de l'exactitude & de la connoiffance de ceux dont on tient ces pétrifications. Cette piéce n'eft que calcinée.

N. 6. Un Umbilicite de Giengen en Souabe.

N. 7.

N. 7. 8. 9. 10. Des Umbilicites de Turin, tous bien confervés. Le deffûs eft un peu convexe, l'autre côté ou la bafe, eft occupée jufqu'à l'umbilic par la premiére volute, qui eft d'une forme comprimée.

N. 11. 12. 13. 14. 15. 17. & 19. Des Umbilicites de Suiffe.

N. 16. Un Umbilicite enchaffé dans fa matrice, qui eft une pierre calcaire grifatre, de Louvain.

N. 20. 21. De fort petits Umbilicites, à fpires tout à fait plattes, dont l'analogue appartient aux efcargots, que nous trouvons en grande quantité dans nos vignobles. Cependant la pétrification en eft bien rare ici, & ne fe trouve pas non plus trop frequemment ailleurs.

N. 22. Un Néritite de Sternberg dans le Duché de Meklenbourg, où l'on trouve de petites coquilles dans une matrice compacte la plûpart très bien confervées. Il a encore fon Teft, comme la plûpart des coquilles de ce païs. Ses volutes font obliques & la premiére en eft un peu allongée.

N. 23. Un Néritite de Turin avec fon Teft pétrifié, à volutes obliques & applaties, dont la premiére eft un peu plus allongée, que dans les Néritites communs.

N. 24. Un Néritite de Brounsvic avec fon Teft qui eft plus mince que celui des Néritites communs, mais bien plus épais que celui des Néritites de riviére.

N. 25. & 26. Deux Néritites de Schaffhoufe. Ils ont leur Teft petrifiée, marqué de petits points noirs. Ces points ne font que des Particules terreftres fines, de couleur noire mélées avec un limon grifatre, qui fe font infinuées dans la coquille, lorfqu'elle étoit à paffer dans l'état de pétrification, ce qu'on voit diftinctement au noyau qui en remplit la bouche.

N. 27. Un Globofite calciné, rempli d'un noyau gris argileux qu'on nous a donné pour être de Turin. Lorfqu'on le compare avec le Néritite N. 28., on peut voir diftinctement la différence qu'il y a entre un Globofite & un Néritite, quelque grande que foit d'ailleurs leur affinité. Les fpires du Globofite ne font pas tant obliques, ni fi fort comprimées que celles du Néritite. La premiére volute en eft plus grande & plus fphérique, & fa bouche n'eft pas fi exactement femilunaire, mais plus allongée.

N. 28. Un Néritite de Sternberg dans le Duché de Meklenbourg. Il eft recouvert de fon Teft qui eft pétrifié & affès épais. Les fpires en ont des entaillures profondes, ce que l'on obferve rarement.

N. 29. Un Globofite, de la même confervation, que les Néritites des N. 25. & 26.

N. 30. Un Cochlite trochiforme, qui convient parfaitement avec ceux du genre des Cochlites, que nous avons décrit ci-deffus fous ce nom; il eft de Turin, & a encore fa coquille, qui eft pétrifiée. On obferve, que les volutes fupérieures de ces Cochlites font plus faillantes que celles des Globofites, quoique d'ailleurs la premiére volute dans l'une & dans l'autre de ces deux efpèces de coquilles foit à peu pres de la même forme.

N. 31. Un petit Globofite du Piémont dont le Teft eft calciné.

N. 32. Un Globofite fort beau & bien confervé de Verone, avec fon Teft pétrifié. Sa premiére volute eft un peu allongée, les volutes fupérieures ne font pas comprimées, mais peu faillantes à proportion de la grandeur de la premiére volute. Il fe termine en une pointe formée par deux petites volutes.

PLANCHE B. VI.*

Comme nous avons expliqué plus haut le caractére générique & spécifique des Trochites, nous n'avons ici qu'à donner une courte description des pièces qui sont représentées sur cette Planche.

N. 1. Le noyau d'un grand Trochite de Berne. Il a, comme tous les Trochites, des circonvolutions qui diminuent peu à peu, & une base large. Il faut le ranger parmi ceux, dont les noyaux ont les spires arrondies.

N. 2. Un Trochite à quatre-volutes arrondies, de Giengen en Souabe. Il est depouillé de son Test; la base en est platte, & la bouche ronde presque point comprimée. La matiere en est une pierre calcaire compacte.

N. 3. Un Trochite qui par ses volutes ressemble au précédent, mais en différe en ce qu'il est tout d'une substance spatheuse & jaunatre. Par le milieu de ses volutes passe un tuyau rond & creux. La fracture du Spath est rayonnée comme dans les Bélemnites. Plusieurs Natura-listes prenent cette substance spatheuse pour le corps pétrifié de l'animal même, qui a eu au-trefois sa demeure dans la coquille, qui a été détruite dans la suite. Cependant il nous paroit plus probable, que l'animal s'étant pourri, ses parties visqueuses mêlées avec des particules terrestres, calcaires ou gypseuses, extrémement fines, aient fourni la matiere qui fait la sub-stance de ces noyaux spatheux.

N. 4. Un fort beau Trochite d'Angleterre, d'une grandeur considérable. Ses volutes sont arrondies, & il en a eu quatre. Ce qu'il y a de remarquable c'est qu'il est pénétré d'une pyrite sulfureuse, & qu'on y voit par ci par la des cristaux de Spath irréguliers qui s'y sont attachés. Com-me les volutes sont un peu écartées l'une de l'autre, il est évident, que le Test en est détruit. La pyrite sulfureuse le couvre en dedans comme d'une espèce de croûte ou d'ecorce. Mais dans le noyau même, que l'on voit à découvert tant au bas près de la bouche qu'au haut près de la fracture du sommet, on ne trouve absolument rien de pyriteux.

N. 5. Un grand Trochite de Suisse, a volutes applaties, d'une couleur grisâtre. La bouche en est comprimée, la base platte & le bord en vive-arête. Il est recouvert de son Test pétrifié.

N. 6. Un Trochite de moyenne grandeur, de Giengen en Souabe. Il a six spires, qui dimi-nuent peu à peu. La pointe du sommet, qui est endommagée dans la plûpart des coquilles pétrifiées de ce genre, s'est parfaitement conservée dans cette piéce. Comme ses volutes ne sont pas écartées l'une de l'autre, & qu'elles paroissent ne faire qu'une seule piéce, on en peut conclure, qu'il a encore sa coquille, quoiqu'on ne sçauroit la discerner du noyau. Nous avons deja eu occasion de parler de cette observation, & de faire voir que souvent on prend certains corps du Régne des fossiles pour de simples noyaux, qui ne le sont pour-tant pas.

N. 7. Un petit Trochite fort beau & bien conservé à huit circonvolutions. Il a encore sa coquille pétrifiée parfaitement conservée. Ses volutes ont des stries obliques, lesquelles étant entrecoupées, forment de petits grains oblongs. Il est de l'Isle de Feröe.

N. 8. Un Trochite de moyenne grandeur, de Turin. Il est recouvert de son Test qui est tout entier & parfaitement pétrifié. Il a cinq volutes obliquement striées, & la base fort large & platte. Ce qu'il y a de particulier dans cette espece de Trochite, c'est que la première volute, fort grande à proportion des autres, est applatie vers les volutes supérieures, & un peu recourbée en dedans vers la base. La bouche en est ovale & applatie comme dans les Trochites communs.

Z 2

L. AN-

PLANCHE B. VII.

N. 1. Un grand Trochite à cinq volutes, de Norwege. Le Teſt en eſt entier & parfaitement pétrifié. Il a la ſurface toute liſſe, à l'exception de la baſe à l'entour de l'umbilic où il a des ſtriés fines, de même qu'aux endroits où les volutes ſe touchent, et dans ces endroits la coquille, dont les pas ſont d'ailleurs un peu convexes, eſt un peu enfoncée. On trouve très rarement des Trochites de cette grandeur, & ſi bien conſervés.

N. 2. Un Trochite de moyenne grandeur, de l'Isle de Feroë. Il a encore ſon Teſt, les volutes en ſont applatties, & un peu enfoncées aux endroits où elles ſe joignent. Il y en a ſix. A ſa baſe adhère d'un côté encore un peu de ſa matrice qui eſt une marne durcie très compacte.

N. 3. 4. 6. 7. 8. Sont de Trochites de cette même eſpèce, de l'Isle de Feroë, avec cette différence, que ceux - ci ont perdu leur Teſt, & que dans quelques uns il manque une partie de la volute inférieure, & dans d'autres une partie de la ſupérieure. Les Petrifications de l'Isle de Feroë ont une matrice qui leur donne un air très agréable.

N. 5. Un Trochite à cinq volutes convexes, du Comté de Bath en Angleterre, où ſe trouve de très belles Petrifications. La matrice en eſt une pierre calcaire fine.

CHAPITRE VI.

DES BUCCINITES, CASSIDITES, BULLITES, MURICITES, PURPURITES, VOLUTITES, CYLINDRITES, PORCELLANITES ET ALATITES.

Nous avons déjà parlé ci-deſſus de la différence, qu'il y a entre ces eſpèces de limaçons, & nous avons remarqué que leur première volute n'eſt point tubiforme comme celle des Cochlites, des Turbinites &c. mais que cette partie de la coquille, qui en fait la première volute, & qui finit par la bouche, eſt d'une longueur & d'une étendue conſidérable. La forme de cette première volute & celle de la bouche, qui en depend, & la proportion des volutes ſupérieures avec la première, conſtitue le caractére générique de tous ces limaçons. Lorsque l'on examine l'extrémité de la première volute, qui forme la bouche, on y obſerve une triple différence ; dans quelques uns la première volute ſe termine au bout inférieur en une pointe qui tantôt eſt allongée, tantôt recourbée, tantôt émouſſée & tantôt comprimée, comme dans les Buccinites, les Caſſidites, les Muſiques, les Bullites, les Muricites & les Purpurites. Dans d'autres la première volute, ſans avoir de pointe allongée, s'applique etroitement a la volute la plus proche, & forme une bouche longue & étroite, comme nous voyons dans les Volutites, les Cylindrites & les Porcellanites. Dans d'autres encore la première volute s'élargit beaucoup, de ſorte qu'elle avance en forme d'aîle, en s'écartant de la volute ſuivante; comme nous voyons dans les Alatites.

Nous allons donner quelque explication de ces coquilles, ſans entrer dans ce qui regarde proprement la Conchyliologie. Nous n'en emprunterons que ce qui eſt neceſſaire au Lithologiſte, pour connoître les pétrifications. Nous ne conſidérons point ces coquilles dans leur état naturel, mais dans celui, dans lequel le Régne des foſſiles nous les préſente, & c'eſt cet état, qui fait l'objet principal de nôtre attention. Les Buccinites ſont les plus frequens de ces ſortes de limaçons, & c'eſt par cette raiſon, que nous en donnerons une deſcription detaillée.

LES

LES BUCCINITES

portent le nom de *Buccinitæ*, *Cochlitæ turbinati*, *Cochlitæ plurium turbinum*, *specie Buccinorum.* *Buccina* étoit parmi les anciens une corne recourbée, de laquelle on pouvoit sonner, & dont les pasteurs se servoient dans les tems les plus reculés, un cor *quo bubus canebatur*, & c'est ce qui lui fit d'abord donner ce nom. Au commencement on se servit pour cet usage d'une véritable corne de taureau, dans la suite on en fit d'airain & leur laissa le même nom. PLINE 1) dit *buccinum* au lieu de *buccina*, & se sert de ce mot pour designer un limaçon, qui doit avoir la forme d'une telle corne. Mais comme parmi les coquilles contournées il n'y en a aucune qui ait la forme d'une corne ainsi recourbée, il semble que les anciens dans cette dénomination n'ont eu en vue que la maniére dont une corne de buffle diminue peu à peu jusqu'à l'extrémité, & qu'ils ont compris sous ce nom des limaçons à spires élevées, qui diminuent peu à peu, & par consequent aussi les Turbinites & les Strombites. OVIDE 2) confirme suffisament cette conjecture. Dès le tems de Pline cette dénomination a été introduite dans la Conchyliologie, & de là dans la Lithologie, mais dans la suite on lui a donné une signification beaucoup moins étendue, on en a exclu les Turbinites, les Strombites & d'autres espèces, qui toutes avoient porté autrefois ce nom, & on l'a donné principalement à ces limaçons, qui ressembloient au buccin ou à la Trompette des Tritons, telle que les anciens la representoient, d'où vient que ce nom de buccin de Triton est encore en usage dans la Conchyliologie, pour marquer une espèce de limaçon qui a la veritable forme d'un Buccinite proprement dit.

On donne dans le Régne des Pétrifications le nom de Buccinite à tous les limaçons, dont la première volute est grande, renflée & allongée & dont les volutes supérieures avancent de maniére, qu'elles diminuent peu à peu & se terminent en pointe. Il y a deux espèces de ces Buccinites. La première comprend les Buccinites proprement dits. Dans ceux-ci la première volute est grande, renflée, s'élargissant peu à peu & diminuant de même, de sorte que le plus grand renflement occupe le milieu, elle se termine en une pointe tantôt allongée, tantôt courte, tantôt émoussée, & a une bouche oblongue; elle est bien grande à proportion des autres volutes, beaucoup plus que celle des Turbinites, mais plus petite que celle des Cassidites. Les autres volutes sont fort saillantes & diminuent peu à peu, jusqu'à ce qu'elles se terminent en pointe. C'est à cette espèce de Buccinites qu'il faut rapporter tous ceux, que les Hollandois nomment *Kink-hoorens*, *Triton-hoorens*, *Pausse-Kroonen*, *Bisschops-Myt!ers*, *Spillen* &c. Nous nommerons la seconde espèce principale celle des Conotrochites. La première volute des Buccinites de cette espèce est longue aussi, mais elle diffère en ce qu'elle n'est pas renflée, mais conique, & la bouche n'en est point ovale mais allongée & étroite. Les Conotrochites ont à peu près la forme d'une volute ou d'un Cornet posé sur sa pointe, & sur la base duquel s'élèvent les autres spires ou circonvolutions. Ces spires diminuent peu à peu comme celles d'une toupie, & sont tantôt lisses, tantôt garnies de tubercules, de pointes ou de piquans. Ce qui constitue principalement la forme d'un Conotrochite se voit dans le limaçon, que les Hollandois nomment *Tanssche Hoorn*, *Cameelhoorn*, & que l'on trouve dans RUMPHIUS Pl. XLIX. litt. M. Il y en a un très grand nombre d'espèces différentes, & l'on en pourroit bien établir un genre particulier, vû qu'ils différent considérablement des Buccinites. Du reste le genre des Buccinites est d'une étendue extraordinaire dans le Régne des fossiles, & chaque espèce en comprend encore un grand nombre d'espèces subordonées. Cependant nous croions être fondés si nous doutons, qu'on ait trouvé dans le Régne des fossiles toutes ces espèces, qu'on a retirées de la mer dans leur état naturel, mais nous sommes persuadés aussi, qu'on trouve pétrifiées plusieurs espèces & variétés, que l'on chercheroit en vain parmi les coquilles naturelles. L'on trouve aussi plusieurs espèces de Buccinites dans le Régne des fossiles, qui doivent leur existence à différentes espèces de limaçons fluviatils & terrestres. Les Buccinites proprement dits différent beaucoup entr-eux par le nombre des spires, par leur forme, par le raport de leur longueur à celle de la première volute, par la grandeur & la circonférence de celle-ci, par la variété qu'on observe

A 3

par

1) Lib. IX, hist. nat. cap. 61.
2) Libr. I. metam. v. 335.

par raport a la furface exterieure de la coquille, & par la bouche, quoique les caractéres ci-
deſſus expoſés leur ſoient communs à tous. Le nombre de leurs ſpires monte depuis cinq juſqu'à
dix & au-delà, & des Buccinites de la même longueur n'en ont pas toujours le même nombre. Les ſpires mêmes, qui ſont au deſſus de la premiére, ſont tantôt arrondies, tantôt contournées en dedans, tantôt applaties; quelquefois les volutes ſont ſeparées par un ſillon aſſez
profond, qui va en ſpirale, & reſſemble à un ſentier, qui va autour d'une montagne pointue.
Leur longueur n'égale pas toujours celle de la premiére volute. Dans quelques uns la premiére volute eſt plus longue que toutes les autres priſes enſemble, dans quelques uns elle eſt
plus courte. La premiére volute eſt toujours très grande & très longue a proportion des autres, vû que ſa longeur égale & ſurpaſſe même ſouvent celle de toutes les autres enſemble;
cependant elle eſt tantôt plus tantôt moins renflée, tantôt elle a la pointe allongée, tantôt racourcie, tantôt contournée en dedans. Mais en quoi les Buccinites différent le plus entre
eux c'eſt la ſurface de leur coquille ou du Teſt. Dans quelques uns elle eſt liſſe, dans d'autres ſtriée & dans d'autres encore granuleuſe. Quant aux ſtries, elles ſont ou longitudinales
ou transverſales, & les unes & les autres ſont tantôt ſerrées, tantôt diſtantes l'une de l'autre,
tantôt épaiſſes, tantôt fines, tantôt droites, tantôt onduleuſes, tantôt obliques. D'autres encore ont des ſtries longitudinales & transverſales à la fois, dont les unes ſont plus épaiſſes ou
plus fines que les autres. Les Buccinites granuleux ſont ou tout couverts de grains, ou bien
ils ont des ſtries granuleuſes, qui forment des rangs placés à diſtances égales, & ces rangées
de grains ſont ou ſans melange avec d'autres ſtries, ou diſpoſées alternativement avec des
ſtries liſſes, rélevées, qui courent par deſſus toutes les volutes & entre les pas juſqu'à la pointe du ſommet. La bouche qui eſt de forme oblongue, n'eſt pas toujours de la même étendue dans des Buccinites de la même grandeur. Dans quelques uns elle eſt grande, dans d'autres ſort
étroite & petite. Il en eſt de même de la grandeur générique des Buccinites, que de celle
du reſte des limaçons. Il y en a de deux empans de long & au delà, mais qui ſont extrêmement rares dans le Régne des foſſiles. Il y a une eſpèce mitoienne, qui ne parvient jamais à
cette grandeur, & à laquelle la nature a fixé celle de deux à trois pouces. Il y en a de petits, au deſſous d'un pouce, & parmi ceux-ci l'on en trouve, qui n'ont pas même la grandeur d'une graine de Cumin, & dans lesquels on voit pourtant avec admiration à l'aide d'un
Microſcope toutes les varietés, que nous venons de décrire. On en déterre de beaux morceaux à Sternberg dans le Meklenbourg.

La même varieté s'obſerve parmi les Conotrochites. Les ſpires ſupérieures ſont plus
courtes dans les uns que dans les autres, cependant les plus courtes ſont toujours plus longues que dans les Caſſidites. La premiére grande volute eſt comme celle des Cornets,
avec cette différence, que quelques Conotrochites l'ont un peu contournée obliquement vers
l'extremité, avec une pointe légérement comprimée. La différence principale depend des
tubercules & des piquans; vû que des Conotrochites quelques uns ſont liſſes, d'autres ſim-
plemént ſtriées, d'autres encore ont les volutes garnies de tubercules, de piquans, ou de
pointes émouſſées. On y obſerve en outre les mêmes différences par raport à la grandeur
générique que dans les Buccinites proprement dits. L'état dans lequel les Buccinites ſe trouvent reduits par leur paſſage dans le Régne des foſſiles eſt encore très different, comme
celui des autres coquilles petrifiées. Comme leur écaille eſt ordinairement aſſés forte, elle
s'eſt conſervée dans pluſieurs, & cela, ſans avoir ſouffert aucune altération, ou bien elle
a été calcinée, ou pétrifiée. Les coquilles, qui ne ſont point changées, ſur tout celles des limaçons terreſtres, ſe trouvent ſouvent en quantité dans le tuf, dans lequel d'ailleurs les coquilles parviennent rarement à la calcination, & encore moins à la pétrification. La raiſon
en eſt probablement, que les particules terreſtres de l'eau tofeuſe ſont trop groſſiéres pour
pouvoir pénétrer dans ce corps étranger, qu'il en eſt incruſté avant que de pouvoir être calciné, & qu'ainſi dans cet état il ne ſauroit l'être facilement, puisque l'accés de l'air en eſt
intercepté. Le nombre des Buccinites calcinés, qu'on a trouvés juſqu'à preſent, ſur tout de
ceux de la mer, eſt à certain egard plus grand que celui des Buccinites pétrifiés, vû que la

plûpart nous viennent de Chaumont, du Piémont, & de Maſtricht, ou on les trouve ordinairement calcinés. Probablement il en eſt de même de ceux qu'on tire de la craie des montagnes des environs de Siéne. Quant aux Buccinites pétrifiés les meilleures piéces & les plus
rares que nous en avons jusqu'a préſent, ſont des montagnes de Turin. On en a trouvé en
Angleterre des métalliſés, & même des pyriteux, ſouvent d'une grandeur conſidérable, & ce
qu'il y a de plus remarquable c'eſt que la pyrite s'eſt attachée à la ſurface interne de la coquille, & que celle-ci eſt tout a fait calcinée, au point, qu'on la peut emporter en frotant,
comme ſi c'etoit de la craye. Ainſi l'on ne ſauroit prendre cette eſpéce que pour un noyau
de ſubſtance pyriteuſe ou de marcaſſite. Il y en a pluſieurs qui ne ſont pas tout à fait remplis,
la matiere qui s'y eſt moulée ayant laiſſé des vuides en divers endroits. La plûpart de ceux, qu'on
trouve en Allemagne, ne ſont que de ſimples noyaux d'une ſubſtance calcaire. On en trouve
principalement à Goslar. Ils approchent beaucoup de ceux de Verone & de Suiſſe. A l'é-
gard de la belle conſervation on peut bien accorder à ceux d'Hongrie la premiere place après ceux de Turin. Ils ont ſouffert quelque choſe de plus qu'une ſimple calcination,
ſans cependant avoir eprouvé une pétrification complette. On en trouve à Malthe, qui ne ſont
que de ſimples noyaux d'une maſſe calcaire groſſiere.

Nous allons maintenant communiquer quelques remarques touchant l'hiſtoire des Buccinites. ARISTOTE 3) met à côté des Pourpres une certaine eſpéce, qu'il nomme κηρυκα
& celle-ci doit être la coquille que PLINE 4) nomme *buccinum*. Cet auteur Romain en donne auſſi une deſcription, mais elle eſt telle qu'on n'en ſauroit determiner avec certitude l'eſpece de limaçons, que les Romains nommerent proprement *buccina*. RONDELET 5), dans le
milieu du ſeizieme Siécle, fût un des premiers, qui y fit quelque attention, & qui tacha de
decouvrir & de determiner le *buccinum* de PLINE. Auſſi fût-il, a ce que nous croyons, dans
le bon chemin, mais comme les Litho!ogiſtes de ce tems, qui recherchoient entre autres
auſſi les pétrification, ne s'appliquoient guere à la connoiſſance des coquilles, ils ignorérent la
plûpart le *buccinum* de *Rondelet*, & les Buccinites furent mis ſimplement ou parmi les Strombites, ou parmi d'autres limaçons pétrifiés. AGRICOLA, 6) GESNER 7) & d'autres en firent
autant, jusqu'à MERCATUS 8) qui fût le premier qui fit mention du buccin pétrifié, mais
qui en même tems le confonut avec les Strombites, & donna en revanche des Volutites pour
des Strombites. Dans le dix-ſeptiéme Siécle FAB. COLUMNA, MART. LISTER & LUID
enrichirent la connoiſſance des Buccinites. COLUMNA ne ſe contenta pas de donner la deſcription
d'un Buccin pétrifié, 9) il fit voir auſſi la différence qu'il y a entre un Buccinite & un Strombite, 10) qu'on n'avoit pas aſſés connue jusqu'alors. LISTER alla plus loin. Il chercha avec
beaucoup de ſoin les Buccins tant pétrifiés que naturels, il fit connoître les premiers dans
ſon *Hiſtoria Animalium Angliæ*, 11) & les derniers dans ſa *Synopſis Methodica Conchyliorum*,
12) & il ecrivit même dans la ſuite un Traité particulier *de buccinis fluviatilibus & marinis*, 13)
mais il ſe trompa en prenant pour des buccins pluſieurs genres de limaçons, qui ont leur
propre caractere génerique, & qui différent manifeſtement les uns des autres, ce qui occaſion-
na beaucoup de confuſion, ſur tout parmi ceux, qui écrivirent après lui ſur les pétrifications.
LUID ſuivit presqu'en tout Liſter, & ainſi il n'eut pas non plus des idées tout à fait juſtes ſur
les Buccinites. Il paroît avoir rangé pluſieurs Buccinites parmi les Strombites. Dans le dix-

A 3 2

hui-

3) Hiſt. animal. Lib. IV. cap. 4. p. 90c. edit. Paciï.

4) Lib. IX. cap. 6+.

5) Hiſt. animal. Ber. IIII. cap. 4. p. 40.

6) de nat. foſſil. p. 265. coll. p. 585.

7) de foſſil. p. 165. 166.

8) Metalloth. Vatican. p. 101. 103.

9) Aephraſ. ſticp. Orient. cap. 22.

10) dans ſon livre: de purpura. cap. IV. V. cap. VII. & VIII

11) p. 214.

12) Lib. IV. Sect. XIV. cap. I.

13) Excrcit. in qua maxime de buccinis fluviatilibus & marinis agitur. à Londres. 1695. 8.

huitiéme Siécle, après LANGE 14), SCHEUCHZER 15) fût un des premiers qui fçûrent diftinguer les Buccinites d'avec les Strombites; il dit pofitivement, que la premiére volute des Buccinites étoit longue & renflée, caractére, auquel auparavant la plûpart des Naturaliftes n'avoient point fait attention, du nombre desquels fût même BAIER, qui, dans fon Oryctographia Norica confond encore enfemble les Turbinites, les Strombites & les Buccinites. LESSER 16) aprit de SCHEUCHZER à diftinguer les Buccinites d'avec d'autres efpèces de limaçons. Il pretendit, que les Buccinites avoient la bouche ovale, une longue queue, & la premiére volute confiderablement plus renflée que les autres. La plûpart des Naturaliftes fuivans ont adopté ce caractére, & depuis ce tems les auteurs des Minéralogies & des Oryctographies, comme WALLERIUS, WOLTERDORF, BAUMER, VOGEL ont la plûpart diftingué les Buccinites d'avec les Strombites & les Turbinites. D'autres, comme Mrs BOURGUET, 17) d'ARGENVILLE, 18) ALLION, 19) & BERTRAND 20) ont donné des defcriptions, ou des deffeins & des copies en taille douce des Buccinites, qui fe trouvent dans leur païs.

2. Les *Caffidites*, ou les Cafques pétrifiées différent des Buccinites. La première volute en eft grande & renflée, plus grande à proportion des autres que dans les Buccinites. Les volutes fupérieures des Buccinites fortent plus, & font a proportion de la première, plus allongées que dans les Caffidites. Dans les Caffidites le bout inferieur finit en une petite pointe, ordinairement recourbée en dedans, mais dans les Buccinites cette pointe eft toujours droite, toute courte & émouffée qu'elle puiffe être. La bouche des Buccinites eft oblongue, celle des Caffidites eft longue & étroite. L'extremité du bord de la première volute, ou la lévre exterieure eft ordinairement plus ou moins repliée en dehors & forme une efpèce de bourrelet faillant. La plûpart des Caffidites ont ce bourrelet, mais il ne f'en fuit point, que tous les limaçons, qui ont un bourrelet foient des Caffidites. Il y a auffi des Buccinites, qui en ont, & en revanche on peut compter parmi les Caffidites des efpèces de limaçons, qui leur reffemblent tout à fait, à ce bourrelet près, qui leur manque. On divife les Caffidites en liffes, tuberculeux, hériffés & épineux, & dans le Régne des foffiles ils font tous fort rares, fur tout ceux qui ne font pas fimplement calcinés, mais veritablement pétrifiés. On trouve les analogues, qui fervent à difcerner les pétrifiés, dans RUMPHIUS tab. XXIII. litt. A. B. num. 1. 2. 3. tab. XXV. litt. A & Num. 1. 2. 3. 4.

3. Les *Mufiques pétrifiées* reffemblent en quelques points aux Buccinites, en d'autres aux Caffidites, & en d'autres encore ils ont leur caractére particulier. C'eft là la raifon pourquoi les Conchyliologiftes ne font pas d'accord où il faut ranger ces Mufiques, f'il en faut faire un genre particulier, ou s'il faut feulement les ranger fous un genre & en faire une efpèce. Suivant la gradation qu'on obferve dans les ouvrages de la Nature il faudroit leur affigner la premiére place après les Buccinites, desquels elle paffe aux Caffidites, de forte que fur les confins de ces deux genres elles place les Mufiques comme un genre mitoien. Car la première volute de la Mufique convient avec celle du Buccinite en ce qu'elle f'élargit & fe retrécit peu a peu, d'où vient qu'elle a auffi la bouche oblongue. Les volutes fupérieures lui donnent plus de reffemblance avec les Caffidites qu'avec les Buccinites, vû qu'elles font courtes, émouffées & peu faillantes & qu'elles finiffent par une pointe fort petite & courte. Le caractére qui eft particulier à la Mufique confifte en ce qu'elle a des côtes ou fafcies longitudinales en relief, placées à diftances à peu près égales l'une de l'autre, qui paffent des volutes fupérieures jufqu'à l'extremité en fe prolongeant dans tous les orbes, que ces

côtes

---

14) Lapid. figurat. Tab. XXXII. p. 110.
15) Oryctogr. Helvet. p. 281.
16) Dans la Lithothéologie, pag. 651.
17) Memoires pour l'hiftoire des pétrificat. Pl. XXXIII, & XXXIV.
18) Conchyliol. p. 264, Pl. XII. & XIII.
19) Oryctogr. pedemont. p. 61.
20) Ufages des montagnes. p. 268. & dictionn. des foffiles tom. I. p. 105.

côtes au bord de chaque volute se terminent en pointes émoussées, qui forment une espèce de couronne contournée en spirale & se terminant au sommet. Ces Musiques sont une des plus grandes raretés dans le Régne des Pétrifications. On n'en a trouvé jusqu'ici que dans le Piémont. L'on peut comparer les pétrifiées avec les analogues de RUMPHIUS. Pl. XXXII. litt. K. L.

4. *Les Bullites.* La première volute en est ronde & renflée vers le haut où elle touche aux autres circonvolutions, comme dans les Globosites, mais vers le bout inférieur elle se rétrécit peu à peu & se termine en une pointe ou queue allongée, ce qui donne à ce limaçon à peu près la forme d'une figue. Les volutes supérieures sont très peu, ou presque point du tout saillantes, comme dans les Globosites. Plusieurs auteurs regardent ces limaçons comme une espèce du genre des Globosites ci-dessus décrits. Dans le Régne des Pétrifications ces Bullites sont à la verité assés rares, cependant ils ne le sont pas tant que les Cassidites & les Musiques. On en trouve le plus à Chaumont. Leurs veritables analogues sont représentes dans RUMPHIUS Tab. XXVII. litt. F. & K.

5. *Les Muricites & les Purpurites.* Ce sont les uns & les autres des limaçons, dont la première volute est ronde, sphérique & garnie de tubercules & de piquans. Leurs volutes supérieures sont peu saillantes, comme celles des Cassidites. Le bout inférieur se termine en une queue placée à l'opposite des circonvolutions. Cependant les Muricites & les Purpurites différent entre-eux, en ce que les derniers ont la bouche ronde, & une queue longue comme un bec; & que les premiers, ou les Muricites, ont la bouche de figure ovoïde, & une queue courte, la plûpart émoussée. Les uns & les autres sont d'une rareté extrème dans le Régne des Pétrifications. On peut consulter sur cet article d'ARGENVILLE, 21) ALLION, 22) & BERTRAND 23) & sur les Purpurites en particulier MERCATUS 24) & LACHMUND. 25) Le premier de ces deux dit qu'on en trouve de fort belles pieces en Toscane, & le dernier assure d'en avoir trouvé dans le païs de Hildesheim, de quoi cependant on a des raisons de douter. On voit les analogues des Muricites & des Purpurites dans RUMPHIUS tab. XXVI.

6. *Les Volutites.* Ce sont des limaçons dont les spires sont comme roulées les unes sur les autres, de sorte qu'on n'en voit que d'un côté les bouts tournés en spirale, qui forment une tête applattie dans quelques uns, dans d'autres un peu élevée. Ainsi on peut les distribuer en Volutites à spires applatties, & en Volutites à spires saillantes. Ces spires saillantes ne sont pas tant élevées que dans les Buccinites & les Conotrochites, & ne diminuent pas peu à peu, mais elles sont presque toutes de la mème largeur & épaisseur. La spire extérieure est de forme conique ou pyramidale. La bouche est longitudinale & fort etroite. Ils sont très rares dans le Régne des Pétrifications. On en trouve de tout petits en Suisse, qui ne sont que des noyaux, & qui ont à peine un demi-pouce de long. Ceux du Piémont & de Chaumont sont les plus beaux, mais ils ne sont que calcinés. On trouve une fort belle espèce de Volutites dans l'Isle de Malthe, dont nous donnerons la déscription en expliquant les Planches. On trouve aussi près de Wiéliczka en Pologne des Volutites de moyenne grandeur, tant avec leur test naturel que sans Test. Les montagnes des environs de Turin en fournissent les plus belles piéces, avec leur coquille changée en pierre, & parfaitement conservée. On peut lire sur les Volutites ALLION, 26) d'ARGENVILLE, 27) & BERTRAND. 28) Quant aux analogues des Volutites, on peut les voir dans RUMPHIUS tab. XXXI. litt. C. D. E. F. G. tab. XXXII. litt. O. P. Q. R. S. tab. XXXIII. litt. X. Y. Z. AA. EE. & Num. 2. & 3. & tab. XXXIV.

B b

7) *Les*

---

21) Conchyl. p. 287. seq. tab. XVII. XVIII. XIX.
22) Oryctograph. Pedemont. p. 69. 71.
23) Usages des montagnes, p. 270. & Diction. des fossiles, tom. II. p. 61.
24) Metallotheca Vaticana, p. 299.
25) Oryctogr. Hildesh. p. 45.
26) Oryctogr. Pedemont. p. 72.
27) Conchyliolog. p. 278.
28) Usages des montagnes, p. 269. & dictionnaire des fossiles tom. II. p. 247.

7) *Les Cylindrites*, ou Rouleaux pétrifiés sont aussi roulés sur eux mêmes comme les Volutes, mais avec cette différence, que la spire extérieure n'est pas de forme conique mais cylindrique. Les volutes internes sont un peu saillantes & forment une petite tête pointue, la bouche est longue & étroite, comme celle des Volutes. Ils ne sont pas moins rares que les Volutites. On peut consulter sur ces limaçons les auteurs, que nous venons d'alléguer, d'ARGENVILLE, ALLION, BERTRAND & d'autres. On trouve les analogues des Cylindrites dans RUMPHIUS tab. XXXIX. n. 1. 2. 3. 4. 9.

8. *Les Porcellanites* ont toutes les spires cachées dans la première, qui est de forme ovoïde, & a au milieu de sa base une bouche longitudinale, étroite & dentelée. Ils sont très rares dans le Règne des fossiles.

9. *Les Alatites*, ou Ailées pétrifiées doivent de même être rapportées ici. La partie antérieure de leur première volute s'élargit, & est unie & lisse, ou bien elle a le bord garni de piquans ou de pointes. Les premières sont les *Ailées* proprément dites, les dernières les *Crochets de Matelot* & les *Griffes du Diable*. Du reste la forme d'une Ailée convient avec celle d'un Buccinite à l'égard des spires supérieures qui sortent en saillie, & à l'égard de la première spire avec celle d'un Cornet, quelquefois aussi avec celle d'un Buccinite, de là vient que dans le Règne des Fossiles ces Alatites, lorsqu'ils ont perdu leur aile, trouvent souvent leur place parmi les Buccinites. Ils sont de même extrêmement rares dans le Règne des Pétrifications, & autant que nous savons, on n'a point encore vû de Crochets de Matelot ou de Griffes du Diable pétrifiées. Sur les Analogues de ces Alatites on peut s'instruire dans RUMPHIUS tab. XXXV. XXXVI. La plûpart des limaçons que nous avons représentés Pl. C. C. I & C. II & qui sont de ces espèces que nous venons de decrire, ne sont que des pièces calcinées, dont ordinairement les amateurs ne font pas tant de cas que des pétrifiées. Ce sont, pour ainsi dire, des corps, dans lesquels la Nature n'a pas pû achever son ouvrage, qui par là sont restés comme dans un état mitoien entre le naturel & celui de pétrification, & dans lesquels les particules perdues par l'évaporation n'ont pas été reparées par quelque imprégnation. Cependant la calcination a aussi ses dégres, dont les uns aprochent toujours plus près de la pétrification que les autres. Il y a des coquilles, qu'au premier coup d'œil on ne prendroit que pour calcinées mais dont la pesanteur fait assez connoître, qu'elles ont déjà atteint un certain degre de pétrification. Tout cela depend la plûpart de l'endroit où ces corps sont couchés, s'il est ou que la coquille reduite par l'évaporation en une espèce de craie, y ait pû recevoir des particules terrestres étrangères, & celles-ci y être introduites en quantité suffisante. De là vient qu'il y a des endroits, où les coquilles ne parviennent pas à une pétrification complette, parce que les causes de l'imprégnation y manquent, parmi lesquelles il faut compter principalement l'eau, comme nous l'avons remarqué ci dessus. Or il s'agit de trouver la cause de ce que la plûpart de ces espèces de limaçons, que nous venons de decrire, principalement les Cassidites, les Musques, les Porcellanites, les Cylindrites & les Alatites se rencontrent si rarement dans ces endroits où les coquilles parviennent à une pétrification complette. Ce n'est pas dans un defaut de multiplication qu'il faut chercher cette cause, car il y a de ces limaçons qu'on trouve en assez grande quantité dans leur état naturel. On ne sauroit supposer non plus que ces limaçons aient occupé autrefois sous les eaux de la mer un endroit particulier qui leur servit de retraite. Car comme il n'y a presque point de pais où l'on n'ait cherché après les Pétrifications, on auroit bien dû trouver à la fin cet endroit, où ces animaux avoient autrefois leur sejour, lorsqu'il faisoit encore une portion du fond de la mer. Comment donc se tireront d'affaire ceux, qui se tiennent comme une chose constatée, que toutes ces montagnes qu'on trouve remplies de petrifications, aient été ci-devant des montagnes submarines, où les coquilles depouillées de leurs habitans se soient amassées & entassées? Pourquoi ne trouveroit-on pas parmi les Co mites, les Manteaux, les Cochlites, les Turbinites &c. du moins quelques Ailées, quelques Porcellanites, ou quelques Cassidites? Il est donc plus probable que ces montagnes, dans lesquelles on ne trouve que certaines espèces de Pétrifications jettées confusément ensemble se

des couches isolées, aient reçu ces corps étrangers par des debordemens & des inondations, qui n'y amenérent que de ces espèces de coquilles, qui ont leur demeure ordinaire près de la surface de la mer. Or si les Cassidites, les Ailées & ces sortes de limaçons demeurent au fond de la mer, entre des rochers, ou en des endroits, d'où la force des vagues ne peut pas les entrainer, la raison est bien claire pourquoi on n'en trouve gueres dans toutes ces montagnes, où les coquilles ont été transportées par des inondations.

On ne sauroit dire d'où sont tirés les limaçons qui sont représentés Pl. C. C. I. & C. II., ces Planches étant encore de feu Mr. KNORR, qui n'en a rien laissé dans ses papiers. Tout ce que l'on voit c'est que les limaçons calcinés sont du même pais. Probablement sont ils de Chaumont, du moins ont ils beaucoup de ressemblance avec ceux, qu'on trouve dans cet endroit. Cependant l'on en trouve aussi de semblables en Piémont. Plusieurs en ont encore la couleur naturelle, d'où il paroit, qu'ils ont été couchés dans un endroit fort sec & inaccessible à l'air, & de là vient aussi qu'ils ne sont pas parvenus à un dégré fort haut de calcination.

Nous allons à présent expliquer les Planches qui appartiennent à ce Chapitre; & voici ce que nous trouvons de necessaire de remarquer à l'égard des limaçons, qui y sont représentés.

PLANCHE C.

N. 1. & 2. une espèce de ces limaçons que les anciens auteurs nommoient: *murices angui*. Elle appartient aux Ailées à cornes. Mr. MULLER, 1) dans la Description des Coquilles de KNORR, lui donne le nom d'Ailée à piquans émoussés & à lévres épaisses, & en fait une description fort exacte. On y remarque bien distinctement les trois Caractéres distinctifs des Ailées, que nous avons exposés ci-dessus. La partie antérieure de la premiére volute s'elargit considérablement. Les spires supérieures ressemblent à celles des Buccinites, & la forme de la premiére, qui est conique, approche beaucoup de celle d'un Cornet ou Volute, si on en excepte l'extremité. Sur les montagnes des environs de Turin on trouve quelquefois de fort beaux morceaux de cette espèce de limaçons parfaitement pétrifiés. Elle passe pour très rare dans tous les Cabinets.

N. 3. & 4. Une espèce particuliére de ces limaçons à bouche ronde, (*cochlea lunares majores*) qu'on nomme en allemand *Riesen-Ohren*, & en hollandois *Knobbel-Hoorens*. Elle differe de l'espèce ordinaire, en ce qu'elle a des côtes & des stries, & que ses tubercules ressemblent plus à des clouds. Du reste elle ressemble à l'égard de toute la structure & par la forme de la bouche aux grands limaçons à bouche ronde.

N. 5. Une espèce de Volutite, qui approche fort près des Cassidites à l'égard des spires supérieures; aussi peut on la confondre facilement avec ces derniers. Ces spires supérieures, qui avancent en saillie, sont recourbées & chargées de tubercules.

N. 6. Est un limaçon pas trop bien conservé, de ceux que les Hollandois nomment: *getakte Vyspertse & Witte Musick-Hoorën*. Dans la Description de Coquilles &c. de KNORR T. I. Pl. 24. N. 1. & 2. l'on voit une espèce, qui ressemble beaucoup à celle-ci. RUMPHIUS, dans son Cabinet des Raretés d'Amboine, range cette coquille parmi les Cornets; mais on a plus de raison de la ranger parmi les Casques. Ainsi cette pièce est une espèce de Cassidite. Elle est un peu endommagée, la premiére couche des lames qui composent le test de la coquille s'étant décomposée & détachée à la partie antérieure de la premiére volute, ce qui arrive bien souvent dans les limaçons calcinés.

PLANCHE C. I.

N. 1. Un très beau Volutite à spires saillantes, point du tout endommagées. Lorsque les spires d'un volutite, roulées l'une sur l'autre, ne s'entretouchent pas à la partie saillante qui forme la tête, & qu'elles sont écartées l'une de l'autre, c'est une marque sure, qu'il a paroit son reil. Mais lorsqu'elles se serrent au point que la surface de la tête qui sort en saillie, ne pa-

roit

roit faire qu'une feule piéce, on peut en inférer avec affurance, ou du moins avec beaucoup de probabilité, que le Teft s'y trouve encore. Et telle eft la piéce de ce No. Les fpires des Volutes ou Cornets font presque toutes de la même épaiffeur, jusqu'aux dernières qui diminuent. Ceci s'obferve auffi en quelque manière dans le Volutite que nous avons fous les yeux. La partie conique eft plus emouffée par en bas qu'elle ne l'eft ordinairement dans l'état naturel de ces Cornets; il paroît ainfi, que cette pétrification ait perdu quelque chofe de l'extremité de fa pointe conique.

N. 2. Cette figure nous préfente l'efpèce de Buccinites, que nous avons nommée ci-deffus Cono-trochites. La partie inférieure reffemble parfaitement à un Cornet ou *Conus*, & la fupérieure à une Toupie ou *Trochus*. La partie conique a au bout, tout près de fa pointe, des ftries ferrées, qui courent dans une direction oblique, ce que l'on voit auffi fur plufieurs coquilles de cette efpéce dans l'état naturel. Cette piéce eft confiderablement épaiffe, & pas trop grande à proportion de l'épaiffeur. Ordinairement ces Cono-trochites font garnis de tubercules & de piquans, celui-ci paroît en avoir eû de même, & les avoir perdu par fon transport dans le Régne des foffiles. Les éminences, dont fes fpires font bordées, rendent du moins cette conjecture affés probable.

N. 3. Un Volutite de moyenne grandeur, à fpires faillantes. L'on ne trouve guères de fpires plus allongées dans cette efpèce de coquilles, qu'on ne les voit dans cette piéce. Dans la Conchyliologie on diftingue les Cornets par les couleurs; mais toutes ces différences s'évanouiffent naturellement dès qu'ils ont paffé dans le Régne des Pétrifications, & l'Amiral le plus précieux n'a ni plus de prix ni d'autre nom que le Cornet le plus commun. Les taches qu'on voit fur ce Volutite, ne font point des reftes de fa couleur naturelle, elles ne font qu'accidentelles, contractées feulement depuis fon fejour dans le Régne des foffiles.

N. 4. Un Caffidite, qui nous fait connoître diftinctement la veritable forme de cette efpéce de limaçon, & la maniére dont il différe d'un Buccinite. Les fpires fupérieures en font peu faillantes, & moins encore que celles des Buccinites. La premiére eft rentrée, graffe & plus grande à proportion que celle des Buccinites. Le bord de la levre extérieure de ce Caffidite a fon bourrelet, qui eft ordinaire à cette efpéce de coquille, & la queue en eft un retrouffée & comprimée. Il femble être de l'efpèce, qu'on nomme Bezoar truité, (RUMPHIUS tab. XXV. N. 1.) & ne paroit pas même avoir fouffert de Calcination, car on y découvre encore des reftes des taches, qu'il a euës dans fon état naturel.

N. 5. Un Purpurite de l'efpéce, qui a des plis longitudinaux, épais & echancrés, où il faut ranger auffi ceux, qu'on nomme: *haullella*, v. RUMPHIUS tab. XXVI. F. La queue de ce limaçon n'eft pas fort longue à proportion de fa grandeur, & garnie d'écailles. Les fpires fupérieures font petites & fort peu faillantes.

N. 6. Cette Pétrification exprime exactement le limaçon que les Hollandois nomment *geknobbelde Bel-Hooren*. LISTER le range parmi les Buccins & le nomme: *Buccinum recurvirostrum, muricatum, ventricofum.* RUMPHIUS le compte parmi les Tonnes, tab XXVII a. Nous aimerions mieux lui affigner une place parmi les Cafques.

N. 7. Un Caffidite liffe à bord retrouffé, large, qui a beaucoup de reffemblance avec le Cafque canelé de RUMPHIUS tab. XXV n. 5. L'extrémité de la queue, qui dans ces efpéces de limaçons eft ordinairement recourbée, paroit être endommagée.

N. 8. Cette efpéce de limaçon reffemble beaucoup à un Buccinite; cependant comme a les fpires fupérieures très peu faillantes, comme il paroit avoir eu des tubercules & des éminences fur fes côtes longitudinales, & que la queue dont l'extrémité eft caffée, paroit avoir été plus longue dans l'état naturel, & comme enfin plufieurs efpèces de Muricites, quant à la forme, aprochent beaucoup des Buccinites, nous croions devoir le ranger fous le genre des Muricites tuberculeux.

N. 9. Comme ce limaçon est frusté par les deux bouts, sa partie supérieure et inférieure étant detruites, desquelles pourtant, aussi bien que de leur raport à la grandeur et à la forme de la premiére volute se tire principalement le caractere, qui determine le genre, on ne sauroit dire positivement, s'il faut compter ce limaçon parmi les Buccinites, ou parmi les Cassidites. Si les volutes supérieures, au lieu d'être elevées, etoient canelées et creusées, nous ne balancerions pas de le prendre pour un fragment d'une Musique, principalement parce qu'il y en a qui n'ont point les stries longitudinales elevées et larges, mais fort étroites, comme les a cette Pétrification.

C. I. ✳

N. 1. Un Buccinite de la premiére grandeur, de la Transylvanie. Il est de substance calcaire, et par ci par la on y voit des restes de la coquille naturelle. La bouche est oblongue, telle qu'elle l'est ordinairement dans cette espéce de Buccinites. Elle se termine vers le bas en une pointe émoussée, laquelle cependant ne se présente pas ici distinctement, puisqu'il manque quelque chose à l'extremité antérieure de la bouche. La premiere volute est grande et renflée, et les autres sortent peu à peu en saillie. Il y en a quatre sans compter la premiére, cependant il paroit en avoir eu encore quelques unes plus petites. On ne sauroit rien dire de positif sur la surface de sa coquille, puisqu'il n'en reste que fort peu, cependant il est sûr, qu'il a appartenu aux Buccins lisses, sans tubercules et sans éminences, vû que les noyaux de ceux, qui en ont eu, en conservent toujours des marques tres sensibles. Les Buccinites de cette grandeur sont toujours d'une grande rareté dans le Règne des fossiles.

N. 2. représente l'autre côté du même Buccinite, sur lequel on voit encore quelque reste de la coquille naturelle.

C. I. ✳✳ et C. I. ✳✳✳

Ces deux Planches représentent un Alatite remarquable à tous égards. Il est de l'espèce, qu'on nomme Ailée à grosses levres et à piquans émoussés, dont nous avons présenté ci-dessus, Pl. C. N. 1, une piece de la seconde grandeur, et de laquelle nous avons donné aussi la description. Ce qui augmente la rareté de celui-ci c'est sa grandeur extraordinaire, sa patrie, et toutes ses autres qualités. Les Alatites sont rares en eux mêmes, tout petits qu'ils soient, et à moitié seulement pétrifiés, ou calcinés. Celui, qui est représenté ici, est un des plus grands, et a encore sa coquille presque entiére, & tout à fait pétrifiée. Il est de l'Amérique Méridionale. Sa partie inférieure est encore enchassée dans la matrice, qui est argileuse, et remplie de petites coquilles. Non seulement l'aile est couverte de cette masse argilleuse, farcie de coquilles, mais aussi le noyau, qui en remplit toute la cavité, en est composé, ce que l'on peut voir distinctement de l'autre côté, Pl. C. I✳✳✳ où, la seconde volute étant endommagée, le noyau se montre à découvert. Dans le petit nombre d'Alatites pétrifiés, qu'on a deterré jusqu'ici, se trouve une bonne partie de l'aile, ou du moins sa pointe saillante détruite ou endommagée, mais dans la piece, que nous avons sous les yeux, elle est tres bien conservée. Le bord de l'aile est uni, sans piquans et sans pointes.

PLANCHE C. II.

N. 1. Un Alatite, avec des Spires très saillantes et lisses, qui diminuent peu à peu, et dont la pointe est courte et émoussée. Il paroit être une Variété des Ailées, qu'on nomme *Antimon cero-tilles.* (RUMPHIUS tab. XXXVI. litt. O.) La plupart des Ailées ont beaucoup d'affinité avec les Buccins, et par cette raison on pourroit bien leur donner le nom de *Buccins Ailés.*

N. 1. La premiere volute, qui avance considérablement dans cette piece, nous met en droit de la ranger parmi les Alatites, et comme du reste sa forme a beaucoup de ressemblance avec celle des Mures, nous lui donnons le nom de *Muricites alatus,* Muricite ailé.

N. 3. Un Volutite. Quoique les Cornets finiſſent ordinairement en une pointe conique droite, ſans la moindre courbure, il y a cependant dans quelques uns en cela une petite aberration presque imperceptible, ce que l'on remarque principalement dans l'Agate ſtriée de RUMPHIUS tab. XXXIV. litt. L. Et de la même eſpèce paroit être le Volutite de ce N. 10.

N. 4. Un Volutite parfaitement conique, à Spires ſaillantes, de moyenne grandeur. Les Spires ſont liſſes, comme dans la plûpart des Volutites.

N. 5. Un Buccinite, dont la ſtructure entiére exprime la veritable forme d'un Buccin. Les Spires ſupérieures en avancent beaucoup en diminuant peu a peu. La premiére ſpire prend, en s'élargiſſant, une forme bombée vers le milieu, diminue enſuite peu a peu, et ſe termine en pointe. Elle a des ſtries transverſales élevées et la levre un peu épaiſſe. Les Spires ſupérieures ont des ſtries longitudinales.

N. 6. Il y a parmi les Volutites une certaine eſpèce dont les Spires ſupérieures, qui ſortent en ſaillie, ſont garnies d'un rang de tubercules et d'éminences. Voyes la Deſcription des Coquilles &c. de KNORR Tom. I. Pl. XXIII. num. 5. de cette eſpèce eſt la piéce qui eſt repréſentée ici.

N. 7. Un Cono - trochite; eſpéce de Buccinites dont nous avons parlé ci - deſſus.

N. 8. doit être rangé ſous le genre des Buccinites, & convient aſſés avec N 5. par ſa ſtructure. Il a des ſtries longitudinales, élevées, etroites, fort éloignées l'une de l'autre. La pointe inférieure eſt tout à fait droite. A l'endroit, où les volutes ſupérieures s'emboîtent, il y a une ſtrie élevée, garnie de tubercules iſolés, qui va jusqu'à la pointe.

N. 9. eſt un Buccinite épineux, *Buccinites muricatus*, on en trouve pluſieurs eſpèces dans l'état naturel, mais ils ſont très rares dans le Régne des Pétrifications. Du reſte la ſtructure entiére en reſſemble parfaitement à celle d'un Buccinite; excepté que dans ces Buccinites épineux la pointe inférieure eſt ordinairement très courte et émouſſée.

N. 10. 11. 12. ſont des limaçons, qu'on range tous ſous le genre des Buccinites. Nous nous diſpenſons de repeter ici, qu'a la verité tous les Buccinites ont de certains caractères diſtinctifs qui leur ſont communs, mais qu'ils différent toujours de plus d'une maniére en quelques points peu conſiderables, ce que l'on peut obſerver principalement en comparant ces trois eſpèces de Buccinites. N. 10. a les volutes fort ſaillantes, et des ſtries longitudinales en relief, qui finiſſent à chaque pas de volute, et qui deviennent toujours plus ſerrées et plus fines à meſure, qu'elles s'aprochent du ſommet. Les volutes ſaillantes de N. 11. ſont courbées et pliſſées avec des ſillons fort étroits. La partie ſupérieure de la premiére volute eſt un peu recourbée en dedans, et ſillonnée et pliſſée de la même maniére. Les orbes du milieu et ceux de la partie inférieure ſont garnis de rangs de tubercules et de boſſes, et la coquille ſe termine en pointe émouſſée et ſtriée tranſverſalement.

N. 13. Cet Alatite n'eſt auſſi à certain égard, qu'un Buccinite ailé. Le veritable caractère d'un Buccinite ſe fait voir dans toute ſa ſtructure. Il a des volutes ventrues et pliſſées, dont la premiére eſt aſſes grande, et d'une forme particuliére, en ce qu'au milieu elle a un enfoncement qui eſt bordé des deux cotés par une crête fort élevée et ſaillante, qui s'étend jusqu'aux extremités des ailes, ce qui forme cette eſpéce de *Sinus* dans ſon milieu. Au bas de la crête inférieure il y a une pointe émouſſée un peu oblique garnie de ſtries transverſales ſerrées & élevées.

N. 14. Un Buccinite de la troiſiéme grandeur. Les volutes ne ſont pas fort ſaillantes et ont des plis étroits; la premiére eſt liſſe, fort renflée et garnie d'un rang de tubercules vers la partie ſupérieure. Il a la queue très courte et émouſſée.

N. 15. Un Buccinite qui différe de ceux, que nous avons décrits jusqu'ici, en ce que ſes orbes ſupérieurs ſont applatis, et ſe joignent ſi étroitement l'un à l'autre, qu'on a de la peine decouvrir par dehors la ligne qui les fépare. Il a des fafcies obfcures et étroites tant longitudinales que tranfverfales, qui lui font reftées de fon état naturel.

N. 16. Ce Buccinite reffemble beaucoup au précédent, mais avec cette différence, que le frottement qu'il a fouffert en roulant, paroit avoir effacé les fillons qui en féparoient les orbes un peu renflés. Il a de même eu des fafcies obfcures et étroites tant longitudinales que traniverfales, mais dont il n'eft refté que fort peu de veftiges.

N. 17. Comme ce Buccinite eft fort comprimé, et qu'on n'y obferve point de crevaffe qui pourroit indiquer quelque refte de la coquille, il ne femble être qu'un fimple noyau, dont le Teft a été détruit, avant que la matiere qui l'a remplie a été parfaitement durcie. Les noyaux des limaçons ne fe detachent pas facilement de leur coquille. Avant que celle - ci eft détruite par une calcination totale, le noyau fe trouve déjà longtems durci au point, qu'un accident le met bien plûtôt en piéces, qu'il ne le comprime. Il faut donc que la coquille de ces limaçons comprimés ait été brifée par quelque accident de façon qu'elle fe féparat des deux côtés de fon fût, avant que le noyau en ait été entiérement durci. Le même accident, qui a brifé la coquille, en a auffi comprimé le noyau et lui a donné une figure difforme.

N. 18. Un Buccinite de l'efpece qu'on nomme la *petite Tour*. La première volute n'en eft pas trop renflée et a la pointe très courte et émouffée. Les autres volutes font applaties, mais fort faillantes. Cette efpèce de Buccinites a la coquille très mince. La pétrification en eft bien rare.

C. II. *

N. 1. 2. 3. 4. 5. font des efpèces de Buccinites d'Hongrie, qui femblent à la verité ne conftituer toutes enfemble qu'une feule famille dans le genre des Buccinites, mais qui différent cependant un peu entre elles, du moins quelques unes. Elles ont toutes le caractére générique des Buccinites. La première volute eft grande, renflée et fe termine en pointe. Les autres font fort faillantes en diminuant peu à peu.

N. 1. et 2. a des éminences en vive - arrête, placées de diftance en diftance entre les deux bouts, ce qui change la forme de ce limaçon qui eft d'ailleurs ronde, en quelque façon en angulaire. Les volutes fupérieures prifes enfemble ont à peu près la hauteur de la première. La feconde volute eft légérement creufée, la troifiéme et les fuivantes font renflées. Ces limaçons ont tous la bouche ovale, comme les veritables Buccinites. N. 3. et 4. fe reffemblent parfaitement, N. 5. convient avec N. 1. et 2. en ce que la feconde volute eft creufée, mais il en differe en ce que cette volute eft plus haute, et que la coquille n'a point d'éminences en vive-arrête, mais de grands plis arrondis et entre eux des fillons étroits. Ils font confidérablement pefants, n'étant pas fimplement calcinés, mais aiant atteint un dégré de pétrification affés fort.

N. 6. et 7. Deux Volutites à fpires tout à fait applaties, de Malthe. Ils ont des fillons fort profonds, et font parfaitement pétrifiés, d'une couleur brune avec des taches plus foncées et d'un beau luftre, comme s'ils etoient polis. La coquille pétrifiée eft fort épaiffe. On en trouve fort rarement, fur tout de fi beaux et d'une confervation fi parfaite.

PLANCHE C. III.

N. 1. et 2. La ftructure entiére de ce limaçon fait voir, qu'il eft de ceux, que les anciens nommoient *Murex alatus*, et qu'il a perdu l'aile qui avançoit en dehors. Aujourd'hui l'on donne au mot de *murex* une fignification moins étendue, et l'on ne nomme plus *Muricite* tout limaçon, qui a des tubercules et des piquans. On range donc avec plus de raifon ce limaçon parmi les Ailées à piquans émouffés, et fous l'efpèce, que nous avons décrite Pl. C. N. 1. Pl. C. 1 * * et Pl. C. 1 * * *. Il eft naturellement pefant, et il faut bien du tems pour qu'il foit parfaitement pétrifié. Celui - ci n'a été que légérement calciné. Il eft de la Vallée d'Andona

dona dans le Piémont. Nous avons remarqué ci-deſſús, que des limaçons, qu'on trouve dans ce pais, la plus part a ſubi une calcination plutôt qu'une veritable pétrification.

N. 3. Un Volutite a tête peu élevée, dont les orbes ſont applatis. Dans le genre des Volutites celuici doit ètre rangé parmi ceux de la première grandeur. Il eſt du Piémont comme le précédent, et n'a ſouffert qu'une legére calcination. Dans ſa bouche il y a un peu Néritite.

N. 4. 5. 6. trois Porcellanites; genre de Coquilles, qui a fait juſqu'ici une grande rareté dans le Régne des Pétrifications! Nous ne connoiſſons encore aucune contrée, où l'on trouve des Porcellanites avec leur coquille veritablement pétrifiée, horsmis les environs de Tong, et c'eſt là auſſi, que ces trois piéces ont été trouvées. Nous n'en exceptons que les environs de Sternberg dans le Meklenbourg, où l'on trouve quelquefois, parmi d'autres coquillages d'une petiteſſe et d'une delicateſſe extreme, des Porcellanites de la grandeur d'un grand orge. Nous avons indiqué ci-deſſús le caractére générique des Porcellanites. Le caractére ſpécifique conſiſte en ce que dans quelques uns les tours des ſpires ſe font apercevoir par quelques lignes ſpirales, et que dans d'autres ces ſpirales ne ſont pas apparentes. Quelques uns ont le bord un peu renflé, dans d'autres il ne l'eſt point. Quelques uns ſont plus bombés et plus renflés que les autres, et ces derniers ſont un peu allongés, à peu près comme les Cylindrites. N. 4. ſe fait remarquer particulierement par ſa grandeur. Cette piéce fait voir de tours de ſpirales, et doit être rangée parmi ceux, que le Chevalier de LINNE' nomme *ovata ſubturbinata*, et OUALTIER, *porcellana ſpirales*. N. 5. eſt plus applati que N. 4. et n'a plus de lignes ſpirales apparentes en dehors, il doit par conſéquent être rangé parmi les *ovata obtuſa abſque ſpira manifeſta*. N. 6. eſt un petit Porcellanite fort renflé, avec un bord ou petit bourrelet. On nomme ceux-ci *Porcellana marginata* ou *fimbriata*.

N. 7. et 8. deux Purpurites, l'un à queue recourbée, l'autre à queue droite. L'un et l'autre ſont calcinés, de la Vallée d'Andona du Piémont. N. 8. eſt de ceux, qu'on nomme *haſtellum*; Mr. KLEIN §. 187. Sp. II. n. 1. a fort bien nommé cette eſpéce: *haſtellum maritimum*.

CHAPITRE VII.

DES VIS PETRIFIEES.

Nous comprenons ſous ce nom tant les *Turbinites* que les *Strombites*, qui à l'égard de leur grande reſſemblance, peuvent fort bien être rangés ſous le même genre. Il y a même aujourd'hui pluſieurs Naturaliſtes, qui, ſans y faire aucune diſtinction, prenent ces deux noms pour ſynonymes. Auſſi ſuivant l'Etymologie le nom Grec ςρόμβος, *Strombus* ſignifie la même choſe, que le mot latin *Turbo*. L'un et l'autre mot, de même que celui de *Trochus*, deſigne un Sabot ou une toupie, dont les enfans jouent, ou plûtôt en général tout corps rond qui d'un côté a une ſurface platte, s'étrécit de l'autre et finit en pointe. Les Vis pétrifiées ont en quelque façon cette forme, et c'eſt par cette raiſon qu'on les a nommées *Strombites* et *Turbinites*. La dénomination de *Strombus*, dont PLINE s'eſt ſervi, a été premiérement en uſage dans la Conchyliologie, d'où elle a paſſé avec pluſieurs autres dans la Lithologie. Mais quant à celle de *Turbinite*, elle eſt en un certain ſens propre à la Lithologie, puisque tous les analogues des Turbinites portent le nom de *Strombus* dans la Conchyliologie. D'ailleurs l'on appelle ces Turbinites et ces Strombites communement auſſi *Vis* ou *Alénes*, en hollandois, *Naaldn*, *Pennen*, en latin *Cochlitæ turbinati*, *Cochlitæ plurium turbinum ſpecie*, *Strombi lapidei*, *Turbines lapidei*. Ces Vis, dont nous parlons ici, ont pluſieurs ſpires ou orbes, qui vont en montant. Les orbes diminuent peu à peu dans une certaine proportion, de ſorte que le premier ne différe, à l'égard de ſa grandeur et de ſon épaiſſeur, pas beaucoup du ſecond, ni le ſecond du troiſiéme etc. Elles ne ſont point renflées comme les Buccinites, et ce ſont des coquilles longues et étroites, c'eſt à dire le Dia-

metre

métre de leur bafe eſt beaucoup plus petit, que leur hauteur. Elles n'ont point la bafe platte, car ou l'extremité du premier orbe, qui finit en une bouche ronde, eſt située fur la bafe même, ou cette bouche s'allonge et forme un petit bec. Ces Vis confidérées comme un genre entier de Coquilles comprenent deux eſpèces particuliéres, deſquelles dans le Régne des foſſiles l'une porte le nom de *Turbinites* et l'autre celui de *Strombites*. Les uns et les autres ont felon ce que nous venons de dire, le même caraétére générique, mais leur caraétére ſpécifique confiſte en ce que dans les Strombites la ſpire la plus baſſe ſe termine en une pointe, qui préſente une bouche allongée, et s'étend tantôt tout droit, tantôt en forme de bec comprimé et recourbé de différentes maniéres; les Turbinites au contraire n'ont point de telle pointe, elles ont feulement la bouche ronde: outre cela les orbes des Strombites font aplatis, au lieu que ceux des Turbinites font la plûpart renflés. Cependant cette double différence ne s'aperçoit pas toujours dans les Vis, qui ont paſſé dans le Régne des Pétrificatons, vû que les noyaux de pluſieurs Strombites ont auſſi des orbes renflés, et que la partie la plus baſſe eſt fort fouvent cachée dans la matrice ou même perdue. Ceci eſt probablement auſſi la raiſon pourquoi pluſieurs Naturaliſtes ne donnent qu'un feul même nom aux deux eſpèces de ces Vis, en les nommant toutes ſimplement ou *Turbinites* ou *Strombites*.

Les Strombites, ou ces Vis, qui ont la bouche allongée et pointue, ont êté bien fouvent confondues avec les Buccinites, et les Turbinites l'ont été avec les Trochites. Il y a cependant une différence très fenſible entre les uns et les autres. Les Buccinites ont une bouche grande, large et renflée, les Strombites au contraire n'en ont point, et leur premiere ſpire eſt proportionnée aux autres. C'eſt par cette raiſon, que nous ne faurions ranger parmi les Strombites ni les Thiares, ni les Mitres, ni les autres eſpèces de Coquilles, qui ſe trouvent repréſentées tab. XXIX. de RUMPHIUS, quoique cela ait été fait ſouvent par d'autres. Les Trochites ou Trochites ont la baſe platte et la bouche comprimée, ce qui ne ſe trouve point dans les Turbinites. Dans les premiers le Diamétre de la baſe eſt presque égal à la hauteur, tandis que les dernieres font beaucoup plus longues que larges.

Les analogues de ces Vis pétrifiées ſe trouvent tant dans la mer, que parmi les Coquillages communs d'eau douce, ou fluviatiles, et les terreſtres. On trouve les premiers dans RUMPHIUS tab. XXX. d'ARGENVILLE, 1.) QUALTIERI 2.) et d'autres Conchyliologiſtes. Les derniers ne font pas rares, ce font la plûpart de petits limaçons à ſpires plus ou moins nombreuſes, qui dans le Régne des Pétrificatons ſe trouvent presque toujours dépouillés de leur Teſt, de forte qu'il n'y a reſte que les noyaux. Cependant nous avons des raiſons de douter, que l'on ait découvert les analogues de toutes les eſpèces de Vis pétrifiées. Dans le Régne des Pétrificatons il y a pluſieurs eſpèces et variétes de ces Vis. A l'égard de la proportion de la baſe à la hauteur une eſpèce eſt toujours plus étroite ou plus large, et en conſequence de cette proportion plus longue et plus effilée que l'autre. Les orbes ou les ſpirales different de pluſieurs maniéres. Dans quelques unes elles font bombées et convexes, dans d'autres elles n'ont qu'un petit renflement aux extremités ou elles ſe joignent le long des pas de la coquille, et dans d'autres encore elles font aplatties et droites, et ces dernieres ont les pas ou faillans, ou aplatis, ou elles n'en ont même point de fenſibles, et dans quelques unes de celles-ci on n'aperçoit en dehors presque aucune trace de Spirales. Le nombre des orbes varie auſſi beaucoup et monte depuis quatre jusqu'à vingt. La ſituation ou poſition des Spires et leur nombre ne font pas non plus les mêmes dans toutes, encore que la hauteur foit égale, ce que l'on obſerve principalement dans celles, dont le Teſt eſt détruit. Car dans quelques unes les Spires font ſerrées et font proches l'une de l'autre, dans d'autres elles font plus écartées; on ne fauroit par conſéquent juger par la grandeur d'un Turbinite du nombre de ſes volutes; cela depend de la ſtruéture interne de la coquille. La plus grande variété ſe trouve dans la ſurface de la coquille, et par raport à

D d

celle-

<hr>

1.) Conchyl. 11. d. c. etc.

2.) Ind. teſt. Conchyl. 54. 17. 18.

celle-ci on peut divifer les Vis en liffes, en tuberculeufes, en ftriées et en granuleufes. Dans
les liffes ou les Spires fe joignent étroitement ou elles ne fe touchent point ; dans le premier cas
on en peut ordinairement conclure, qu'elles ont encore le Teft, dans le dernier cas ce ne
font que des noyaux. Lorsque les Spires fe joignent étroitement, elles s'entretouchent ou
immediatement ou moyennant une fafcie un peu faillante, qui monte en ferpentant le long des
pas de la fpirale, et c'eft fous cette efpèce, qu'il faut ranger plufieurs de celles, qu'on déterre
dans les environs de Turin. Parmi les *tuberculeufes* nous comptons toutes celles, qui ont des épines et
des noeuds ou le bord dentelé. Les tubercules font tantôt ronds, ou en boffes, tantôt comme
des pointes émouffées, tantôt comme des épines, et fe trouvent rangés de diftance en diftance, tantôt fur le bord, tantôt au milieu des orbes tant ftriés que liffes. Dans quelques
unes ce ne font que les orbes fupérieurs, qui en font garnis, dans d'autres ils le font tous.
Ces tubercules font même apparens fur les fimples noyaux de ces efpèces de Strombes.
Parmi les *Vis ftriées* nous rangeons toutes celles, qui ont des ftries en relief, lesquelles dans
quelques unes font épaiffes et faillantes, dans d'autres fines, et fouvent auffi fines que les fines
capillaires de certaines coquilles. Les ftries courent par deffus les orbes ou tranfverfalement
ou longitudinalement, depuis la Spire la plus baffe jusqu'à la plus haute, dans une direction
tantôt droite, tantôt oblique et quelquefois onduleufe. Dans quelques unes elles font ferrées
et étroites, dans d'autres elles font écartées, et dans ce dernier cas, furtout quand les ftries
font un peu élevées, la coquille prend une forme anguleufe à angles émouffés. Dans d'autres
encore, qui ont les ftries étroites, celles-ci font entrecoupées par une fafcie garnie de petits grains, qui entoure la coquille. Il y en a d'autres, qui au lieu de ces fafcies ont de fimples ftries tranfverfales élevées, qui entrecoupent de même les ftries longitudinales onduleufes, ce qui releve la beauté de la coquille. Tantôt ce font les ftries longitudinales tantôt les
tranfverfales, qui font les plus épaiffes et les plus élevées. Les Vis granuleufes font auffi de
différentes efpèces. Dans quelques unes on voit les cordons granuleux placés alternativement avec des ftries élevées, dans d'autres cela ne fe trouve pas de même. Dans quelques unes ces rangs de grains, placés à des diftances plus ou moins grandes l'un de l'autre,
entourent la coquille en fuivant les pas de fes orbes, dans d'autres il courent le long de la
coquille. Dans d'autres ces grains ne fe trouvent que fur la fafcie, qui entoure les bords
des orbes. Dans d'autres encore on voit des ftries tranfverfales épaiffes, garnies de gros
grains, placées alternativement avec d'autres plus fines. En un mot la variété de ces Vis
dans le Régne des foffiles eft très confidérable. Quant à la grandeur générique nous les di-
fons en trois Claffes. La première comprend les Vis qui ont huit à dix pouces de longueur,
la feconde celles de deux à quatre pouces, et la troifiéme celles d'un pouce et au deffous,
parmi lesquelles il y en a, qui ont à peine la grandeur d'une graine de Cumin, et dont les
analogues fe trouvent la plupart dans le fable des rivières.

Pour ce qui regarde l'état des Vis dans le Régne des Pétrifications, la plûpart en a entiérement perdu le Teft, qui dans plufieurs efpèces eft très mince & très delicat. Dans ces
noyaux les orbes ne fe touchent point, et fe trouvent tantôt plus tantôt moins écartés l'un
de l'autre. La ftructure interne eft à la verité, quant a l'effentiel, dans toutes les Vis la même
cependant elle différe par raport à des points moins effentiels felon la diverfité des efpèces
particuliéres, de forte que même dans les noyaux on remarque une grande variété à l'égard
des Spires. On devroit donc mieux connoître la ftructure interne de chaque efpèce de Vis
pour pouvoir mieux juger de l'analogue de chaque noyau. Quelques unes ont dans leur axe
un fuft qui tantôt eft liffe et droit, tantôt tortillé, et qui tantôt femble être compofé de plufieurs fûts l'un fur l'autre. D'autres font deftitués de fuft, et ne forment qu'un tuyau tortillé
qui monte en forme de Spirale, et qui dans quelques unes laiffe un vuide le long de l'axe.
Dans les noyaux on trouve rarement quelque refte du fuft, car ordinairement ils n'offrent que
la maffe pierreufe qui a rempli l'interieur du tuyau fpiral. Cependant l'on trouve des noyaux, où l'on voit dans les l'interftices des Spires quelque chofe qui reffemble à une efpèce
d'éclat, qu'on y auroit fait entrer. C'eft un refte de la coquille naturelle, et l'on peut en
con-

conclurre, qu'en cas qu'il y ait eu un fuft, il y foit encore caché dans l'interieur et pétrifié. Les noyaux des Vis ne font pas tous d'une fubftance pierreufe de même nature. Les plus beaux font d'une efpèce de Calcedoine, d'Agate ou d'Onyx. Ils doivent leur origine à un fluide criftallin enfermé dans la cavité du tuyau tortueux de la coquille, mêlé de quelques particules extremement fines qui fe font détachées du teft calciné, ou d'une terre argileufe fine. Quelques fois les noyaux font fpatheux; on en trouve de fort beaux dans les environs de Quedlimbourg. Ils ont la même origine, que les autres, à cela près, que les particules de la coquille calcinée, qui s'infinuent dans le fluide criftallin, font dans ceux-ci plus groffiéres et en plus grande quantité. Il fe peut auffi, que l'animal refolu par la putrefaction, contribue quelque chofe a cette fubftance fpatheufe. Les noyaux les plus communs font calcaires et quelquesfois un peu fablonneux. La matrice en eft de même fort différente. Ordinairement ce n'eft qu'une pierre calcaire. Si elle eft crayeufe, il n'eft pas étonnant, que l'eau qui y a été enfermée, ait fait naitre un novau de pierre de corne, puisque les pierres de corne et les couches de craye fe trouvent la plupart unies enfemble.

Il n'y a pas à douter, que deja dans les anciens tems on n'ait deterré des Vis pétrifiées. Cependant elles eurent le même fort, que la plupart des autres pétrifications; parmi les corps du Régne des foffiles on ne fit attention qu'à ceux, qui étoient de quelque ufage dans l'Oeconomie ou dans la Medécine. L'une et l'autre de ces qualités manquoit à nos Strombites, et par cette raifon on n'en fit point de cas. Ce fut AGRICOLA, 1) qui en parla le premier dans le feiziéme Siécle. Le Strombite, dit-il, reffemble à un limaçon aquatique, (*cochlea aquatili*) il a la bafe large, s'étrécit, et finit en pointe, il eft *turbatus injtar in fpiram a dextra tortus*, fes orbes tournent en montant de droite a gauche en forme d'une toupie; il y en a de longs et de courts, et on les trouve près de Hildesheim au *Golgenberg*. Après Agricola CARDAN 2) fit la defcription du Strombite, difant qu'il étoit *in cochlex formam turbinatui, atque in acutum tendens*, contourné, large par en bas et pointu par en haut. Il le prit pour la veritable Pétrification d'un limaçon de mer et pretendit prouver par là, que les endroits, où l'on en trouvoit aujourd'hui, devoient avoir fouffert un jour des inondations de la mer. C'étoit la tout ce qu'on favoit du Strombite dans ce Siécle. Car les auteurs fuivans ont ou fidellement copié Agricola et Cardan, ou ils n'en ont rien fçu dire du tout, jusqu'à Aldrovandi. ENCELIUS 3) prit les Strombites pour des Chelonites, et leur attribua, comme aux Oftracites, des vertus medicinales. KENTMANN 4) ne fçut que ce qu'il apprit d'AGRICOLA, fçavoir qu'on les nommoit Strombites, et qu'il y en avoit de courts et de longs; il nomma ceux-ci cochlites élevés ou allonges, et ceux-la cochlites comprimés ou racourcis. La connoiffance, que GESNER 5) en eût, étoit de même fort mediocre. Tout ce qu'il en favoit, il le tenoit d'AGRICOLA, ce qu'il y ajouta, c'eft qu'une efpèce de ces Strombites étoit officinelle fous le nom d'*agapes*, à laquelle quelques uns attribuoient la vertu de rendre amoureux. MERCATUS 6) nomma Buccinites, ce qui étoient des Strombites, et ce qu'il appella Strombites c'étoient des Volutites; et voila tout ce qu'il en favoit.

Dans le dix-feptiéme Siécle ce fut ANDRE' CHIOCCO, 7) qui fit le premier mention des Strombites; mais il tenoit d'AGRICOLA et de GESNER toute la connoiffance, qu'il en avoit. On ne les avoit connus jusqu'ici que fous le nom de *strombites*. ALDROVANDI 8) en parla fous le nom de Turbinites, et il fut fuivi en cela par le Comte MOSCARDI. Cependant on retint communement, du moins en Allemagne, l'ancien nom, et cette connoiffance refta encore pendant long tems dans les bornes étroites, qu'elle avoit eues jusqu'alors. ex-

cepté

1) Libr. V. foffil. p. 265.
2) Libr. VII. de fubtilitate.
3) De re metallica. p. 250.
4) Nomenclatura rerum foffilium, in GESNERI fcript. de omni rerum foffilium genere. p. 33.
5) De foffil. p. 101.
6) Metallotheca Vaticana. p. 301. 303.
7) Muf. Calceolar. p. 188.
8) Muf. metall. p. 471.

cepté que l'on apprit de LACHMUND 9) à mieux connoitre les Strombites de Hildesheim, dont NI-
COLA avoit déjà fait mention. OLEARIUS 10) eût encore si peu de connoissance des Strombites qu'il
s'imagina, qu'ils croissoient dans une terre peu compacte d'une montagne du Harz, et qu'il
s'en trouvoit toujours une très grande quantité ensemble. Enfin parut LISTER et après lui
LUID. Les efforts de ces deux savans Naturalistes enrichirent beaucoup la connoissance
médiocre, qu'on avoit eue jusqu'alors de ces Vis. LISTER 11) en fit connoitre une quantité considérable d'espèces différentes, mais comme il donna le nom de *Buccinum* à toutes les
coquilles contournées en volute allongée, à plusieurs spirales, il donna la premiere occasion
à l'erreur par laquelle on confondit dans la suite les Buccinites avec les Strombites. LUID
11) étendit beaucoup la connoissance des Vis pétrifiées, et LISTER celle des naturelles. Il
les chercha avec beaucoup de soin parmi les corps du Règne des Pétrifications, et il augmenta d'un grand nombre d'espèces de Vis pétrifiées, qu'il présenta sous le nom de Turbines
la connoissance, qu'on en avoit eue jusqu'alors. Il fut suivi par LANGE, 13) qui nous apprit le premier à connoitre celles de Suisse, et en même tems en Allemagne par BAIER, quoique ce dernier, séduit par LISTER, ait pris des Buccinites pour des Strombites. On n'étoit
pas encore parvenu dans ce tems là à connoitre la veritable différence qu'il y a entre les Strombites et les Turbinites.

MYLIUS 14) fût le seul qui remarqua, qu'AGRICOLA avoit appellé Strombites ce
qu'ALDROVANDI avoit nommé Turbinites. Il nous fit connoitre en même tems ceux de
Querfourt. Les auteurs suivans jusqu'à RUMPHIUS ne firent presque autre chose que de
faire connoitre les Vis pétrifiées de leurs pais tantôt sous le nom de Strombites, tantôt sous
celui de Turbinites. C'est ainsi, que BÜTTNER 15) nous apprit à connoitre celles de Querfourt, HERRMANN 16) et VOLKMANN 17) celles de Silesie, SCHEUCHZER 18) celles de
Suisse, HELWING 19) celles d'Angerbourg, WOLFARTH 20) & LIEBKNECHT 21) celles
de Hesse, BRÜKMANN 22) celles de Neustadt, RITTER 23) celles de Goslar & de Calenberg, LEIBNIZ 24) celles du pais de Hannovre, SPADA 25) celle de Verone, & BROMEL
26) celles de Suede. Plusieurs de ces auteurs font bien une distinction entre les Turbinites
& les Strombites, mais en même tems ils confondent avec ces derniers les Buccinites, en
donnant à de certaines espèces de ceux-ci le nom de Strombites. RUMPHIUS 27) montra
le premier aux amateurs des Pétrifications la veritable différence d'un Buccin et d'une Vis,
& en leur présentant les analogues, il leur apprit à mieux distinguer les Buccinites d'avec les
Strombites, qu'on n'avoit fait jusqu'alors. Après lui presque tous les Lithologistes ont fait
deux genres séparés des Vis & des Buccins. 28) Quelques uns d'entre eux ont pris, en partie

9) Oryctogr. Hildesh. p. 40.
10) Dans le Cabinet de raretés de Gottorp, tab. XXII. p. 34.
11) Hist. Conchyliorum.
12) Lithophyl. Britannic. p. 20.
13) Hist. lapidum figurat. Helvet. tab. 32. p. 110.
14) Memorab. Saxon. subterran.
15) In raderib. diluvii testibus.
16) Maslograph. p. 214.
17) Siles. subterran. p. 175. coll. tab. XXIX.
18) Oryctogr. Helvet. p. 282.
19) Lithogr. Angerburg. part. I. tab. VIII. num. 10
20) Hist. nat. Hass. tab. VII. VIII. XI. XXII.
21) Specim. Hass. subterr. p. 78.
22) Thes. subterr. Brunsv.
23) Oryctogr. Goslar. p. 15. & Calenberg. p. 18.
24) Protogæa. tab. IX. coll. p. 51.
25) Catal. lap. Veron. p. 25, 26.
26) Lithogr. Suecana.
27) Dans le Cabinet des Raretés d'Amboine.
28) GESNER de Petrif. p. 56.

fant des premiéres, les noms de Turbinites & de Strombites pour Synonymes, 29) d'autres en ont fait deux eſpèces, en faiſant attention au caractére diſtinctif, que nous avons indiqué ci-deſſus.

Nous allons donner maintenant la deſcription des Vis, qui ſont repréſentées dans cet Ouvrage, & nous commençons par la

PLANCHE C. IV.

qui eſt la premiére qui preſente des Turbinites. On y voit auſſi quelques Buccinites de différentes eſpèces, qui proprement appartiennent encore au Chapitre précédent. Mr. le Prof d'ANNONE, qui poſſéde les piéces qui ſe trouvent repréſentées ſur cette Planche, nous en a envoyé une deſcription, que nous n'héſitons pas d'inſérer ici en propres termes.

N. 1. Un *Strombite* à côtes épaiſſes longitudinales, qui en traverſent tous les orbes, et s'élevent au milieu de chacun en petits tubercules pointûs. Toute la coquille a des ſtries tranſverſales très fines ; un accident qui la caſſa d'un côté, en a mis à découvert la ſtructure interne. Le Teſt en eſt calciné ; cette piéce eſt de la Vallée d'Andone dans le Piémont.

N. 2. Un petit *Buccinite* de l'eſpèce de ceux, qu'on nomme Buccins à réſeaux. Ils portent ce nom, puisqu'ils ont ſur tous les orbes des ſtries élevées longitudinales & tranſverſales, garnies de petis tubercules aux endroits où elles ſe croiſent, qui enferment des carreaux enfoncés, de façon, que la coquille ſemble être couverte d'un réſeau. (Voyés Bonanni Recr. 3. T. 193.) Le Teſt s'y trouve encore & il eſt même pétrifié. La nature de la pierre eſt calcaire ; du Canton de Bâle.

N. 3. Un *Buccinite* liſſe, dont la coquille ne ſemble avoir ſouffert qu'un changement très léger, ſyant conſervé même beaucoup de ſa couleur naturelle. Il vient d'Angleterre.

N. 4. Un *Strombite*, à orbes élevés, étroits, ſaillans, écartés beaucoup l'un de l'autre, & placés alternativement avec des orbes larges et plats, ce qui donne à la coquille un air comme ſi elle étoit entourée d'un large bandeau. Je n'ai point trouvé encore de repréſentation exacte de cette eſpèce particuliére. La matrice en eſt calcaire, & l'on y voit encore par-ci par-là des fragmens de la même eſpece. Il eſt de l'Evéché de Bâle.

N. 5. Une *Turbinite* à orbes plats, qu'on diroit être emboités l'un dans l'autre ; *Turbo teſta turrita, anfractibus deorſum imbricatis.* (*Linn.* S. N. Sp. 557.) Le Teſt en eſt calciné, de Chaumont.

N. 6. Une *Turbinite* à orbes plats, avec des bords un peu ſaillants, & des ſtries circulaires fines, traverſées par des ſtries longitudinales, ondoyantes & très fines. Le Teſt en eſt un peu calciné ; du meme endroit.

N. 7. Un *Buccinite* a ſtries élevées, qui ſuivent les pas des orbes, et qui par des ſillons longitudinaux ſont diviſées de façon qu'il en nait des rangs de tubercules. (*an Buccinum partum, pruniforme, canaliculatum, ſtriatum, papilloſum, papillis minimis elatis per ſeriem diſpoſitis circumdatum etc.* GUALTIER. *Tab.* 43. f. M.?) Il eſt calciné ; de Canale dans le Piémont.

N. 8. Un *Buccinite*, dont le premier orbe eſt fort grand à proportion des autres, & qui a la levre fort epaiſſe, avec un bord replié. Le Teſt en eſt fort épais ; Il paroit devoir étre rangé parmi les *Buccina Caſſidea Linnæi*, ou les *Cochlea Caſſidiformes* Gualtieri. Cependant je ne trouveni dans l'un ni dans l'autre un analogue qui lui reſſemble en tout. Il eſt un peu calciné & du même endroit. C'eſt la ce que Mr. d'ANNONE nous a communiqué ſur ces coquilles.

29) GESNER, dans le même livre.

PLAN.

PLANCHE C. V.

N. 1. Une Turbinite lisse à six ou sept orbes, dont les deux supérieurs sont detruits. Les orbes sont bombés & le premier se trouve dans une parfaite proportion avec les suivans qui diminuent d'une maniére uniforme. Ils sont tous assès grands & forts en comparaison de la longueur de la Turbinite, & par conséquent la Diamétre de la base se trouve ici plus grand que dans celles qui, à longueur égale, ont des orbes plus petits & en plus grand nombre. Aux orbes inférieurs à l'endroit où ils se trouvent enfoncés dans la matrice, l'on voit encore des restes de son écaille naturelle parfaitement pétrifiés. Des orbes supérieurs il n'y est resté que le noyau, de maniére pourtant, que la partie la plus proche du fust y est restée attachée & se fait voir en sortant d'entre les Spires. Ce morceau doit être rangé parmi les Turbinites de la première grandeur; sa matrice est de grais. Il est des environs de Querfourt, ou l'on trouve de belles pétrifications.

N. 2, et 3. Deux Turbinites semblables au précédent, d'une pierre calcaire blanche & compacte de Transylvanie. Les orbes en sont assès grands à proportion de la longueur, cependant ceux de l'extremité supérieure manquent dans l'un & dans l'autre.

N. 4. On trouve souvent rassemblé dans une même pierre une quantité prodigieuse de coquilles de la derniére grandeur; il y a même des pierres, qui ne sont composées que de coquilles souvent beaucoup plus petites que celles que nous offrons ici, & qui sont tantôt pétrifiées tantôt calcinées. On en trouve de fort belles dans le pais de Mayence, et on observe que très rarement il s'y trouvent mêlées des coquilles d'un genre différent, de là on peut inférer avec raison, qu'à l'endroit ou on trouve ces coquilles, il doit y avoir eu un lac ou un étang qui s'est dessêché, & dans lequel il y ait eu une grande quantité de ces coquilles ensemble, lesquelles, sans être delogées de leur lieu natal, ont subi le sort de la pétrification ou calcination. Cette piéce vient de la Souabe; c'est une pierre calcaire argileuse. Les Turbinites qu'elle renferme sont de la derniére grandeur. Par-ci par-là on y voit aussi des empreintes de coquilles bivalves.

PLANCHE C. VI.

N. 1. & 2. Deux Turbinites de Wettersleben près de Quedlimbourg, dans une matrice d'argile grise, grasse & friable, au point qu'on en peut ôter, sans employer la moindre force, les coquilles qu'elle renferme. Ces piéces sont remarquables à tous égards. Le Test lorsqu'il y est encore, (car dans plusieurs il est tout à fait dissout par la calcination, & ne couvre son noyau que sous la forme d'une couche de craye friable ou d'une poussiére farineuse) ne paroit avoir subi que peu de changement sur ses lamelles extérieures, mais lorsqu'on détache ces lamelles, on découvre une substance crayeuse, ou en l'examinant avec attention, un amas de lamelles crayeuses extrèmement fines, qu'on peut emporter en frottant, & reduire, en le broyant entre les doigts, en une poudre farineuse. On voit paroitre après cela le noyau, qui est d'un Spath luisant d'un jaune obscur, dont la surface est aussi lisse & brillante, qu'elle ne céde en rien à une Agate du plus beau poli. Plusieurs Naturalistes se persuadent que ce noyau étoit l'animal même changé en pierre. Nous en doutons beaucoup, & nous croyons plûtôt, que l'animal dissout par la putréfaction, ou le fluide visqueux, qui en provint, mêlé avec les particules crayeuses de l'écaille ait fait naitre ce noyau spatheux. La matrice argileuse grasse où ces coquilles ont été couchées, a empêché l'insinuation de l'eau & avec elle l'introduction de particules terrestres étrangéres, & en même tems l'évaporation des particules volatiles animales; tout y est resté ensemble, & dans la suite du tems le fluide né de la putréfaction & dissolution du corps de l'animal, mêlé & saturé de particules de la coquille dissoute, s'est changé en Spath. Les noyaux des coquilles, qui se trouvent dans cette matrice, se ressemblent assès, mais leurs écailles différent beaucoup. Quelques unes sont lisses, d'autres sont garnies de stries transversales en relief. Quelques unes ont les orbes aplatis, d'autres les ont bombés,
d'où

d'où l'on voit, qu'un genre de coquilles peut avoir la même structure interne, quoiqu'à l'égard de l'exterieur & de la conformation de l'écaille il se partage en plusieurs espèces très différentes.

N. 3. Une Strombite dont les orbes sont herissés de piquans jusqu'a l'extremité. Ce qui le fait ranger parmi les *Strombi aculeati*, sous l'espèce de ceux, qu'on voit dans RUMPHIUS tab. XXX. litt. N. Les piquans sont tout droits, sans se courber en arrière comme dans d'autres espèces. Les orbes sont concaves, & ont les pas creusés d'un sillon asses profond. Ce sillon va en serpentant tout le long des bords par lesquels chaque orbe joint son voisin. Des stries fines descendent aussi en serpentant tout le long de l'écaille. Ce morceau est encore couvert de son Test, & le noyau en est d'un grais peu compact. Il est du Piémont.

N. 4. Une Strombite granuleuse, de l'espèce de celles, qui se voient dans RUMPHIUS tab. XXX. Litt. L. On trouve dans le Règne des fossiles plusieurs espèces de Strombites granuleuses, comme nous l'avons remarqué ci-dessus. Celle-ci est toute entourée de stries granuleuses d'epaisseur différente, placés alternativement de manière qu'entre deux stries à petits grains il y en a toujours une à grains plus gros. Il est du pais de Brounsvic, parfaitement pétrifié & très bien conservé.

N. 5. Une Strombite, dont l'analogue se nomme l'Aiguille lisse des marais. Autant que cette coquille est frequente dans les endroits marecageux, autant est il rare, d'en trouver la pétrification, sur tout avec son Test naturel. Celle-ci a des stries transversales serrées & extrèment fines. Ses orbes se trouvent chargés par-ci par-là de quelques émmences ou bosses allongées peu sensibles. Elle est calciné, du Piémont.

N. 6. Une Turbinite bien conservée & parfaitement pétrifiée des montagnes des environs de Turin. Elle est garnie de stries élevées & serrées en forme d'anneaux, dont il y a toujours quatre sur chaque orbe l'une à côté de l'autre. Vers les bords ou les orbes se joignent, il y a un enfoncement un peu plus large que les interstices de ces anneaux, & l'on voit le long des pas des orbes un sillon extremement fin.

N. 7. Une Plaque de pierre toute remplie de Strombites, de Neustadt près de Hannovre. Cette espèce de Pétrification est d'une beauté distinguée, ce qui a engagé déjà plusieurs auteurs a en donner des copies en taille douce dans leurs Ouvrages, v. LEIBNITZ, *prolog. tab. IX* RITTER, *Oryctogr. Goslar.* p. 16. *not. H.* & *Oryctogr. Calen. erg. spec. I.* p. 12. BRUCKMANN, *thesaur. subterran. Ducat. Brunsvic.* p. 124. *tab.* XXIV. *1.* EYTEMEISTER, *Cat. log. apparat. curiot.* p. 51. *tab.* XXIV. *fig.* 170. KUNDMANN, *rarior. nat. & artis tab.* III. *n. 1.* & plusieurs autres. Ces Strombites sont parfaitement pétrifiées & du nombre des granuleuses. Elles ont des stries transversales garnies de grains. Les stries sont alternativement épaisses & déliées, & des files de gros grains alternent avec d'autres a petits grains. On trouve des Plaques bien plus grandes que celle-ci, qui ne sont composées que de ces Strombites, mais elles ne sont pas toutes d'une beauté aussi parfaite, que celle-ci. Car un defaut qui se trouve ordinairement a toutes les Strombites de Neustadt c'est qu'elles sont enduites d'une croûte fort dure, qui ne s'en detache qu'avec beaucoup de peine.

PLANCHE C. VI. *

N. 1. Nous avons dit ci-dessus, que dans la terre on trouve souvent des masses entières de petites coquilles tant calcinées que pétrifiées, étroitement unies par un ciment naturel. Ces coquilles, qu'on trouve en si grande quantité ensemble, ne sont jamais du nombre des Limaçons de jardin ou de campagne, car ceux-ci sont solitaires & ne vivent point en societé. Ce sont des limaçons d'eau douce, qui demeurent communement ensemble en grande quantité dans les rivières & dans les étangs, & qu'il faut ranger parmi les Turbinites & les Strombites. Quand il arrive donc qu'un petit lac ou un étang vient a tarir peu à peu, il en nait de telles masses de coquilles fossiles. La pièce qu'on présente ici vient de la Suisse; elle est toute composée de ces sortes de petits

lima-

limaçons, parmi lesquels il y en a, qu'on ne découvre qu'à l'aide du microscope. La matrice en est une pierre calcaire, argileuse & compacte.

N. 2. Une Plaque de marbre gris, taillée & polie avec une grande quantité de petites Turbinites, de l'Electorat de Saxe. Cette espèce de Turbinites, la plûpart en Plaques, se trouve aussi en d'autres endroits principalement à Francfort sur l'Oder. Ces Plaques sont ordinairement fort usées, & l'on s'en sert pour en faire des carreaux & des tables. En les examinant avec attention, l'on trouve, qu'ordinairement ce sont des Pétrifications de ces Vis qu'on connoit sous le nom de *Scalata fausse*. Du moins la forme du fust est elle la même que dans cette espèce de Vis.

N. 3. Une Plaque brute de marbre couleur de soye, de la Baviére, sur laquelle il y a une quantité de Turbinites, de Buccinites, de Trochites, de petits Camites & de Bélemnites qui ont tous encore leur écaille pétrifiée.

PLANCHE C. VI. **

N. 1. ét 2. Une Plaque qui vient de France dessinée des deux côtés, avec des pétrifications qui se présentent d'une maniere fort agréable. La matrice en est une pierre grossiere, très compacte, d'un jaune blanchatre; mais la plûpart de celle-ci ne se trouve qu'à la superficie aux deux cotés. Car lorsque l'on en examine la fracture, on voit d'un côté comme de l'autre, que la masse entiére ne fait qu'un amas de coquilles changées en la plus belle Agate. La même chose s'observe aussi par raport à ces coquilles qui se trouvent en si grande quantité sur les deux surfaces. Elles sont un peu transparentes, comme une Agate obscure, & ont beaucoup de feu, quand on les frappe avec l'acier. Elles sont d'un jaune brunatre, d'un jaune tirant sur le cendré, d'un brun rougeatre ou blanchatre, & ce mélange de couleurs sur un fond d'un jaune blanchatre donne à ces pierres une très belle apparence. Qu'on ne s'imagine pas, que ce ne soient que les noyaux des coquilles; ils sont presque tous encore recouverts de leur test, qui a été changé également en agate. C'est ce qu'on voit de la maniere la plus convaincante dans l'Original sur de certains morceaux un peu endommagés, lesquels, quoiqu'à la verité de la même substance & de la même couleur que les autres, font apercevoir très distinctement la coquille naturelle changée en agate de même que le fust, & il est aisé d'en distinguer parfaitement le noyau, quoiqu'il soit également changé en une espèce d'agate. La plûpart des coquilles, qu'on trouve sur ces pierres, sont des Turbinites & des Strombites, mêlées de quelques Buccinites & Globosites. Les Turbinites ont des orbes lisses, les Strombites les ont dentelés, ou plûtôt garnis de petits grains sur les bords où les spires se touchent. Les unes & les autres ont un nombre considerable de Spires étroites & serrées, de sorte qu'on en compte quelquefois dans une coquille, qui a peine un demi pouce de longueur, jusqu'à 13. ou 14. Souvent ces Turbinites & ces Strombites sont ornées de plus d'une couleur. Il y en a de brunatres ou d'un jaune brun, d'autres d'un bleu laiteux, & ces derniéres sont de la plus belle calcedoine. Les coquilles ne sont pas enfoncées bien avant dans la pierre mais couchées de maniére qu'elles sortent si fort en dehors comme si elles n'étoient que simplement apliquées à la surface. Dans les interstices que les grandes Turbinites & Strombites laissent entre elles, on en aperçoit une très grande quantité du même genre, qui sont la plûpart si petites, qu'on a de la peine à les decouvrir & les distinguer sans le secours du Microscope.

PLANCHE C. VII.

Les Strombites de cette Planche viennent des carriéres de Mastricht. Elles sont encore recouvertes de leur Test, qui est calciné. Celle, qui est représentée sous N. 1., quoiqu'un peu endommagée aux deux extremités, est par sa grandeur un morceau très rare dans le Régne des fossiles. Ses orbes sont comprimés, aplatis & garnis de tubercules sur les bords, qui quoique sur ceux du bas on n'en voie plus de trace. Cette piéce paroit avoir souffert quelque chose de plus qu'une simple calcination, ce que l'on voit assés distinctement à l'extremité inférieure, ou elle est cassée. Celle du N. 2. est encore toute entiere. Ses orbes ne sont pas tout à fait plats mais un peu en relief. Elle a des stries extremement fines tant transversales que longitudinales onduleuses. La troisiéme N. 3. ne différe de celle qui précéde qu'en ce qu'elle a des orbes aplatis, séparés par un sillon assés profond.

PLANCHE C. VIII.

N. 1. Une Turbinite d'une grandeur considérable des carriéres de Querfourt. On y trouve de fort beaux morceaux de cette espéce de grandes Turbinites. MYLIUS en a déjà donné des copies dans sa *Saxonia subterranea*, & BUTTNER dans les *rudera Diluvii testes*. Les orbes diminuent peu à peu, & ne sont ni fort bombés ni tout à fait plats, mais d'un relief qui tient le milieu. Ce morceau a encore son Test pétrifié, & une chose qui merite d'être remarquée, c'est que dans les interstices des Spires & aux côtés on découvre des restes d'une écaille à moitié détruite qui sortent en dehors, d'où l'on peut conclure, qu'une lame assés epaisse, ou peut-être plusieurs se sont detachées de l'écaille, qui y tient encore, & que celle-ci n'a que la moitié de l'épaisseur, qu'elle a eue dans son état naturel. Cette circonstance confirme la conjecture, que nous avons hazardée ci-dessus à l'occasion d'un autre sujet, savoir que les écailles des coquilles, qui ont passé dans le Régne des fossiles, se trouvent souvent beaucoup plus minces, que dans leur état naturel. Comme la premiére Spire est endommagée, on découvre la structure interne de la Turbinite, & un noyau formé de petits cristaux opaques, sales & obscures, qui ne tient pas aux parois & qui doit probablement sa naissance à l'animal, qui l'habitoit autrefois, detruit par la putrefaction. Mais où ranger les Pétrifications représentées sous N. 2. 3. 4. 5. 6. 7.? Ce n'est pas ici la premiére fois, qu'elles sont dessinées & gravées. On en trouve déjà de semblables dans l'*Oryctogr. Hildesheim.* de LACHMUND p. 47. dans la *Protog. tab.* IX. *num.* IV. & 6. de LEIBNIZ, qui les a tirées de LACHMUND; dans les *memoires pour servir à l'histoire des petrifications* de BOURGUET *tab.* XXXV. *num.* 237. & dans d'autres. Ces auteurs en ont fait mention en traitant des Turbinites & des Strombites, & les ont pris pour telles, probablement puisqu'elles ont quelque ressemblance avec celles-ci, mais autant que je sai, aucun auteur n'a déterminé jusqu'ici, ce que c'étoient proprement que ces corps petrifiés, à l'exception de LUID, qui dans son *Lithophylac. Britann. num.* 387. p. 22. parle d'une *trochlea interior turbinitae*, & semble avoir entendu par là un tel fust de turbinite. Peut-être, son *turbinites degener cylindroides, sive turbinitae fossilis vermicularia spiralis num.* 375. est-elle la même chose? On ne sauroit les prendre pour des Turbinites ou Strombites, sur tout celles, qui sont cylindriques & dont la largeur ne diminue pas. Aussi la conformation des Spires de ces corps différe trop de celle des spires d'une Turbinite ou d'une Strombite, & de leur structure entiére. Il nous paroit, que ce sont des fusts de fort grandes Turbinites, Strombites ou de quelqu'autre espéce de limaçons. Si nous connoissions la structure interne de toutes ces espéces de limaçons & la forme de leurs fusts, nous pourrions prononcer sur ces Pétrifications avec plus de certitude. Du moins est-il sûr & facile à prouver par des exemples qu'il y a des espéces de limaçons, qui ont le fust non seulement de la grandeur & de l'épaisseur, des presents morceaux, mais encore précisément la même figure que ceux du N. 4. & 6., d'ou l'on peut avec assés de probabilité juger des autres. N. 2. est sans contredit encore un fust, qui a perdu la partie supérieure de l'écaille tubiforme, qui l'avoit embrassé autrefois. Cette piéce vient de Verone. N. 3. & 4. sont de Neufchatel, N. 5. est un fust comprimé du même endroit. N. 6. est de Valenciennes, & N. 7. de Soleure.

CHAPITRE VIII.

DES OSTRACITES.

Parmi les corps du Régne des Pétrifications les Ostracites meritent une attention particuliére. Elles en constituent un des genres les plus étendus. Nous en trouvons plusieurs
espèces, dont les analogues nous manquent encore, & qui servent à cet égard à compléter
ce nombreux genre de coquilles. Personne ne s'est encore donné la peine de faire la distribution des différentes familles, que le Régne des fossiles nous présente, & d'établir les caractéres des espèces particuliéres. Quant aux analogues naturels, il se pourroit bien, qu'avec
le temps on trouvât encore beaucoup à reformer. On séparera peut-être du genre des
Huîtres plusieurs espèces & leur assignera quelque autre place, ou même on en fera des
genres particuliers. En revanche on inférera peut-être dans ce genre de nouvelles familles
& les Gryphites pourroient bien être les premiers, en cas qu'on vint à trouver leurs analogues. Cependant cela regarde la Conchyliologie ; nous nous en tiendrons à présent au Régne
des fossiles.

Ostracite vient du Grec. Les anciens habitans de la Grece nommoient l'écaille d'une
huître ὄστρεον, & quelquefois ὄστρακον, d'ou les Romains ont fait ostreum, ostrea, ostracum. Ce
mot signifie proprement une écaille qui couvre un poisson, & outre cela un Test, Testa. Quoique par cette raison ce nom conviendroit d'une certaine maniére à tous les poissons testacés,
on ne l'a cependant donné préférablement qu'à ceux dont l'écaille paroit être composée d'un
grand nombre de croûtes minces ou de lames appliquées l'une sur l'autre.

Le genre des Ostracites comprend toutes les conques à valves inégales, dont la coquille
n'a point de structure réguliére, mais un tissu écailleux, une surface rude, raboteuse, ridée,
garnie de tubercules sans ordre, ou du moins contournée ou repliée d'une maniére irregulière. Lorsque ces conques sont unies ou lisses, elles ont toujours un ou plusieurs de ces caractéres, lorsqu'elles sont striées ou plissées, les traits n'en sont jamais parfaitement réguliers.
Elles ont en même tems les valves inégales, l'une plus petite ou du moins plus platte que
l'autre. Elles sont ou rondes, ou ovales, ou allongées, & quand il n'y a rien qui les distingue d'ailleurs des Camites ou des Pinnites, des caractéres suffisans pour pouvoir les en discerner se trouveront toujours ou dans l'inégalité des valves, ou dans leur tissu écailleux, vû que
la coquille des huîtres est toujours composée de plusieurs croûtes ou lames couchées l'une sur
l'autre, de façon qu'elles debordent toujours les unes au dessus des autres. Le genre des
Ostracites est fort étendu, & la Classification en est sujette à bien des difficultés. De celles
qu'on a decouvertes jusqu'ici dans le Régne des fossiles, les unes sont rondes ou du moins de
figure ovale, les autres allongées. Les premieres ressemblent aux Camites par le rapport de
leur longueur à la largeur, qui sont a peu près égales, les derniéres, qui sont longues & étroites, ont quelque ressemblance avec les Pinnites. Par cette raison nous partagerons le genre
des Huîtres en deux espèces principales, & nous en nommerons la premiére celle des Ostréo-
Camites, & la seconde celle des Ostréo-Pinnites. Parmi les Ostréo-Camites nous rangeons
toutes celles, dont la coquille est ronde ou ovale. Leur coquille est ou lisse, ou écailleuse, ou
striée, ou plissée, ou épineuse, différences, qui font naître autant d'espèces d'Ostréo-Camites. Les lisses n'ont point à la verité la coquille écailleuse, mais elles ont toujours ou les
piéces inégales, & appartiennent par conséquent au genre des huîtres, toutes ressemblantes
qu'elles soient d'ailleurs aux Camites, ou bien la coquille n'a pas une convexité reguliére,
étant contournée ou repliee en differentes maniéres, souvent elle est tuberculeuse, ventrue,
platte, bombée, creusée du côté interne en forme de Patelle. Il y en a qui forment des
groupes en s'attachant l'une sur l'autre, ou à des pierres ou d'autres corps, & l'on trouve de
ces masses en quantité tant dans leur état naturel, que pétrifiées. Plusieurs ont la coquille
assés mince. La surface voutée n'est jamais tout à fait réguliére, elle a toujours des inégalités

des bosses & des enfoncemens irréguliers, & elle semble même se contourner & se plier selon le corps auquel elle s'attache. C'est pour cette raison que LUID apelle ces Huîtres: *Haratule*, d'autres: *Conche parasitica*. Il y en a une espéce, qui a la forme d'une oreille. Dans le *Dictionnaire des fossiles* de Mr. BERTRAND p. 419. ces Ostracites constituent la dix septiéme espéce.

Les Ostracites *écailleuses* sont composées de plusieurs lames tantôt lisses, tantôt ridées, tantôt plissées, couchées l'une sur l'autre, de maniere que chaque lame sort de dessous celle qui la couvre, en laissant un intervalle plus ou moins grand, & de sorte que les extrémités de ces lames se trouvent a des distances tantôt égales tantôt inégales l'one de l'autre. Dans quelques unes ces feuilles forment une coquille platte, dans d'autres une coquille assés bombée & ventrue, qui dans la plûpart est assés épaisse & raboteuse. Il faut ranger aussi sous cette Classe celles qu'on nomme: *Ostracite transversim rugosi*. Il y en a de celles-ci qui sont recourbées vers l'un des côtés tant au haut près de la charniére, que vers le bas à l'extrémité opposée. Plusieurs de ces Ostracites sont de forme parfaitement ronde & ont le bec recourbe; LUID les nomme: *Ostrea orbiculata gryphoidea*. On en trouve la copie dans les *Memoires pour servir a l'histoire des Pétrifications de* Mr. BOURGUET, tab. XIV. num. 87.

Les Ostracites *striées* sont garnies de stries en relief & de canelures comme les Pectinites, & par cette raison on les nomme *Ostréo-Pectinites*. Elles différent des Pectinites ou par l'inégalité de leurs battans, ou par les stries, qui ordinairement ne vont pas en ligne droite de la charniére vers le bord opposé, mais en se courbant, étant outre-cela inégales, raboteuses, tuberculeuses & entrecoupées. La plûpart en est aussi écailleuse & feuilletée. Des Huîtres, que les auteurs nomment: *Ostreum vulgare*, appartient la plus grande partie à cette Classe, de même que celles, que LUID appelle: *Listrontes*, dans son *Lithophyl. Britann.* num. 650. & que SCHEUCHZER nomme: *Strigulose* dans le *Specim. Lithogr. Helvet.* p. 46. Mr. BERTRAND dans son *Dictionnaire des fossiles*, tom. II. p. 96. leur a assigné la quinziéme place parmi les espéces des Ostracites. Les Ostracites à stries transversales constituent une espéce subordonnée à celle des Ostréo-Camites striées. Leurs stries transversales sont assés reguliéres & se trainent ordinairement un peu sur l'un des côtés. Elles courent la plûpart en montant le long du côté vers la charniére, & quelquefois elles traversent dans une direction oblique la surface de la coquille, qui est ordinairement plus longue que large, & nous laisse en doute, s'il ne faudroit pas plutôt les compter parmi les Ostréo-Pinnites.

Les Ostracites *plissées* sont de deux espéces. Quelques unes ont des plis transversaux, arrondis, tantôt larges & épais, tantôt étroits. La coquille est composée la plûpart de lames fines, couchées reguliérement l'une sur l'autre, qu'au premier coup d'oeil on ne diroit voir que de legers fillons. Dans d'autres les plis descendent le long de la coquille & sont quelquefois arrondis, mais en même tems la plûpart raboteux, écailleux & rudes, d'autres encore ont des plis saillans, triangulaires & en zig-zag. On nomme les premiéres: *Ostrea imbricata* 1) & les derniéres: *Crêtes de Coq*, desquelles nous traiterons plus bas.

Les Ostracites *épineuses* sont fort rudes, & ont parmi une infinité d'écailles saillantes, des épines & des piquans, qui ressemblent beaucoup aux piquans de certains Oursins de mer, d'où on les nomme aussi: *Ostracite echinati*. Leur analogue est cette espéce d'huitre à laquelle quelques uns donnent le nom de *Traquet de Lazar* & dont il y a plusieurs variétés tant parmi celles qui se trouvent dans leur état naturel que parmi les pétrifiées. Mr. BERTRAND a assigné à cette espéce la treiziéme place dans sa distribution des Ostracites, & nous en avons déja donné la description Pl. B. II. b **. Il y a aussi une espéce de petites Ostracites épineuses, dont les piquans ne sont point dressés, mais couchés sur la coquille à distances égales l'un de l'autre. SCHEUCHZER en a traité dans son *Oryctogr. Helvet.* num. 130. & dans le *Specim. Lithogr. Helvet.* num. 70. & Mr. BOURGUET a tiré de SCHEUCHZER la description, qu'il en donné dans ses *Memoires pour servir a l'histoire des Pétrifications*, tab. XVI. num. 94. Nous avons donné le nom d'*Ostréo-Pinnites* à la seconde espéce des Ostracites, & c'est sous celle-ci qu'il faut ranger celles, dont la longueur a un tel raport à la largeur, qu'on peut les dire longues & etroi-

Ff 2

tes

---

1) voyez BERTRAND *Dictionnaire de. fossiles*, tom. II. p. 94.

tes comme les Pinnites. On en a decouvert jusqu'ici dans le Régne des fossiles trois espèces, savoir des écailleuses, des plissées & des lisses. Les écailleuses font composées de lames épaisses couchées l'une sur l'autre sans aucune regularité, ce qui en rend la surface raboteuse & écailleuse; elles sont fort épaisses, & ont souvent la longueur d'un empan & demi. La valve supérieure est ordinairement convexe, l'inférieure platte: quoiqu'il y en ait aussi, dont la valve inférieure est aussi un peu convexe. Du côté interne elles ont a la place de la charnière des stries transversilles arrondies assès regulières, & l'une des valves les a légérement ondulées. Parmi ces Ostréo-Pinnites écailleuses il faut ranger celles qui font nommées communement *Ostracita gibbosi aurisformes* à cause du bec ou du sommet de la charnière recourbé, & dont il est fait mention dans les *Memoires pour servir à l'Histoire des Pétrifications*, tab. XIV, 85. tab. XV. 89. 90. & dans l'*Oryctogr. Helvet.* de SCHEUCHZER. Num. 126. 127. Les *plissées* ont des plis transversaux plus ou moins nombreux, & plus ou moins épais, qui vont en ligne circulaire, & la coquille est toute composée de lames fines, ce qui lui donne un air qu'au premier coup d'oeil on diroit y voir de legers sillons. Cette espèce d'Huitres est une des plus grandes, & il y en a qui font longues au delà d'un empan & demi. Lorsque l'on regarde les Gryphites comme une espèce d'Ostracites, il faut les ranger ici sous les Ostréo-Pinnites plissées, qui ont le bec fort recourbé. Les lisses font également composées de lames minces comme les précédentes. Elles ont la même structure, à cela près, qu'elles ne font point plissées. Il y a une espèce, qui en diffère, en ce qu'elle a la charnière un peu recourbée vers l'un des côtés, u coquille sans écailles, mais cependant tuberculeuse, repliée & assès bombée. D'autres encore ont la charnière droite, & l'une des valves considérablement plus longue que l'autre, mais conformée de façon qu'elle supplée par un repli à ce qui manque à celle-ci, c'est à dire la plus grande se replie, à l'endroit où se trouve la charnière, en dedans, comme le font plusieurs espèces de Térebratules, & couvre ainsi ce qui manque à la plus petite valve.

Ce font là les espèces d'Ostracites, que nous connoissons dans le Régne des fossiles. Leur grandeur générique est très différente. Il y en a dans le Régne des fossiles beaucoup qui pesent quelques livres, & qui ont la longueur d'une demi-aune & au delà, tandis que d'autres ont à peine la grandeur de l'ongle du petit doigt. Les petites aussi bien que les grandes sont rudes, écailleuses, tuberculeuses, raboteuses, quelques unes ont des stries, tantôt longitudinales tantôt transversales. Il y en a aussi de lisses, & parmi celles-ci quelques unes, qui sont percées de trois trous, qui leur donnent quelque ressemblance avec une tête de mort; on les nomme *Numuli Bratenburgenses*; STOBÆUS en a donné la meilleure description dans ses *Opuscul.* p. 30. squ. Quoique l'on connoisse une grande quantité d'espèces d'Ostracites naturelles, on n'a cependant point encore découvert les veritables analogues de toutes les espèces qu'on trouve pétrifiées. Il y en a qu'on y raporte, quoiqu'on ne connoisse par leurs analogues, paceque leur structure entière fait assés voir qu'elles appartiennent au genre des Ostracites. En revanche on connoit plusieurs espèces d'Ostracites naturelles, qu'on n'a pas encore decouvertes dans le Régne des fossiles. Ce n'est pas non plus le dégré de la rareté de l'original qui determine toujours celui de l'analogue fossile. Plusieurs espèces d'Ostracites font tres rares dans le Régne des fossiles, dont les analogues naturels font très frequents. Dans d'autres c'est précisement le contraire.

Lorsqu'on fait attention tant a la conservation des Huitres, qui ont passé dans le Régne des fossiles, qu'à la substance pierreuse, qu'elles ont prise, on trouve leurs valves bien plus souvent isolées & separées, que jointes ensemble, ce qui s'observe de même par rapport a plusieurs autres espèces de conques. Les noyaux au contraire font la plûpart entiers, & offrent l'empreinte de la surface interne des deux valves. Quand l'intérieur d'une Huitre est rempli d'une terre molle, qui durcit peu à peu, le volume du noyau qui en est formé, diminue en se desséchant, & se détache de la coquille, à moins que l'eau n'introduise de nouveau des particules terrestres, & en remplisse le vuide qu'il a laissé. Or si un choc, une pression ou quelque autre accident ouvre ou separe les deux valves, le noyau durci en tombe, & la coquille est ou détruite par l'influence de l'air, ou pétrifiée avec la matrice dans laquelle elle est venue à être couchée. D'ailleurs les Ostracites, tant celles dont la coquille a été fort peu changée, que celles, dont le test a été pétrifié, ne sont pas trop rares dans le Régne des fossiles. La raison en est que la coquille de la plupart des huîtres est fort épaisse, & moins sujette à la destruction. Les écailles & les piquans saillans sont ordinairement emportés par le frottement, ou du moins, comme il est aisé de se l'imaginer, ils ne se détachent pas facilement de la matrice, de là vient, qu'un *Ostracites echinatus* bien conservé est fort rare dans le Régne des fossiles. Souvent on trouve des fragmens d'Ostracites, qui n'ont absolument plus rien de ressemblant avec un Ostracite que le tissu feuilleté. On en trouve des piéces assès grandes, que l'on prendroit pour des pierres communes, si ce tissu feuilleté ne montroit pas leur origine. Il faut prendre garde aussi de ne pas les confondre avec de certaines Stalagmites feuilletées. La substance pierreuse des Ostracites est rarement plus dure qu'une pierre calcaire compacte, ou qu'un marbre. La cause en est probablement que leur écaille a plus de particules grossiéres que de fines & de volatiles, qui puissent en s'évaporant faire place aux particules terrestres fines, que l'eau pourroit introduire. Et c'est aussi la raison, pourquoi les Ostracites pétrifiées ont ordinairement moins perdu de leur substance naturelle, que d'autres espéces de coquilles.

On ne trouve pas les Ostracites partout & dans tous les païs. Mais où on en trouve, il y en a souvent une quantité prodigieuse d'une certaine espéce rassemblée dans un même lieu, ce qui peut bien venir en partie de leur multiplication extraordinaire. 1) Il y en a souvent des lits & des couches entiéres, & même des montagnes, qui en sont remplies. Probablement il y a eu autrefois dans ces endroits des mers ou des lacs d'eau salée, dans lesquels ces Huîtres ont eû leur demeure.

Par raport à l'histoire des Ostracites & de la connoissance, qu'on en a eüe successivement nous jugeons necessaire de rapporter ce qui suit. Les auteurs Grecs & Romains en font bien mention, cependant il reste encore à décider, si leur ὀςρακίτης a été ce que nous nommons une Ostracite ou une Huître pétrifiée. Les Medecins Grecs connurent l'Ostracite, puisqu'on lui attribuoit une vertu medicinale, mais comme le mot Grec: ὀςρακον, signifie aussi bien une coquille qu'un Test, LANCISI 2) observe avec raison, qu'on ne peut rien dire de positif là dessus. PLINE 3) en fait mention plusieurs fois. Il dit, que quelques unes avoient la dureté de l'Agate, & que par conséquent, elles étoient susceptibles d'un poli, qualité, qui ne s'en suit point necessairement de la premiére. Il y a des Ostracites, qui paroissent avoir la dureté de l'Agate, & ont un brillant terne qui ressemble en quelque façon à celui d'une Agate naturelle, mais elles sont beaucoup plus tendres, & ne font point de feu avec l'acier. Dans un autre endroit 4) il loue la vertu medicinale de l'Ostracite, sans cependant s'expliquer, s'il parle d'une pétrification ou de quelque autre chose. Il dit simplement; *habet testæ similitudinem*, il ressemble à un test. Il distingue d'avec l'Ostracite tant la Céramite que la Chrysite comme des espéces particuliéres. La premiére, dit-il, a *colorem testæ*, & la derniére est, suivant l'opinion de quelques auteurs modernes, une espéce d'Ostréo-Camite lisse. 5) En un mot la chose n'est pas assès claire & mérite d'être mieux examinée, ce qui cependant nous meneroit trop loin ici. Dans le moyen age on ne trouve point, que nous sachions, qu'il soit fait mention des Ostracites. Dans le seiziéme Siécle AGRICOLA & GESNER furent les premiers à les faire connoître en Allemagne. Le premier ne s'en mit pas beaucoup en peine, & tout ce que le dernier en sut, il le tenoit de Pline, duquel il a tiré ce qu'il en dit, sans beaucoup l'examiner. La connoissance que KENTMANN avoit des Ostracites, étoit de même fort mediocre. Il les appelle *Ostreites*, &

G g

dit

---

1) LEEUWENHOCK a prouvé ceci dans le *vyfde vervolg der Brieven geschreeven aan verscheide Hooge Standspersonen en geleerte Luyden.* à Delphe 1694, in 4.

2) dans les Remarques sur la *Metallotheca* de *Mercat.* p. 294.

3) Lib. XXXVII. Cap. 65.

4) Lib. XXXVII. Cap. 31.

5) voyés: MERCATI *Metallothec.* p. 293.

dit seulement, qu'elles *ressembloient aux coquilles qu'on nommoit Ostries.* MERCATI fut le premier dans ce Siécle qui fit dessiner plusieurs espèces d'Ostracites pour les insérer dans sa ca-
talogue Vaticane, mais avec tout cela il en eût fort peu de connoissance, & ses idées sur
leur origine sont tout a fait fausses.

Dans le commencement & presque jusqu'au milieu du dix-septiéme Siécle la connoiss-
sance, qu'on eût de cette Pétrification, augmenta très peu. Les auteurs, qui traitoient de
pierres précieuses, assignoient unanimement parmi celles-ci une place à l'Ostracite sans la connoitre, ce fût probablement puisque Pline lui avoit attribué la dureté de l'Agate, & d'avoir
une vertu medicinale. Cela paroit par les écrits de BOOT, de NICOLS & de BACCI etc.
ZENATI 6) ne savoit encore absolument rien touchant son origine, & en faisoit de même
come il fit des grouppes de crystallisations gypseuses, une pierre idiomorphe ou figurée.
Or encore dans la suite les Conchyliologistes firent connoitre quelques espèces d'Huitres on
commença à faire plus d'attention à leur ressemblance avec les Ostracites, & à donner le
nom d'Ostracites à toutes les conques rudes, raboteuses & écailleuses. LUID est sans doute
le premier, qui dans son *Lithophyl. Britann.* a donné la description de plusieurs espèces d'Ostracites, & les a comparées avec les huitres naturelles de LISTER.

Au commencement du dix-huitiéme Siécle CHARL. NICOL. LANGE 7) fût un des
premiers à donner quelques desseins des Ostracites de Suisse. Il fût suivi par SCHEUCHZER,
qui non seulement en fit connoitre plusieurs espèces par de bonnes copies qu'il en donna,
mais qui suppléa aussi LISTER par différentes espèces d'Ostracites, 8) que celui-ci n'avoit
point encore connués.

BAIER & les autres auteurs des Oryctographies particuliéres découvrirent dans la suite
par des recherches assidues plusieurs espèces d'Ostracites. Ce fût ainsi qu'on vint à assigner
dans les Minérologies & dans les Lithologies à cette espèce de coquilles sa place particuliére parmi
les conques à pièces inégales, comme l'on voit dans les Minérologies de WALLERIUS, de
WOLTERSDORF, de CARTHEUSER, de LEHMANN, de IUSTI, de VOGEL, de BAUER
& d'autres. Particuliérement Mrs. BERTRAND, 9) ALLION, 10) & BOURGUET 11) ont
dans ces derniers tems beaucoup enrichi la connoissance des Ostracites du Régne des fossiles. Le premier s'est donné beaucoup de peine à distribuer d'une maniere convenable les
différentes espèces. Les autres en ont fourni des desseins.

On peut lire sur les Ostracites BRUKMANN *epist. itinerar.* VII. & XI. CHRIST. MENII
de lapidibus rariorib. ex Serenis. Elect. Brandenburg Frid. Wilhelmi repositoriis depromptis, dans les
Miscellan. Nat. Cur. Dec. 2. ann. 7. 1688. JAMES BREWER lettre à Mr. SLOANE sur certaines Ostracites, qu'on a trouveés, dans les *philosoph. transact.* Vol. 22. num. 261. p. 484. COR-
NELIUS de BRUYN dans les *Reysen door den Levant of Klein-Asien, Scio, Rhodus. tab.* CXCV
JOSEPH MONTI *de Ostreo fossili magnitudine & figura insigni* dans les *Ast. Bonon.* Vol. 2. part.
p. 70. & part. 2. p. 339. A ceux-ci il faut ajoutes les ouvrages ci-dessus mentionnés de Mrs.
BERTRAND, ALLION, BOURGUET, & des auteurs des Curiotités naturelles & historiques
du Canton de Basle &c. (*Versuch einer Beschreibung historischer und natürlicher Merkwürdigkeiten
der Landschaft Basel*) part. III. tom. III b. c,

Nous venons à présent aux huitres pétrifiées représentées dans cet ouvrage, desquels
nous allons donner l'explication necessaire.

PLAN

6) Hist. nat. Lib. XXIV. Cap. II. p. 737.
7) Hist. lap. figurar. Helvet. p. 150.
8) dans son *Oryctographia Helvetica* p. 211. & dans le *Museum diluvianum*. p. 55.
9) Dictionnaire des fossiles. tom. II. p. 92.
10) Oryctogr. Pedemont. p. 39. sq.
11) Memoires pour servir à l'Histoire des Pétrifications. tab. XIV. sq.

PLANCHE D.

Cette Planche repréfente des deux côtés une grande Oftréo-Pinnite, ou plûtôt deux jointes enfemble; dont l'analogue fe trouve dans LISTER *Hift. Conchyl.* Sect. II. Cap. I. On trouve cette Pétrification furtout à Gienpen en Souabe, en labourant la terre, & à Reutlingen en Suiffe, comme nous le verrons plus bas. Cette Huître eft longue & étroite & a l'une des valves convexe & l'autre plate, comme toutes celles de ce genre. L'une & l'autre valve, furtout la fupérieure qui eft convexe, a fouvent l'épaiffeur de deux pouces ou de deux & demi, & par conféquent une pefanteur confiderable, tandis que l'animal, qui y avoit fa demeure, & qui étoit obligé de trainer un fi grand fardeau, ne pouvoit pas être fort grand, à en juger par le petit efpace que les deux battans laiffent entr'eux. Le Teft eft compofé de plufieurs lames affes fortes, couchées l'une fur l'autre, dont les extremités fe terminent fur la furface extérieure fans aucune regularité, de forte que l'une déborde l'autre & l'une fort de deffous l'autre, ce qui rend l'écaille rude & raboteufe, furtout lorsque les extremités des lames font un peu faillantes & tranchantes, comme cela fe trouve dans plufieurs efpèces. Le côté intérieur des deux valves, tant fupérieure qu'inférieure, fait ordinairement voir encore des reftes très marqués de la charniére. Cette charniére confifte à la valve fupérieure dans un enfoncement, ou un canal de la longueur de deux pouces jusqu'à deux & demi, & dont la profondeur augmente peu à peu, garni de ftries elevées reguliéres. Dans la valve inférieure cette partie eft ftriée en fens contraire, & les ftries elevées de celle-ci s'emboïtent dans les fillons de la fupérieure. La valve inférieure eft platte & moins forte que la fupérieure, mais elle n'eft pas moins compofée de lames épaiffes, fortes, couchées l'une fur l'autre. Chaque valve a dans le milieu une marque demi-ronde un peu enfoncée, avec quelques ftries arrondies, peu elevées, & c'eft là la place, où étoient les mufcles qui attachoient l'animal à la coquille. On trouve de cette efpèce d'Huîtres des morceaux de différente grandeur; des petites, qui ont à peine cinq pouces de longueur & un pouce & demi de largeur; de moyenne grandeur, qui ont dix pouces, & de fort grandes, qui ont jusqu'à vingt pouces & au delà. Comme le genre des Huîtres a cela de particulier, qu'on trouve à peine deux piéces de la même efpèce, qui fe reffemblent parfaitement par les courbures, les boffes, les enfoncemens de leurs ecailles, on obferve la même chofe à l'égard de cette efpèce, dont nous venons de parler. Quelques unes font plus larges au bas, à l'extremité oppofée à la charniére, quelques unes font plus étroites, la partie, où eft la charniére, eft plus étroite & pointue dans les unes que dans les autres. Cette même partie fe recourbe ordinairement vers le côté droit, mais cette courbure eft plus forte dans les unes que dans les autres. Cette efpèce d'Huître que nous venons de décrire, conferve encore après avoir paffé dans le Règne des Pétrifications, beaucoup de fa premiere fubftance, & les lames inférieures paroiffent n'avoir fubi que fort peu de changement. La caufe en eft probablement que dans la compofition de la coquille il eft entré plus de particules groffiéres que de fines & de volatiles. De là vient qu'elle en perd peu par l'évaporation, & ne reçoit par conféquent que peu de particules terreftres étrangeres. Mr. BERTRAND a donné la defcription de cette efpèce d'Huître dans fon *Dictionnaire des foffiles*, tom. II. p. 93. où il a cité auffi les auteurs, qui en ont traité. Cependant il faut fe garder de confondre cette efpèce avec une autre de la même grandeur, mais dont les lames font de beaucoup plus fines, & qui porte le nom d'*Oftreum Tuginianum*. LISTER a donné la copie d'une Huître naturelle, à laquelle il a impofé ce nom, dans fon *Hift. Conchyl.* la pétrification analogue fe trouve dans l'*Ornitholog. Boberton.* de Mr. ALLION p. 39 n. s. & la defcription dans le *Dictionaire des foffiles* de Mr. BERTRAND tom. II. p. 94. fous N. 5. des grands Oftracites. La piéce, qui eft repréfentée ici, eft de l'efpèce, dont nous venons de donner la defcription. C'eft un grouppe de deux valves, une fupérieure & une inférieure, adoffée & collées l'une fur l'autre, comme les Oftracites le font fort fouvent. La premiére figure fait voir la furface extérieure de la valve fupérieure, elle eft fouilletée & fort ecailleufe. Dans cette même figure on voit le côté interne de la valve inférieure, & l'on y remarque diftinctement la par-

tie élevée & ftriée de la charniére, & l'endroit, où étoit autrefois le lien qui attachoit l'ani
mal à la coquille. La feconde figure repréfente le côté interne de la valve fupérieure & l'ex
terne de l'inférieure. On voit au côté interne la partie creufée de la charniére avec fes ftries,
& au côté externe l'on obferve de petites Oftréo-Camites, qui, comme les huîtres le font
très fouvent, fe font attachées par-ci par-là.

PLANCHE D. *

Une Huître de même efpèce avec fa valve fupérieure & inférieure. Elle eft de Hæu
lingen dans le Canton de Berne, où l'on en trouve des couches & des lits entiers, mais il
eft bien dommage, que la plûpart tombent en piéces lors qu'on les en retire, & qu'on ait de
la peine d'en avoir une entiére fur trente. Cette grande quantité entaffée en couches fans au
cun mélange d'autres efpèces de coquilles, prouve qu'elles n'y ont pas été amenées & raffem
blées ici par quelque inondation, mais qu'il doit y avoir eû autrefois dans cet endroit une mer
ou un lac où fes Animaux ont eû leur demeure. Le morceau que nous préfentons ici, fait
voir diftinctement fur la valve fupérieure la partie creufée, & fur l'inférieure la partie faillan
te de la charniére avec fes ftries & fes fillons. L'on voit auffi aux deux battans la place ci
deffus mentionée, où étoient les mufcles qui y attachoient l'animal. Comme la charniére
placée à l'une des extrémités, ne ferre pas affès fort les deux battans, & que pour les fermer exacte
ment il faut le fecours de ces mufcles, il n'eft pas difficile de découvrir, pourquoi en Soua
be, où de ces fortes d'huîtres probablement ont été tranfportées par quelque inondation, l'on
trouve fi rarement les deux piéces enfemble. Car auffitôt que l'animal eft mort, les valves
ne fe ferrent plus, elles s'ouvrent, & lorfque la partie mufculeufe, qui les attachoit enfemble,
vient à pourrir, elles fe féparent l'une de l'autre, & les inondations les transportent ainfi ifolées
dans le Régne des foffiles,

PLANCHE D. I.

Il fe trouve dans le genre des Huîtres une certaine efpèce, dont les deux valves fe fer
ment par des plis en zig-zag, qui forment des angles aigus, ce qui leur donne en quelque
façon une reffemblance avec une crête de Coq, & les a fait nommer *Crêtes de Coq*. Les Na
turaliftes les apellent communement: *Oftrea plicata*. GUALTIER dans fon *Ind. teftacer.* tab.
104. les nomme: *Oftrea ftructura peculiari*. Quelques auteurs leur donnent auffi le nom de
Raftellum. Dans le Régne des foffiles on en trouve deux efpèces. Quelques unes font ron
des ou ovales, & appartiennent par confequent a la Claffe des Oftréo-Camites, d'autres
font longues & fort étroites, & doivent être comptées parmi les Oftréo-Pinnites.

Les Crêtes de Coq, qui appartiennent aux Oftréo-Camites, ne fe reffemblent pas tou
tes. Quelques unes font pliffées de façon, qu'on diroit ne voir qu'un amas de plis arrangés
tout à l'entour. Plus ces plis approchent du bord oppofé à la charniére plus ils deviennent
profonds, & s'entreferrent de façon, que les angles faillans des plis de la valve inférieure s'éle
vent & s'emboitent exactement dans les canelures des plis de la valve fupérieure. Dans
d'autres il en eft bien auffi de même, mais les plis ne s'étendent pas auffi loin en arriére vers
la charniére, comme dans celles-là, & la partie du milieu des deux valves eft comme dans
les Huîtres communes, repliée, raboteufe & écailleufe. D'autres encore n'ont que des plis
peu profonds aux bords, & le refte des deux valves a des ftries irreguliéres un peu élevées.
A cette efpèce appartiennent toutes celles, qui dans le *Dictionnaire des foffiles* de Mr. BERTRAND
tom. II. p. 95. conftituent la huitiéme efpèce des Oftracites. Les plis de toutes les Crêtes de
Coq femblent de même que la coquille entiére être compofés d'une grand nombre de lames
collées les unes fur les autres, ce qui donne à la coquille un air très agréable. Les deux
valves d'une Crête de Coq font ordinairement de la même épaiffeur, mais cette épaiffeur
n'eft pas la même dans toutes les éfpéces. Il y en a beaucoup dont la coquille eft plus mince

& composée de moins de lames, qu'elle ne l'est dans d'autres, & il y en a parmi celles-ci, dont les plis des deux battans pris enfemble ont au dela d'un pouce d'épaiffeur. Plus la coquille est vieille, plus est elle épaiffe, et plus auffi il s'y est formé de plis feuilletés. Le bout de la charniére n'a pas non plus la même forme dans toutes. Dans quelques unes il a une pointe courte et émouffée, dans d'autres il a la largeur d'un pouce et au dela. Il est ordinairement recourbé, & du coté interne il a à peu près la même forme que dans l'efpèce, dont nous avons donné la defcription Pl. D. et Pl. D. * Toute la différence qu'il y a, c'est que dans la Crête de Coq les ftries font beaucoup plus fines. On remarque outre cela dans les Crêtes de Coq, que les plis du bord, qui font toujours de forme triangulaire et en zig-zag, s'étendent d'un côté plus loin et aprochent plus près de la charniére, ou font du moins beaucoup plus longs et plus forts, que ceux de l'autre côté. On voit auffi dans les Crêtes de Coq d'une maniere fort diftincte cet enfoncement de figure ronde, ordinairement garni de ftries circulaires, où l'animal a été attaché à la coquille par de certains mufcles. Les Crêtes de Coq ont la plupart fubi une pétrification complette, mais elles ne font pas trop frequentes. On en trouve les plus belles dans la haute Souabe et en Suiffe, comme l'on peut s'en convaincre par l'*Oryctogr. Helvet.* de SCHEUCHZER. p. 311. 312. Cependant celles, que SCHEUCHZER repréfente fous N. 120. 121. 122. ne font point de veritables Crêtes de Coq. Avec plus de raifon peut-être pourroit-on prendre pour un fragment d'une grande Crête de Coq le morceau, qui fe trouve repréfenté N. 161. et dans le *Specim. Lithogr. Helvet.* num. 88. On eftime préferablement celles, qui ont encore leurs deux battans, la coquille épaiffe et feuilletée, et les fillons profonds et à angles aigus, degagés entierement de tout refte de matrice ou de terre durcie, qui s'y attache ordinairement. Les Crêtes de Coq dans leur etat naturel font regardées comme des coquilles très rares. On les divife en unies & heriffées. RUMPHIUS tab. XLVII C et D. GUALTIER 103. c. 104. e. et d'ARGENVILLE 20. d fuppl. 3. f. en ont donné des copies. Cependant il y a plufieurs efpèces dans le Regne des foffiles, dont l'analogue ne s'est point encore trouvé.

Cette Planche préfente trois Crêtes de Coq petrifiées, toutes bien confervées. N. 1. ne paroit être qu'un battant ifolé d'une Crête de Coq fort grande et fort epaiffe. Il tient encore d'un côte a fa matrice. Ce morceau eft de même, que les deux autres, de la Souabe, où cette Pétrification fe trouve ordinairement d'un jaune tirant fur le rouge, quelquefois auffi d'un gris cendré. Le fecond N. 2. eft de la même efpèce; et a encore fes deux valves parfaitement entiéres. Le troifiéme les a de même encore reunies, mais l'ecaille en eft plus mince, courte et large. Ils appartiennent tous les trois aux Crêtes de Coq à plis faillans et profonds.

PLANCHE D. I. *

N. 1. et 2. repréfentent des deux côtés une Crête de Coq pétrifiée d'Ariftorf en Suiffe. Elle a fubi une pétrification complette, fa couleur eft grifatre, comme elle l'eft ordinairement dans celles de Suiffe. Comme dans l'Explication de la Planche précédente nous avons raporté, ce que nous avions de plus effentiel à dire au fujet des Crêtes de Coq, nous ne remarquerons ici que deux chofes. Premiérement cette piéce nous fait voir, qu'il y a des Crêtes de Coq, qui ont les plis des bords latéraux, du moins de l'un, peu profonds, ceux de l'autre côté au contraire d'autant plus profonds, et plus forts. Enfuite il faut remarquer encore, que les grands et profonds plis du bord antérieur ne font pas toujours de même forme. Qu'on confidére feulement, combien l'un des plis du coté droit de cette piéce s'éleve d'un côté et fe racourcit de l'autre! Mons. le Prof. d'ANNONE a donné une belle defcription des Crêtes de Coq du Canton de Bafle dans les *Act. Helvet.* Vol. IV. p. 284.

N. 3. Une Crête de Coq d'une autre efpèce, d'Ariftorf comme la précédente. Elle a encore fes deux battans, l'ecaille moins épaiffe et les plis moins profonds, que la précédente, et en même tems une ftructure reguliére. Car les plis tout à l'entour des bords font a

Hh

peu

peu près tous de même forme et d'une grandeur proportionnée. Sur le dos de la coquille il y a des ftries élevées et ridées, qui augmentent peu à peu de profondeur, jusqu'à ce qu'elles fe confondent avec les plis, qui font le caractére propre de la Crête de Coq. Nous avons déja parlé de cette efpèce, et nous avons remarqué, que c'eft la même, que celle à laquelle Mr. BERTRAND dans fon *Dictionnaire des foffiles* tom II p. 95. a affigné la huitiéme place parmi les efpèces des Oftracites. A cette piéce tient encore un battant d'une autre Crète de Coq. On trouve quelquefois des groupes, où plufieurs de ces Crètes de Coq font couchées les unes fur les autres fans ordre et de maniére, qu'au premier coup d'oeil il eft difficile de difcerner l'une de l'autre. Il s'y mêle auffi fouvent d'autres Huîtres, & quelquefois, quoique rarement des Bélemnites.

PLANCHE D. I. **

L'efpèce d'Huîtres, qu'on préfente fur cette Planche, fe trouve dans les carriéres à Quedlimbourg, & merite une defcription exaéte. Il feroit fuperflu de prouver que cette conque eft du genre des Huîtres, et doit être rangée parmi les Oftréo - Pinnites; c'eft ce que fa ftruéture fait voir d'une maniére évidente. Elle a la coquille écailleufe, de forme alongée & étroite, cependant elle eft de ces Huîtres, dont la ftruéture eft afsès reguliére, vû que les plis transverfaux legérement recourbés gardent entr'eux la même diftance et direétion. L'écaille eft toute compofée de lames minces couchées l'une fur l'autre, de maniére qu'au premier coup d'oeil on en prendroit les extremités pour de fimples legers fillons, mais en les examinant avec plus d'attention, on trouve que ce ne font point des fillons, mais des lames collées les unes fur les autres, qui compofent le teft de cette coquille. Tous les morceaux, qui nous en font tombés jufqu'ici entre les mains, ne font voir que la valve fupérieure, mais la façon dont la charniére eft recourbée, prouve afsès, que la piéce inférieure doit être, à peu près comme celle des Gryphites, plus petite et de beaucoup plus plate que la fupérieure. Le Teft de ces conques, quoique compofé de lames fines, eft cependant très fort. A proportion de leur grandeur elles ont auffi les plis plus larges & plus grands, cependant ils ne fe reffemblent pas toujours dans toutes les piéces de même grandeur. Quelques unes les ont plus nombreux, plus grands et un peu plus ferrés que les autres. Le bout de la valve fupérieure où fe trouve la charniére, eft toujours un peu recourbé, dans les unes il l'eft plus que dans les autres, quoique de même grandeur, cependant il ne l'eft pas tant, que dans les Gryphites. La grandeur de cette efpèce d'Huîtres varie beaucoup. Les plus grandes, qu'on trouve dans ces carriéres, font comme celles des N. 1. 2. 3. et les plus petites comme N. 4. 5. Elles ont encore toutes leur Teft parfaitement pétrifié, lequel cependant s'eft detaché en quelques endroits, fur tout au N. 3; aux endroits, où il n'eft plus, le noyau a les mêmes plis, que la furface de la coquille, obfervation que nous avons déja faite et expliquée ci-deffus. La plûpart ne fe détachent que difficilement de leur matrice, qui eft une pierre calcaire ou compaéte. On ne les trouve pas fouvent mêlées parmi d'autres coquilles, ordinairement elles font feules dans leur matrice, la plûpart ifolées, & c'eft fort rare d'en voir un grand nombre enfemble.

PLANCHE D. II.

N. 1. Une Oftréo - Camite de l'efpèce des plifsées. Les plis en font écailleux, irréguliers et interrompus par des boffes & des éminences fur tout au bas & vers l'un des côtés. Elle a le Teft épais. D'un côté il y a auffi un fragment de Vermiculite. Ces tuyaux de mer fe collent fouvent fur ces Huîtres, grandiffent avec elles, & leur donnent un air fingulier lorfqu'il y en a un grand nombre enfemble. On peut lire fur ce fujet les *Rémarques* de Mr. le Prof. MÜLLER fur la *Defcription des Coquilles*, de Mr. KNORR. Tom. I. p. 37. Les Huîtres pétrifiées, chargées de Vermiculites grands & faillants font extrémement rares. On en a trouvé, il y a quelque tems, un morceau dans les carriéres de Quedlimbourg.

N. 2. eſt une petite Oſtracite, qui s'eſt attachée à une autre conque. Autant qu'on en peut juger par la figure, celle-ci appartient aux Camites pliſſées à ſillons larges, & l'Oſtracite aux Oſtréo-Camites liſſes. On n'en voit ici qu'une des deux valves, qui préſente la ſurface interne.

N. 3. Nous n'avons juſqu'ici point trouvé de raiſon, qui pourroit nous déterminer à placer dans la Claſſe des Oſtracites cette conque ſinguliére & inconnue. Elle appartient à plus juſte titre aux Camites inéquilatérales, qui ont l'un des deux côtés un peu convexe, comme les Coquilles de Vénus, & dont nous avons déjà donné une autre eſpèce Pl. B. I a. N. 5. & 7. Elle a des ſtries tranſverſales, ſéparées, élevées & arrondies, qui vont juſqu'au bord convexe, & ſe trouvent entrecoupées par une ſtrie ou une côte, qui part de l'endroit où commence la partie convexe, & deſcend tout le long de la coquille. Nous ne voyons pas non plus, pourquoi la Pétrification repréſentée ſous N. 4. devroit être rangée parmi les Oſtracites. Cette conque appartient plûtôt à cette eſpèce de Camites, que les Hollandois nomment Noriſes ridées. Il y en a pluſieurs eſpèces, & entre autres une, qui a des ſtries tranſverſales en forme de feuilles minces, relevées, tranchantes. Son analogue ſe trouve dans la Deſcription de Coquilles, de Mr. KNORR Tom. II. tab. XXVIII. fig. 3. & ne différe de la Pétrification, que nous préſentons ici, qu'en ce qu'il a le bec de la charniére un peu recourbé & les ſtries tranſverſales un peu endommagées. Dans le Piémont on trouve cette Conque calcinée, & à Curaçao en Amérique on en trouve des morceaux qui ſont parfaitement pétrifiés, la plûpart avec les deux valves.

N. 5. & 6. Nous avons dit ci-deſſus que les Oſtracites, qu'on nomme Crêtes de Coq, étoient de deux eſpèces; lés unes appartiennent aux Oſtréo-Camites, dont nous avons traité plus haut, les autres aux Oſtréo-Pinnites, & ce ſont des Conques allongées & étroites, qu'on peut encore diſtribuer en deux eſpèces ſubalternes. C'eſt à l'une de ces eſpèces ſubalternes, qu'on doit raporter la Pétrification repréſentée des deux côtés ſous N. 5. & 6. & qu'on nomme la feuille de Laurier pétrifiée. Elle a deux valves aſſés égales, qui s'étreciſſent vers le bord opoſé à la charniére & ſe recourbent vers l'un des côtés. Elles ſont renflées d'un côté, de l'autre elles diminuent peu à peu, deviennent plus minces & forment un bord tranchant. Au milieu du dos de chaque valve il y a une ſtrie arrondie, relevée, qui part de la charniére & s'étend juſqu'au bord de l'ouverture qui lui eſt opoſé. Cette ſtrie ſe partage des deux côtés en pluſieurs branches, qui aboutiſſent aux bords latéraux, où les valves ſe ferment; & comme ceci donne à la conque quelque reſſemblance avec une feuille, dont le nerf principal ſe partage des deux côtés en pluſieurs branches, on l'a nommé feuille de Laurier. Il y a encore une autre eſpèce de conque, qui porte le même nom dans la Conchyliologie, & qui ſe trouve dans RUMPHIUS tab. XLVII. A. & dans la Deſcription de Coquilles de Mr. KNORR Tom. I. Pl. XXIII. num. 2, mais elle n'appartient pas aux Crêtes de Coq, & eſt d'une ſtructure tout à fait différente. Les ſtries latérales, qui ſortent de la tige du milieu, augmentent toujours de profondeur juſqu'au bout, où elles forment des plis faiſant en zigzag, comme les ont les autres Crêtes de Coq, dont nous avons déjà donné la deſcription. Cela ſe voit d'une maniére fort diſtincte dans la ſixième figure, qui repréſente le bord pliſſé d'une telle feuille de Laurier. Cependant il y en a beaucoup, dont les plis ſont non ſeulement plus profonds, mais auſſi d'un tiſſu plus feuilleté, de ſorte qu'on y voit les lames pliſſées ſe déborder toujours l'une l'autre. Ce grand nombre de lames pliſſées vient de l'accroiſſement de la coquille, & il eſt probable, qu'elle augmente d'un an à l'autre par une addition ſucceſſive de ces lames. Par conſéquent la quantité de ces lames ne conſtitue pas un caractère, qui déſigne une eſpèce particuliére, & c'eſt une choſe, qu'il faut remarquer auſſi à l'égard de l'autre eſpèce de Crêtes de Coq, que nous avons décrite ci-deſſus. Je ne ſaurois juger de la conformation de la charniére de cette eſpèce, puiſque les morceaux, que j'en poſſéde moi-même, ont encore leurs deux valves fermées. Mais je dois remarquer que celui, qui eſt repréſenté ici, eſt endommagé à la charniére. Dans cette eſpèce de Crêtes de Coq le côté, où ſe trouve la charniére, eſt large, épais, arrondi, & ſe termine vers l'un des bouts du bord

late-

latéral tranchant, en une pointe émoussée, & c'est là, comme toutes les circonstances semblent l'indiquer, l'endroit, où est placée la charniere. La grandeur ordinaire de cette espèce est
telle, qu'elle est représentée ici.

Il y a une autre espèce de Crêtes de Coq, qui différe de celle, dont nous venons de parler, & qui appartient aussi aux Ostréo-Pinnites. Elle est longue, étroite & tantôt plus tantôt
moins recourbée vers l'un des côtés. La surface de la coquille est lisse, mais aux bords latéraux il y a de même de ces plis en zig-zag, comme dans les autres espèces de Crêtes de
Coq, de façon, que lorsque la conque se ferme, les angles saillans d'une valve s'enclavent exactement toujours dans les angles rentrans de l'autre. Quelques unes sont composées du
plus grand nombre de lames plissées que les autres, & il y en a une espèce, qui a une petite aile auprès
de la charniére. Cette espèce de Crêtes de Coq est souvent plus large aux côtés, où les bords latéraux garnis de ces plis se ferment, qu'à sa surface ou au dos. Du reste cette conque ne parvient gueres à une grandeur considérable. Les plus grandes, qui jusqu'ici me sont tombées
entre les mains, avoient à peine deux pouces de longueur. Mr. BERTRAND dans son diction-
naire des fossiles tom. II. p. 95. a aussi donné une description de cette espèce, & l'a rangée sous
la septiéme Classe des Ostracites. On trouve encore dans le Regne des Pétrifications des
autres espèces de Crêtes de Coq, qui appartiennent aux Ostréo-Pinnites. L'une est presque ronde & plus épaisse que la précédente, à plis fort nombreux, qui descendent dans une direction
oblique vers le bord oposé à la charniére, où ils aboutissent en formant des zig-zags fort profonds & tranchans. On en trouve une représentation quoique peu exacte dans les *Mémoires
pour servir à l'histoire des Pétrifications* de Mr. BOURGUET, tab. XVII. num. 100. L'autre espèce, qu'on y voit aussi représentée num. 98., a la surface plus large.

N. 7. La Pétrification, qu'on représente ici, n'a point encore été, autant que nous savons,
assès éclaircie. Il est incontestable, qu'elle appartient aux animaux testacés pétrifiés, & qu'il
faut la raporter aux conques; nous croions devoir la ranger sous le genre des Huitres, en at-
tendant qu'on en ait une connoissance plus exacte, mais nous ne saurions point encore donner de detail de toute sa structure, puisque jusqu'ici on n'en a trouvé ni l'analogue vivant, ni
un individu pétrifiée, qui ne fût pas fruste. La coquille de cette huitre a quelque ressemblance avec la feuille de Laurier pétrifiée, cependant elle en différe encore considérablement. Elle
lui ressemble en ce que sa surface supérieure est chargée d'une ou de plusieurs côtes ou stries
élevées, qui se ramifient & repandent des deux côtés des stries latérales, mais elle en différe
en ce que ces stries latérales ne s'étendent pas tout droit sur le même plan, mais qu'elles se plient &
descendent des deux côtés. Outre-cela ces stries élevées ont à la verité assès de relief, pour pouvoir être regardées comme des plis, mais elles ne forment point d'angles saillans & tranchans,
& on n'y voit point de canelures bien prononcées; le Test de ces Conques n'est pas fort epais,
& du côté interne elles ressemblent à des gouttières. Elles sont toutes un peu recourbées vers
l'un des côtés, les unes cependant plus que les autres. Il ne paroit pas, que cette espèce de
coquilles devienne fort grande. Toutes les pièces, que nous possedons nous mêmes, ou que
nous avons vûes, sont à peu près de la même grandeur, c'est à dire, de celle qui est exprimée dans la copie, qu'on présente ici. Parmi les auteurs, qui ont donné des descriptions &
des desseins de Pétrifications, nous ne trouvons que deux, qui ayent eu quelque connoissance
de cette Pétrification; l'un est Mr. de BROMEL, 1) qui l'a assès peu connue pour la prendre
pour un fragment de Corne d'Ammon. Cependant le morceau, qu'il decrit, différe du nôtre
en ce que la partie supérieure de sa coquille n'est point applattie, & que les plis latéraux, qui
s'y reunissent, forment un dos saillant. L'autre est Mr. BOURGUET, 2) qui la nomme: *Astro-
lum hérissé.*

---

1) Lithograph. Suec. p. 87.

2) Mémoires pour servir à l'histoire des Pétrifications, tab. XXVII. num. 101.

PLANCHE D. III.

N. 1. Une Gryphite à ſtries transverſales, courbées & très fines. La petite valve, qui lui ſervoit de couvercle, n'y eſt plus. Elle a encore ſon Teſt & paroit venir de Suiſſe. Comme nous avons déja traité des Gryphites, nous nous contentons d'indiquer ici quelques auteurs, qui en ont donné des deſcriptions; ce ſont SPADA *Catalog. Lapid. Veron.* p. 40. ALLION *Oryctogr. Pedemont.* p. 42. BOURGUET *Memoires pour ſervir à l'hiſtoire des Pétrifications* tab. XVIII num. 103. 104. & d'autres, que nous paſſons ſous ſilence. Il n'y a point de genre de coquilles, auquel les Gryphites pourroient être raportées avec autant de raiſon que celui des Oſtracites, & on ne ſauroit les placer mieux que parmi les Oſtréo-Pinnites à bec recourbé.

N. 2. Cette Conque appartient aux Oſtréo-Pinnites liſſes, parmi lesquelles elle conſtitue une eſpèce particuliére, comme nous l'avons remarqué ci-deſſus. Elle a l'une des valves longue, l'autre courte, & ce qui manque à celle-ci, eſt ſuppléé par un repli de la grande valve, qui s'éleve au deſſus de la charniére & ſe recourbe en dedans.

N. 3. & 4. L'Oſtracite, qu'on a repréſenté ici du côté externe & interne, eſt de celles, qui ont le bec de la charniere recourbé. On peut donc la regarder comme une eſpèce ſubordonnée des Gryphites, & la ranger parmi les *Oſtracite Gryphoidei* de LUID. Elle eſt compoſée de lames fines, dont les extremités courbées un peu & onduleuſes, couchées d'une maniere irreguliére les unes ſur les autres, rendent la ſurface extérieure de la coquille raboteuſe & & comme friſée. Cette eſpèce d'Oſtracite ſe trouve fort rarement.

N. 5. Une Oſtracite à coquille écailleuſe. Dans ce morceau la charniére n'eſt point recourbée vers l'un des côtés, mais en dedans. Il a le Teſt épais, & doit être rangé parmi les Oſtréo-Camites. Il en eſt de même de celui, qui eſt repréſenté ſous

N. 6. dont les lames ſont plus fines, & plus ſerrées.

N. 7. Une très belle Camite pliſſée à pièces égales, couchée dans ſa matrice d'une maniere fort avantageuſe. Elle a des plis échancrés aſſès forts, & des ſillons auſſi profonds & larges.

PLANCHE D. III. a.

Les pièces, qu'on préſente ſur cette Planche, ſont tirées du magnifique Cabinet de Mr. KALTSCHMID, *Conſeiller privé des finances à Jéne.* Parmi les Gryphites, dont nous avons déja parlé ci-deſſus, ſe diſtinguent particuliérement celles, qu'on offre ici

N. 1. & 2. comme étant d'une grande beauté. Elles ſont de couleur noire, qui provient probablement de l'admixtion de quelque ſubſtance métallique. La pétrification en eſt complette & la conſervation des plus parfaites. Elles ont encore le Teſt qui eſt compoſé de feuillets minces dont les extremités forment une infinité de ſtries transverſales, fines, ſerrées & élevées, qui traverſent toute la ſurface extérieure de la grande valve. On y voit auſſi le petit battant ou couvercle, dans la même ſituation, ou il ſe trouve, lorsque la coquille dans ſon etat naturel ſe ferme. Il eſt de figure ovale, de même couleur, un peu enfoncé au milieu, & garni de ſtries circulaires ſerrées & élevées, qui ſe touchent près de la charniére

Les Pétrifications, qui ſe trouvent repréſentées ſous les Nr. ſuivans, ne devroient point à la verité trouver leur place dans cet endroit, ou nous traitons des Oſtracites; cependant comme elles meritent à juſte titre, qu'on en parle dans cet Ouvrage, nous aimons mieux leur accorder cette place, que de priver les Curieux du plaiſir de pouvoir les contempler

N. 3. Un manteau, qui merite à tous égards un rang diſtingué parmi les Pétrifications, que nous tenons de ce genre. Il eſt de la première grandeur & a encore ſes deux battans, & même les oreilles, qui ſouffrent ordinairement le plus dans les manteaux leſſes parfaitement conſervés. Le Teſt n'en eſt pas calciné, mais pétrifié, à un degré très conſiderable. Il eſt de couleur brune. Ses plis ſont auſſi larges, que les ſillons, qui les ſeparent. Les uns & les autres ſont échancrés par des entailles fines.

N. 4.

N. 4. Cette petite Corne d'Ammon est une piéce très rare. C'est une petite Ammonite Nautiliforme pyriteuse, à stries onduleuses, dont les vertébres sont mobiles. Plusieurs peut-être prendroient ce morceau pour une petite Nautilite, mais c'est avec raison qu'on le range sous le genre des Cornes d'Ammon, les circonvolutions intérieures étant apparentes en dehors, & point du tout enfermées ou couvertes par la première ou extérieure. Mais puisque sa première volute est d'une grandeur considérable, comme dans le Nautile, il faut, suivant la distribution, que nous avons faite ci-dessus, le ranger parmi les Ammonites Nautiliformes. Ce qu'il y a de plus remarquable dans cette Pétrification c'est que toutes ses vertébres sont mobiles, d'où vient qu'elle se laisse plier & qu'on peut la faire changer de figure. Lorsqu'on la plie, les articulations s'écartent un peu l'une de l'autre, & cela s'observe non seulement à l'égard de l'une ou de l'autre, mais à l'égard de toutes, depuis la bouche jusqu'au centre. Ceci est un phénoméne extremement rare, du moins nous ne nous souvenons pas d'avoir jamais vû un pareil morceau, qui ait eû toutes ses vertébres mobiles, comme celui-ci. L'on trouve bien quelquefois parmi les fragmens des Cornes d'Ammon des morceaux, qui ont deux ou trois vertébres mobiles; mais une Corne d'Ammon entiére, dont toutes les vertébres sont mobiles, est une chose, qui doit être comptée parmi les morceaux les plus rares du Cabinet.

Nous allons en expliquer la cause en peu de mots. Les sutures apparentes en dehors prouvent déjà, comme nous l'avons remarqué ci-dessus, que cette Ammonite a perdu son Test. Car ces sutures ou engrainures ne sont que les traces des cloisons, qui s'y trouvoient autrefois, & qui ne sont pas apparentes au dehors, aussi longtems qu'elles sont couvertes par l'écaille extérieure. Probablement cette petite Corne d'Ammon s'est trouvée dans le sein de la terre couchée dans un endroit, où il y eût des particules martiales & corrosives, qui la dépouillerent de son Test, conjecture, qui se confirme suffisamment par sa nature pyritée. Les cloisons, qui s'y trouverent autrefois, comme ces sutures ou engrainures, qui en sont les traces, le prouvent d'une maniere évidente, ont sans doute eû le même sort, & ont été également rongées & detruites par ces particules dissolvantes. Ainsi il n'y a ici proprement que les noyaux, qui ont rempli les vuides des concamérations de l'Ammonite, & ces noyaux sont mobiles, puisqu'ils ne tiennent pas l'un à l'autre, à cause de ces interstices, que les cloisons detruites ont laissés entre eux. Ces noyaux de concamérations se separeroient facilement & tout l'assemblage tomberoit en piéces, si les cloisons des Cornes d'Ammon n'avoient pas beaucoup de ramifications & que par conséquent ces noyaux, qui en portent l'empreinte, ne s'emboîtent l'un dans l'autre, de façon, qu'ils tiennent ensemble & sont en même tems mobiles, se laissent écarter un peu les uns des autres sans se desunir.

N. 5. Une Ammonite des environs de Weimar, à sutures semblables à celles de la petite Corne d'Ammon mobile, dont nous venons de parler. Elle a des stries élevées & des sillons, lesquels, n'ayant point de liaison avec les sutures, & s'aprochant plus près de la bouche que ces derniéres, font voir qu'on ne sauroit juger de la situation & du nombre des cloisons d'une Corne d'Ammon par la situation & le nombre de ses stries élevées. La première cellule, ou cette partie de la coquille, qui renfermoit autrefois l'animal, se trouve presque bien conservée dans ce morceau. Nous avons déjà remarqué ci-dessus, que dans la plûpart des Ammonites cette partie manque tout à fait.

N. 6. La mousse pétrifiée, que l'on pretend avoir trouvé en plusieurs endroits, n'est proprement qu'une incrustation, qui varie beaucoup quant à la beauté & à la perfection. Pour qu'un morceau de ces incrustations merite une place distinguée par dessus d'autres, il faut qu'il ait trois qualités: Premiérement la croûte qui recouvre, la mousse, doit être très fine & en exprimer parfaitement la veritable figure avec toutes ses feuilles & ses branches les plus deliées. En second lieu il faut que la croûte soit dure, compacte & point du tout friable. En troisiéme lieu il faut que les branches de la mousse soient étendues d'une maniere nette

ŋgenſe & ſagréable, de ſorte que l'incruſtation, qui la recouvre, ne préſente pas une maſſe inſ-
forme. Le morceau, que nous offrons ici, poſſéde ces trois qualités dans la derniére perſ-
ſection.

PLANCHE D. III. b.

N. 1. 2. 3. des Gryphites de Gera, dont nous avons déjà donné ci-deſſús une deſcription
détaillée. Celle du N. 3. conſerve encore le brillant argentin de ſon Teſt.

N. 4. Une grande & belle Gryphite de Suiſſe, dont le Teſt eſt d'une épaiſſeur très conſiderable. Elle a encore ſa petite valve ou ſon couvercle, marqué de ſes eminences circulaires, un peu enfoncé vers la charniére.

N. 5. & 6. des Camites inéquilatérales, de Verone, dont le bord eſt comprimé d'un côté, & vůûte par conſéquent, dans ſon contour, de la forme de celui de l'autre côté. Il
s'en trouve qui ſont plus renflées que les autres. Elles ſont garnies de criſtaux ſpathiques,
qui s'y ſont attachés par ci par là, ſurtout dans l'intérieur.

PLANCHE D. III. c.

Cette Planche préſente une coquille pétrifiée, qui eſt encore très peu connue aujourd'hui,
& qui ſe trouve dans les environs de Ratisbonne. Son analogue, autant que nous ſavons, n'a
pas encore été découvert. Il eſt évident que c'eſt une eſpéce de Gryphite; grande, large au
milieu, le bord de l'ouverture, du côté oppoſé à la charniere, eſt de forme circulaire, à piéces inégales; le bec petit, mais beaucoup recourbé en dedans & vers l'un des côtés, & le Teſt d'une
épaiſſeur conſidérable.

N. 1. fait voir la valve ſupérieure, qui eſt la plus grande, N. 2. la petite, ou inférieure
de cette Gryphite & N. 3. la repréſente de côté. Elle a encore ſon Teſt, quoiqu'endommagé en quelques endroits. Cette eſpéce de Gryphite doit être rangée parmi les *Oſtreæ orbiculares gryphoidea* de LUID, dont nous avons parlé ci-deſſús.

PLANCHE D. IV.

Ces Oſtracites viennent de Bottminguen Village du Canton de Bâle. Le changement,
qu'elles ont éprouvé dans le Regne des *foſſiles*, eſt tres peu conſiderable, n'aiant ſouffert
qu'un degré fort léger de calcination. Elles appartiennent toutes à la famille des Oſtracites
écailleuſes, compoſées de lames couchées les unes ſur les autres, & qui ſe debordent toujours l'une l'autre. Ces lames ſont liſſès dans quelques unes, dans d'autres légérement ridées, dans
d'autres encore, comme N. 1. & 2. elles ont de petits plis en forme d'ondes; (*lamellæ leviter
& undulatim plicatæ*) N. 1 & 2. ſont voir les deux côtés d'un même Oſtracite. N. 3. merite
une attention particuliére, quoique ce ne ſoit qu'un fragment d'un Oſtracite. Car au milieu
de la ſurface interne de la coquille, preciſément à l'endroit, où il y a un enfoncement marqué d'une
tache brunâtre, & où tenoit autrefois le muſcle, qui attachoit l'animal à la coquille, on obſerve une
quantité de petits grains ſphériques d'un brun clair. Ce ne ſont pas à la verité les œufs de l'huître, car
ils ſeroient trop grands pour cela, mais comme il y a parmi ces grains de petits points elevés,
qu'on ne diſtingue qu'à l'aide du Microſcope, on eſt tenté de prendre ces derniers pour des
veritables œufs, & de regarder les premiers, comme des pelotons ou des amas formés par
des quantités d'œufs collés enſemble. On peut conſulter là-deſſús Mr. BASTER *Opuſc. ſubſeciæ-*
tom. I. Lib. II. tab. VIII. fig. I. a. Mr. le Prof d'ANNONE a obſervé, à ce qu'il nous aſſure
dans les remarques, qu'il nous a communiquées, la même choſe ſur pluſieurs autres Oſtracites
préciſément au même endroit de la coquille. Outre ces petits corps ronds, dont nous venons de parler, il y a obſervé encore de petites maſſes irrégulières, qu'il prend auſſi pour des
œufs, qui ſe tiennent collés enſemble. LEUWENHOCK a fait de belles découvertes par raport aux
œufs des huîtres; voyez ſes lettres p. 91. & 123.

J 3

N. 4.

N. 4. 5. & 6. La quatriéme figure nous fait voir trois & la sixiéme quatre huîtres en partie écailleuses en partie ftriées, grouppées enſemble. Nous avons donné ci-deſſus la deſcription de ces eſpèces. Ces ſortes d'huitres ont en particulier contume de ſe coller ou ſur d'autres individus de leur eſpèce ou ſur des corps étrangers. De là vient qu'on trouve ſouvent, tant dans la mer que dans le Régne des Pétrifications des maſſes entiéres de ces huîtres grouppées enſemble. Ordinairement il manque à ces huitres grouppées l'une de leurs valves, d'où l'on peut conclure que les huitres, lorsqu'elles s'attachent l'une à l'autre, prenent toujours une telle ſituation, que chacune d'elles ait l'une de ſes valves libre, pour pouvoir l'ouvrir & prendre ſa nourriture. Or comme cette valve libre ne tient à l'autre que par le ligament, elle ſe détache & ſe perd ordinairement lorsque celui-ci vient à ſe rompre où à ſe pourrir.

N. 5. appartient aux Oſtréo-Pinnites. Nous avons parlé ci-deſſûs, dans une autre occaſion, de la ſtructure de la charniére, que cette eſpece d'Oſtracite a commune avec d'autres & que l'on voit d'une maniere fort diſtincte dans quelques uns de ces morceaux.

PLANCHE D. V.

L'huitre, qu'on préſente ſur cette Planche, merite une attention particuliére. Le teſt en eſt fort épais & feuilleté, les lames qui le compoſent, ont encore le brillant & la couleur de la nacre; ſa plus grande épaiſſeur eſt vers la charniére, mais peu à peu elle diminue, jusqu'à ce qu'enfin vers le bord oppoſé elle devient ſi mince, qu'elle ſe briſe au moindre choc; où vient qu'on n'en deterre que fort rarement une piéce tout à fait entiére. Ce qu'il y a de plus ſingulier dans cette huître c'eſt la charniére. Celleci eſt auſſi large, que la coquille elle même, platte & compoſée de pluſieurs canclures longitudinales & paralleles, entre lesquelles y a des ſillons encore plus profonds.

Cette Pétrification ſinguliére a été découverte par le ſavant MONTI, qui l'a trouvé pour la premiére fois ſur une montagne près de Bologne, & en a donné une deſcription dans ſa memoire particulier de Oſtreo foſſili magnitudine & figura inſigni, qui ſe trouve dans les Comm. Bonon. Vol. II. Part. I. p. 71. & Part. II. p. 339. Dans la ſuite on a trouvé cette même eſpèce d'huitres, & même en grande quantité, ſur le Mont d'Andona dans le Piémont, ce qui occaſione Mr. ALLION d'en donner une deſcription exacte dans ſon Oryctogr. Piedmont. p. 11 ſq. Cependant elle fût déja connue de SCHEUCHZER, qui la nomma polyleptoginglymus dans ſon Muſ. Diluvian. p. 85. Elle ſe trouve auſſi dans l'Apparat. rarior. Muſei Zanichelli p. Mr. BERTRAND en fait mention dans ſon Dictionnaire des foſſiles, tom. II. p. 94. où il aſſigne la ſeconde place parmi ſes eſpèces des Oſtracites. Et il croit que cette huitre pétrifiée eſt l'argyroconchites d'ALDROVANDI.

N. 1. fait voir les deux piéces de l'huitre encore étroitement fermées.

N. 2. & 3. ſont de grands fragmens de battans iſolés de cette eſpèce de conque.

PLANCHE D. V. ✿

N. 1. & 2. Une Oſtréo-Pinnite repréſentée des deux côtés. Sa ſtructure eſt ſinguliére. La partie ſupérieure, qui eſt terminée par le bord oppoſé à la charniere, eſt forte & large; plis arrondis peu profonds, qui ont des entailles transverſales fines & s'étendent ſur la coquille, comme des raions, qui partent d'un centre commun. Ce qu'il y a de plus ſingulier dans cette huître c'eſt la forme du bec, qui eſt fort allongé, pointu, un peu recourbé vers l'un des côtés, & creux; la ſurface interne fait voir pluſieurs lames couchées l'une ſur l'autre, de façon qu'elles ſe bordent de tout coté. Le Teſt en eſt peu changé. Du Piémont.

N. 3. Une conque, dont la ſtructure eſt telle, qu'il eſt difficile de décider, s'il faut la ranger parmi les Camites ou parmi les Oſtracites. Si l'on veut qu'une Oſtracite ait les deux piéces inégales & de forme irréguliére, cette conque, qui a encore ſes deux battans, ...

pourra pas être rangée parmi les Ostracites, car ses valves sont parfaitement égales, & de même forme, convexes l'une comme l'autre, & cette convexité est parfaitement reguliére. Mais lorsque l'on nomme Ostracite tout ce qui a la coquille écailleuse & le tissu feuilleté, ce morceau apartiendra aux Ostracites écailleuses, & devra être rangé parmi les Ostréo - Camites. C'est une coquille, qui fait, pour ainsi dire, un genre mitoyen entre les Camites & les Ostracites, & qui a quelque ressemblance avec les unes & les autres. Elle vient du Piémont, & n'est que légérement calcinée, & encore moins pétrifiée. Sur l'un des battans il y a un trou, d'au delà d'un pouce de longueur, qui y entre dans une direction oblique à une profondeur considerable. C'est sans doute l'ouvrage d'une Pholade, qui perça la coquille lors qu'elle se trouvoit encore dans son état naturel. Mr. ADANSON dans son *Histoire naturelle du Senegal* p. 204. tab. 14. fig. 17. décrit une espèce de coquille sous le nom de *Satal*, qui ressemble beaucoup à la nôtre.

N. 4. Une petite conque pétrifiée, qui ressemble par sa forme à une Tellinite, & par le tissu écailleux de sa coquille à une Ostracite. Elle est composée de plusieurs feuilles couchées l'une sur l'autre, lesquelles étant de grandeur inégale, forment un grand nombre de stries par leurs extremités qui se debordent. Outre cela elle est garnie de plusieurs rangs de petits piquans, ou écailles, en forme de tuiles relevées & saillantes. C'est aux Conchyliologistes a décider, si cette coquille, qui nous paroit encore inconnue, doit être comptée parmi les Ostracites, ou s'il faut la raporter aux Tellinites. Le dernier nous paroit le plus convenable, a moins qu'on ne veuille établir une espèce nouvelle d'Ostracites, ou plûtôt un genre mitoyen entre les Ostracites & les Tellinites, auquel il faudroit donner le nom d'*Ostréo - Tellinites*. C'est précisément sous ce genre qu'elle se trouveroit à sa place. Les Ostracites ont, quant a la forme, quelquechose de ressemblant avec presque tous les autres genres de conques, & dans la sousdivision des espèces des Ostracites, des écailleuses, des striées, des plissées &c. l'on ne feroit pas mal à notre avis d'avoir en vue ces genres de conques auxquels elles ressemblent, & de les designer par les noms d'Ostréo - Musculites, Ostréo - Tellinites &c. C'est cette ressemblance, qui nous a donné déja plusieurs fois occasion de parler dans cet Ouvrage d'Ostréo - Camites & d'Ostréo - Pinnites. On connoit depuis longtems les Ostréo - Pectinites, & l'on a déja employé de pareils noms composés pour designer des genres de coquilles, auxquels il trouvoit beaucoup de raport avec deux genres à la fois. Cette Ostréo - Tellinite est adhérante à un fragment d'un noyau de Corne d'Ammon, de marbre; & a été trouvée à Aristorf.

N. 5. & 6. Une Ostréo - Pectinite, ou plûtôt Ostréo - Pectonculite, avec ses deux piéces, dont l'une est fort bombée, l'autre tout a fait platte, de Muttenz du Canton de Bâle.

PLANCHE D. VI.

La coquille, qui se trouve représentée ici N. 1. et 2, est suivant l'avis de Mr. le Prof. d'ANNONE, qui la possede, une espece de *Concha margaritifera*, ou de Mere - Perles pétrifiée, vû qu'elle convient exactement avec celle, dont BAIER a donné la description dans son *Oryctogr. Nor.* p. 38. Tab. IV f. 25. Ses deux piéces ont la surface en dehors rabotteuse, inégale, avec des bosses, des enfoncemens, des replis. Sur celle du N. 1. l'on voit encore une huitre plissée, & une autre de l'espèce commune, qui s'y sont collées. La premiere de ces deux est encore surmontée d'une huitre commune, & sur la valve N. 2. on aperçoit par ci par là de petites *Eschare foliacée*, (ELLIS *Corall.* Tab. 29. a) qui ont également subi le sort de la Petrification. Ce morceau est calcaire, et vient d'Aristorf.

N. 3. Une Ostréo - Camite feuilletée & écailleuse de la Vallée d'Andone du Piémont, dont la partie interne a beaucoup de ressemblance avec une oreille d'homme. Le bord latéral interne a des plis peu profonds & plats. Il n'est que calciné,

N. 5. Une Oſtréo-Camite écailleuſe à plis applatis, légérement calcinée, de la même Vallée. Un original, qui reſſemble aſſès à ce morceau, ſe trouve repréſenté dans la Conchyliologie de Mr. d'ARGENVILLE p. 316. tab. 22, f. D.

PLANCHE D. VII.

N. 1. et 2. Quoique nous aions déja préſenté une feuille de Laurier pétrifiée, Planche D. N. 5. & 6. nous ne voulions pas nous diſpenſer de communiquer encore celle-ci, que nous avons fait repréſenter des deux côtés, tant à cauſe de ſa beauté que de ſa conſervation parfaite. Les plis de l'un des bords latéraux forment des angles aigus & ſont aſſès profonds vers le milieu, & plus profonds que dans le morceau, que nous avons donné ci-deſſus. Vers la charniére la conque ſe recourbe juſque tout près de ſon extremité, ou elle ſe termine en une pointe courte & émouſſée, à laquelle ſe joint le bord de l'autre côté, qui eſt mince & tranchant & dont les plis ſont tout petits vers la charniére, & s'allongent un peu vers le milieu, & diminuent enſuite peu à peu en approchant du bout ſupérieur opoſé à la charniére. Nous avons déjà donné ci-deſſus la deſcription des côtes & des ſillons, qui donnent aux deux valves l'air de feuilles. Cette coquille eſt entiérement pétrifiée; nous ne ſaurions indiquer l'endroit d'où elle a été tirée.

N. 3. et 4. De cette eſpéce de petites Crêtes de Coq nous avons déjà fait mention ci-deſſus Pl. D. II. N. 5. 6. Sur celle que nous mettons ici ſous les yeux des Curieux, on voit quelques unes, qui viennent des carriéres de Maſtricht. Le morceau des Nro. 3. & 4. a été repréſenté des deux côtés, pour mettre en vuë tant ſa ſurface unie, que les bords latéraux pliſſés, & la maniére dont les deux valves ſe ferment & s'engrainent l'une dans l'autre. Le ſommet de la charniére eſt arrondi, & les plis les plus profonds ſe trouvent vers le milieu des bords latéraux. Dans l'individu, dont nous donnons ici la copie, les lames qui les compoſent, ne ſont pas fort nombreuſes. Le bord antérieur ne ſe ferme pas exactement.

N. 5. Une valve détachée d'une pareille Crête de Coq, qui différe en deux points de celle de l'article précédent. Les bords latéraux deſcendent des deux côtés dans une direction oblique, au lieu que dans le précédent ils deſcendent verticalement. Outre cela ils ſont beaucoup plus feuilletés. Mais ce qu'il y a de plus remarquable, c'eſt l'inie qu'elle a l'un des côtés; celle-ci eſt compoſée de quelques lames, dont les ſupérieures concourent à former le pli le plus proche. C'eſt là auſſi que ſe trouve la charniére. Le bord antérieur eſt arrondi.

N. 6. Une Crête de Coq ſemblable, avec cette différence qu'elle eſt beaucoup plus recourbée vers l'un des côtés. Sur la ſurface interne ſe fait remarquer l'endroit, où étoit le muſcle, qui attachoit l'animal à la coquille. Elle eſt de Maſtricht de même que la précédente.

N. 7. & 8. ſont des Oſtracites de la derniére grandeur, à valves tout à fait plattes, écailleuſes, compoſées de lames circulaires, avec des plis fort legers & ſouvent interrompus, comme l'on en voit dans d'autres eſpèces d'Oſtracites. Le Teſt en eſt, quoique mince & fragile, parfaitement pétrifié. Ces morceaux viennent de Suiſſe.

N. 9. Une petite Oſtracite de la Vallée d'Andone dans le Piémont. Elle eſt toute à fait platte & compoſée de lames circulaires paralleles, qui vont toutes ſe reunir vers la charniére. Le changement, qu'elle a ſouffert, n'eſt que fort léger, ſemblable à celui de la plûpart des coquilles de cette contrée.

N. 10. & 11. ſont des Oſtracites du même endroit, & de même qualité que la précédente. L'une n'en différe que par la grandeur, l'autre appartient aux Oſtracites liſſes. Car quoique, en l'examinant avec attention, elle ſe trouve compoſée de lames très fines couchées les unes

unes fur les autres , la furface n'en eft cependant ni écailleufe ni raboteufe , mais toute unie & liffe. Elle eft fort renflée , & reffemble en cela à une Patelle.

N. 14. reffemble par fa ftructure parfaitement à l'Oftracite du N. 9. excepté qu'elle eft plus grande & plus épaiffe, & que vers le milieu du dos elle a une boffe de forme circulaire affès confiderable, tandis que vers la charnière elle eft un peu enfoncée. Elle vient de même de la Vallée d'Andone.

N. 13. & 14. font de ces Oftracites, qui reffemblent , à l'oreille de l'homme , & desquelles nous avons parlé ci-deffus : auffi d'Andone.

N. 15. Une efpèce particulière d'Oftréo-Pectinite, à ftries irrégulières & partout interrompues, fort renflée & en même tems courbée, boffue, raboteufe & écailleufe; le Teft en eft d'une épaiffeur mediocre, le bec de la charnière fort recourbé vers l'un des côtés, & le bord échancré en dedans. Elle vient du même endroit.

PLANCHE D. VIII.

N. 1 et 2. Une valve detachée d'une Oftréo-Camite extraordinairement pefante & écaiffe, dont la face interne eft repréfentée N. 1. l'externe N. 2. Elle femble être de la même efpèce, que celle des Nos. 1. & 2. de la Planche précédente. Comme elle n'a pas fubi une pétrification parfaite , on lui voit encore par ci par là un beau brillant de nacre. Elle a été tirée des montagnes, qui feparent la Hongrie de la Tranfylvanie.

PLANCHE D. IX.

N. 1. et 2. La même efpèce d'Oftracite, que celle dont nous avons traité fort en detail, en expliquant les Planches D. & D*. Elle eft auffi du même endroit que celle, qui fe trouve repréfentée fur la Planche D. favoir de Giengen en Souabe. Cependant ces deux pieces méritent l'une & l'autre d'être communiquées ici à caufe de leur confervation parfaite. Elles ont encore chacune leurs deux battans, ce qui n'eft rien d'extraordinaire dans celles de Suife, comme nous l'avons obfervé plus haut, mais bien rare dans celles de Souabe, qui font parvenues à un degré de pétrification plus parfait que les premiers. Celle du N. 2. eft de beaucoup plus épaiffe & compofée d'un nombre plus grand de lames, que celle du N. 1. c'eft probablement qu'elle eft plus vieille.

PLANCHE D. X.

N. 1 & 2. Les huitres, que nous offrons ici, font de la même efpèce, que celles que nous avons repréfentées Pl. E. II. b. **. Elles fe reffemblent parfaitement à cela près, que celles-ci font de beaucoup plus grandes que celles-là. Auffi ont-elles été tirées des mêmes couches des carrières de Pirna. Celles, que nous mettons ici fous les yeux des Curieux, ont confervé leur Teft. A notre avis on ne fauroit affigner à cette efpèce de conques une place plus convenable que parmi les Oftréo-Pinnites, quand même les deux valves, par rapott à la grandeur, ne différoient que très peu, ou presque rien. Cependant nous ne trouvons rien à redire, qu'on en faffe une efpece particulière de Pinnites.

PLANCHE D. XI.

N. 1. Le Genre des Traquets de Lazare embraffe plufieurs efpèces qu'il faut diftinguer, lorsque nous donnons ce nom à toutes les Oftracites epineufes. Nous en avons traité plus haut, & nous avons remarqué, qu'elles font heriffées d'une infinité de piquans, d'épines, de lambeaux d'écaille dreffés. Le morceau, que nous offrons ici, differe des autres, en ce que le fond où fe trouvoient plantés fes piquans, desquels il ne refte plus aujourdhui que des veftiges, n'eft point une coquille écailleufe, mais pliffée. Elle a confervé la plus grande partie de fon Teft, qui a été changé en pierre calcaire.

N. 1.

N. 2. Une Oſtracite épineuſe ou Traquet de Lazare, qui eſt peútêtre unique par raport à ſa grandeur. Elle eſt beaucoup plus bombée que les Traquets ordinaires, ce qui prouve que l'animal, qui l'a habité, & qui a ajouté d'une année à l'autre à la groſſeur & au contour de ſa coquille, eſt parvenu à un age fort avancé. Ce morceau, qui a encore ſa Teſt, eſt d'une conſervation parfaite. Il vient de l'Amérique.

PLANCHE D. XII.

Cette Planche préſente le revers des deux Oſtracites de la Planche précédente. Sur N. 1. on obſerve des veſtiges encore plus aparents des piquans, qui garruſſoient autrefois cette huitre, parmi lesquels on diſtingue ſans peine quelques petites épines entiéres très bien conſervées.

N. 2. repréſente la piéce ſupérieure du grand Traquet. Sa coquille chargée de côtes & de ſtries en forme de peĉtinites, eſt garnie de pluſieurs rangs de piquans & d'épines, qui ſe ſont parfaitement conſervées, de ſorte qu'il ne manque presque rien à ce morceau que la couleur.

PLANCHE D. XIII.

N. 1. eſt la piéce inférieure d'une Oſtracite écailleuſe commune, dont l'analogue apartient aux huitres communes qu'on mange. Elle eſt couchée à plat' ſur une pierre calcaire compaĉte. Elle vient de la Thuringe & n'eſt pas des plus frequentes.

N. 2. eſt la piéce ſupérieure d'une Oſtracite à ſtries longitudinales, lesquelles ſont, comme il eſt ordinaire aux Oſtracites, raboteuſes, irréguliéres, & par là en quelque façon onduleuſes. Cette eſpèce n'eſt pas non plus trop frequente dans le Regne des Pétrifications. Ce morceau vient de la Franconie.

CHAPITRE IX.

DES ECHINITES.

Il y a dans la mer de certains animaux, qui habitent une coquille voutée & garnie de piquans, & qu'on appelle par cette raiſon *Heriſſons de mer* ou *Ourſins de mer*. (*Echini marni*) Cette coquille, compoſée de pluſieurs piéces, qui ſe joignent & s'engrainent l'une dans l'autre moyennant de certaines ſutures ou creneſures, a toujours deux ouvertures, dont l'une eſt à la baſe, & par laquelle l'animal prend ſa nourriture. L'autre, par laquelle il rend les excrémens, n'a point de place fixe; tantôt elle eſt à la baſe, tantôt ſur le dos, au ſommet de la coquille, & tantôt ſur le bord à côté de la baſe. Outre cela cette coquille, qui dans ſon état naturel eſt couverte d'une peau muſculeuſe, eſt garnie de certaines éminences, boutons, ou mammelons, auxquels ſont attachés les piquans, que l'animal peut mouvoir à l'aide de certains muſcles, & percée d'une infinité de petits trous. C'eſt par ces trous que paſſent des cornes ou des filamens fort deliés, qui ſont pour l'animal, qui habite la coquille, préciſément, ce que ſont les antennes pour les inſeĉtes. La forme de la coquille varie beaucoup à l'égard de ſa hauteur & du contour, car il y a des coquilles d'ourſins de mer rondes, ovales, cordiformes, bombées, comprimées, applatties. Les unes ſont garnies d'un grand nombre de mammelons, d'autres n'en ont que fort peu. Les mammelons ſe trouvent toujours rangés dans un certain ordre, quelques Ourſins en ont ſur toute leur ſurface, d'autres les ont diſpoſés ſur certains rangs & par files, d'autres encore n'en ont qu'à la baſe. Ces mammelons ne ſont pas non plus les mêmes dans tous. Les uns les ont grands les autres petits. Nous nous diſpenſons de nous étendre davantage ſur l'hiſtoire naturelle de l'ourſin de mer. Mr. de REAUMUR 1) en ayant traité avec beaucoup d'elegance & de ſolidité, & nous nous contentons de remarquer ici, que lorsque dans le Regne des foſſiles on trouve la coquille de cet animal pétrifiée, ou bien le noyau, qui s'y eſt moulé & qui reſte après qu'elle s'eſt détachée, on nomme l'un & l'autre, tant le noyau, que la coquille pétrifiée, une *Echinite*.

Ce

1) dans les *Memoires de l'academie royale des ſciences, de l'an. 1712.*

Ces Echinites ont eu autrefois plusieurs noms, qui marquoient asfès, que ceux qui les ont découvert, ont ignoré leur origine animale. On les nommoit *ombria* du Grec ομβρια, une lavasse, croyant, que c'étoit avec celles-ci qu'elles tomboient du ciel, *brontia* de βροντη, le tonnerre, par ce qu'il les jettoit sur la terre, *ceraunia lapides* de κεραυνος, l'éclair, qui les engendroit & les formoit dans l'air, *Chelonites*, puisqu'on leur trouvoit la forme d'une écaille de tortue, *Bufonites* de *bufo*, un crapaud, puisqu'elles croissoient, à ce qu'on pretendoit, dans la tête des vieux crapaux, *ova anguina*, oeufs de serpent, parceque quelques uns les prennoient pour tels, & que dans leurs sillons, leurs lignes ponctuées & leurs fascies on trouvoit quelque ressemblance avec la figure d'une queuë de serpent, *aurantia marina*, oranges de mer, puis qu'elles ont la forme d'une Orange, *Scolopendrites*, probablement puisque leurs mammelons devoient ressembler aux taches d'un certain animal, que THEOPHRASTE nomme σκολοπενδρα. A l'égard de ces noms & d'autres, qu'on leur donnoit encore, il faut remarquer que quelques Naturalistes les ont emploié pour designer généralement toute sorte d'Echinites, d'autres pour en indiquer seulement de certaines espèces, & que ceux-ci ont distingué par ex: entre les *ombria*, *brontia*, *ova anguina* &c. — qu'on a souvent confondus ensemble ces noms, & qu'on a donné la même dénomination tantôt à cette espèce tantôt a une autre, — que la plûpart de ces noms ne sont plus en usage aujourd'hui, — qu'il ne faut les savoir que pour entendre les anciens Lithologistes. & qu'on leur a substitué d'autres, de sorte que chaque espèce d'Echinites a aujourd'hui sa dénomination particuliére, tels que sont par ex: les noms d'*Echinantraci*, *Echinometrites*, *Echinocorites*, *Cidaris mammillares*, *variolata*, *coronales*, *fibulares*, *assulata*, *Brissi*, *Brissoides*, *Anocysti*, *Catocysti*, *Pleurocysti*, *Emmesostomi*, *Apomesostomi* & plusieurs autres, que nous raporterons & expliquerons plus bas, en traitant de chaque espèce en particulier. La dénomination la plus usitée, qu'on donne a ces corps pétrifiés, c'est celle d'Echinites, sous laquelle on en comprend toutes les espèces. Ce nom se rapporte à son origine animale, & personne ne doute plus aujourd'hui, que cette espèce de pétrification ne doive son origine à l'Oursin de mer, dont nous avons donné ci-dessus la description, & qu'on nomme en Grec εχινος. Car quoiqu'il y ait beaucoup d'Echinites, qui ne ressemblent pas tout à fait aux naturels, qu'on connoit, cependant les analyses & les essais chymiques, auxquels on les a exposés, prouvent non seulement, que la coquille qui en recouvre encore le noyau, est de substance calcaire, par consequent d'une origine animale, mais aussi toute leur structure, les deux ouvertures, les cinq sillons ou pétales & les lignes ponctuées, dont elles sont marquées, sont connoître d'une maniére asfès évidente, que ce ne sont que les petrifications de certains Oursins de mer.

Il y a un très grand nombre d'espèces différentes de ces Echinites, & pour s'en procurer une connoissance juste, il faut avoir soin de suivre le fil d'une bonne Classification systematique. Il y a deux maniéres de les diviser ; l'une se tire de la forme de la coquille, l'autre de la position des deux ouvertures. Suivant la premiére on divise les Echinites en rondes, ovales & cordiformes. Chacune de ces familles comprend plusieurs espèces, dont la disposition se régle en partie sur le raport de la hauteur à la base, en partie sur la constitution de la surface externe de la coquille. A l'égard de la hauteur on les divise en Echinites élevées, comprimées & aplaties; à l'égard de la superficie on les distribue en mamillores, à panneaux & lisses; les mamillaires se sousdivisent encore en plusieurs espèces particuliéres, suivant la grandeur des mammelons, dont il y en a de grands, de moyens & de petits. Il y a des Naturalistes, qui combinent tous ces caractéres distinctifs, & raportent toutes les Echinites à une seule & même Classe, qu'ils partagent en six familles différentes. La premiere comprend toutes les mamillaires ou *Echinites mammillaris*, qu'elles soient rondes ou ovales, la seconde toutes celles qui ont la forme de bouton d'habit ou de chapeau, (*fibulares*) & qui n'ont point de mammelons, mais cinq doubles rangs de petits trous, qui partent du sommet du dos de la coquille. La troisiéme contient toutes celles, qui sont de forme allongée, elevée, destituées aussi de mammelons, mais garnies, comme celles de la famille précédente, de cinq rangs de lignes ponctuées; auxquelles, à cause de leur ressemblance avec les Casques des an-

ciens,

ciens, on a donné le nom d'*Echinites galeatus*. Sous la quatriéme on a rangé les Echinites [...]
forme applatie & comprimée, & comme celles - ci reſſemblent en quelque maniére à un [...]
à une aſſiette ronde de bois, ou à une eſpèce de gâteau, on les a nommées *Echinites* [...]
deus ou *placentiformis*. La cinquiéme famille comprend celles, qui ſont marquées d'une [...]
à cinq rayons, ou d'une fleur à cinq pétales, qui partent du ſommet du dos de la co[...]
comme ARISTOTE a déjà donné à l'analogue de cette eſpèce d'Echinites le nom de [...]
on le lui a auſſi laiſſé dans le Regne des foſſiles & on l'a nommée *Echinites ſpatagoideus*. La [...]
xiéme contient les Echinites cordiformes, qui s'élargiſſent un peu par l'un des bouts & ſe [...]
treciſent par l'autre, & ont au bout le plus large une lacune ou ſinuoſité, qui leur [...]
ne une forme de coeur, ce qui leur a fait donner le nom d'*Echinites cordatus*. 2)。

La ſeconde methode de diſtribuer les Echinites ſe tire de la poſition des deux ouver[...]
res, qui ſe trouvent dans chaque Ourſin de mer, & cette diviſion eſt encore double. [...]
eſt fondée ſur la différente ſituation de l'ouverture, qui ſert d'anus à l'animal, & comme ce[...]
ci eſt placée ou en haut dans le centre du dos, ou à la baſe, ou à côté, on range tous les
Echinites en trois Claſſes, en plaçant dans la première les *Anocyſtes*, (qu'on appelle ainſi de [...]
en haut & κυσοε, anus) qui ont l'anus ſur le dos, dans la ſeconde les *Catocyſtes*, (de κατω
bas) qui l'ont à la baſe, & dans la troiſiéme les *Pleurocyſtes*, (de πλευρα, le côté) qui ſont [...]
côté. Chacune de ces Claſſes eſt diſtribuée en pluſieurs familles, auxquelles on a donné [...]
nom de certaines choſes, avec lesquelles elles ont quelque reſſemblance; ainſi on a [...]
les *Anocyſtes* en Turbans,) (*cidares*) & en Echinites en forme de Boucliers, (*clypei*) les [...]
en Echinites en forme de bouton, (*fibulares*) en Caſques, (*Caſſides*) & en Echinites en for[...]
d'écuſſon ou de Pavois, (*ſcuta*) les *Pleurocyſtes* en Echinites *Arachnoides* qui reſſemblent [...]
toile d'araignée, en Echinites en forme de Coeur, (*Corda marina*) & en forme d'oeuf. (ova ma[...]
Chacune de ces familles comprend pluſieurs eſpèces, dont chacune a ſon nom particulier.3)

L'autre diviſion eſt priſe de la ſituation de la bouche, & ſuivant celle - ci les Echin[...]
ſont rangeés ſous deux Claſſes, ſavoir les *Emmeſoſtomes* & les *Apomeſoſtomes*. On nomme [...]
ſoſtomes (de μεσοε, le milieu & ſoμα, la bouche;) celles qui ont la bouche préciſ[...]
milieu de la baſe, & *Apomeſoſtomes* (de απο, loin, hors) celles qui ont bien la bouche dans [...]
baſe, mais hors du milieu. 4)

Il y a eu des Naturaliſtes, qui ont eſſaié de combiner enſemble ces deux Claſſification[...]
l'une priſe de la forme de la coquille, l'autre de la ſituation des ouvertures, & ont ran[...]
toutes les Echinites en huit Claſſes. Dans la première ils ont placé celles, qui ont la figu[...]
d'un chapeau ou d'un Bonnet, (*Echinitæ pileati, Echinoconitæ*) dans la ſeconde celles qui [...]
ſemblent à des boutons, (*Echinitæ fibulares, globulares*) dans la troiſiéme celles qui ont la forme du
Caſque, (*Echinitæ galeati: Echinocoryſæ*) dans la quatriéme celles qui ſont marquées d'une fleur à [...]
pétales, (*Echinitæ pentaphylloidei, Echinanteitæ*) dans la cinquiéme celles qui ont la forme de bou[...]
cliers, (*Echinitæ clypeati, Echinobryſſitæ, Echinitæ cluniculares*) dans la ſixiéme celles qui ont [...]
forme de coeur, (*Echinitæ cordati, Echinoſpatagitæ*) dans la ſeptiéme les mamillaires, (Echi[...]
mamillares, Echinitæ ovarii, Echinometritæ) & dans la huitiéme les Turbans en forme de couron[...]
ne, (*Echinitæ coronales*) lesquelles cependant ne ſont proprement que des noyaux d'une eſpèce [...]
d'Ourſins de mer comprimés, ou de mamillaires. 5) Pour caractére diſtinctif de ces eſpèce[...]
ils ont établi principalement la ſituation différente des ouvertures, & par là ils ont taché [...]
combiner ces deux methodes.

C'eſt de ces maniéres de diviſions, que nous venons d'expliquer, que tous les autres [...]
qui ont traité tant des Ourſins de mer naturels que des pétrifiés, ſe ſont ſervis juſqu'ici, [...]
cette différence ſeulement, que les uns en ont établi plus de genres, les autres moins, [...]

---

2) Mr. BERTRAND a ſuit cette diviſion dans ſon *Dictionnaire des foſſiles* tom. II. p. 100. ſq.
3) Cette methode eſt due à Mr. KLEIN. v. Sa *Naturel. diſpoſit. Echinodermatum*, à Danzic. 1734 [...]
4) C'eſt auſſi Mr. KLEIN, qui a donné cette diviſion dans l'ouvrage, que nous venons d'écrire.
5) C'eſt ainſi, que Mr. WOLTERSDORF a diviſé les Echinites dans ſon *Syſtême de Mineralogie* [...]

qu'en conſequence de cela leurs ſubdiviſions ſont auſſi différentes. Nous laiſſons très volontiers à chaque methode ſon merite, cependant nous ne pouvons nous diſpenſer de remarquer, que la diviſion de ces corps, qui ſe fonde ſur la ſituation des ouvertures, n'eſt pas trop propre pour être miſe en uſage dans le Règne des foſſiles, puiſque l'on en trouve ſouvent des morceaux, auxquels on ne decouvre pas ce caractére diſtinctif, ſoit qu'ils aient ſouffert par le frottement ou qu'il ait été détruit par quelque autre accident. A nôtre avis il vaut toujours mieux fonder, autant qu'il eſt poſſible, la diviſion ſur des caractéres, qui ſoient viſibles & reconnoiſſables dans toutes les circonſtances dans leſquelles un tel corps puiſſe ſe trouver. Or lorſque l'on prend pour caractére diſtinctif la forme de la coquille & la conſtitution de ſa ſuperficie, on pourra toujours le decouvrir très aiſement même dans les Echinites caſſés, du moins beaucoup plus facilement, qu'on ne determinera la ſituation de leurs ouvertures.

Nous diviſons toutes les Echinites, qu'on a decouvertes juſqu'ici dans le Règne des Pétrifications, en rondes, en ovales, en cordiformes & en échancrées. Chacune de ces Claſſes ſe laiſſe diviſer en genres ou familles & eſpeces. Nous en allons faire l'eſſai, & nous expoſerons les caractéres de chaque famille & de chaque eſpece, en ajoutant en même tems le nom, qui convient à chacune dans la Lithologie.

Nous appellons *Echinites rondes* celles, qui ont la baſe à contour circulaire; dans celles-ci il faut faire attention à la forme du dos, à la qualité de la ſuperficie de leur coquille, & aux deux ouvertures.

Quant à la forme du dos, il y en a qui l'ont *élevé* & reſſemblent à peu près à un oeuf coupé transverſalement par le milieu. D'autres ont le dos *ſpherique* & reſſemblent à un hemiſphére. D'autres encore ont le dos *comprimé*, & la forme d'une bale écraſée, ou d'une ſphere applattie par les deux poles, & à circonférence rélevée & ſaillante. Enfin il y en a encore, qui ſont tout à fait *plattes*, & qui reſſemblent à un diſque, ou à une aſſiette de bois. Ainſi les différences, que nous trouvons par raport au dos, nous fourniſſent quatre eſpeces d'Echinites rondes, ſavoir les élevées, les ſphériques, les comprimées, & les plattes.

Les Echinites *rondes élevées* ſont ou de forme conique, ou convexes & obtuſes. Les coniques 6) ſont nommées *Echinitæ pileati, conoidei, Echinoconitæ*, Echinites en forme de pain de ſucre ou de bonnet. Ce ſont ſuivant l'opinion de quelques auteurs les Bufonites des anciens, & ſuivant d'autres leurs Scolopendrites. Elles ont cinq doubles rangs de lignes ponctuées, qui partent du ſommet, s'étendent juſqu'à la bouche, & partagent la coquille en autant de parties egales. Celles qui ont conſervé leur coquille après avoir paſſé dans le Règne des foſſiles, ſont garnies de fort petits mammelons qui reſſemblent à des grains de millet. Outre cela elles ont ordinairement des ſutures ou des crenelures dentelées fort fines, qui en traverſent le dos, & leſquelles, comme l'on peut s'en aſſurer en les examinant avec attention, viennent de ce que la coquille eſt toute compoſée de panneaux exagones allongés. (voyés KLEIN Tab. XIII. A. B.) Les convexes ont la forme d'un bouton rond élevé, *Echinitæ bullarei* 7) *Echinitæ vertice faſtigiato* LISTERI. Cependant on ne ſauroit les ranger parmi les ſphériques, puiſqu'elles ne reſſemblent pas à un hemiſphére mais à un corps ovoide tranché par le milieu. Elles ont ordinairement cinq doubles ſillons, on en trouve cependant, qui en ont ſix, & d'autres encore, qui n'en ont que quatre, mais celles-ci ſont très rares. 8) Par raport à la hauteur elles aprochent fort près des Echinites coniques, du moins ſont elles plus élevées qu'un hemiſphére, mais ce qui les diſtingue principalement des coniques, c'eſt qu'elles ont le dos arrondi, au lieu que ces derniéres l'ont plus pointú en forme de pain de ſucre. Les coniques de même que les convexes ont la bouche au milieu, & l'anus au bord de la baſe.

Ll 2

Les

6) KLEIN Tab. XIII. A. B.

7) KLEIN tab. XIII. C. D. E. F. G. H. J. K. LISTER *Hiſt. animal. Angl.* tab. 7. n. 18. BORCHET tab. LI. Num. 114. 115. 349. 350. RUNDMANN *rar. nat. & artis* tab. V. Num. 12.

8) GEHLER *de Characteribus foſſilium externis.* p. 14. *Danziger Verſuche.* Part. II. p. 192. & la Traduction françoiſe de la *Diſp. nat. echinoderc.* de Mr. KLEIN. à Paris. 1754. p. 231. tab. XXIV.

Les Echinites *rondes sphériques* font toutes moins hautes à proportion que les rondes élevées. Le raport du Diamétre de la baie à la hauteur est le même que dans un hémisphere.
On peut les diviser, comme les précédentes, en coniques & convexes. 9) De ces Echinites
sphériques les unes font garnies de mammelons, les autres font marquées de fillons, de lignes,
de traits. Les premiéres font encore recouvertes de leur Test, les dernieres ne paroissent être
que des noyaux, à l'exception de quelques morceaux, fur lesquels on trouve encore des restes
de la coquille. On les nomme *Echinitæ globulares*, fouvent aussi *Echinitæ fibulares*, puisqu'on les
confond ordinairement avec les Echinites convexes. C'est avec celles-ci qu'il faut ranger
aussi les *Echinitæ globulares subtilissime striati* de LISTER 10) qui font très rares dans le Regne des
fossiles, & les *Discoidei* de KLEIN, 11) mais celui-ci n'entend pas sous le nom de *Discus* une
assiette platte, mais un vase creux. L'*Echinites coronalis* de KLEIN 12) doit aussi être rapporté
ici, puisqu'il a été decouvert dans le Regne des Pétrifications, à ce que Mr. GESNER 13) assure. La fituation des deux ouvertures est la même que dans les Echinites rondes élevées.

Les *Echinites rondes comprimées* ont la partie fupérieure & inférieure plates, & le bord, ou
la circonférence convexe & faillante; elles font tantôt plus tantôt moins comprimées, & ont
de grandes ouvertures rondes; le Test en est garni de mammelons, qui dans quelques cas
font grands & forts, dans d'autres plus petits. 14) Suivant Mr. KLEIN elles font une efpèce
du genre, qu'on nomme *Cidares*, & felon la grandeur de leur mammelons, *Cidares miliares*, *variolate*,
mammillares. Celles qui font garnies de mammelons fort grands, font nommées *Cidares Mauri*, &
à Malthe, où on les trouve aussi, on les apelle *Mamilla S. Pauli*. Lors qu'elles font fort applaties,
de maniére pourtant, que la circonférence ait toujours fa convexité, on les nomme fuivant
KLEIN *Cidares corollares*, 15) fuivant LISTER 16) *Echinitæ orbiculati*. & celles-ci ont communement les ouvertures rondes & d'une grandeur extraordinaire. Leurs noyaux font les *Echinitæ rotulares spoliati* de LUID & les *Echinitæ coronales* de WOLTERSDORF. Il faut fe garder de
confondre ces Echinites, qui font originairement applaties, avec celles, qui le font devenues
dans le Regne des fossiles, par quelque compression accidentelle. Toutes ces efpèces d'Echinites ont la bouche en bas & l'anus en haut, au milieu du dos.

Les *Echinites rondes plates* ressemblent, comme nous l'avons remarqué ci-dessus, à une
assiette ronde de bois, & ce font celles, qu'on nomme *Discoides* du mot *discus*, un difque.
KLEIN les nomme *Placenta*, d'autres, *Echinitæ placentiformes*, on les divise en trois familles,
favoir les *mellitæ*, les *lagana* & les *rotulæ*. 17) Les *mellitæ* ont le dos applati marqué d'une
fleur à cinq pétales & percé de trous oblongs, le contour n'en est jamais parfaitement rond,
& il y a toujours quelque chofe d'irregulier. Les *lagana* font à peu près de même forme,
excepté qu'ils n'ont pas le dos percé de trous comme les *mellitæ*. 18) Ces Echinites plates
font extrèmement rares dans le Regne des Pétrifications. Elles ont les deux ouvertures à la bafe. Les *Rotulæ* font des Echinites, que nous ferons connoître plus bas fous le nom d'Echinites échancrées.

Tout ce que nous venons de dire touchant les Echinites rondes, prouve fuffifament,
qu'elles différent beaucoup les unes des autres tant à lé'gard de la fuperficie de la coquille,
que de leurs ouvertures. Lorsqu'on en confidére la fuperficie, on y remarque tantôt des

mam-

---

9) Coniques font chez KLEIN tab. II. E. tab. XII. & tab. XIIII. g. convexes, tab. I. tab. II. E. tab. IV. A.
F. tab. V. a. b. c. tab. XI. G, D.

10) *Hist. anim. Angl.* tab. 7. num. 20. conféré avec l'*Hist. des pétrif.* de Mr. BOURGUET tab. LIII. num.
300.

11) p. 26. conféré avec tab. XIIII.

12) Tab. VIII. A. B.

13) Tr. *de petrificatis* Cap. XII. p. 34. conféré avec l'*Hist. des pétrif.* de Mr. BOURGUET. tab. LI. 315.

14) KLEIN tab. II. B. D. tab. III. B, D. tab. VII. B, C. D. BOURGUET *hist. des pétrif.* tab. LI. num. 316.
345. 346. tab. LIII. 350. 354. SCEUCHZER Oryctogr. Helvet. 134.

15) KLEIN tab. VIII. C.

16) Hist. animal. Angl. p. 220. BOURGUET hist. de pétrif. tab. 211. num. 345. 346.

17) KLEIN pag. 30.

18) L'une & l'autre de ces deux fortes, fe trouve dans KLEIN, les *mellita* Tab. XXI. les *lagana* Tab. XXII.
a. b. c.

mammelons & des points, tantôt des lignes, des fillons & des traits, tantôt l'une de ces chofes feulement, tantôt plufieurs enfemble, tantôt de certaines entaillures rangées fymétriquement, qui donnent à l'Echinite un air comme fi elle étoit toute compofée de petits panneaux éxagones. On y obferve en outre des futures, & au fommet du dos, où les piéces, qui compofent la coquille, fe réüniffent, que l'anus foit dans cet endroit ou qu'il n'y foit pas, il y a toujours ou cinq petites verrües très apparentes, ou autant de petits trous. Tout cela fe voit dans les Echinites rondes du Régne des foffiles auffi bien, que dans les Ourfins de mer dans leur état naturel; Il eft neceffaire de traiter ici de toutes ces chofes en particulier, d'autant plus, que de plufieurs de ces mêmes chofes on a tiré des dénominations, qu'on a introduites dans la Lithologie, pour defigner certaines efpèces d'Echinites.

Les mammelons des Echinites font de trois grandeurs, il y en a de grands, de moïens & de petits. On nomme *Echinometrites* toutes celles qui font garnies de mammelons, qu'elles foient rondes, ou allongées, fpheriques ou comprimées. Lorfqu'elles font rondes, on les nomme *Cidares*, puis qu'on pretend y trouver quelque reffemblance avec un Turban garni de Diamans. Celles qui ont des mammelons gros & faillans, entourés ordinairement d'un anneau un peu relevé & compofé de mammelons plus petits, font nommées par KLEIN *mamillares*, par BREYN *Echinometrita papillis maximis*, par IMPERATI *Hiftrices* & par LUID *Echinita laticlavi*. 19) Parmi ces Echinites rondes à gros mammelons il y a les comprimées que l'on nomme *mammille St. Pauli*, comme nous avons déja remarqué ci-deffus. KLEIN donne le nom de *l'ariolata* à celles, qui ont des mammelons plus petits, cependant pas tout à fait de la derniere grandeur, mais qui tiennent le milieu entre ceux ci & ceux des mamillaires, 20) il nomme *miliares* celles qui les ont de la derniére grandeur, auxquelles on donne dans le Régne des foffiles auffi le nom d'*Ocrolar*, dans leur état naturel on les nomme *echinus efculentus faxatilis*. 21) Les mammelons ne font pas de la même grandeur dans la même efpéce d'Echinites, fur tout dans les mamillaires, qui ont les interftices entre leurs gros mammelons garnis de mammelons plus petits, & marqués de lignes ponctuées, c'eft à dire de certains rangs de points très fins, dont les empreintes dans les noyaux préfentent des verrües très fines, plus petites que les grains de millet. Car dans les noyaux, qui n'ont pas été roulés, les empreintes de ces points ou de ces petits trous fe prefentent ordinairement fous la forme de grains élevés. Les lignes ponctuées, & les traits dont nous venons de parler, font de certaines ftries, bandes, ou fafcies, qui partant du fommet, s'étendent tout le long du dos, & aboutiffent ordinairement à la bouche, qui eft à la bafe. Sur ces bandes, qui ont quelquefois leurs propres mammelons, l'on obferve un grand nombre de petits points, lesquels dans les Echinites, qui ont confervé leur Teft pétrifié, font enfoncés, dans les noyaux parcontre un peu élevés, ce qui vient de ce que la terre ou le fluide, qui a rempli toute la capacité de la coquille, & a pris peu à peu la dureté de la pierre, s'eft infinue auffi dans ces petits trous & en a pris la forme. Ces petits points font les trous, qui donnoient autrefois paffage aux cornes de l'Ourfin, qu'il ne faut point confondre avec fes piquants. Les ftries ou les bandes mêmes (qu'on leur donne ce nom ou celui de traits & de lignes) n'ont pas la même forme dans toutes les Echinites. Il y en a ordinairement cinq, qui la partagent en cinq parties égales, mais tantôt elles font fimples, tantôt doubles, tantôt droites, tantôt onduleufes, tantôt larges, tantôt étroites, tantôt unies, tantôt fillonnées, marquées tantôt fimplement de points & de petits creux, tantôt garnies en même tems de mammelons. 22) Quelquefois elles paroiffent toutes compofées de petits grains de millet. On les trouve fur les Echinites mamillaires auffi bien que fur les Echinites à panneaux. Outre ces traits ponctués les Echinites rondes ont fouvent de certaines futures ou entaillures, & celles-ci fe laiffent divifer en futures dentelées & en futures à panneaux. Les futures den-

M m

telées

19) BOURGUET *Lith. de pétrif.* tab. LII. num. 144. 145. 148. LIII. 150. SCHEUCHZER *Oryctogr. Phyr.* pg. 135. KLEIN tab. VI. VII.
20) Tab. III. C. D. tab. IV. A. B. C. D. E. tab. V. a. b. c.
21) KLEIN tab. I. & II.
22) KLEIN tab. XIII. C. D. E. F.

telées font nommées par Mr. KLEIN *futuræ ferratæ;* 23) elles partent, comme les bandes, du fommet & defcendent le long du dos de la coquille, & cela s'obferve même dans celles, fur lefquelles on ne decouvre d'ailleurs point de futures à panneaux, & dont les tablettes forment aufli par leurs extremités qui s'engrainent, une efpèce de future dentelée. Cela fe voit d'une manière fort fenfible chez KLEIN tab. II. F. & il y en a de pétrifiées, où l'on obferve la même chofe de la manière la plus diftincte. Les futures des ourfins à panneaux font formées par des rangs de panneaux ou tablettes héxagones oblongues, qui donnent à l'Echinite un air comme fi toute fa coquille 24) ou du moins les parties, qui fe trouvent interceptées entre les bandes 25) n'étoient qu'un aflemblage de tels panneaux. Ordinairement cette ftructure fe fait remarquer d'une manière plus fenfible fur les noyaux des Echinites, que fur les morceaux, qui font encore recouverts de leur Teft; Ce qui vient de ce que la matiere qui le remplit, s'infinue, pendant qu'elle eft encore molle & fluide, dans les futures & en prend l'empreinte; laquelle, lorfque le noyau s'eft durci & que le teft eft venu à être detruit, offre les figures de ces panneaux héxagones entourées d'un bord delié en relief. Car les noyaux, qui prennent l'empreinte de la furface interne de la coquille, repréfentent en relief ce qui y eft enfoncé, & parcontre enfoncé ce qui y eft en relief. Les panneaux mêmes ne font pas tous de même grandeur dans la même Echinite, car dans celles, dont les bandes font aufli compofées de tels panneaux, ceux-ci n'ont fouvent que la moitié de la grandeur de ceux qui compofent les piéces de la coquille, 26) qui font interceptées entre les bandes. Nous paffons aux Echinites oblongues.

Nous nommons *oblongues* les Echinites dont la bafe eft plus longue que large, que le contour en foit ovale ou recourbé. On les nomme *Echinitæ oblonga rotundi*, & *Echinanthus*, de même, une fleur, ou *Echinitæ pentaphylloidei*, c'eft à dire Echinites à cinq feuilles, lorfqu'elles ont le dos marqué d'une fleur à cinq pétales. Il y en a trois fortes, favoir les ovoïdes, les Echinites à pointe racourcie & obtufe, & les échancrées.

Les *ovoïdes* font de différente efpèce. Lorfqu'elles ne font pas beaucoup élevées, 27) on les nomme *Scuta ovata*, & celles-ci ont l'anus au bord de la bafe. Quand elles ont le dos marqué d'une fleur à cinq pétales ou d'une étoile à cinq rayons, 28) on les nomme *Briffi*, *Briffoidæ*. 29) L'anus eft aufli dans celles-ci au bord de la bafe. Lorfqu'elles font lifées, ou à panneaux, & qu'en même tems elles ont des bandes larges, garnies de mammelons & de petits enfoncemens, on leur donne le nom d'*ova anguina* à caufe de la reffemblence, qu'on pretend leur trouver avec des oeufs marqués de figures de queües de ferpens. Les mammelons, ou pour mieux dire les traces qui marquent les endroits où les piquans ont été attachés autrefois, fe préfentent fur les noyaux de cette efpèce d'Echinites fous la forme de cercles entourés d'un bord un peu élevé, dans le milieu defquels on obferve un, quelquefois deux creux afsès confiderables. Dans d'autres les bandes font formées de lignes ponctuées très fines, & lorfqu'elles font encore recouvertes de leur Teft, les panneaux, dont elles font compofées, & qui fouvent font à peine vifibles, font garnis de grains d'une petiteffe extrème.

Les *Echinites obtufes* ou oblongues à pointe racourcie & émouffée vers la bafe 30) portent chez KLEIN le nom de *Caffides*, *Galeæ*, *Galeolæ*, mais ordinairement on les nomme

Echi-

---

23) KLEIN p. 18.

24) KLEIN tab. VIII. G. H. KUNDMANN. tab. V. 8. 10.

25) KLEIN. tab. X. C. tab. XIII. F. tab. XVI. A. LISTER. hift. anim. Angl. tab. VII. num. 11.

26) KLEIN tab. IX. A.

27) KLEIN tab. XVIII. C. D.

28) BERTRAND *Dictionnaire des foffiles.* p. 104.

29) KLEIN tab. XX. a. b. c. d.

30) Bourguet tab. LII. 342. KUNDMANN. Tab. V. 9. KLEIN Tab. XV. XVI. XVII. a. b. LISTER *Hift. Animal. Anglicæ,* Tab. VII. num. 29. 30.

Echinocorytes, Echinita cuspidata. 31) Elles font elevées & convexes, fouvent à petits mammelons, la plûpart avec des bandes & des lignes, qui font tantôt ponctuées, tantôt garnies de vertues. Les parties interceptées entre les bandes font la plûpart compofées de panneaux très fins. Elles reffemblent presqu'en tout aux Echinites ovoïdes elevées, excepté, que celles-ci n'ont point de pointe émouffée. Lorsque cette pointe n'eft pas apparente, il arrive fouvent, fur tout à l'égard des noyaux, qui ont fouffert par le frottement, qu'on les confond avec les Echinites ovoïdes élevées. La bouche ne fe trouve pas au milieu, mais plus près de l'un des bouts de la bafe; l'anus eft placé au bout opofé qui fe termine en pointe émouffée.

Les *Echinites à contour recourbé ou échancré* ont la circonference oblongue, regulière ou irregulière. Dans fa partie fupérieure ou aux côtés elle eft un peu recourbée ou échancrée, ou du moins paroiffent elles de forme écrafée ou comprimée, qui n'eft ni ronde ni ovale. 32) Celles dont le contour eft irregulier, font ordinairement plus courtes d'un côté que de l'autre. 33) Elles ne font point élevées mais comprimées. Dans le Régne des fossiles on en trouve fouvent d'une grandeur très confiderable, tel eft par ex. le morceau, qu'on voit chez KUNDMANN. 34) La bafe de ces Echinites eft traverfée de certaines lignes ou fillons qui forment une figure à cinq rayons, 35) & le dos en eft d'une fleur à cinq pétales. 36) La premiere eft fouvent trop fine pour être toujours vifible dans les ourfins qui ont paffé dans le Régne des fossiles. On les nomme *Echinite finuati, ftella angularia*, & à caufe de cette fleur à cinq pétales quelques uns les rangent parmi les *Echinanthites* & d'autres parmi les *Echinus fpatagoides.* 37) Celles dont le contour eft regulier, ont la même forme d'un côté comme de l'autre. 38) Toutes ces Echinites échancrées ont la bouche au milieu & l'anus au bord de la bafe. Quelques unes des regulières ont le fommet un peu enfoncé, ce que l'on nomme *vertex umbonatus.* 39)

Ceci pourra fuffire quant aux Echinites rondes & oblongues. Nous en venons à préfent à la troifiéme Claffe qui comprend les *Cordiformes.* 40) Celles-ci ont la forme d'un Coeur. Une échancrure ou fillon large part du fommet, traverfe le bout large & arrondi de la coquille & fe rend au bord de la bafe, le bout oppofé de la coquille fe termine en pointe émouffée, & cette conformation lui donne la figure d'un coeur. Elles font d'une hauteur ou épaiffeur mediocre & ont l'anus toujours à la circonference entre la bafe & le dos: Celui-ci eft marqué d'une fleur à quatre pétales ou étoile à quatre rayons, fans y comprendre le fillon, compofée la plûpart de points, quelquefois de ftries transverfales fines, 41) & outre cette étoile elles ont ordinairement auffi leurs lignes & leurs bandes, qui joignent les rayons ponctués de l'etoile. On obferve encore fur la fuperficie de la coquille une quantité de petits trous ronds & de petits grains; par les premiers ont paffé autrefois les cornes de l'animal, & aux derniers ont été attachés les piquants. Toutes ces Echinites en forme de coeur font nommées *Spatagi, Echinofpatagites, Echinite cordato-ovati, Corda marina, Corda anguina.* Une efpèce particuliere de petites Echinites cordiformes, qui a le dos un peu tranchant, 42) porte le nom d'*Amygdala* & fe trouve auffi quelquefois dans le Regne des fossiles.

M m 2

A ces

31) BERTRAND Diction. des fossiles p. 102.
32) KLEIN tab. XVII. A. tab. XVIII. B.
33) rar. nat. & art. tab. V. num. 1.
34) BOURGUET hift. de petrif. tab. LIII. num. 331.
35) KLEIN. tab. XVIII. B. tab. XIX. E. D.
36) KLEIN. tab. XIX. A. C.
37) BERTRAND Diction. des fossiles. p. 106.
38) KLEIN tab. XIX. BOURGUET tab. LI. LISTER hift. anim. Angl. tab. VII. n. 16.
39) LUID lithophylac. Brit. tab. VIII. num. 979.
40) KLEIN tab. XXIII. XXIV. XXV. KUNDMANN tab. V. num. 6. BOURGUET. tab. LI. num. 331. LISTER hift. animal. Angl. tab. VII. 28.
41) KLEIN tab. XXV. SCHEUCHZER Oryctogr. Helvet. p. 313. fig. 311.
42) KLEIN tab. XXIV. b.

A ces trois Claſſes d'Echinites rondes, oblongues & cordiformes, nous ajoutons encore une quatriéme qui comprend les *dentées*. La moitié de leur contour d'ailleurs rond eſt échancré & denté, & leur ſurface eſt comme compoſée de petites tablettes ou panneaux carrés-oblongs. Elles ne ſont point élevées mais tout à fait plates; marquées au dos d'une étoile a cinq rayons, & ont les deux ouvertures placées à la baſe. Ce ſont les *Rotulæ* de KLEIN & les *Echini dentati* de BOCCONE. Dans le Regne des Pétrifications elles ſont extremement rares.

Jusqu'ici nous avons appris à connoître les différentes eſpèces d'Ourſins, autant qu'on en a découvert dans le Régne des Petrifications. Nous allons à préſent examiner de plus près l'état dans lequel ils ſe trouvent après avoir paſſé dans ce Régne étranger. On n'a peut-être jamais trouvé dans le Régne des foſſiles une Echinite parfaitement conſervée avec toutes ſes parties, on n'en voit que la coquille dépouillée de ſes épines, & ſouvent même ce n'eſt que le noyau de la coquille. Les piquants, les dents, & d'autres parties ſe trouvent, aſſez frequemment, ſouvent dans le même endroit avec les Echinites, mais toujours détachées de la coquille. Il n'y a rien d'étonnant en cela. Les piquants ſont mobiles & tiennent aux mammelons par le moyen de certains muſcles; probablement ces muſcles ne partent la plûpart que de la peau, dont la coquille eſt revetué. Les autres parties internes oſſeuſes ſont de même attachées aux parties charnuës par des tendons & des muſcles. Or dés que ces parties molles & ces muſcles commencent à ſe pourrir, les piquans tombent & ſe detachent, & le ſort des autres parties dures eſt ou qu'elles ſe diſperſent & ſe perdent, ou que renfermées dans la coquille, elles ſont enveloppées dans la maſſe de matiere terreſtre ou pierreuſe qui la remplit. 43) Il ſe pourroit donc bien, qu'il y eut encore bien des choſes à découvrir dans les noyaux, ſi les Naturaliſtes n'aimoient pas trop leurs Echinites pour les mettre en pièces, dans l'eſperance qu'un heureux hazard leur feroit trouver dans le noyau quelque oſſelet, qu'on tire d'un Ourſin de mer naturel ſans l'endommager. Quoiqu'il en ſoit, de ce que nous venons de dire, l'on voit d'une manière aiſés évidente, que pour bien connoître l'état de ces animaux cruſtacés dans le Regne des foſſiles, il faut diriger ſon attention tant ſur le corps cruſtacé ou la coquille même, que ſur ſes parties en détail.

Ou la coquille de l'Ourſin de mer s'eſt conſervée après avoir paſſé dans le Régne des foſſiles, ou elle a été détruite, de ſorte qu'il n'en reſte que le noyau. Il eſt fort aiſé de s'aſſurer ſi elle y eſt encore, car non ſeulement elle ſe diſtingue du noyau par ſa couleur & la ſubſtance qui différent beaucoup de celles de ce dernier, mais auſſi en ce qu'elle fait voir la ſuperficie & la forme externe de l'ourſin, tandis que le noyau ne préſente que l'empreinte de la ſurface interne, & cela de manière, que ce qui eſt en relief ſur la coquille même paroit imprimé ou enfoncé ſur le noyau, & ce qui eſt enfoncé dans la première ſe préſente en relief ſur le dernier. Lorsque la coquille naturelle ſubſiſte encore, elle eſt ou parfaitement entiere, ou l'on y voit des crévaſſes, qu'elle a peut-être eües déja avant la pétrification, car elle eſt ordinairement très mince & d'un tiſſu fort délicat; Ces crevaſſes reſſemblent ſouvent beaucoup aux ſutures de l'Echinite, cependant il eſt très facile de les en diſtinguer, car il n'y a abſolument rien de regulier, & elles traverſent la coquille en tout ſens, tandis que les ſutures ont toujours leur direction reguliere, & partagent l'Echinite en cinq parties egales.

Lorsque la coquille de l'ourſin de mer ſubſiſte encore après qu'il a paſſé dans le Régne des foſſiles, il ſe trouve toujours qu'elle ait ſouffert quelque altération, ce qui eſt une choſe dont on obſerve ſouvent le contraire dans le teſt de pluſieurs autres coquillages, & cela vient de ce que celle de l'Ourſin eſt beaucoup plus poreuſe, & d'un tiſſû, qui n'étant point lamelleux comme celui du teſt des coquilles, donne plus de priſe à la calcination & un accés plus facile au fluide in-

43) AUGUST. SCILLA prétend avoir poſſedé une Echinite pétrifiée avec ſes piquans, voyez LANG Trait. de origine Lap. fig. Lib. I. cap. 10. p. 11. Dans ce cas il arriva peut être, que quelques piquans reſtérent collés à la peau gluante, & ſuburent le ſort de la pétrification avec la coquille même.

imprégné de particules terreuses qui la pénétre. Dans la pétrification la coquille de l'Ourſin devient ordinairement ſpatheuſe, & l'on obſerve ce phénomène dans des Echinites qui ont été couchées dans des lits de nature très différente. Il y a des coquilles d'Echinites ſpatheuſes dans des couches crayeuſes, telles, qu'on en trouve en Angleterre, il y en a dans le grais, à Maſtricht. dans une pierre calcaire, à Goslar. 44) Auſſi de ceci il n'eſt pas difficile de découvrir la cauſe. Les coquilles naturelles des Ourſins de mer ſe calcinent toujours dans le feu, & manifeſtent par là leur nature calcaire. Or comme le Spath calcaire n'eſt qu'un fluide cryſtallin imprégné & ſaturé des particules d'une terre fine de nature calcaire, & qu'une matière de même nature fait auſſi la baſe du Spathgypſeux, avec cette différence ſeulement, que ce dernier eſt pénétré d'un acide, ſoit vitriolique ou d'une autre eſpèce, auquel il doit la fineſ-ſe ſupérieure de ſon tiſſu, il faut que toutes les coquilles d'Echinites ſpatheuſes aient éprou-vé premièrement une calcination, enſuite une imprégnation d'un fluide chargé de quantité de particules criſtallines; Ce fluide enfermé, ſans l'accès de particules étrangères, dans la cavité de quelque corps, eſt changé avec le tems en quartz; au lieu que lorſqu'il vient à être mêlé intimement avec les particules calcaires, ou, (quand il s'y eſt introduit un acide vi-triolique) gypſeuſes, de la coquille, il n'en eſt produit qu'un Spath. Mars lorſqu'un tel flui-de, au lieu de particules criſtallines, ne contient que des particules calcaires ou terreſtres communes, la coquille qu'il pénétre ne devient point ſpatheuſe mais calcaire, comme on l'obſerve dans pluſieurs Echinites de Suiſſe. Quelques auteurs raportent auſſi des Echinites métalliſés, W A G N E R des ferrugineux 45) & W O O D W A R D des pyriteux. 46) Mais il paroît que ce ne ſont que des noyaux, car auſſi dans les autres coquillages on trouve ſouvent des noyaux mineraliſés; cependant nous ne nions point, qu'à l'aide de la chaleur ſouterraine & de la vapeur, qui en provient, des parties métalliques ne puiſſent être introduites dans la co-quille calcinée de l'ourſin de mer, auſſi facilement que des parties terreſtres y ſont intro-duites par le ſecours de l'eau. Que les Echinites de pierre de Corne ſoient encore recou-vertes de leur Teſt, c'eſt de quoi nous ne doutons pas ſans raiſon, & nous ne les regarde-rons que comme de ſimples noyaux, juſqu'à ce que nous ſoyons ſuffiſament convaincus du contraire.

Ce ſont ces noyaux, qu'on trouve en très grande quantité dans le Régne des foſſiles. Dans les Echinites, qui ont encore leur Teſt, le noyau qui en remplit la cavité, eſt ordinai-rement d'une pierre de nature différente de celle que l'Echinite a priſe, ſouvent c'eſt une craye, ſouvent une pierre de corne. ſouvent l'un & l'autre, à cauſe de la grande affinité qu'il y a entre la craye & la pierre de corne, quelquefois c'eſt une pierre calcaire, dans d'autres ſouvent un grais peu compacte. Souvent auſſi les coquilles des ourſins ſont remplies de cri-ſtaux quartzeux ou ſpatheux, ſuivant que le fluide qui s'y eſt introduit, a été chargé d'une quantité plus ou moins grande de parties calcaires. Les noyaux de pierre de corne ont quel-ques fois un degré de tranſparence plus ou moins grand, ſuivant que le fluide, qui a rem-pli la cavité de la coquille, a été clair ou épais.

Mais a-t-on des marques certaines & infaillibles pour connoître ſi un Echinite n'eſt qu'un ſimple noyau, ou s'il a encore ſa coquille? Comme les noyaux ne ſont que de ſimples em-preintes de la ſurface interne de la coquille d'un Ourſin de mer, laquelle ne reſſemble jamais en tout à la ſurface externe, il eſt fort facile de diſcerner un noyau d'avec la coquille mê-me d'un ourſin de mer pétrifié. Les noyaux n'ont jamais des mammelons. Les empreintes que les panneaux de la coquille y ont laiſſées, ſont entourées d'une bordure en relief; les en-droits qui repondent aux bandes de la coquille, y ſont marqués de petits enfoncemens ronds; toute la ſurface du noyau eſt uniforme, & on n'y découvre abſolument rien, même autour des deux ouvertures, qui ſe diſtingue du reſte par la couleur, ou par la qualité de la ſubſtan-

44) RITTER Oryctogr. Goslar. p. 26.
45) in act. nat. curioſor. dec. II. ann. VIII. p. 325.
46) Natur-Geſchichte des Erdbodens. p. 18.

ce pierreufe. Aux endroits où les bandes des Ourfins de mer naturels font percées d'une infinité de petits trous, l'on voit fur les noyaux des grains beaucoup plus petits que des grains de millet. Tout ceci nous apprend à difcerner un noyau d'avec une Echinite. Que ces noyaux ne foient la plûpart d'une pierre de corne ou pierre à fufil, de couleur blanchâtre, jaune, brune, grife, noire ou autre, c'eft de quoi perfonne ne difconviendra; quoique la raifon que MYLIUS en donne dans fa *Saxonia fubterranea*, 47) ne nous paroiffe point fatisfaifante. Ce Naturalifte croit, que les trous dont la coquille eft percée, étant d'une petiteffe extrême, ne fauroient donner paffage qu'à un fluide extrémement fin, & même à point d'autre qu'à celui, qui fait la bafe de la pierre de corne ou pierre à fufil. Or ce fluide n'a pas befoin de ces paffages étroits; les deux ouvertures de l'Ourfin de mer font afsès grandes & larges pour recevoir toute forte de particules terreftres avec l'eau, qui leur fert de véhicule. Cette conjecture s'évanouit donc d'elle même, à moins qu'on ne puiffe prouver que ces deux ouvertures aient toujours été bouchées, & que l'eau n'ait trouvé de paffage pour s'y introduire qu'à travers les petits trous par lesquels l'animal fortoit autrefois fes cornes. Ce que nous venons de dire fert à lever les difficultés, que KUNDMANN 48) s'eft formées par raport à ces traits, ces points, ces ftries élevées & enfoncées qu'on voit fur les noyaux, & il feroit bien plus facile encore, d'expliquer tout celà, fi nous connoiffions parfaitement la furface interne de la coquille de toutes les efpeces d'Ourfins de mer ou du moins de la plus grande partie. De toutes les efpèces de noyaux d'Echinite, il n'y en a point qui merite plus d'attention que celle qui porte le nom d'*Echinite favogineus* ou Echinite cellulaire. Nous en donnerons plus bas une defcription détaillée, lorsque nous viendrons a la Planche qui en préfente une. Mais autant qu'il eft fûr que ces Echinites cellulaires ne font que des noyaux d'Ourfins de mer, comme nous le verrons dans la fuite, autant fommes nous éloignés de regarder avec Mr. BERTRAND 49) les pierres qu'on connoit fous le nom de noix Mufcades comme une efpèce de ces noyaux. On trouve des copies de cette efpèce de Pétrification dans les *Rarior. nat. & art. de* KUNDMANN 50) & chez d'autres auteurs, comme VOLKMANN, 51) BAUHIN, 52) MYLIUS 53) HELWIG 54) SCHEUCHZER. 55) La plûpart de ceux, qui rangent cette efpèce de pierre parmi les Petrifications, comme effectivement c'en eft une, la prenent pour une noix de mufcade pétrifiée. Mais c'eft auffi peu une noix de mufcade qu'un noyau d'Echinite, ces derniers n'ont jamais ni des rides ni des entaillures, qui fe croifent, comme ces corps en ont, & fi c'en étoient, il faudroit qu'on en vit du moins quelques uns fur lefquels on decouvrit quelque trace des ouvertures, comme l'on en voit fur presque tous les noyaux. Mais ici on n'en decouvre pas la moindre trace.

En voilà afsès fur l'état de la coquille de l'ourfin de mer dans le Régne des foffiles. Nous allons en confiderer à prefent les parties. C'eft là que nous rapportons les piéces détachées de la coquille, les piquants, les dents, les offelets du Squelette.

Les fragmens ou piéces detachées des coquilles, *Echinodermatum fragmenta lapides*, qui fe trouvent tant ifolées que dans la matrice, différent entre elles de la même maniere que les coquilles des différentes efpèces d'Echinites elles-mêmes. Celles-ci font ou mamillaires ou à panneaux, & les unes auffi bien que les autres, ont, comme nous l'avons dit ci-deffus, leurs bandes & leurs lignes ponctuées. Ainfi les fragmens d'Echinites qu'on trouve dans le Regne des Pétrifications, font de trois fortes, à mammelons ou à verrues, à petits points, & à panneaux. Les fragmens des Echinites mamillaires portent le nom de mamelons d'Ourfin,

47) Part. II. p. 48.
48) Rarior. nat. & art. p. 97.
49) Dictionnaire des foffiles. tom. II. p. 105.
50) p. 144.
51) Silef. fubterr. p. 129, comparé avec tab. XXIII. num. 6.
52) de lapidibus a natura figuratis, p. 35.
53) Saxon. fubterran. part. II. relat. VIII. p. 74.
54) Lithograph. Angerburg. p. 17. & 97.
55) Herbar. Diluvian. tab. XIII. num. 1. & 2. Specim. Lithogr. Helvet. fig. 17. p. 45.

Acetabula Echinorum, *Scutella orbiculares*, & comme parmi les Echinites à mammelons il y en a trois efpèces, favoir les miliaires, celles a grains de petite verole, & celles à verrues qu'on appelle auffi fimplement mamillaires, il y a de même trois efpèces de ces mammelons. Ceux qui reffemblent à des grains de millet, portent le nom d'*Echinorum eminentiæ lapidei miliares*, ceux qui ont la groffeur d'un grain de petite verole, celui d'*Eminentiæ variolatæ*, ceux qui font font grands, & dont la verrue eft furmontée d'un petit bouton, & entourée d'un cercle compofé de grains, portent le nom d'*Eminentiæ echinorum mamillares lapidei*. On les trouve tant ifolés, que plufieurs enfemble, compofant fouvent des morceaux d'une grandeur tres confiderable, qui prouvent affés, qu'il doit y avoir de très grandes Echinites de cette efpèce tant dans la mer que dans le Règne des foffiles. Les mammelons folés fe trouvent tant dans leur matrice que detachés. Toutes les pieces, qui préfentent les mammelons en relief, font des portions de la coquille même d'une Echinite petrifiée: celles qui ne les préfentent qu'en creux, ne font que de fimples empreintes que la coquille détruite a laiffées dans une terre molle, qui dans la fuite s'eft durcie & convertie en pierre, la plûpart de la nature de la pierre de corne ou pierre à fufil. Lorfqu'on trouve parmi les fragmens d'Echinites des pieces marquées de points fins, foit detachées foit dans la matrice, ce font ordinairement des morceaux qui offrent des traces ou des empreintes des bandes de la coquille; lorfque ces points font de petits trous remplis de matiere pierreufe, ce font des debris de ces parties de la coquille petrifiée qui en formoient les bandes; mais quand ces points font relevés & forment des grains a peu près de la grandeur d'un grain de fable fin, ce ne font que des fragmens d'un noyau d'Echinite. On trouve outre cela de petites pierres hexagones allongées, ce ne font que des écuffons ou tablettes detachées des Echinites a panneaux. On les nomme *Affulæ*, *Scutellæ hexagonæ*: 56) quelquefois on les trouve caffées par le milieu, & ces morceaux qui forment des pentagones, s'appellent *Scutellæ pentagonæ*. 57) Parmi les *piquans* ou *epines* qui garniffent la coquille des Echinites, tantôt en grand tantôt en petit nombre, & de plufieurs manières, il y a une variété prodigieufe dans le Règne des foffiles. Ordinairement elles font fpatheufes; & ont au bout inférieur une petite cavité, qui s'emboîte exactement avec le mammelon de la coquille, auquel elles font attachées par le moyen d'une membrane & de certains mufcles. Le nom qu'elles portent ordinairement eft *lapides Judaici*, Pierres Judaiques, non, comme le prétend Mr. ABILDGAARD (58) à caufe de quelque reffemblance avec la verge d'un Juif circoncife, mais puifque les premières qu'on vit en Europe, vinrent de la Syrie & de la Paléftine. DIOSCORIDE 59) dit pofitivement que la Judée étoit leur patrie. Encore du tems d'AGRICOLA on les apporta, à ce qu'il rapporte lui même, 60) en Allemagne de la Judée, particulierement du Mont Carmel, ou, fuivant le témoignage de BREYN, 61) on les trouve en grande quantité, du moins Breyn ne peut avoir entendu fous le nom d'Olives pétrifiées autre chofe que nos Pierres Judaiques. Elles ne font point rares non plus en Syrie, & par cette raifon NETTUS les nomme *L. pilos Syriaci*, d'autres, qui le fuivent les nomment *Lapides Judaici*. Elles portent encore d'autres noms, qu'on leur donne ou a toutes en général, ou à certaines efpèces en particulier, comme nous le verrons d'abord. Par raport a la forme elles different beaucoup entre elles, & en confiderant cette diverfité on en fait trois claffes. Sous la première nous rangeons les *Aiguilles*, 62) qui font minces, rondes & longues, & finiffent en pointes. On les nomme Aiguilles Judaiques, *Echinorum aculeia lapidei*, *Radioli lapidei*, *Aculei Echinorum lapidei*, *Lapides Judaici*, *cylindroutis Keyacoruki*, & lorfqu'elles font un peu courbées, *Subula Echinorum lapidea*. La feconde Claffe comprend celles, qui reffemblent à des pieux, des pals, des palliffades droites & cylindriques, & qui, deftituées de pedicule, finiffent au bas par une petite cavité. Ce font les *Sudes Filiarum & Perta-*

Nn 2 *ftan-*

56) BERTRAND *Dictionnaire des foffiles* tom. I. p. 196. tit. écuffon d'ourfin pétrifié.
57) LHID *Lithophyl. Britann.* tab. VIII.
58) Befchreibung von Stevens-Kleift. p. 36.
59) Lib. V, cap. 155. p. 311.
60) Lib. V. de nat. foffil. p. 261.
61) Reifebefchreibung durch Klein-Afien. p. 1016.
62) KLEIN tab. XXXI.

litiorum de KLEIN 63) & les *Baculi Paulli* de SCILLA. Il y en a de liffes, de grenelées, épineufes & de tuberculeufes, ces dernieres étoient encore fi peu connues de SCHEUCHZER 64) qu'il les prenoit pour des fragmens de la queuë d'une raye pétrifiée. La troifieme Claffe, qui eft la plus étenduë, renferme toutes celles, qui font en *forme de maffue* ou *de cla- vicule*. On les nomme *Echinorum clavicule lapidea*, ou bien auffi *Phoenicites*, *Cyftolithes* & *Te- colithes*: l'explication & l'origine de ces dénominations fe peut voir chez COSCHWIZ 65). On les divife en ftriées & en liffes. Les ftriées comprenent deux efpèces, les *Glands* & les *Concombres*. Les GLANDS 66) ont la forme d'une Olive, d'un gland, ou d'une bouteille ronde à cou étroit, & font munis d'un pedicule, tantôt court tantôt long, 67) au bout du quel fe trouve la cavité, qui reçoit le mammelon de l'Echinite. On en connoit deux efpèces, favoir à ftries fimples & à ftries grénelées. On les nomme Olives, *Olive lapidea*, *Echinorum radices*, *Aculei glandarii*, & à caufe de leur reffemblance avec un gland PLINE les nomme *Bala- nites*, & d'autres auteurs leur donnent le nom de *Lapides Judaici balannide*. Ces efpèces de piquans d'Echinites, & celle qu'on connoit fous le nom de Concombres, font proprement les veritables *Lapides Judaici* des anciens, & fuivant le fentiment de quelques auteurs ce font auffi ces mêmes efpèces, qui portoient autrefois les noms de *Pyrene* de *trigos*, *nucleus*, & *fu- rees*, puis qu'on s'en fervoit comme d'un remede diuretique. 68) Les *Concombres* 69) ont or- dinairement des pédicules longs, & des ftries tantôt liffes, tantôt grénelées, tantôt tubercu- leufes, tantôt dentelées. On les nomme *Echinorum aculei lapidei*, *Aculei cucumum*, *Aculei clavati cylindracei*. Les liffes en forme de maffue reffemblent à un doigt & ce font les *Aculei echinorum lapidei dactyliformes* de Mr. KLEIN, 70) ou bien à un fufeau, & alors on les nomme *fufiformes*. 71) On en trouve auffi qui femblables aux ftriées, ont la for- me d'un gland.

Les dents des Ourfins de mer font de deux fortes, favoir les canines & les molaires. Chaque Ourfin en a cinq de chaque efpèce. Les canines 72) font un peu courbées & un peu larges d'un côté, & tranchantes de l'autre; elles avancent un peu par deffus les molaires. Chaque dent molaire eft compofée de deux pièces, qui embraffent la dent canine fixée au milieu d'elles. 73) Ces dents molaires font plus larges par leur extrémité inférieure que par la fupérieure, où les dents canines les excedent, & comme les extrémités de toutes les dents fe réuniffent, elles forment un affemblage de figure conique à fommet obtus, duquel les deux canines fortent en forme de petites faucilles. Dans le Régne des foffiles il eft bien rare de trouver les cinq dents molaires d'un Ourfin de mer avec leurs dents canines encore te- nies enfemble. Des dents ifolées fur tout des canines fe trouvent de tems en tems, mais fi ce que plufieurs curieux prenent pour des dents molaires d'Echinite, en font réellement, c'eft ce qui n'eft pas hors de doute. Du moins, quant à nous, nous ne trouvons aucune ref- femblance entre une dent molaire naturelle d'un Ourfin de mer & ces dents foffiles preten- dues. Elles reffemblent beaucoup plus à des becs d'oifeau, cependant nous n'ofons pas non plus les donner pofitivement pour tels.

Nous allons à préfent examiner de plus près les autres offelets du Squelette de l'Echinite; on y rapporte: *a*) les *Offelets oblongs*, qui reffemblent à de petites folives ou poutrelles, & qui fervent à reunir & attacher enfemble chaque paire de dents molaires, 74) *b*) les *Offelets*

H

63) tab. XXXII. Q. L. M. N, O. tab. XXXIII. a - g. tab. XXXIIII, A.

64) Specim. lithogr. Helvet. p. 27.

65) Diff. de lapidibus Judaicis, à Halle 1724. in 4to §. IV.

66) KLEIN tab. XXXII. A - J.

67) Voyés KLEIN tab. A. B. C. D, E, F, G. H. comparé avec la *Defcription de Steene Kiint* par Mr. ABILD- GAARD. tab. III. a. b. c. d. e. f.

68) COSCHWIZ dans la Differtation, que nous venons de citer, §. IV.

69) KLEIN tab. XXXV. D. E. tab. XXXV. A - F.

70) KLEIN. tab. XXXI. E - G.

71) KLEIN tab. XXXVI. a - n.

72) KLEIN tab. XXXI. e. f.

73) KLEIN tab. XXXI. g.

74) KLEIN. tab. XXXI. h.

en forme d'aiguille, qui reſſemblent à des fragmens un peu courbés d'une aiguille, 75) desquels il y a toujours cinq au bas auprès de ceux que nous avons comparés à des poutrelles. c)
Les *Oſſelets à deux pointes* 76) placés au bas auprès des dents molaires. d) Les *anneaux*, qui
joints l'un à l'autre entourent du côté interne, en forme de couronne, la bouche de l'ourſin,
à laquelle ils ſont attachés. De ceux-ci on trouveroit ſans doute ſouvent des morceaux dans
les noyaux, ſi on vouloit les mettre en pièces. e) Les *écuſſons percés*, dont il y a toujours
cinq dans les Echinites, qui ont l'anus au ſommet du dos. Quand on examine ces Echinites
avec attention, on remarque, qu'elles ont au ſommet à l'entour de l'ouverture de certains
Ecuſſons percés d'un trou, ou, quoiqu'extrémement rarement, de deux, lorsque le Teſt eſt
entier, & que cette ouverture n'a point été endommagée: mais lorsque ce n'eſt qu'un noyau,
on y voit de petits grains ronds, ordinairement au nombre de cinq, préciſément à la place,
qu'occupoient autrefois ces écuſſons. Ces trous ne ſe trouvent donc pas proprement dans la
coquille même, mais dans cinq écuſſons attachés à la coquille, qui ont les angles ſupérieurs
émouſſés, le milieu percé d'un trou, & le bout inférieur arrondi ou finiſſant en une pointe
émouſſée. Ces écuſſons ont la ſurface liſſe d'un côté, de l'autre elle eſt parſemée d'un grand
nombre de petits grains. Dans le Régne des foſſiles ils portent le nom de *Scutella terebrata*,
que LUID 77) leur a donné: d'ailleurs on les nomme auſſi *Ferruca*. 78) On trouve encore,
ſur tout en Suiſſe dans les endroits, où il y a tant des Echinites que des lOſſelets d'ourſin,
toute ſorte d'autres petits corps pétrifiés; Il y en a par ex: qui ont la baſe ſinueuſe & à angles ſaillans, de laquelle s'éleve d'un côté une piéce à dos tranchant, qui ſe termine en une
pointe un peu recourbée; d'autres reſſemblent à des branches ſimples, bifourchues & même trifourchues, d'autres ſont plus larges d'un côté que de l'autre avec des pointes courtes
émouſſées: quelques unes ſont en forme de maſſue, & d'autres encore ont tantôt cette forme tantôt une autre. Ces ſortes de Pétrifications & pluſieurs autres ſemblables ſe trouvent parmi les fragmens d'Echinites, mais on ne ſauroit inférer de là que ce fuſſent préciſément des
parties du Squelette d'un Ourſin de mer, car on trouve dans les mêmes endroits auſſi des Coralliolithes & d'autres Pétrifications. Pluſieurs Naturaliſtes les prennent donc avec plus de raiſon pour des pièces de certaines eſpèces de Corail en partie encore inconnues. Dans l'Oſteo-
logie tant des grands que des petits animaux marins, il y a bien des belles découvertes encore à faire, qui ſont réſervées à nôtre poſtérité, & celle-ci viendra à connoître plus parfaitement des Pétrifications, ſur lesquelles nous n'avons jusqu'ici que des conjectures, ſouvent très incertaines. A cette occaſion je ne ſaurois me diſpenſer de faire mention du ſable
de Thurnau rempli d'oſſelets. Cette petite ville, ſituée dans la Franconie, a une ſource, qui
charie un ſable qu'au premier coup d'oeil on prendroit pour un gravier groſſier. Mais lorsqu'on l'examine de près, il ſe trouve que c'eſt un amas d'une quantité immenſe de petits
fragmens de corps marins, & peut être d'autres encore, pétrifiés. J'y ai trouvé non ſeulement de petits morceaux de piquans & de mammelons d'Echinites, mais auſſi de petites Bélemnites, d'Aſtéries, de Trochites, de Vermiculites, de Coralliolithes, & outre cela encore
une plus grande quantité de débris de corps tout à fait inconnus. Il vaudroit bien la peine
de ſuivre cette ſource dans le ſein de la terre, pour découvrir l'endroit, d'où elle amene ces
fragmens; probablement il y a des morceaux plus grands, peut être des corps encore entiers, desquels elle les arrache.

Nous avons traité jusqu'ici des eſpèces différentes d'Echinites & de leur état dans le
Régne des foſſiles, nous les avons conſidérés tant par raport à l'état de la coquille teſtacée même, que par raport à ſes parties détachées, telles, que les offre le Régne des foſſiles. Il ne
nous reſte qu'à dire encore quelquechoſe ſur la matrice des Echinites & des endroits, où en

O o

les

---

74) KLEIN, tab. XXXI. i.

75) KLEIN, tab. XXXI. K.

77) Lithophyl. Britann.

78) KLEIN *diſp. nat. echinodrm.* p. 17. comparé avec tab. VII. C. & b. c. & le *Dictionnaire des foſſiles* de Mr.
BERTRAND tom. I. p. 198, tit. écuſſons d'Ourſins pétrifiés num. 1.

les trouve aujourd'hui. Les Echinites ont pour matrice la craye, la pierre de corne, la pierre calcaire, le grais & quelquefois l'argile. Celles qu'on tire des montagnes de craye, où se trouve communément auffi, comme c'eft une chofe fort connue, de la pierre de corne, à caufe de la grande affinité, qu'elle a avec la craye, font ordinairement les plus belles. Ces petites éminences, dont le nombre eft presqu'infini, ces grains, ces mammelons, ces cercles, qui les entourent, font beaucoup plus apparents, & se diftinguent beaucoup plus fur une coquille qui vient de la craye, puisqu'on peut degager fort facilement fes parties faillantes de la craye qui y adhére, tandis que les creux en reftent remplis, ce qui reléve beaucoup la beauté de la piéce. Dans celles-ci la coquille eft ordinairement fpatheufe, & le noyau en eft tantôt de craye, tantôt de pierre de corne, tantôt l'un & l'autre à la fois, comme nous l'avons remarqué plus haut. La pierre à fufil fait auffi bien fouvent la matrice des Echinites; c'eft la plûpart une pierre à fufil opaque, formée par un fluide épaiffe, avant fa congélation, par l'admixtion d'une quantité de particules terreftres, au point de pouvoir porter la coquille de l'Echinite fans la laiffer tomber à fond. On n'en trouve que de toutes petites, de la grandeur d'un pois, & encore c'eft une chofe extrèmement rare, dans des pierres à fufil à moitié tranfparentes, lesquelles expofées au jour préfentent l'Echinite comme fufpendue dans un fluide trouble. Souvent la coquille d'une Echinite, quoiqu' enfoncée dans une pierre à fufil, a confervé quelque chofe de fa fubftance calcaire; C'eft de quoi on s'affure par le moien de l'eau forte, qui entame & ronge les parties calcaires. 79) On obferve ceci encore mieux, lorsque la matrice eft une pierre calcaire. Celles, qui fe trouvent dans le grais, font ordinairement fpatheufes, & les lits, dans lesquels elles font couchées, d'un tiffu peu compacte. Les Echinites de Malthe fe trouvent, fuivant le rapport de KUNDMANN, 80) dans une terre molle argileufe.

En Allemagne on ne trouve point les Echinites dans tous les endroits, qui fourniffent des Pétrifications, mais où on les trouve, l'on obferve communement, que le nombre des morceaux entiers & bien confervés furpaffe de beaucoup celui de ceux, qui paroiffent avoir fouffert quelque compreffion violente. De là on pourroit inférer, que ce ne font pas des inondations impetueufes, qui les ont jettées dans ces endroits, car la violence des flots auroit détruit la plus grande partie de ces coquilles fragiles, mais que c'eft le fond de quelque mer deffechée où on les trouve aujourdhui. On en trouve une quantité de beaux morceaux dans les païs de Holftein, de Lünebourg & de Meklembourg, cependant c'eft une chofe extrèmement rare de trouver plufieurs efpèces différentes enfemble dans la même contree. Le païs de Wattemberg & les environs de Nordhaufen & d'Eisleben en fourniffent auffi. En Saxe c'eft principalement dans les environs de Leipfic & dans les montagnes de Plauen, qu'on en trouve, de même qu'à Goslar & en d'autres endroits du Harz. SCHWENKFELD 81) fait mention des Echinites de Silefie, ENCELIUS 82) de celles d'Hildesheim, FRISCH 83) de celles de Mansfeld & en particulier de celles de Schrapelau, COSCHWIZ 84) de celles de différens autres païs. Après l'Allemagne on les trouve principalement en Angleterre, en France, en Suiffe, en Italie, en Danemarc & en Suede. PLOTT 85) & LUID 86) ont indiqué en particulier les contrées de l'Angleterre qui en fourniffent. LANGE 87) & SCHEUCHZER 88) ont décrit celles de Suiffe, & KUNDMANN 89) celles de Malthe. Dans l'Hiftoire naturelle des

Echi-

79) Voyés ABILDGAARDS *Befchreibung von Stevens Klint.* p. 23. & 24.
80) rar. nat. & artis. p. 95.
81) lib. III, de foffilibus Silefiacis p. 382.
82) de re metall. p. 213.
83) Mufeo Hofmanniano. p. 11.
84) Diff. de lapidibus Judaicis. p. 7.
85) natural. hift. of Oxfordshire.
86) Lithophyl. Britann. p. 44. fqq.
87) hift. lap. figurat. Helvet. tab. 15. 18.
88) Oryctograph. Helvet. p. 315.
89) rar. nat. & art. p. 95.

Echinites, que nous allons donner à préfent, on indiquera encore d'autres païs, où on en trouve.

L'Ourfin de mer, du moins l'efpèce, qui a l'anus au fommet du dos, n'étoit pas inconnue aux Grecs, comme nous l'aprenons d'ARISTOTE. Cependant nous ne doutons pas fans raifon, s'ils ont connu les Ourfins de mer petrifiés, ou plutôt s'ils ont fçû, que les Echinites, comme nous les nommons aujourd'hui, étoient des Pétrifications de coquilles d'Ourfins de mer. Les amateurs d'hiftoire naturelle parmi les Romains connoiffoient bien les Echinites comme des pierres d'une figure finguliére, mais aucun d'eux ne fe doutoit que ce fuffent des Pétrifications, & même des coquilles petrifiées d'Ourfins de mer; on les nommoit *ombria* & *bronttas*, & on croyoit, que les premiéres tomboient fur la terre avec les lavaffes ou groffes pluyes & les derniéres avec la foudre. 90) On parloit même deja dans ce tems-la d'oeufs de ferpent & de crapaud, & il y eût des gens, qui donnoient le nom d'*ova anguina* à de certaines efpèces d'Echinite. 91)

Lorsque dans le quinziéme Siécle la Lithologie commençoit a trouver fes amateurs, on s'en tenoit au commencement la plûpart à ce qu'on en apprenoit chés Pline. On tachoit de déterrer les pierres, qu'il avoit décrites; c'étoit de quoi les Lithologiftes d'alors fe faifoient un merite, mais ils manquoient en adoptant de bonne foi & fans examen tout ce que cet auteur en avoit écrit. On remarque cela principalement lorsqu'on compare ce que les auteurs de ce Siécle ont dit fur les Echinites. Ils parlent la plûpart de pierres de tonnerre & d'oeufs de ferpent, & on n'en trouve que fort peu, qui ayent eû à cet égard des idées plus faines. Perfonne cependant, même de ces derniers, ne fe doutoit, que ces *ombria* & *brontie* puffent être des Pétrifications d'Ourfins de mer. Nous allons écouter quelles ont été les différentes opinions de ces Naturaliftes.

AGRICOLA 92) connoiffoit tant les Echinites que les Pierres Judaïques glandiformes, Mais des premiéres il ne paroit avoir connu que celles de pierre de corne. Il favoit auffi, qu'il y en avoit de rondes, d'ovales, & a panneaux, même il fut le premier dans ce Siécle a rejetter la fable qui attribuoit la naiffance de ces pierres au tonnerre & aux lavaffes. Cependant il ne connoiffoit point leur veritable origine. Toutefois en avoit-il des idées plus raifonnables qu'ENCELIUS, 93) qui écrivoit après lui, & qui avoit la cervelle remplie de tetes de crapaud, desquelles ces Echinites devoient etre iffuës. MERCATUS 94) connut fi peu les Echinites, que de chaque efpèce il fit une efpèce particuliére de pierre figurée, qui n'avoient aucun rapport l'une avec l'autre, quoique la feule reffemblance, qu'il y a entre ces corps, auroit dû lui faire naître l'idée, qu'ils pourroient appartenir à un même genre. Il leur donne des noms fort finguliers, les oblongues, qui portent une étoile à cinq raïons nomme-t-il *Pentexoche minores* & *meffillei*; Les rondes, tant les mamillaires, que celles, qui font garnies de bandes, portent chés lui le nom d'*ova anguina*, & quoiqu'il ne crût pas, qu'elles devoient réellement leur origine à des ferpens, il s'avifa pourtant de dire, que la Nature avoit pris plaifir à leur donner de pareilles formes. Il nomme les cordiformes *Ananchite* & *Synochite*, & rapporte, qu'on s'en étoit fervi autrefois de même que des précédentes dans les enchantemens. De tous les auteurs de ce tems-là GESNER 95) étoit d'ailleurs celui qui avoit la meilleure connoiffance des pierres & la plus étendue, par la lecture des Ouvrages des Grecs & des Romains. Cependant il erroit auffi la où les anciens avoient erré, & c'eft ce qui lui arriva auffi à l'égard des Echinites; il favoit bien, qu'AGRICOLA ne vouloit point que les Echinites fuffent des pierres de tonnere; mais il ignoroit entiérement, qu'il y eut une rela-

O o 2

90) Voyés PLINE. Lib. XXXVII. cap. 97.
91) PLIN. Lib. XXIX. cap. 3. comparé avec STOBÆI *Opufcul.* p. 119.
92) lib. V. de nat. foffil. p. 261. 262.
93) lib. III. de re metall. cap. 32. p. 222. 223.
94) Metallotheca Vaticana. p. 282. & 312.
95) de foffil. p. 61. & 128.

relation fi étroite entre les Pierres Judaïques, desquelles il fait auſſi mention, & ſes *Ombria* & *Brontia*. Les autres auteurs ſe contentent tous à les donner pour des pierres de tonnerre, & ordinairement, où ils font mention des Ceraunites, on n'a pas loin à chercher les *Ombria* & *Brontia*, ou nos Echinites.

Si FERRAND IMPERATI a déja fait paroitre dans la première Edition de ſon Hiſtoire naturelle l'Echinite mamillaire, qui ſe trouve dans les Editions ſuivantes, c'eſt ce que nous ne ſaurions dire; 96) ſi cela eſt, il lui apartient l'honneur, d'avoir été le premier, à l'entrée du dix-ſeptiéme Siécle, qui a aſſigné aux pretendues pierres de tonnerre la place qui leur convenoit, c'eſt à dire, parmi les Pétrifications, & a fait connoitre leur veritable analogie, & démontré en même tems, que les Pierres Judaïques n'étoient que des piquans pétrifiés de ces Ourſins de mer. Un heureux hazard lui avoit fait tomber entre les mains un morceau parfaitement conſervé avec tous ſes mammelons, qui s'accordoit ſi exactement avec la coquille naturelle d'un Ourſin de mer, qu'il n'étoit presque pas poſſible de ſe meprendre, & qu'on étoit, pour ainſi dire, forcé de le reconnoitre pour ce qu'il étoit effectivement, c'eſt à dire pour la Pétrification de la coquille d'un Ourſin de mer. Néanmoins la plûpart des Naturaliſtes, juſqu'à ALDROVANDI, s'en tenoient à l'ancienne & fauſſe opinion, ce qui venoit entr'autre particulierement de ce que les Echinites de la plûpart de ces Meſſieurs n'étoient que des noyaux, & ne reſſembloient par conſequent point à la coquille d'Echinite pétrifiée d'Imperati. Ainſi on fit peu d'attention à cette découverte, & on continua toujours d'écrire & de parler de pierres de tonnere & de foudre & d'oeufs de crapaud & de ſerpent, comme le firent Schwenkfeld, Boot & d'autres. SCHWENKFELD 97) nomma les Echinites, qui ont des bandes & des ſillons, *brontia* & *lapides bufonum*, & les diviſa en rondes & ovales, ſans dire ce que c'étoient. Aux Echinites liſſes il aſſigna une place parmi les lapides Ceraunii, & les nomma *Pierres de ſerpent*, en ajoutant qu'elles étoient de la grandeur d'un oeuf d'oye. BOOT 98) ayant lû Agricola, repeta ce que celui-ci en avoit dit, & fit de quelques noms ſynonymes d'Echinites autant d'eſpéces particuliéres, ſans ſavoir, que les Echinites fuſſent des Pétrifications. Il prit le *Chelonites*, l'*Ombria* & le *Brontia* pour la même choſe, desquels il diſtingua le *Ceraunia* & entendit ſous ce nom le Bouton convexe à ſtries courbées, il en ſepara le ſens *anguius*, & donna ce dernier nom aux Echinites oblongues à bandes ponctuées, qui ſelon lui avoient beaucoup de reſſemblance avec les queües des ſerpens; Avec tout cela il ne ſavoit rien de la veritable origine des Echinites. Peu de tems après FAB. COLUMNA 99) donna la deſcription d'un Ourſin de mer naturel, mais elle ne fut pas aſſés généralement connuë, pour détruire les préventions une fois établies pour les pierres de tonnerre & de crapaud, & pour faire connoitre la veritable origine animale des Echinites. Cette erreur ſe ſoutint juſqu'au tems d'ALDROVANDI, 100) lequel s'étant aquis à juſte titre la reputation d'un grand Naturaliſte, fit naître à pluſieurs Lithologiſtes des idées tout à fait différentes ſur l'origine des pierres de tonnerre & de crapaud. Auſſi il y en a eû après lui pluſieurs, dans le même Siécle, qui en ſuivant ſon exemple déclarérent pour de veritables Pétrifications d'Ourſins de mer tout ce qu'on avoit appellé juſqu'alors *Brontias* & *Ombrias*. C'eſt lui, qui le fit le premier, & qui reconnut, que ces pierres n'étoient ni engendrées par le tonnerre, ni précipitées avec les groſſes pluyes, mais qu'elles devoient leur origine à des Ourſins de mer qui avoient paſſé dans le Règne des foſſiles.

Après Aldrovandi vinrent dans la derniére moitié du dix-ſeptiéme Siécle, le Comte MOSCARDI, MERKET, & LISTER Anglois, BOCCONE, Italien, LUID & WOODWARD l'un & l'autre Anglois & CHRET. MENZEL, Allemand, qui établirent & repandirent tous par

leurs

---

96) à Naples. 1599. in fol. à Veniſe 1672, in fol. & à Cologne. 1672. in 4to p. 752.

97) Catalog. foſſil. Sileſiæ. p. 170.

98) de gemmis. lib. II. cap. 264. p. 480.

99) dans ſon *Ecphraſ. minus cogitatarum rarionumque noſtro Coelo orientium ſtirpium. Cap.* 7

100) Muſ. Metallic. p. 454.

leurs écrits des opinions mieux fondées, au sujet des Echinites. Le Comte MOSCARDI 101) fit connoître plusieurs espèces d'Echinites, les coniques, les mamillaires, les ovales; il les déclara pour des Pétrifications, & en donna des copies en taille douce, lesquelles quoique très mal faites, en expriment cependant encore passablement la forme. MERRET 102) donna la description d'une Echinite spatagoïde, qu'on avoit trouvée en Angleterre, & remarqua, que sa surface externe ne faisoit voir que l'empreinte de la coquille interne d'un Ourfin de mer, ce qui est une chose qui embarraffa beaucoup la plûpart de ses prédecesseurs, & qui leur fit prendre ces Echinites pour des *lapides sui generis*, ou du moins pour tout autre chose que ce qu'elles étoient effectivement. LISTER 103) alla plus loin. Il declara les Echinites, que Plott avoit découvert près d'Oxford, pour de veritables Pétrifications, & en donna une description détaillée fort exacte. Comme l'Angleterre fut desabusée par LISTER touchant l'origine animale de ces Echinites, ainsi l'Italie & la Sicile le furent par le savant BOCCONE 104) Celui-ci soutint & prouva solidement que c'étoient des pétrifications; il fit connoître en particulier celles de Malthe & de Messine, il fit voir d'une maniere heureuse l'analogie des ourfins naturels avec les pétrifiés, & comme il entretenoit une correspondance fort etendue, particulierement avec plusieurs savans de France, il fut un des premiers à détruire aussi dans ce païs les préjugés, qu'on avoit eus jusqu'alors par raport à ces pretendues pierres de tonnere & de crapaud. En Angleterre on s'assura de plus en plus de l'origine animale des Echinites par les nouvelles recherches, qu'on y fit. WOODWARD 105) se donna beaucoup de peine à soutenir la verité de leur pétrification contre les doutes, que quelques uns lui avoient opposés. LUID quoiqu' embarassé un peu, de ce que les Echinites n'avoient jamais de piquans, & que leur surface ne s'accordoit pas toujours entierement avec celle des Ourfins de mer naturels, trouva neanmoins que tout cela n'etoit point suffisant pour en faire revoquer en doute l'origine animale. Il les reconnut pour des coquilles d'Ourfins de mer petrifiées, les rangea dans la Classe des *Coplacea pandata* & en décrivit un nombre considérable, de même qu'une quantité d'espèces différentes de Pierres Judaïques & d'Osselets d'Echinites. En Allemagne CIRET, MENZEL 106) prit le parti de la verité, & s'opposant à l'opinion, qu'on avoit eue jusqu'alors des pierres de crapaud, il soutint, que ce n'étoient que des noyaux qui s'etoient moulés dans des coquilles d'Ourfins de mer.

Si le reste des auteurs, qui ont vecu dans le même tems, c'est à dire dans la derniére moitié du Siécle, dont nous parlons, avoient voulu mettre à profit les observations faites par les Naturalistes ci-dessus mentionnés, ou du moins examiner leurs conjectures sur l'origine desEchinites, plusieurs d'entre eux n'auroient sur etrent pas pu se dispenser d'abandonner leur ancienne opinion par raport à ces pierres. Mais comme il en arriva ce qui arrive encore souvent aujourd'hui, qu'on neglige de profiter des plus belles observations, il n'est pas surprenant que presque jusqu'à la fin de ce Siecle il y ait eu des gens, qui à la vue d'une Echinite ne songeoient que pierres de serpent, de crapaud, de tonnerre, de grele & de pareilles choses. WORM 107) auroit bien dû se garder de les nommer des *lapides sui generis*, & de soutenir, sans être fondé sur aucune expérience, que c'étoient des pierres qui se multiplient d'elles mêmes. Il pretendoit même posseder des Echinites, qui renfermoient des petits dans leur corps. LACHMUND 108) repete fidelement ce qu'il avoit lu dans AGRICOLA, sans savoir ce que c'étoient que des Echinites; & à la fin il conclud qu'il étoit bien possible, qu'elles tomboient avec le tonnerre.

101) note ovcro memorie del museo di Lud. *Moscardo.* p. 177.

102) MERRET Pinax rerum naturalium Britannicarum, p. 211.

103) historia Animal. Angliæ. tab. VII. compare avec p. 219. sq.

104) Recherches & observations naturelles à Amsterdam 1674. in 8vo lettre 27. p. 296.

105) an Essay towards a natural history of the Earth and terrestrial Bodies. London 1695. in 8vo.

106) de generatione lapidum, vulgo bufonum, dans les Misc. natur. cur. dec. II. an. 9. 1741.

107) dans son *Museum* p. 78.

108) dans son *Oryctogr. Hildesheim.*

re. GLEARIUS 109) ne fit pas mieux. Il nous raconte, que c'étoient des pierres de tonnerre, engendrées par le tonnerre, & même qu'il y en avoit qui naissoient du crachat des crapauds & des serpens, qu'elles étoient bonnes contre la peste, qu'elles procuroient un sommeil doux, rendoient victorieux dans les combats, & retablissoient le bétail ensorcelé. Quel doit avoir été l'état de la cervelle de cet homme lorsqu'il écrivit ceci? Et encore ce fût en l'an 1674. où il y avoit longtems déjà, que l'origine animale de ces Pierres étoit reconnue & prouvée. Déjà dans le commencement du dix-huitième Siécle presque tous les Naturalistes étoient convaincus de l'origine animale des Echinites, & la plûpart de ceux, qui étendirent les connoissances, qu'on en avoit eües avant eux, ne jugerent pas même nécessaire de combattre l'opinion contraire. Dans les 30. premieres années de ce Siécle ils s'occupérent des Echinites en différentes maniéres. Quelques uns en traiterent en général, comme le firent en particulier VALENTINI 110) & quelques autres Savans dans les *Breßlauische Sammlungen der Natur und Kunst.* 111) D'autres firent connoître les Echinites de leurs païs & de leurs contrées, & de cette maniére on vint à découvrir plusieurs espèces d'Echinites encore inconnües, & on jetta en même tems les fondemens d'une division systématique de cette famille de corps marins. C'est ainsi, que SCHEUCHZER 112) & LANGE 113) firent connoître les Echinites de Suisse, BAIER 114) celles de la Franconie, MYLIUS 115) celles de Saxe, HELWING 116) celles d'Angerbourg, HERRMANN 117) & VOLKMANN 118) celles de Silésie, MELLE 119) celles de Lübek & de la Wagrie, MORTON 120) celles de Northamptonshire, GIMMA 121) plusieurs espèces de celles d'Italie, & BROMEL 122) celles de Suede. D'autres se donnerent la peine de ranger les Echinites sous de certaines Classes & Familles, & ils s'accorderent la plûpart à les diviser en rondes & oblongues, & les premieres en mamillaires & sillonnées. 123) D'autres encore s'attacherent en particulier à examiner les Pierres Judaïques, dont ils recherchérent soigneusement les différentes espèces, & qu'ils revendirent aux Echinites, comme en aiant constitué autrefois les piquans; c'est un merite que s'est acquis en particulier Mr. *Pierre Chret.* WAGNER. 124) Le Traité, qu'il a publié sur ce sujet, porte l'empreinte d'une grande application & d'une vaste lecture. Non ostant tout cela il ne laissa pas d'avoir dans l'espace de ces trente ans des Auteurs, quoiqu'en petit nombre, attachés encore à ces anciens préjugés. LANGE l'étoit en général par rapport aux Pétrifications. RUMPHIUS prenoit même les Pierres Judaïques encore pour des pierres de tonnerre; HERRMANN étoit encore un peu dans le doute, & BROMEL paroit effectivement avoir ignoré ce qu'il en devoit faire.

Comme dans le cours des derniers trente ans jusqu'à nos jours l'Histoire naturelle en général a été très considérablement enrichie, ainsi les connoissances, qu'on avoit eües avant cette époque des Oursins de mer, tant naturels que pétrifiés, ont été beaucoup etendües.

Mesu.

109) Gottorffische Kunstkammer. tab. XXI. XXII.

110) dans le *Museum Museorum* Vol. II. cap. 42.

111) de l'an 1719. p. 251. & 1721. p. 610.

112) Specim. lithograph. Helvet. p. 63. & Oryctogr. Helvet. p. 316.

113) Hist. lap. figurat. Helvet. libr. I. cap. 10.

114) Oryctogr. Noric. p. 35.

115) Saxon. subterr. Part. II. p. 42. sq.

116) Lithograph. Angerburg.

117) Maslographia. tab. IX. fig. 41. sq.

118) Silesia subterranea.

119) epist. de Echinitis Wagricis. à Lübec. 1718. in 4to & Commentat. de lapidibus figuratis agri Eutinensique Lubecensis. à Lübec. 1720. in 4to.

120) natural history of Nordhamptonshire. cap. III. §. 28. p. 229.

121) della storia naturale delle gemme, delle pietre e di tutti i minerali. à Napies 1730. in 4to dans le second Tome.

122) lithographia Succana p. 50. 51.

123) BAIER Oryctogr. Noric. p. 35.

124) dans une *Dissertation:* de lapidibus iudaicis, Præsid. D. COSCHWIZ, à Halle 1724.

Meßrs. BREYN & KLEIN, deux savans Naturalistes, se sont fait à cet égard un merite distingué. BREYN fut le premier à classifier les Oursins de mer, il en donna une description dans un Essai qu'il publia 125) & qui fût reçu avec beaucoup d'applaudissement. KLEIN alla encore plus loin, il rechercha toutes les espèces d'Oursins de mer, tant naturels que pétrifiés, qui étoient connûs jusqu'alors, en établit un Système entier, les rangea en Classes, Genres & Familles, en donna une description, quoiqu'un un peu seche & obscure à la verité, son style n'étant qu'un tissu de terminologie, mais fort exacte, qu'il publia avec une quantité de figures gravées en taille-douce jolies & exactes. 126) Les efforts de ces deux savans Naturalistes, par lesquels la connoissance des Echinites fût si fort étendue, excitérent plusieurs autres à l'enrichir & à l'embellir encore d'avantage. KLEIN fut lui-même le premier à contribuer à ces nouveaux accroissemens, en donnant dans les *Danziger Versuche* 127) la description de deux Echinites à six bandes, qu'il avoit reçues de Mr. Tesdorp. Après un intervalle asés considérable il fût suivi par plusieurs savans Anglois, *Henri* BAKER, *Emanuel* MENDES di COSTA, *James* PARSONS, & *Gustav* BRANDER, qui donnérent tous dans les *Transact. Philosoph.* 128) des descriptions d'Echinites rares ou inconnues auparavant. L'Histoire des Oursins de mer de Mr. KLEIN fût traduite en françois 129) & on enrichit cette traduction de plusieurs espèces d'Oursins de mer, qui avoient échappé à Mr. KLEIN, tirées du superbe Cabinet de Mr. de REAUMUR. *Jean Chal.* GEHLER 130) fit connoître dans la suite une Echinite pétrifiée à quatre bandes. Pendant que ces savans Naturalistes, & plusieurs autres, tachoient de découvrir des Echinites echappées aux recherches de Mr. KLEIN, pour en rendre la suite plus complette, d'autres, à l'exemple de quelques Naturalistes du siécle précédent, se donnerent beaucoup de peine pour deterrer les Echinites de leurs pais & de leurs contrées. Parmi ces derniers se sont distingués particulierement Messr. SIEVERS, RITTER, CARTHEUSER, SCHREBER, PONTOPPIDAN & ABILDGAARD. SIEVERS 131) fit connoître les Echinites de Niendorp; RITTER 132) donna la description de celles de Goslar, qui ont le Test sélénitique & le noyau calcaire, & de celles de Brounsvic & de Lunebourg, & à cette occasion il fit connoître aussi une Echinite ovale très elevée & chargée de plusieurs Pectonculites, que Mr. KEYSLER a trouvée dans ce pais. CARTHEUSER suivit ces exemples à l'égard des Echinites de Pierre de corne, qu'on trouve aux environs de Francfort sur l'Oder, & après lui vinrent SCHREBER, PONTOPPIDAN & ABILDGAARD; le premier donna celles des environs de Halle, les deux autres celles de Danemarc. On fit la même chose à l'égard des Echinites de quelques riches Cabinets, ce qui ne laissa pas d'être fort utile. On apprit par là a connoître plusieurs espèces d'Echinites fort rares, & à découvrir plusieurs endroits qui en fournissent. FRISCH donna ainsi la description des Echinites de Mr. HOFFMANN, KUNDMANN de celles qu'il possedoit lui même, le Chevalier de LINNE de celles du Comte TESSIN, & HEBENSTREIT de celles du Cabinet de Mr. RICHTER sans parler d'autres.

A mesure que le nombre de ces Ouvrages augmentoit, les Minerologies & les Lithologies étoient aussi portées toujours plus près de leur perfection, quant à la Partie qui traite la doctrine des Echinites. Les nouvelles découvertes, qu'on fit de plusieurs espèces d'Echinites auparavant inconnues, servirent beaucoup à en perfectionner la Classification, & à mettre les Naturalistes en état de traiter toute la matiere des Oursins de mer pétrifiés, & de leurs parties avec plus de précision qu'on n'avoit pû faire auparavant. TESSER fût le premier qui, dans sa Lithothéologie, mit à profit l'ouvrage que Mr. KLEIN avoit donné là dessus. WALLERIUS

125) *Joh. Phil.* BREYNII *Diss.* de polythalamiis, huic adiicitur schediasma de echinis disponendis, à *Danzig*, 1732. in 4to.

126) *Jac. Theod.* KLEINII naturalis dispositio echinodermatum, à *Danzig*, 1734. In 4to.

127) Essais de la Société phys. de *Danzig*, Second Tome, p. 293.

128) Le Memoire de PARSON se trouve dans le Volume XLIX, p. 155. & p. 295. celui de BRANDER, Vol. XLVI. p. 243. celui de *la* COSTA & Vol. XLIV. p. 433. celui de BAKER.

129) Ordre naturel des Oursins de Mer & foibles, à *Paris*, 1754. in 8vo l'Original Latin y est joint

130) diss. de characteribus fossilium externis. p. 11.

131) curios. Niendorp. Spec. I.

132) Orydogr. Goslariens. & Calenberg.

ne traita des Echinites que d'une maniere très superficielle, comme en général à la perfection de l'Histoire naturelle des Echinites Mess.- les Suedois ont le moins contribué, les Allemands & les Anglois font ceux auxquels on doit à cet egard le plus. WOLTERSDORF fit mieux; il disposa les Echinites très bien, tant suivant la situation des deux ouvertures, que d'après d'autres caractéres distinctifs, & il ne manqua qu'en ce qu'il prit l'*Echinites coronalis*, qui n'est que le noyau d'une espèce connue, pour une espèce particuliére. Après lui vinrent Mrs. d'ARGENVILLE, GESNER, JUSTI, VOGEL, BOURGUET & BERTRAND. D'ARGENVILLE fit l'énumeration de toutes les espèces, qu'on a découvertes jusqu'ici. GESNER en donna une description courte, mais très exacte. BOURGUET, quoique le pompeux titre de son Ouvrage annonce les *Pétrifications des quatre Parties du monde*, ne donna, que ce qu'il avoit trouvé dans SCHEUCHZER & dans quelques Cabinets. Dans le Dictionnaire de Mr. BERTRAND l'article des Echinites est exposé avec beaucoup de soin, & les meilleurs Ouvrages de ses prédécesseurs y sont mis à profit avec un choix fort delicat. Ce même article vaut d'autant moins dans l'Onomatologie de l'histoire naturelle. Et voila où nous en sommes aujourdhui par raport à l'histoire naturelle des Echinites. Elle ne laisse pas d'avoir encore ses lacunes & ses imperfections considérables. L'avenir decouvrira peut-être encore bien des espèces d'Echinites, qui nous sont inconnues, et la conformation interne de la coquille des Oursins, qu'on viendra à découvrir, apprendra à la postérité à associer certains noyaux à leurs veritables analogues, que nous ne connoissons pas encore. L'Ostéologie des Oursins de mer a surtout besoin d'être mieux éclaircie, pour nous assurer si plusieurs sortes de Pétrifications sont effectivement ce que nous croyons aujourd'hui qu'elles sont, c'est à dire des Osselets d'Echinites. Plusieurs espèces de piquans d'Oursins de mer, sur tout les grenelés, les glandiformes & les concombres, que nous prenons du moins pour tels, demandent encore d'être bien examinées. Et quand même il sera mis hors de doute, que ce sont de vrais piquans d'Oursins de mer, ce ne sera peut-être que dans un avenir encore plus éloigné qu'on viendra à découvrir, quelles espèces de Pierres Judaïques appartiennent a chaque espèce d'Echinites.

Nous en venons à présent à la description des Echinites, qui sont représentées dans cet Ouvrage, & nous serons d'autant plus courts, que nous avons déja rapporté ce qu'il y a de plus essentiel à l'égard de chaque espèce d'Echinites.

PLANCHE E.

N. 1. Un fragment d'Echinite d'une grandeur considérable. Autant qu'on peut juger par les restes de la coquille, qu'on y voit elle appartient au genre de ces Echinites rondes, que KLEIN nomme *Cidares miliares*, et parmi les différentes espèces, que ce genre embrasse, celle a laquelle ce morceau paroit se rapporter, est la troisiéme, que ce Savant [133] nomme *angulosa*, quoique sur le peu, qui reste de sa coquille, on ne sauroit point découvrir de trace des sutures dentelées. Cependant on y distingue très bien les rangs de points.

N. 2. Une Echinite mamillaire ronde (*Cidaris mammillaris* KLEINII 134) de l'espèce qu'on nomme *Cidaris Mauri*. Ce morceau est très bien conservé.

N. 3. Une Echinite de la même famille, mais à mammelons plus grands que celle qui précéde. Elle merite en particulier de l'attention, puisqu'elle fait voir d'une maniere très distincte les parties, que nous avons décrites plus haut sous le nom de *Verruca*, avec leurs trous. Un pareil morceau avec ces parties se trouve aussi dans LISTER *Historia Animalium Angliæ* tab. VII. n. 25. on peut conférer aussi KLEIN tab. VII. C. coll. litt. b. & c. Dans le nôtre ces parties se trouvent un peu enfoncées & séparées de la coquille, ce qui vient d'une compression, que l'Echinite doit avoir soufferte en passant dans le Régne des fossiles.

133) Tab. II. F.
134) Tab. VII.

N. 4. & 5. doivent être rangées sous la même Classe, c'est à dire parmi les Echinites mamillaires, que KLEIN a représentées tab. VII, elles sont bien conservées l'une & l'autre, de même que celle du N. 2.

N. 6. & 7. Une *Cidaris variolata*, suivant la dénomination de KLEIN. Des variétés différentes qu'on raporte à cette espèce, celle qui est analogue a celle, que nous offrons ici, est la *Cidaris variolata elliptica, basi pulvinata eminentiis varioribus*. On peut voir là dessus KLEIN p. 13. comparé avec tab. IV. E. F. & tab. V. a. b. c. Elle est représentée ici tant du côté du dos que de la base.

Toutes les Echinites de cette Planche ont leur coquille changée en pierre, & viennent probablement de Suisse.

PLANCHE E. I.

N. 1. & 2. est un noyau de pierre de corne brune, d'une Echinite ronde élevée & convexe, qu'on nomme aussi *Echinites fibularis*, & que LISTER appelle *Echinites vertice fastigiata*. Il faut se garder, comme nous l'avons déja dit ci-dessus, de le confondre avec les Echinites coniques, qu'on nomme *Echinite pileati* & *Echinoconita*, ou avec celles, qui ont la figure d'un hemisphére, & qu'on nomme *Echinita globulares*. Il a, comme la plûpart de cette espèce, cinq doubles rangs de points, qui vont du sommet jusqu'a la bouche. La bouche est au milieu de la base & l'anus au bord. Les traits, qu'on voit sur les côtés entre les sillons, ne sont que purement accidentels. La coquille de cette espèce d'Echinites est ordinairement composée de tablettes ou panneaux, ce qu'on n'observe pas toujours sur les noyaux, sur tout lorsque le fluide dont ils ont été formés, a été fort épais, les sutures au contraire très fines. Que le fluide, qui forma ce morceau, doit avoir été fort épais, est une chose assés évidente, puisqu'il tient plus de la nature du Jaspe que de la pierre de Corne; cependant on donne ordinairement ces sortes de noyaux pour être de la nature de cette derniere.

N. 3. & 4. Cette Echinite doit être rangée parmi les oblongues, qu'on nomme Echinites ovoides; Et des différentes variétés, que cette espèce embrasse, celle a laquelle il faut la rapporter, c'est celle des Echinites, qu'on nomme *Ova anguina*, ou les ovoides à bandes composées d'un double rang de petis creux. Ce n'est, comme le précédent, qu'un simple noyau composé en partie de pierre de corne en partie de craye, comme le fait voir la base N. 4. Il porte des empreintes de panneaux, & a cela de particulier, que ses doubles rangs ne descendent pas tout à fait jusqu'au bord de la base. Dans chaque rang les creux sont doubles, au lieu que d'ailleurs il ne sont souvent que simples. Il est bien conservé, & paroit venir d'Angleterre, comme le précédent.

N. 5. & 6. C'est avec plus de certitude encore, que nous pouvons donner l'Echinite, que nous présentons sous ces Nos. pour être tirée des montagnes de craye d'Angleterre. Du moins on y trouve assés souvent une espèce, qui a tous les caractéres de nôtre morceau. C'est une Echinite cordiforme, qui porte dans le Régne des Petrifications le nom d'Echinospatagite, *Spatagus, Cor marinum*. Elle a encore sa coquille, qui est spatheuse. Le noyau n'est, comme il y a toute apparence, qu'une simple craye. La bouche se trouve à la base, & l'anus est a côté entre la base & le dos. Sur le dos il y a la canelure ou sinuosité, qui lui donne la figure d'un coeur, & outre cela on y voit l'étoile à quatre raions, qui n'est point formée ici de points mais de stries transversales fines. Toute la surface en est parsemée de petites eminences arrondies, enfermées dans des cercles plus profonds, auxquelles dans son état naturel etoient attachés les piquans.

PLAN-

PLANCHE E. I. a.

N. 1. Une très grande Echinite d'Angleterre, qui appartient aux mamillaires rondes sphériques. Elle a encore sa coquille, qui est entierement pétrifiée, & de la plus belle conservation. Elle a cinq sutures dentelées ou plûtôt onduleufes, qui partagent la coquille en cinq parties égales. Chaque partie a des rangs doubles de points & de mammelons, qui descendent du sommet vers la base; ces derniers sont entourés de grains extremement fins, & outre cela on y voit encore une quantité de plus petits mammelons de grandeur différente. Les doubles rangs de points, qui se reunissent tant à la bouche qu'au sommet, se font voir dans ce morceau, surtout à la base de la maniere la plus distincte. La coquille est spatheuse, & le noyau une pierre calcaire opaque & compacte.

N. 2. Une Echinite ronde sphérique, de l'espéce de celles, qui sont en même tems en quelque façon de figure conique, & qu'on nomme Echinites globulaires. Ce n'est qu'un simple noyau de pierre de corne à moitié transparente. Il est garni de cinq bandes simples assez larges, chacune à deux rangs de petits creux. Les empreintes des panneaux, qu'on découvre entre les bandes, se font remarquer par des bords d'un relief très considerable; d'où il se suit, que le fluide, duquel par la suite du tems s'est formé ce noyau pierreux, doit avoir pénétré bien avant dans les jointures des panneaux; car sans cela on ne comprendroit pas, d'où ces compartimens hexagones pourroient avoir des bords si faillans?

N. 3. Nous aurions bien souhaité, que la copie de cette Echinite eût pû exprimer parfaitement son Original, mais comme il est transparent, il n'y avoit pas moien d'empecher que les rayons de lumiére, en passant à travers les parois des cellules, ne troublassent le désinateur, & l'empechassent de distribuer, comme il auroit fallu, les lumieres & les ombres, & d'exprimer ce tissu de cellules transparentes d'une maniere parfaitement conforme à la nature. C'est un noyau cristallisé d'une Echinite oblongue, tout composé d'alvéoles héxagones, qui ressemblent aux cellules des abeilles. Chacun de ces alvéoles s'étrecit peu à peu, & se termine en pointe, & ce qu'il y a de plus remarquable, c'est qu'ils ont tous une direction oblique, qui tend vers la base, comme si leurs pointes devoient s'y reunir comme dans un centre commun. On voit clairement, que ce tissu cellulaire remplit la place du noyau, & même la pierre de corne opaque, qui sert de base à ce tissu cellulaire, fait une partie du noyau; car les lames de cristal, qui composent les alvéoles, pénétrent dans cette partie opaque & s'étendent presque jusqu'à la surface externe.

Nous ne sommes pas les premiers à faire connoître cette espéce particuliére d'Echinite; on la trouve dans quelques auteurs sous le nom de *Brontia favaginosa*, *Echinus favagineus*, Echinite cellulaire. Autant que nous savons, ENCELIUS 135) fût le premier, qui en parla, mais il ne lui vint pas dans l'esprit d'en faire une Echinite, & comme d'ailleurs la connoissance, qu'il en avoit, étoit très imparfaite; il en fit une espéce d'Etites, en temoignant son étonnement sur la structure singuliére de cette pierre, sans en entrevoir la cause physique; mais c'est de quoi on ne s'étonnera pas lorsqu'on considére les circonstances du tems où il a vecu. Après Encelius il y eût WORM. 136) qui donna une description de cette Echinite, accompagnée d'une copie, mais on voit bien qu'il en connoissoit aussi peu l'espéce. Après celui en firent mention OLEARIUS 137), OLIGER JACOBÆUS 138.) & dans nos jours, les auteurs de l'*Onomatologia Histor. nat.*; 139) mais quant à l'origine de cette pierre ils savoient tous aussi peu que leurs prédécesseurs. Aussi est-elle en quelque façon difficile à découvrir & dans cette considération nous sommes bien éloignés de donner nos idées pour des vérités incontestables, ce ne sont que de simples conjectures. Avant tout il faut remarquer, que

dans

135) de re metallica. p. 212.
136) dans son *Museum.* p. 77.
137) *Gottorffische Kunstkammer.*
138) dans son *Museum regium.* p. 34.
139) Vol. II. p. 107.

dans les observations, que nous allons communiquer, ce n'eſt pas tant la Copie ou le deſſin, (qui n'a pas trop bien reuſſi,) que l'original même, que nous avons devant les yeux, & que c'eſt uniquement a celui-ci qu'elles ſe raportent.

Les cellules de ce noyau criſtalliſé ſont toutes de figure héxagone, comme les tablettes des Echinites à panneaux, (*echinites aſſulatus*) & les bords de ces alvéoles repondent parfaitement au contour des panneaux de ces ſortes d'Echinite. Or il y a une eſpèce d'Echinite à panneaux, qui a toujours entre deux rangs de grandes tablettes oblongues deux autres rangs compoſés de petits compartimens héxagones, 140) & ce qu'il y a de plus remarquable, c'eſt que la ſtructure de la nôtre eſt à cet égard préciſement la même, y ayant toujours deux rangs de grands compartimens placés alternativement avec autant de petits. Comme les futures de ces compartimens ſont les memes du coté interne de la coquille, que du côté externe, on eſt fondé de conclure que cette même union ou engraſſure des compartimens héxagones, ou pour m'exprimer encore mieux, la forme de ces futures, a dû influer ſur la formation de ces alvéoles héxagones, deſquels il y a toujours deux rangs de grands placés alternativement avec deux rangs de petits, diſpoſition entièrement ſemblable à celles des panneaux héxagones. Mais comment a-t-elle pû influer ici cette ſtructure de la coquille? Lorſqu'un fluide enfermé ſe criſtalliſe avec le tems, cela s'opère par le moyen des particules criſtallines, qu'il contient, & qui ſont d'une fineſſe extrème tout à fait imperceptibles à l'œil, celles-ci, attirées par les parois internes de la coquille, ſe ſéparent du fluide, & s'attachent d'abord aux jointures, qui uniſſent les pieces de la coquille, & aux fontes, qu'elles rempliſſent. C'eſt une choſe que l'experience nous apprend. Cette même choſe, phénomène propre & naturel à la criſtalliſation, s'eſt opéréé ici de la même manière, les futures héxagones des parois internes de la coquille de nôtre Ourſin ſe ſont ſont été remplies d'abord de particules criſtallines; enſuite il ſe fit une choſe, qui n'eſt pas moins ordinaire dans la Nature en conſéquence d'un principe, par lequel des particules homogènes s'unſſent plûtôt & plus facilement que des hétérogènes, ſurtout ſi elles ont un mouvement libre. Les particules criſtallines, qui nageoient encore en quantité dans le fluide enfermé, ſe porterent peu à peu vers les parois internes de la coquille, & y trouvant les futures remplies de particules, qui leur étoient homogènes, elles s'attachèrent à celles-ci au lieu de s'appliquer à la coquille, dont les particules calcaires leur étoient hétérogènes. Or comme les futures formoient des héxagones, la criſtalliſation, qui les rempliſſoit, devoit en former de même, & l'aſſemblage qui naiſſoit de l'aggregation des particules criſtallines, qui s'attachoient à celles-ci, devoit tout naturellement prendre une figure également héxagone. Mais ces alvéoles héxagones pourquoi finiſſent-ils tous en pointe? Puiſque les parties criſtallines ſe ſont attachées d'abord à l'entour des futures, & que l'aggrégation des particules, qui ſe joignirent ſucceſſivement à celles-ci, s'eſt faite de tous cotés également, il falloit bien, que les pointes ou les extremités ſe rapprochaſſent & ſe réuniſſent à la fin toutes en un centre commun. On prétend auſſi avoir obſervé, que dans ces ſortes de criſtalliſations les particules les plus fines ſont toujours les dernières à ſe depoſer ou à ſe fixer, & c'eſt en cela qu'on croit trouver la raiſon pourquoi les criſtaux ſe terminent en pointe, & que cette pointe eſt plus dure que le reſte. Si cette obſervation eſt fondée il ſera d'autant plus facile de rendre raiſon de ce que tous les alvéoles de notre Echinite finiſſent en pointe.

N. 4. Une Echinite ovoïde, convexe & élevée, d'Angleterre. La coquille de ce morceau eſt changée en Spath, & le noyau eſt de craye. La bouche ſe trouve à la baſe, comme elle l'eſt toujours, mais elle n'eſt point placée au milieu; l'anus eſt au bord de la baſe. Il a cinq doubles rangs de points, & lorſqu'on l'examine avec attention, on y voit encore des ſtries élevées très fines & preſque imperceptibles, qui partent du ſommet & ſe perdent au bord de la baſe. Dans la copie, que nous en avons ici ſous les yeux, ces ſtries ſont exprimées avec trop de force. Toute la coquille, tant au dos qu'à la baſe, eſt parſemée de grains extrèmement petits mais peu ſerrés.

Qq 2

N. 5.

N. 5. Une Echinite ovale aſſès élevée, ou plûtôt un noyau d'Echinite, d'Angleterre. Il eſt de pierre de corne d'un brun rougeâtre. Lorſqu'on l'examine de près & avec attention, on découvre qu'il appartient aux Echinites à panneaux. Il a la ſurface ſillonée de cinq doubles rangs, compoſés de petits creux doubles. Ces ſillons ſe terminent près du ſommet en une pointe émouſſée, & ſe reuniſſent à la bouche, qui ſe trouve placée hors du milieu de la baſe. L'anus eſt proche de la circonférence de la baſe, comme dans l'eſpèce précédente.

PLANCHE E. II.

Les Echinites, qui ſe trouvent repréſentées ſur cette Planche & les trois ſuivantes, ſont tirees du Cabinet de Mr. le Prof. d'ANNONE; les remarques, que ce Savant a bien voulu nous communiquer, feront la baſe de la deſcription, que nous en allons donner.

N. 1. Une Echinite ſphérique de l'eſpèce, que KLEIN 141) a décrite ſous le nom de *Cidaris miliaris hemiſphericus*. Elle eſt encore recouverte de ſa coquille changée en pierre; celle-ci eſt de nature calcaire, comme elle l'eſt ordinairement dans les mamillaires. Ce morceau vient de Pfeffinguen dans l'Evéché de Bâle.

N. 2. Une Echinite de la même eſpèce que la précédente, & du même endroit, mais plus petite. 142) Dans celle-ci le dos eſt un peu plus élevé & plus ſphérique que dans celle, qui ſe trouve repréſentée dans KLEIN. Sur la pierre, qui y adhére à la nôtre, on découvre, un petit piquant en forme d'aiguille, qui appartient probablement à cette Echinite. La pierre eſt de même nature que celle de la précédente.

N. 3. Une Echinite de forme un peu applattie, qui a, comme les précédentes, la bouche au milieu de la baſe, & l'anus au dos. Vers la circonférence de la baſe elle eſt garnie tout à l'entour de mammelons, qui reſſemblent à des perles, ſes autres éminences ont la forme d'un quarré oblong, & chacune paroit comme formée par le concours de pluſieurs petits mammelons ronds collés enſemble. Cette eſpèce d'Echinite eſt fort rare, & il n'en eſt fait mention ni chés Mr. KLEIN ni chés Mr. BREYN. Ce qu'il y a de plus remarquable c'eſt que les cinq petits écuſſons qui ſe trouvent placés à l'entour de l'anus, ſont percés de deux trous, ce qui eſt une choſe extrémement rare. La coquille eſt ſpatheuſe, & le noyau calcaire. Du Canton de Bâle.

N. 4. Une Echinite ronde, tant ſoit peu comprimée, de l'eſpéce que KLEIN 143) nomme *Cidaris mammillaris Mauri*. Ses mammelons élevés ſont rangés ſur cinq doubles rangs, qui s'étendent du ſommet à la bouche. Autant de bandes formées de lignes ponctuées doubles, dont la direction eſt la même, ſéparent ces rangs de mammelons l'un de l'autre, & au ſommet l'on voit les cinq écuſſons ou verrues avec autant de piéces en forme de croiſſant, qui entourent l'anus. Ce morceau vient de *Bubendorf* du Canton de Bâle.

N. 5. Une Echinite ronde de forme comprimée, du genre qu'on nommé *Cidaris miliaris*. Elle différe un peu de celles, qu'on voit dans KLEIN & d'autres auteurs, par raport à ſa figure, qui aproche beaucoup de celle d'un pentagone regulier, à coins arrondis. Elle eſt calcaire.

N. 6. & 7. Une Echinite ſphérique, convexe, *Echinites fibularis, diſcoides, ſubuculus vertice ſimplici Kleini*, N. 6. en fait voir le dos, N. 7. la baſe, au milieu de laquelle ſe préſente d'une maniere fort diſtinſte l'ouverture de la bouche échancrée en forme d'étoile, & l'anus placé vers la circonférence. Ce morceau eſt calcaire, de Muttenz.

N. 8.

141) nat. diſp. echinoderm. §. XII, Tab. II. 1.
142) KLEIN §. 2. p. 17. Tab. II. A. B.
143) p. 19. §. 21. tab. VII. B. C.

N. 8. Une Echinite ronde, dont la bouche est au centre de la base, & l'anus au milieu entre celui-ci & la circonférence; elle appartient au genre, que Mr. KLEIN nomme *Laganum*, & paroit convenir avec sa troisiéme espèce. Suivant Mr. de LINNE 44) il faudroit la nommer: *Echinus fossilis, orbiculatus &c. ano subremoto, foraminibus nullis pervius, indivisus.* Lorsque Mr. BREYN écrivoit son *Schediasma de Echinis*, il ne connoissoit point encore d'Oursin pétrifié de cette espèce. Il l'apelle: *Echinodiscus circinnatus minor, margine integro.* La nôtre est de Vérone.

PLANCHE E. III.

N. 1. Une Echinite cordiforme, du genre des *Spatangus* de KLEIN. BREYN l'apelle *Echinospatagus cordiformis marino-terrestris.* Car c'est ainsi, qu'il nomme les Oursins, pétrifiés & fossiles, dont l'analogue ne s'est pas encore trouvé. Sur le dos elle a une étoile a quatre raions bordée de stries transversales fines, & outre cela l'échancrure, qui lui donne la forme de Cœur, comme nous avons vû ci-dessus. Cette échancrure se perd à la base auprès de la bouche. La coquille est sélénitique, le noyau calcaire, ou une craye grossiere. De Vérone. Mr. le Prof. d'ANNONE en possède encore de la même espèce qui vient de Malthe.

N. 2. Une Echinite ovoïde de Vérone, dont la coquille est marquée sur le dos d'une figure composée de quatre feuilles oblongues, émoussées aux extrémites, qui partent d'un centre commun. Ces feuilles, légérement sillonnées, sont bordées de stries transversales, qui finissent par des petits points. Vers l'extrémité emoussée la coquille s'éleve un peu & forme une crête presqu'insensible, qui a été fendue par quelque accident, vers l'autre extremité elle s'applatit un peu. Elle appartient aux *Echinanthi* de Mr. BREYN, 45) desquels cependant elle differe en ce que, contre l'observation de cet auteur, elle a l'anus non à l'extremité emoussée mais à l'extremité pointue. Le *Brissoides, Cranium depressum* 46) de KLEIN a beaucoup d'affinité avec cette Echinite.

N. 3. Une Echinite de forme ronde, considérablement applattie, marquée d'une étoile à cinq rayons, ou si l'on veut, d'une fleur à cinq pétales, qui partent du sommet & sétendent jusqu'a la circonference. Chacune de ces feuilles est partagée selon toute sa longueur par une ligne dentelée, divisée outre cela par une infinité de stries transversales, & garnie de quatre rangs de doubles points ou petits trous. Les autres parties de la coquille, qui se trouvent interceptées entre ces pétales, sont partagées chacune, en deux parties égales par une ligne dentelée, qui part du sommet & s'étend jusqu'au bord, & chacune de ces moities est divisée encore par des lignes transversales courbes en plusieurs compartimens, qui ressemblent en quelque façon aux *Assulae* de KLEIN. La bouche est au centre de la base.

N. 4. La même Echinite vuë par dessous; La base se présente ici marquée d'une quantité innombrable de petits anneaux, qui ont chacun un pétit enfoncement dans lequel il y a une petite étoile un peu élevée. Comme l'on ne découvre aucun vestige de l'anus, la coquille étant un peu endommagée, on ne sauroit déterminer précisément l'espèce de cette Echinite. Probablement elle appartient aux *Clypei* de KLEIN. Cependant on n'a point trouvé jusqu'ici ni dans cet Auteur ni dans quelque autre, une Echinite, qui ressemblat parfaitement à celle-ci. Celle, qui se trouve dans le *Versuch der Merkwürdigkeiten der Landschaft Basel &c.* 47) differe de la nôtre par un sillon profond, qui s'étend depuis le sommet jusqu'au bord. La coquille est spatheuse, le noyau calcaire. Du rivage du *Lac de Neufchâtel.*

N. 5. Une Echinite ovoïde, qui porte sur le dos la figure d'une fleur à cinq pétales, & qui a l'anus placé au bout emoussé vers la circonference; elle appartient aux *Echinanthi* de

R r

BREYN.

44) Syst. nat. p. 666. Sp. 17, 2.
45) de Echinis. p. 59.
46) §. 108. tab. XXVII. B.
47) 22. St. tab. XXII. 1.

BREYN. 148) La pierre dont elle eſt remplie eſt de même nature que le noyau de la précédente. De Vérone.

N. 6. Une Echinite, qui doit être comptée parmi les rares. Elle eſt de forme ovale, à panneaux, & pas trop élevée. Les panneaux dont elle eſt compoſée, ont la forme ordinaire d'héxagones oblongs. Peut - être cette eſpèce, ſi rare aujourd'hui, a - t - elle donné occaſion aux anciens de comparer de certaines eſpèces d'Echinites aux écailles des tortües, & de leur donner le nom de Chelonites. Ce qu'il y a de plus remarquable dans ce morceau, c'eſt que les bandes, qui forment dans d'autres une fleur à cinq pétales, ſont ſeparées de maniè- re qu'il y en a trois qui partent d'un centre commun & tendent vers l'un des bouts, & deux, qui partent d'un autre centre diſtant du premier & ſe rendent vers le bout oppoſé. Mr. d'ANNONE a donné de cette Echinite une fort belle deſcription dans les *Aɛ̃. Helvet.* 149) Ce morceau a été trouvé à Muttenz.

PLANCHE E. IV.

N. 1. & 2. Une Echinite à dos fort élevé & vouté, ſur lequel on voit quatre rayons for- més par des points & des ſtries transverſales fines, qui partent d'un centre commun. Le ſillon ou échancrure aſſès profonde ſort du même centre, paſſe entre les deux rayons qui tendent vers le bout ſupérieur, & ſe rend, après avoir traverſé le bord à la bouche, qui ſe trouve à la baſe, un peu plus près du bout ſupérieur que du centre. L'anus eſt placé à l'ex- tremité inférieure, qui eſt un peu émouſſée. KLEIN 150) nomme cette eſpèce : *Spatagoides quaternis radiis Anderſonii.* La coquille eſt parfaitement bien conſervée & remplie d'une terre calcaire. Elle vient de *Maſtricht.*

N. 3. & 4. Une Echinite du même genre & de la même eſpèce que celle qui ſe trouve dans KLEIN 151) ſous le nom d'*Echinites Spatagoides, quinis radiis.* Elle eſt de Neuſchâtel, où l'on en trouve de pareils dans une marne bleüâtre, qui en remplit auſſi l'intérieur.

PLANCHE E. V.

N. 1. Une Echinite en forme de Bouclier, à dos élevé, du centre duquel s'étend une eſpèce de fleur à cinq pétales, qui reſſemble à la fleur epanouie d'une Calebaſſe. Les péta- les ont un peu de relief, qui les fait ſortir de la coquille, & les bords en ſont formés de doubles rangs de petites ſtries enfoncées & de points.

N. 2. fait voir le deſſous de cette même Echinite avec l'ouverture pentagone de la bou- che placée dans le milieu de la baſe. Des angles de cette ouverture ſortent cinq ſillons peu profonds, qui ſe terminent aux coins arrondis de la coquille. L'anus ſe trouve auſſi dans la baſe, tout près du bord ſuperieur. La ſuperficie ſupérieure auſſi bien que l'inférieure de cette co- quille eſt parſemée d'une infinité de petits cercles enfoncés, qui enferment chacun une peti- te étoile en relief; qu'on n'a pas pú exprimer dans la copie que nous en donnons ici. Elle doit être rangée ſous la ſeconde eſpèce des *Scuta angularia* de KLEIN 152) quoiqu'elle dif- fére de celles qui ſe trouvent dans MERCATUS & SCILLA, que Mr. KLEIN allegue, dans l'endroit que nous venons de citer, en ce que ſes pétales ne ſont point arrondis au bout, mais pointus, comme l'on voit fig. 1. La coquille eſt ſpatheuſe, le noyau calcaire. Du Languedoc.

PLAN-

---

148) §. 8. tab. IV. fig. 3.
149) Vol. IV. p. 275, ſq.
150) §. 101, a) tab. XXV.
151) §. 102. ſpec. II, a) comparé avec LANG: *hiſt. lap. fig. Helvet.* tab. XXXV. & SCHEUCHZER: ſpec.
   Lithograph. Helvet. p. 61. fig. 81. & *Oryktogr. Helvet.* p. 318. fig. 235.
152) §. 74.

PLANCHE E. VI.

Cette Planche représente différentes fortes de Piquants d'Ourfins de mer. Comme nous en avons parlé plus haut aſſés au long, il ne nous reſte qu'à comparer ceux, qui s'offrent ici, avec les différentes eſpèces que nous avons décrites ci-deſſus, & à indiquer les endroits, où ils ont été trouvés. Les genres & les eſpèces, dont nous avons traité ci-deſſus, font les fuivantes.

1) Les *Pierres Judaïques* en forme d'Aiguille, qu'on nomme auſſi *Aiguilles Judaïques*. C'eſt parmi celles-ci qu'il faut ranger celles du N. 15.

2) Les *Pieux*, & les *Pallifades*, (*Sudes*) telles font celles, qu'on voit repréſentées Nro. 11. 12. 13. 14. 30. 31. 32. 34. 35. 36. 37. Elles différent beaucoup entre elles, comme l'on voit par les figures. Quelques unes font liſſes, d'autres grénelées, d'autres encore font tuberculeuſes & branchués. C'eſt ici qu'il faut ranger auſſi le fragment d'une Pallifade N. 48. qui n'eſt point cylindrique ou conique comme quelques unes de KLEIN tab. XXXIII., mais de forme, en quelque façon, angulaire.

3) Les *Pierres Judaïques en forme de maſſuë ſtriées*, parmi lesquelles il faut ranger comme autant de variétés: Les *Glands* N. 1. 2. 3. 5. 6. 7. 8. 40. Les *Concombres* N. 9. 10. 16. 17. 18. 19. 20. 21. 22. 25. 26. 27. 28. 29. 38. 39. 41. 46. 63. & 64. On voit par ces figures, qu'elles ont les ſtries tantôt liſſes, tantôt grénelées, tantôt tuberculenſes. Parmi les Clavicules ou Pierres Judaïques en forme de Maſſuë liſſes il faut ranger tant celles qu'on nomme *Dactylformes*, (auxquelles on doit rapporter peut-être N. 23. & 24.) que les *fuſiformes* ou celles qui ont la forme de fufeau N. 42. 43. 44. & 45. Qu'il y ait auſſi des Glands liſſes, fans ſtries, c'eſt ce que Mr. KLEIN n'a pas remarqué. N. 4. en repréſente un de cette forte, & l'on n'y découvre rien, qui puiſſe faire foupçonner, qu'il ait été roulé; car il eſt très bien confervé.

N. 55. 56. 57. 58. font des dents d'Echinites, de celles qu'on nomme dents pointues ou canines, pour les diſtinguer d'avec les dents molaires. Les autres Nro. favoir N. 49. 50. 51. 52. 53. 54. 59. 60. & 61. repréſentent de ces petits corps petrifiés, qu'on trouve ordinairement en quantité aux endroits où l'on trouve des Echinites. On les prend pour des Oſſelets d'Echinites fans avoir de raifon fuffifante. Car, qu'on les trouve parmi les fragmens d'Echinites, c'eſt une circonftance qui prouve ici d'autant moins, qu'on ne fauroit nier, que dans les mêmes endroits on ne trouve également des Pétrifications de pluſieurs autres fortes de corps marins & terreſtres, & que ces pretendus Oſſelets d'Echinites n'ont que fort peu ou point de reſſemblance avec les naturels. Peut-être faut il les raporter parmi les Corallites, c'eſt une recherche à faire, réfervée peut-être à nos fucceſſeurs, qui trouveront encore aſſès à decouvrir à l'égard des Echinites, & feront de même obligés de laiſſer un bon nombre de découvertes à faire à leur poſtérité. Les Piquants d'Ourfin, que nous avons fait repréſenter ici, ne font pas tous du même païs. N. 1. 2. 3. 5. 7. 8. font de Suiſſe, de même que ceux des Nos. 9. 13. 14. jusqu'au 19. 15. jusqu'au 29. & tous ceux des Nos. 38. jusqu'au 41. N. 4. & 6. font de Sileſie. N. 10. 12. 20. jusqu'au 24. de la Franconie. N. 11. eſt des montagnes de craye d'Angleterre. N. 30. — 37. font des montagnes des Sevennes, d'où eſt auſſi le mammelon d'Echinite repréſenté fous N. 62. Les dents d'Echinites, de même que ces pretendus Oſſelets, font de Suiſſe.

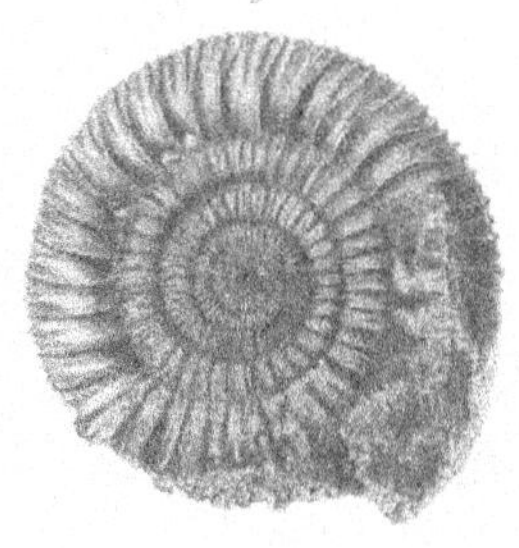

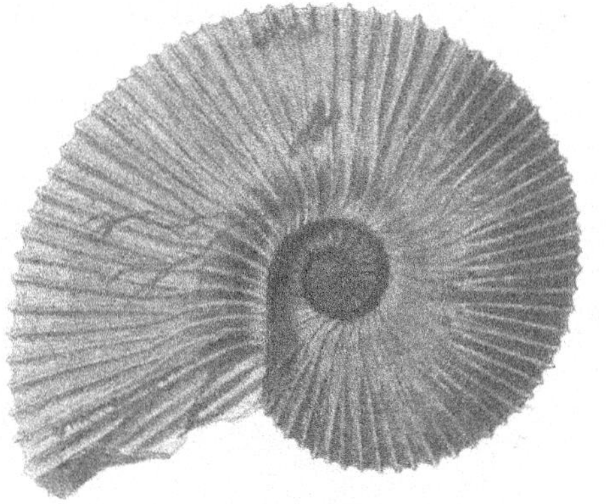

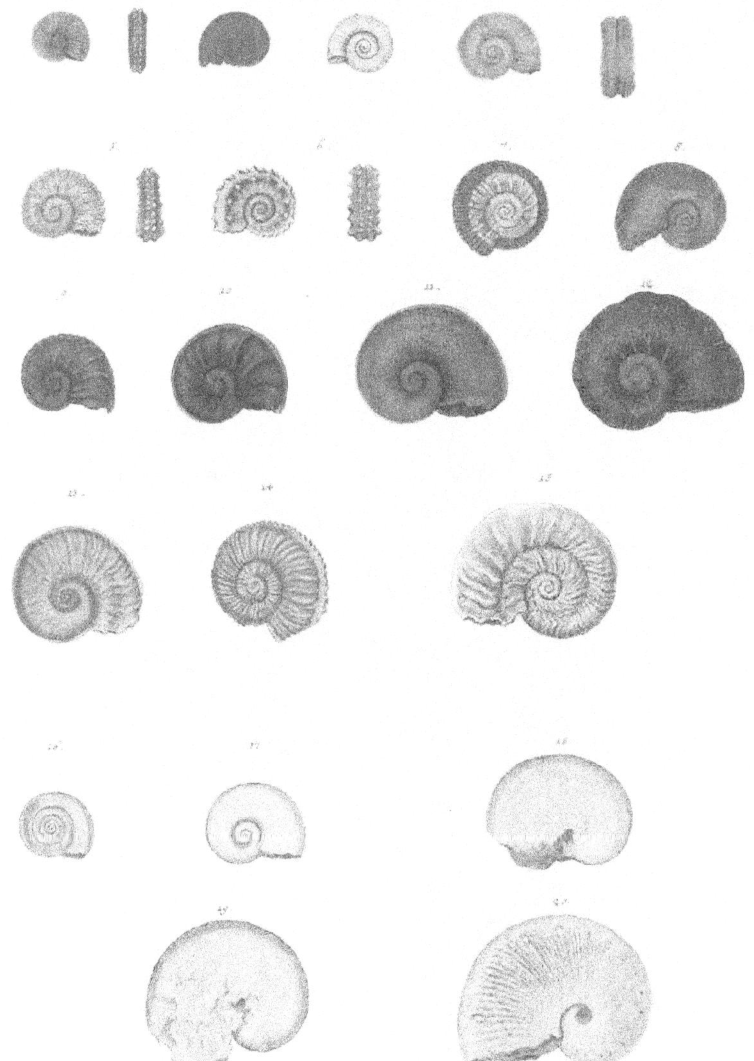

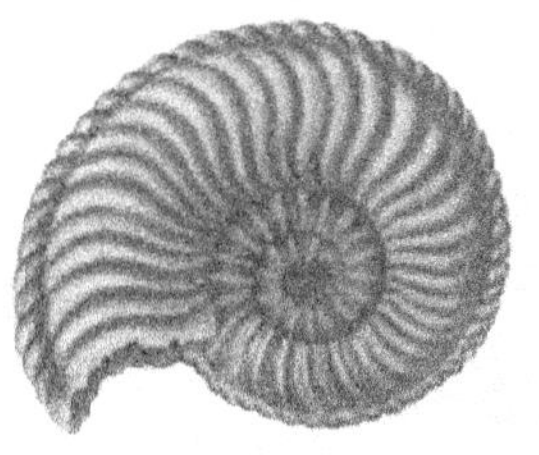

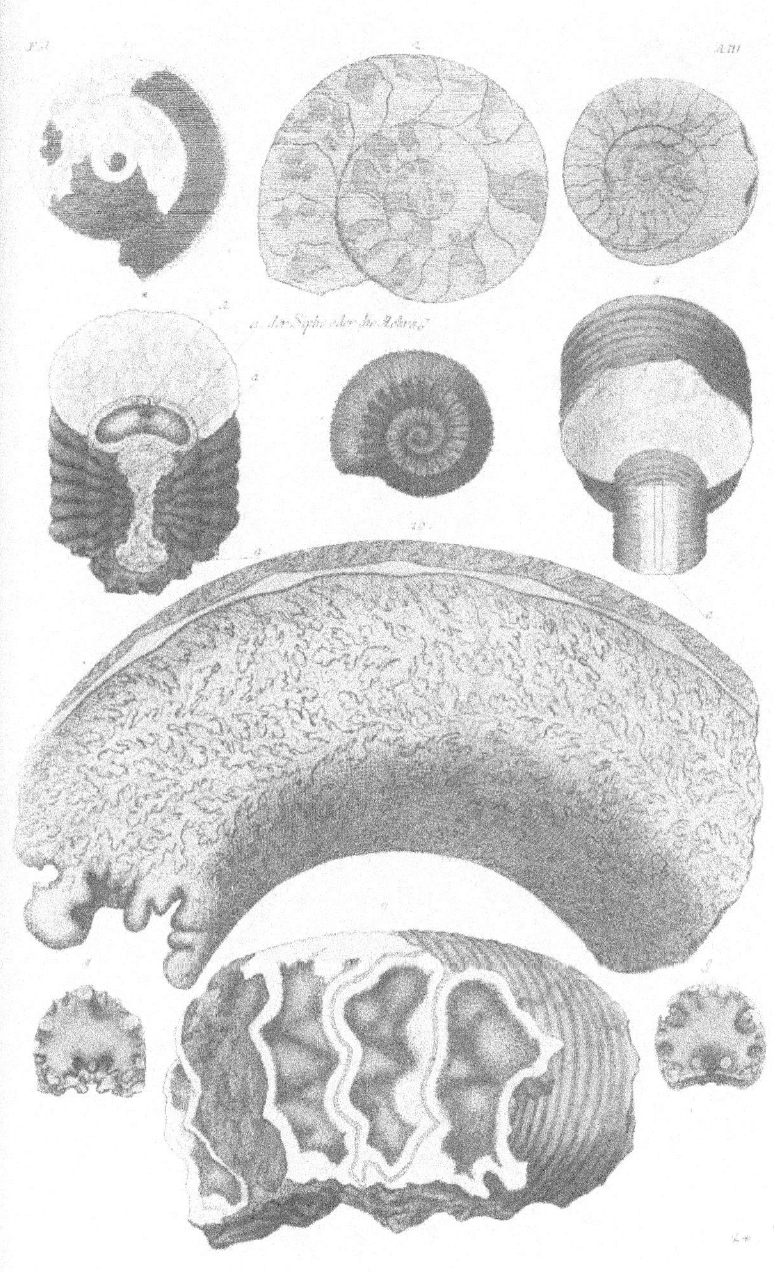
a. Der Sipho oder die Röhre.

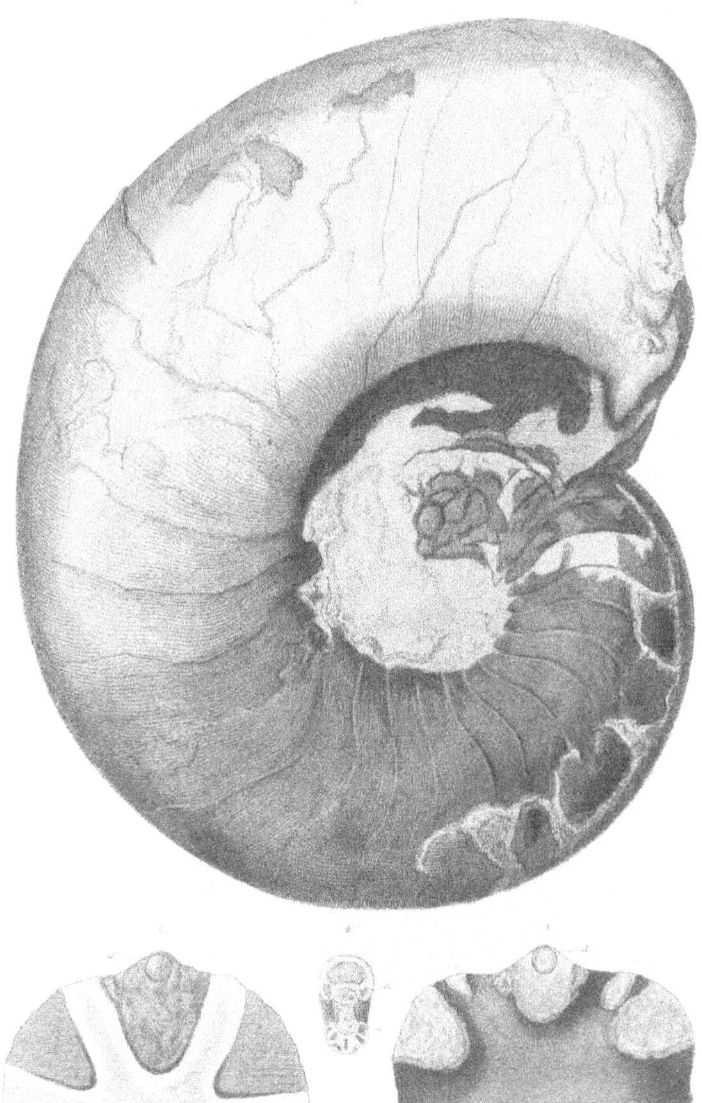

P. II.
Ex Museo Dig. Ad. A. I. d. S. Tonr. P. et Conv. e. A. a. 1743. A. Onc. Sax. Var. Conitharus.

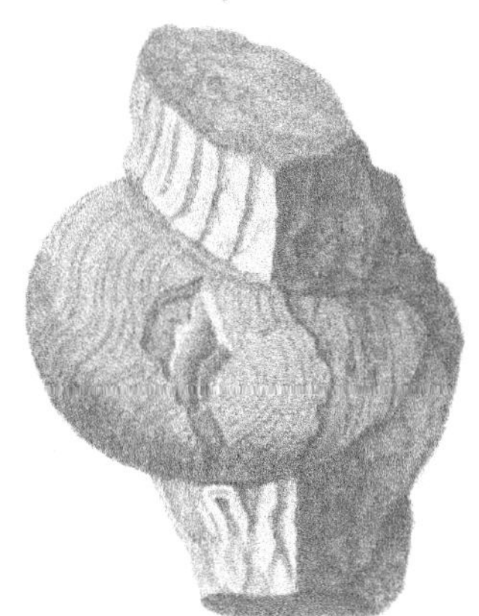

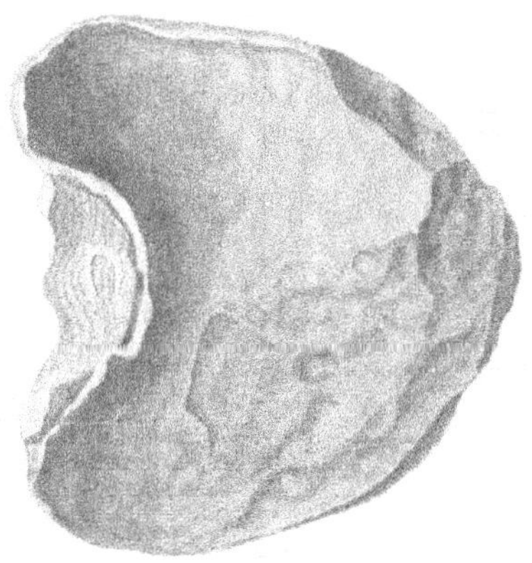

Ex Museo D. Ic. Jacobi d'Annone. Ph. et M.D. Basiliens.

Ex Musæo Excell. Dn. J. E. J. Walchii, Eloquent. & Poes. Prof. publ. in Acad. Jenensi.

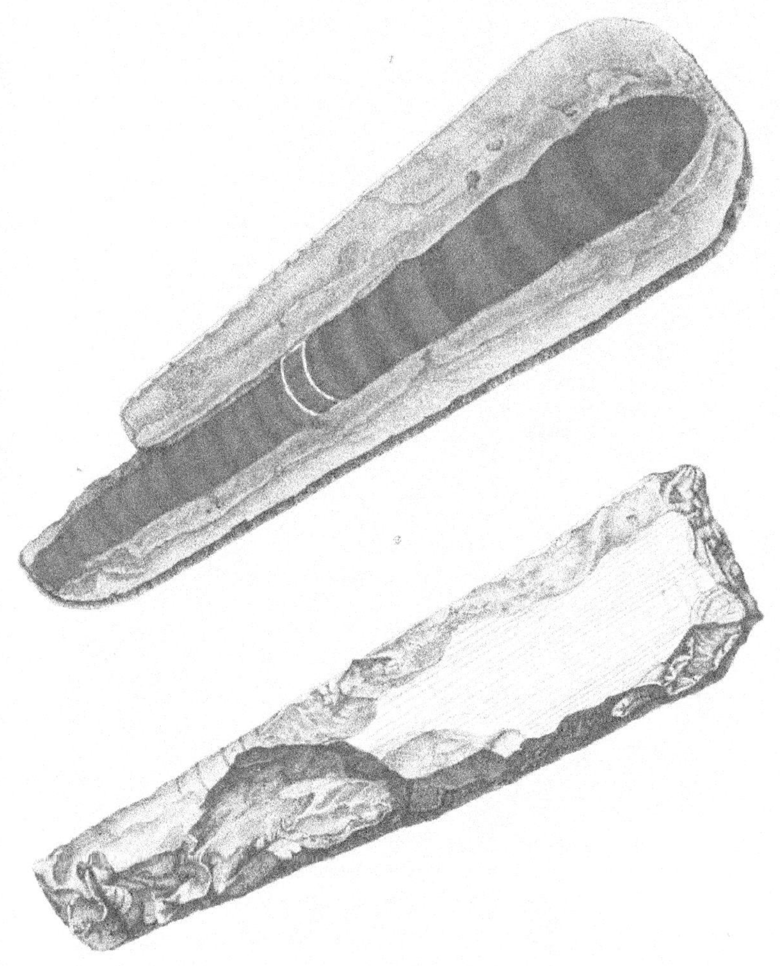

Ex Musæo Excell. Dn. Doct. a Consil. Aul. Casp. Christ. Schmiedel

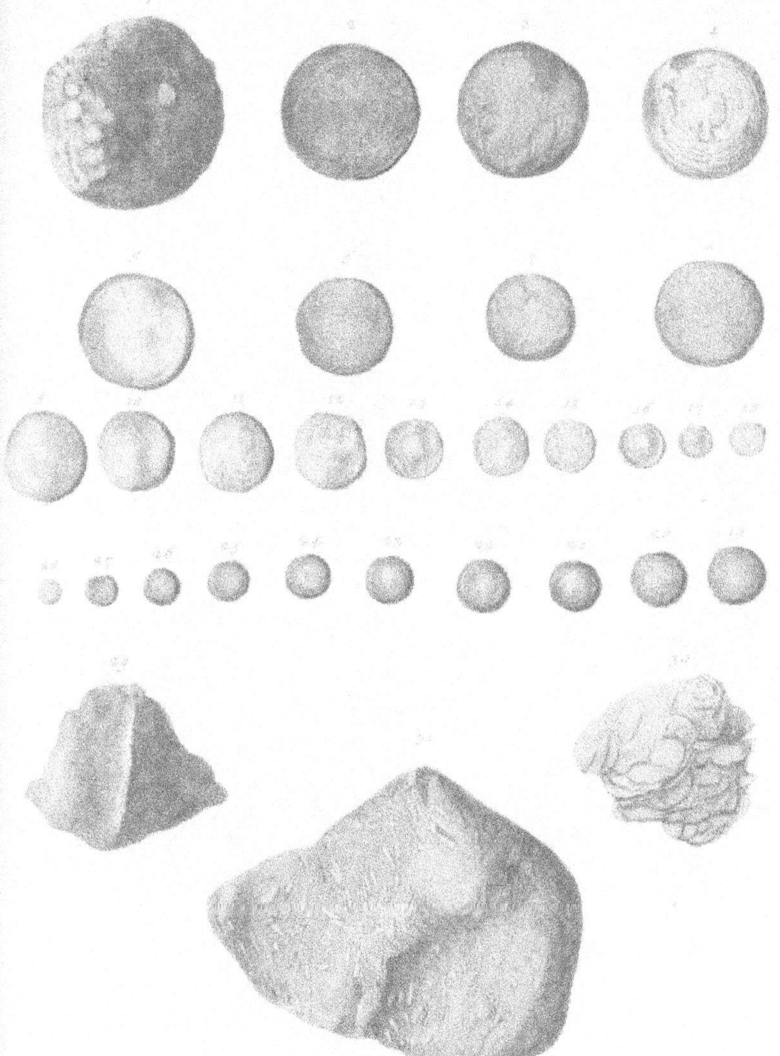

Ex Museo Excell. Dn. Doct. et Consil. Aul. Casl. Christ. Schmidel

Ex Musæo Excell. D. Io. Ernesti Imman. Walchii ... & Poeseos Professoris publici in Academia Ienensi.

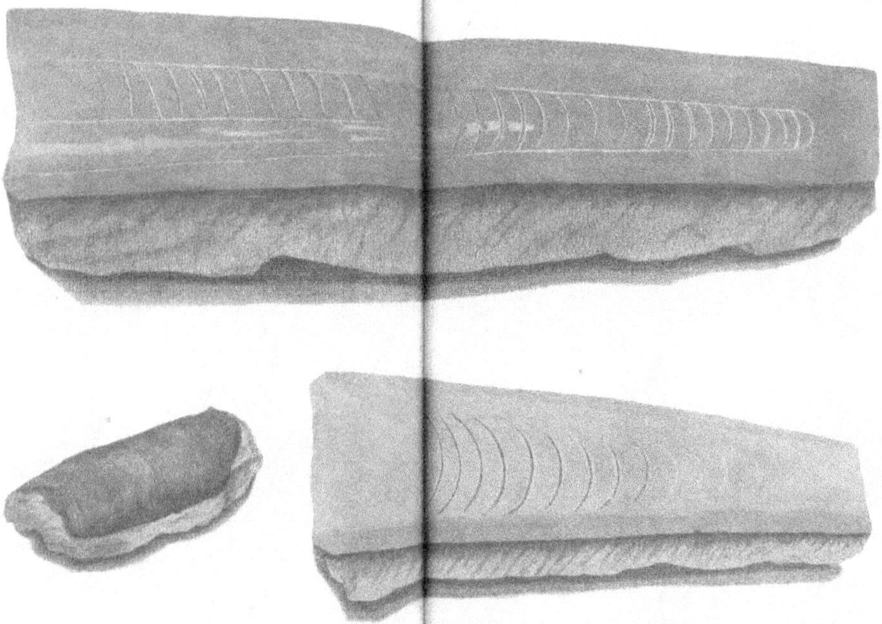

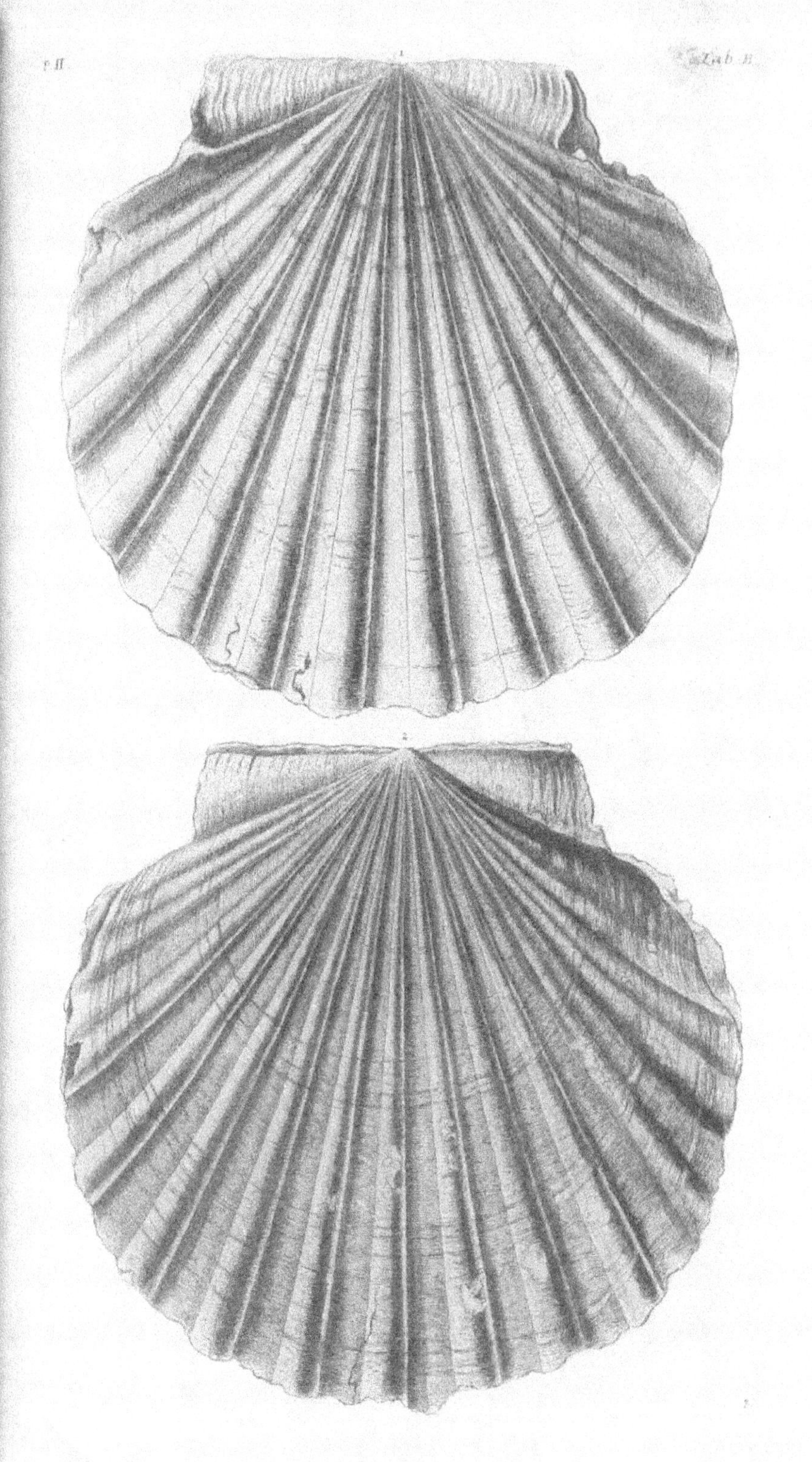

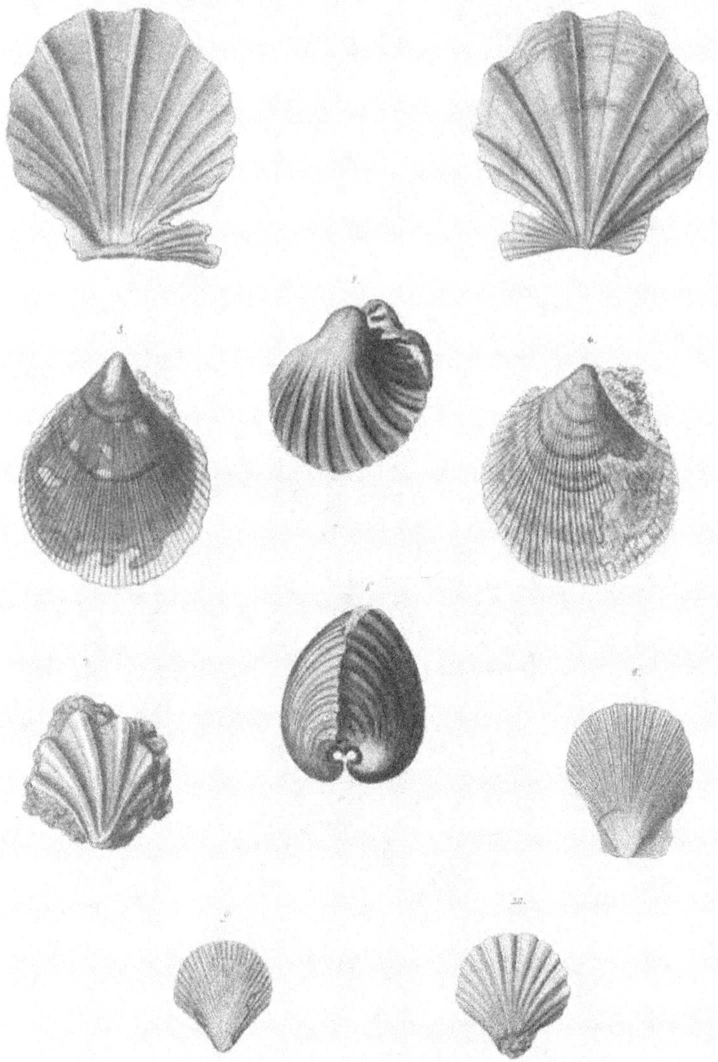

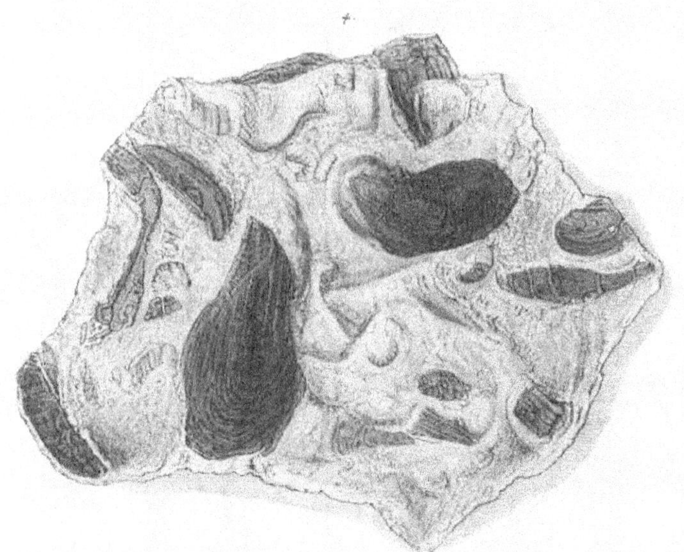

Ex Museo Excell. Dn. Doct. & Confil. Aul. Cafim. Chrifto. Schmidel.

Georg. Carl. Lemberger ad nat. pinxit.

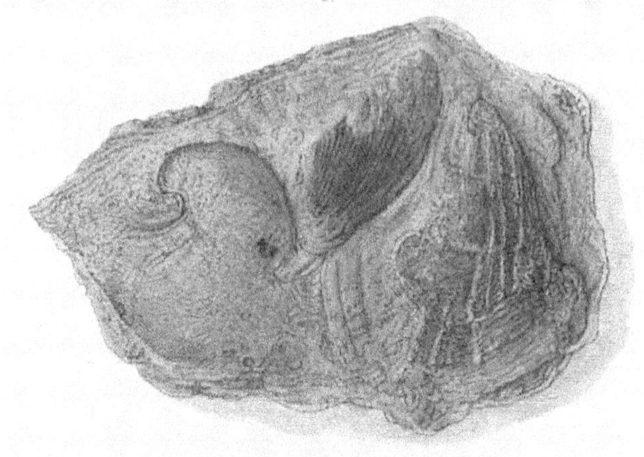

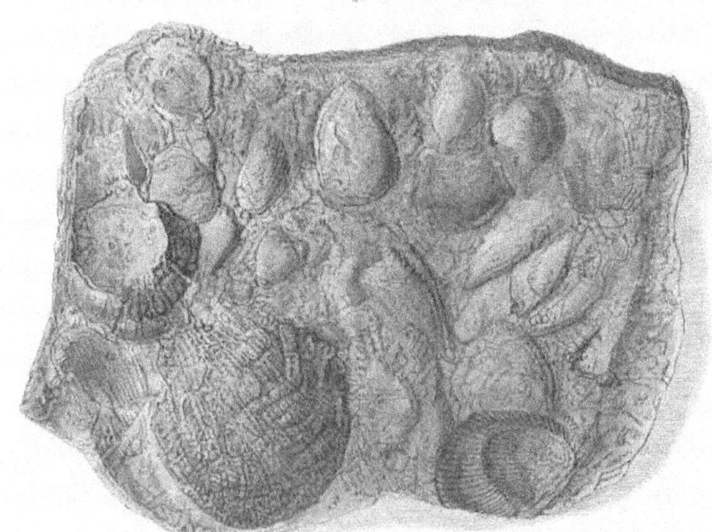

Ex Museo Excell. Dn. Doct. & Consil. Aul. Casim. Christo. Schmidel

Georg. Carol. Leimberger ad nat. pinxit.

P.II.
B.I.a.

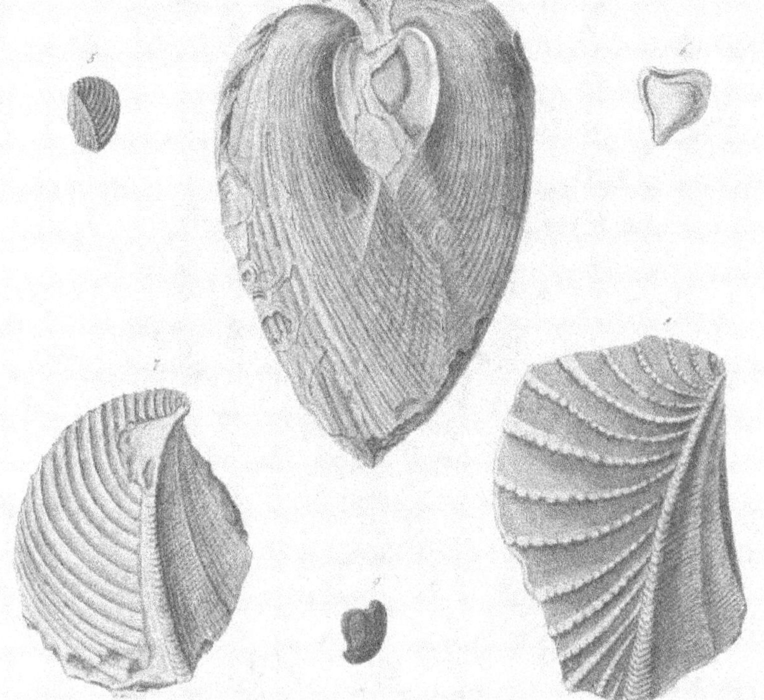

Ex Majej D. Joh. Iacobi d'Annone, Ph. et S.R.D. Basileens.

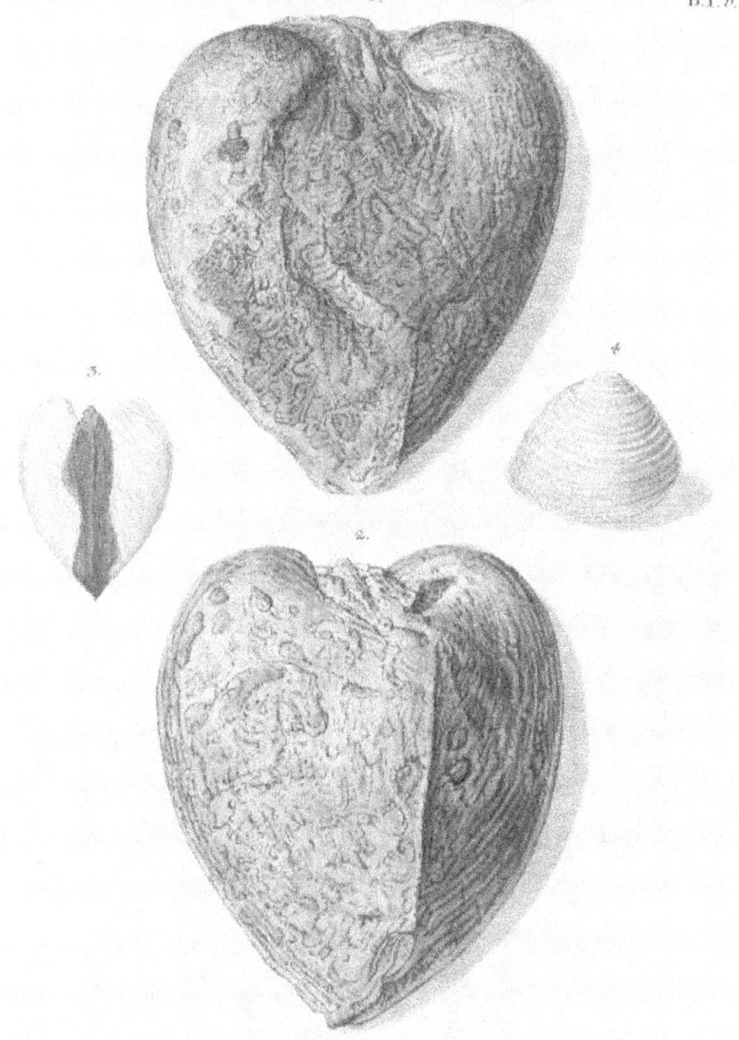

Ex Museo Excell. Dn. Bot. & Consil. Aul. Casimir Christoph: Schmidel.

Georg. Carol. Leinberger ad nat pinxit.

94.

Ex Museo Excell. D.u. I.E.I. Walchii, Eloquent. & Poës. Prof. publ. in Academia Ienensi.

I. G. Schenck ad nat. pinxit.

205

Ex Museo Excell. Dn. J. E. I. Walchii, Eloquent. & Poes. Prof. publ. in. Acad. Jenensi.

1

2

Ex Museo Excell: Dn. J.E.J. Walchii Eloquent: & Poes: Prof. publ. in Acad. Jenensi

J.C. Schenck ad viv. pinxit

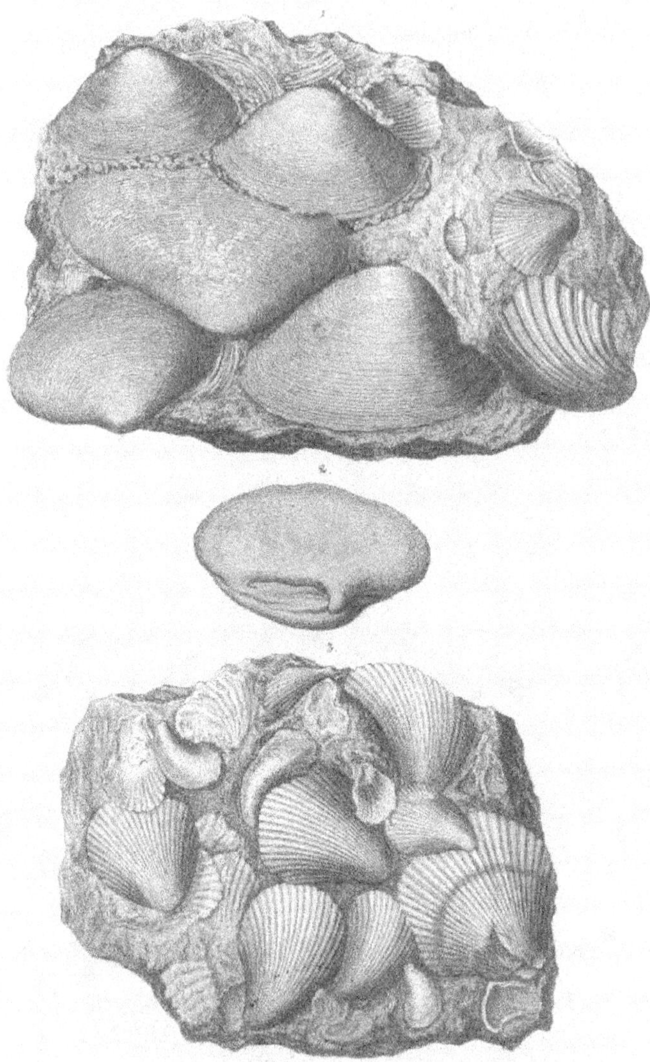

Ex Museo Excell Dn Doct & Consl Aut Casim Christo Schindel
Georg Carol Leinberger ad nat pinxit.

Ex Museo Excell. Dn. Doct. & Consil. Aul. Casimir Chph. Schmidd.

Georg. Carl. Leinberger ad nat. pinxit.

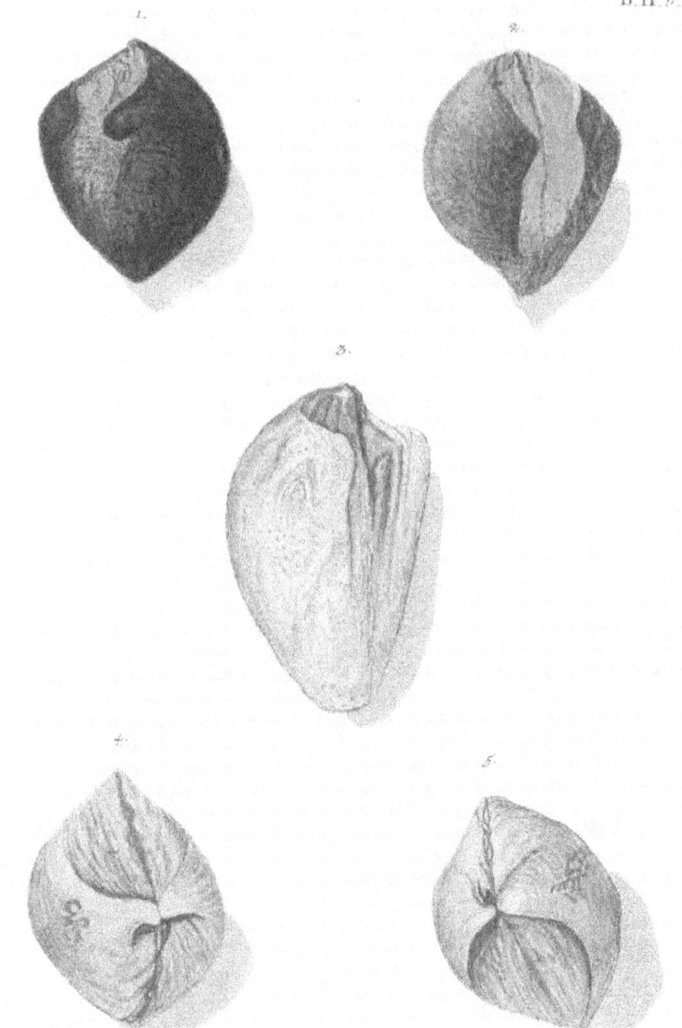

Ex Museo Excell. Dn. J.E.J. Walchii, Eloquent. & Poes. Prof. publ. in Academia Jenensi.

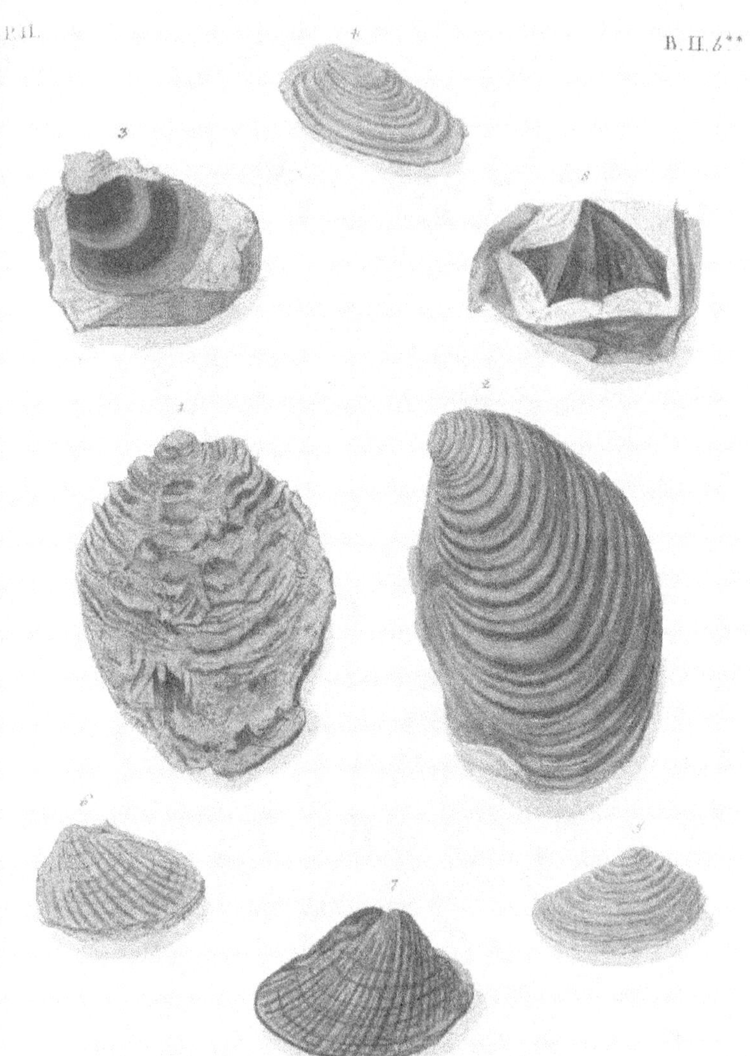
P.II.
4
B.II.6**
3
8
1
2
6
7
9
Ex Museo Excell. Dn. I. E. I. Walchii, Eloquent. & Poes. Prof. publ. in Acad. Jenensi.
I. G. Schinck ad nat. pinxit.
105.

2

Ex Museo Excell. Dn. Doct. & Consil. Aul. Casimir Chph. Schmidel.

Georg. Carol. Leinberger ad nat. pinxit.   92.

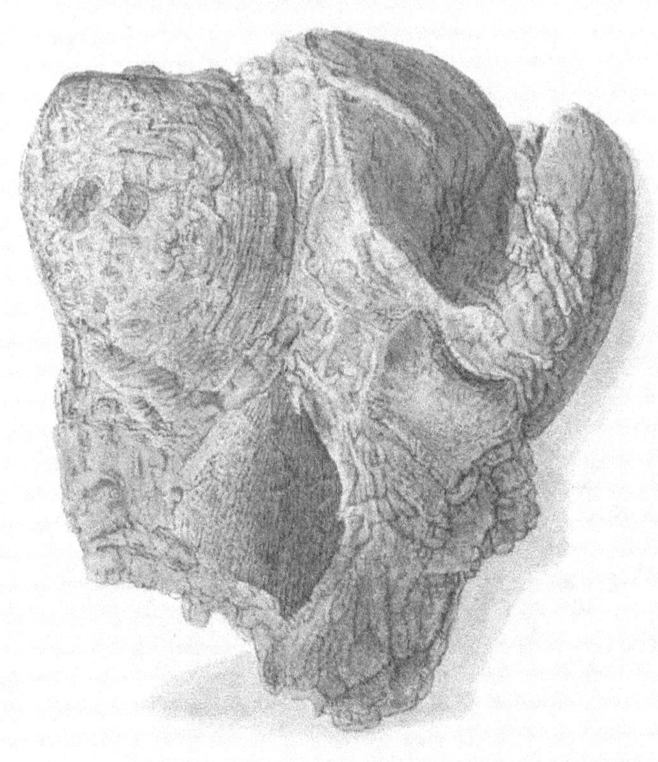

Ex Museo Excell. Dn. Doct. & Consil. Aul. Casimir Chph". Schmidel.

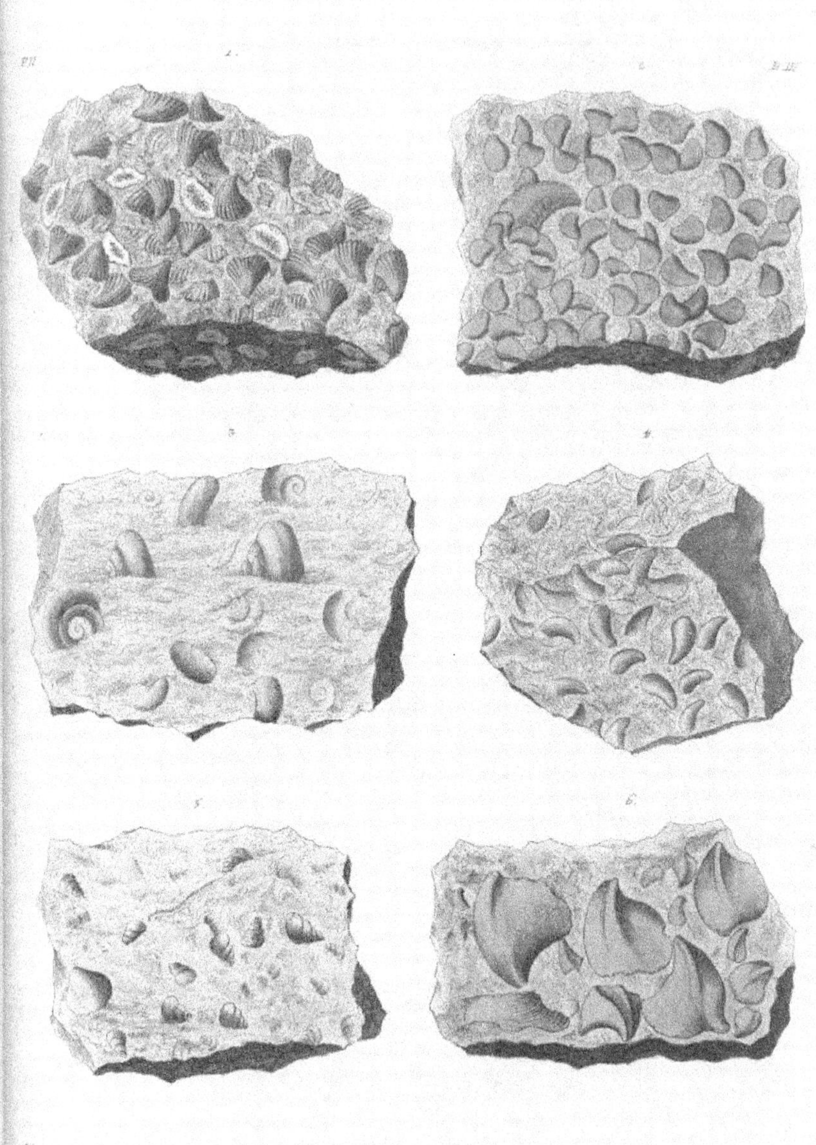

Ex Museo Excell. Dn. Doct. & Consil. Aul. Casimir Chph. Schmidel.

Georg Carol. Leszberger ad nat. pinxit.   93.

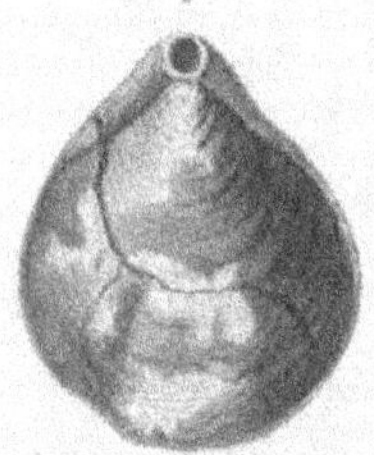
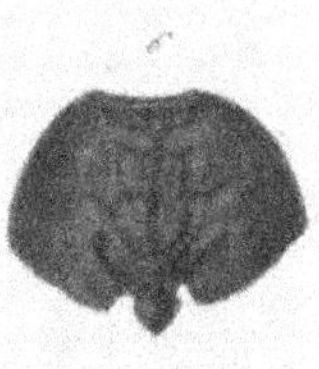

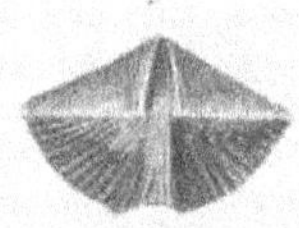

Ex Museo D. Jo. Jacobi d'Annone Ph. et J.V.D.

Em. Büchel ad Nat. pinxit. 58.

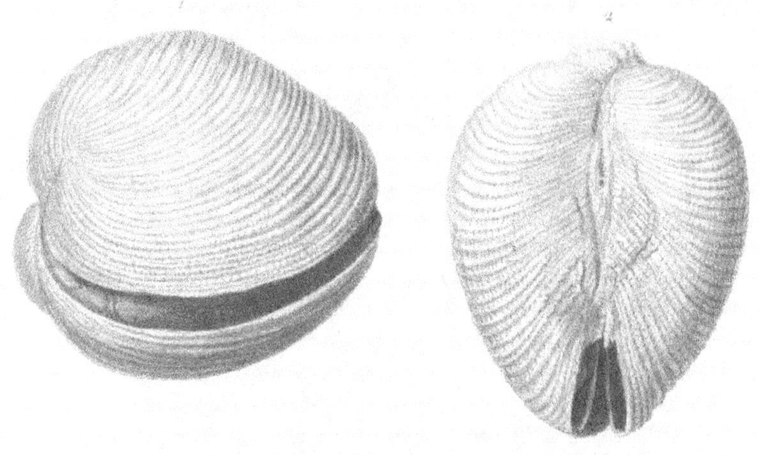

Ex Museo Excell. Dn. Doct. et Consil. Aul. Casim Christoph. Schmid el.

C. N. Riemann del. nat. pinxit.

69.

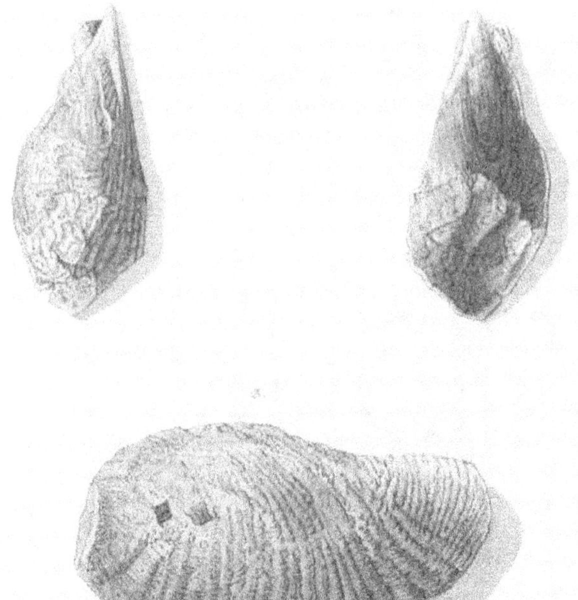

Ex Museo Excell. Dn. Doct. & Consil. Aul. Casimir Christoph. Schmidel.

Georg Carl Leinberger ad nat. pinxit.

Ex Museo Excell. Dn. J.E.J. Walchii, Eloquent. & Poes. Prof. publ.
in Academia Jenensi.

J.G. Schröck ad nat. pinxit 1767.

Andreas Hoffer sculpsit. 100.

Ex Museo Excell. Dn. I. E. I. Walchii, Eloquent.& Poes. Prof. publ. in Acad. Ienensi.

103.

P.II.
B.VI.b
Ex Museo Excell. Dn. J.E.J. Walchii, Eloquent & Poes. Prof. publ. in Acad. Jenensi.

Ex Museo Excell. Dn. I. Ed. Walchii, Eloquent. & Poes. Prof. publ.
in Academia Ienensi.
G. Schenck ad nat. pinxit. 1767.   Andreas Hofer sculpsit. 201

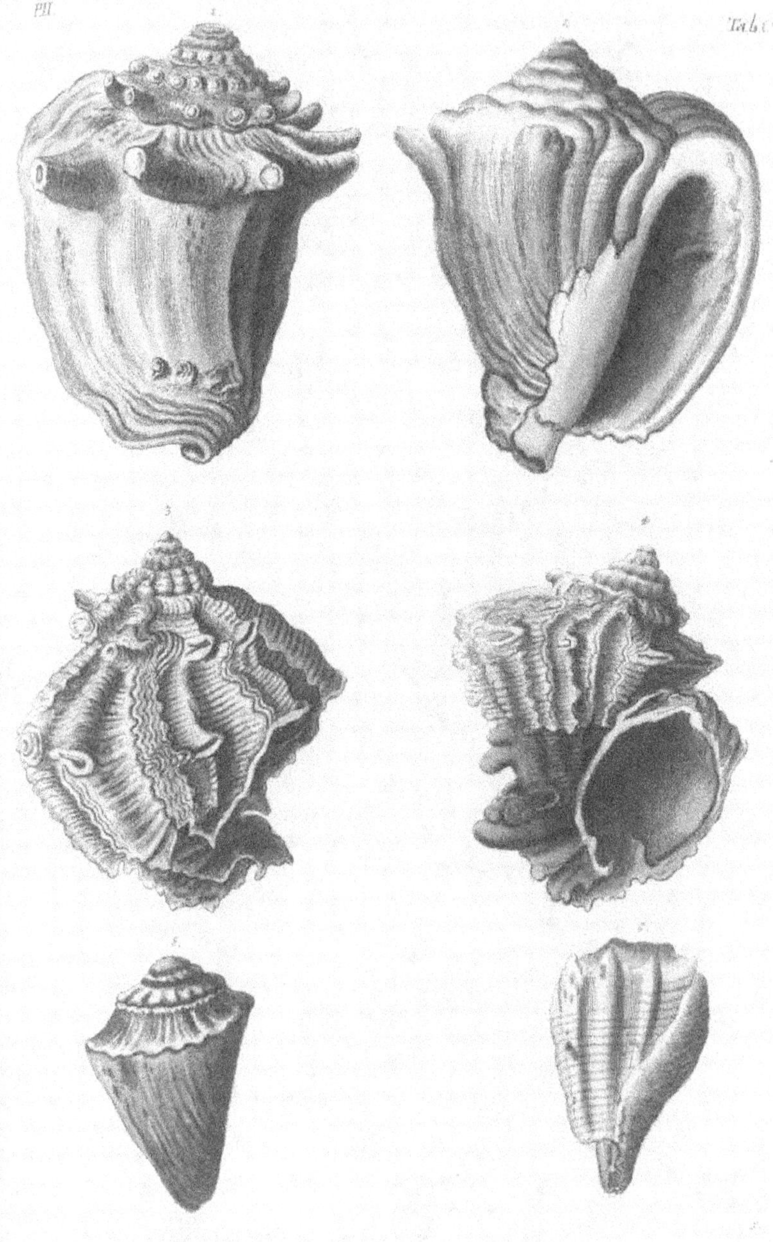
Tab.C.

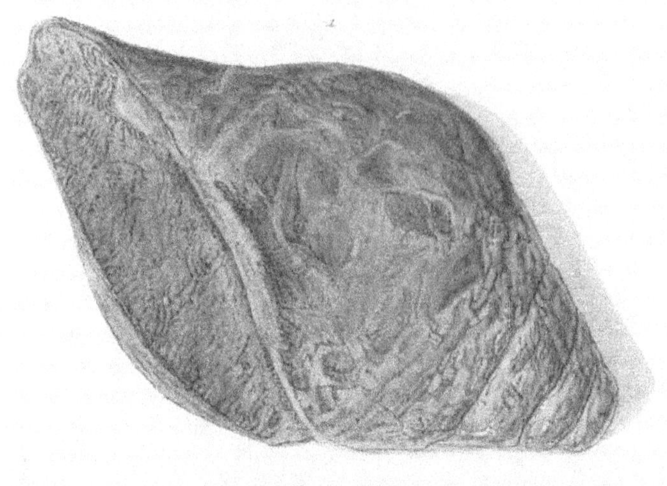

1

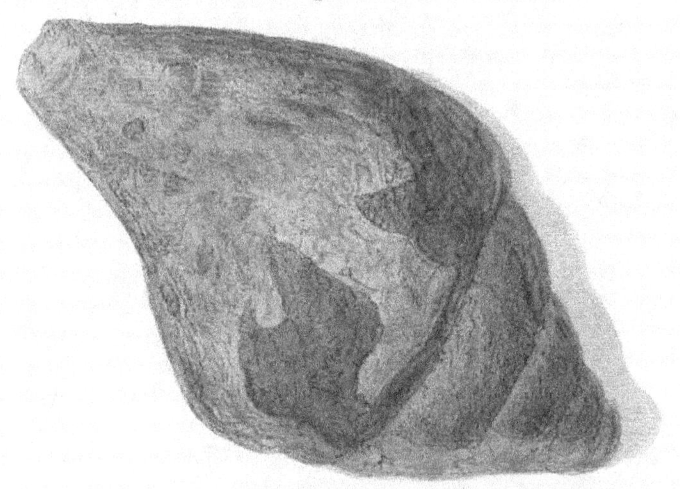

2

Ex Museo Excell. Dn. Doct. & Consil. Aul. Casimir Christophori Schmidel.

Georg. Carol. Leinberger ad nat. pinxit.

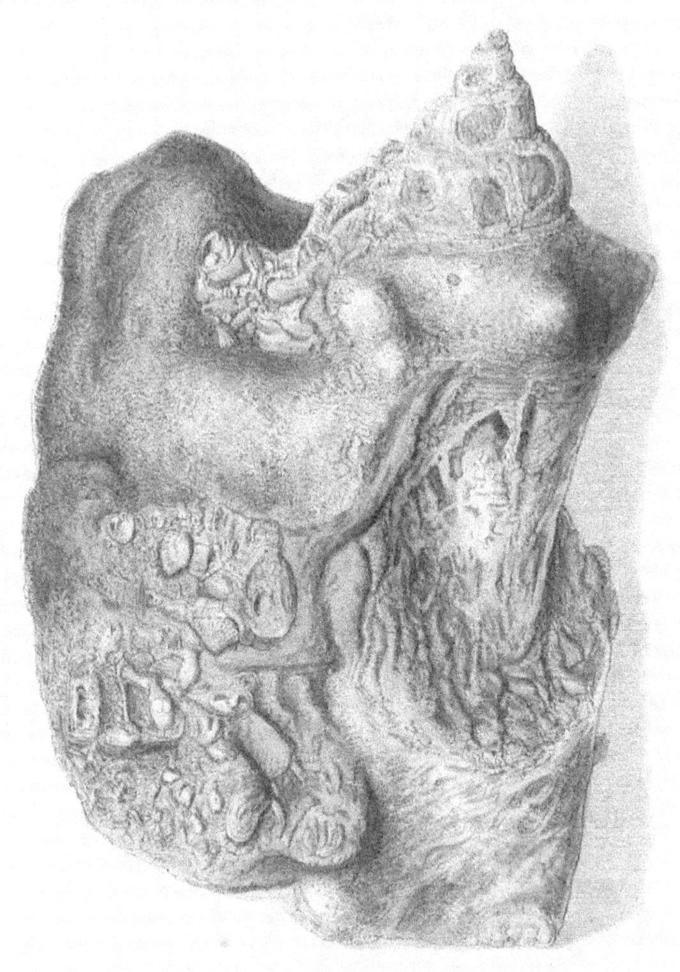

Ex Museo Excell. Dn. Doct. & Consil. Aul. Casimir Christophori Schmiddt.

Georg. Carol. Eimbeyer ad nat. pinxit.

Ex. Museo Excell. Du. Doct. & Consil. Aul. Casimir Christophori Schmidel.

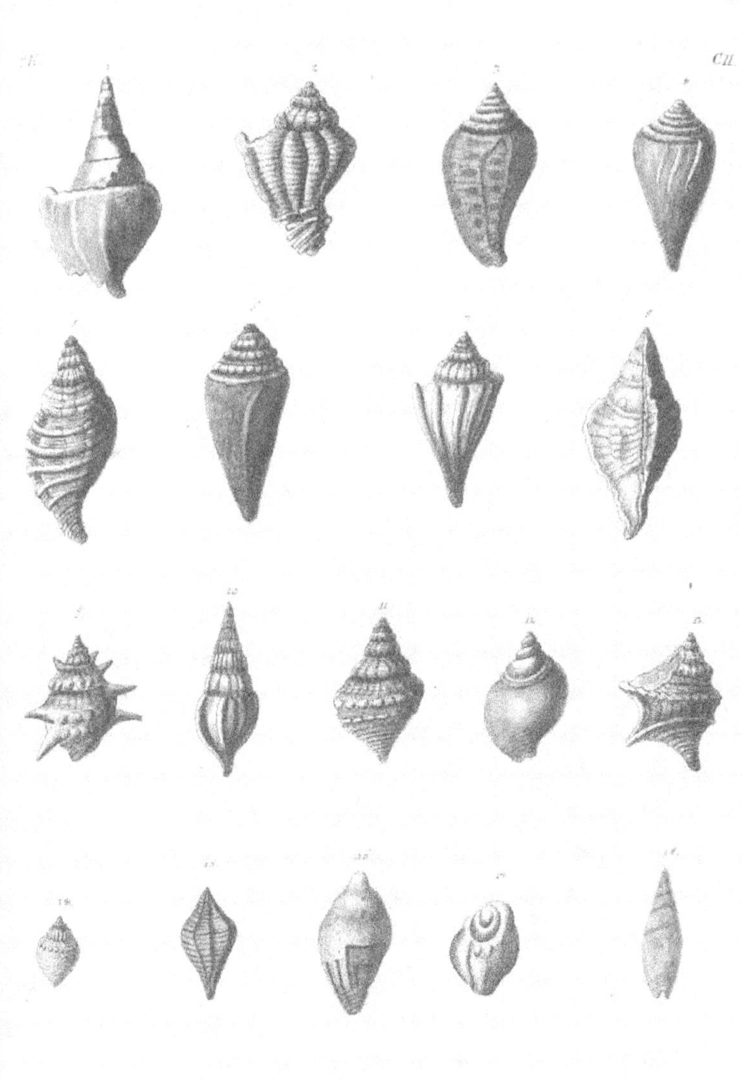

Ex. Museo Excell. Dn. J. E. J. Walchii, Eloquent. & Poes. Prof. publ. in Academia Jenensi.

J. B. Schreck ad nat. pinxit.

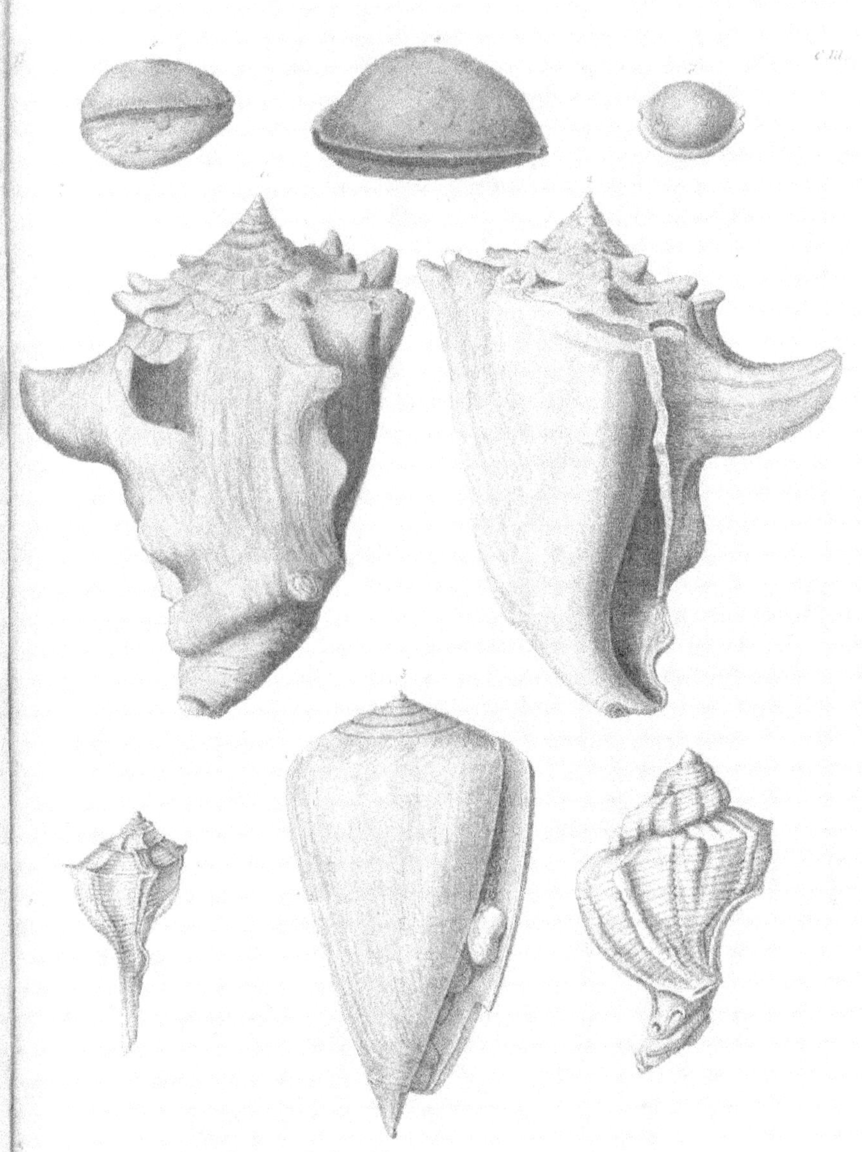

Ex Museo D. Jo. Jac. d'Annone Ph. et J.V.D. Basileens.

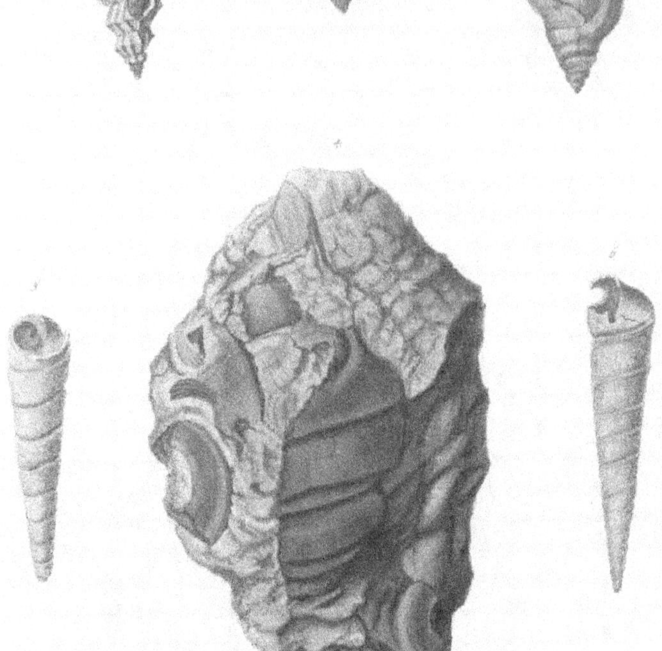

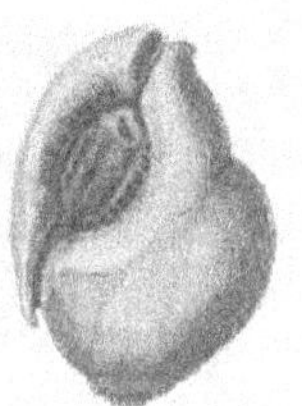

Ex Museo D. Io. Iacobi d'Annone Ph. et I.V.O. Basileens.

Inc. Bruchet ad. Nat. pinxit.

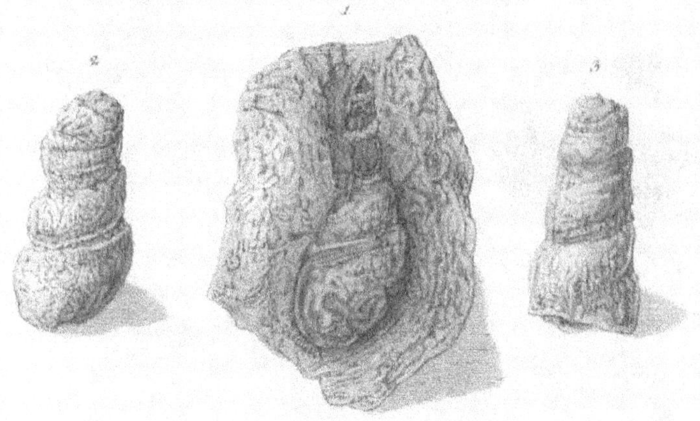

Ex. Museo Excell. Dn. Doct. & Consil. Aul. Casimir Christophori Schmidel.

Ferdinand Leichberger ad nat. pinxit.

E Museo Excell. Dn. I. E. I. Walchii, Eloquent. & Poes. Prof. publ. in Acad. Ienensi

I. G. Schaok ad nat. pinxit.

98.

1

2

3

Ex Museo Excell. Bn. Doct. & Consil. Aul. Casimir Christophori Schmidel.

Georg Iacob. Leinberger ad nat. pinxit.   115.

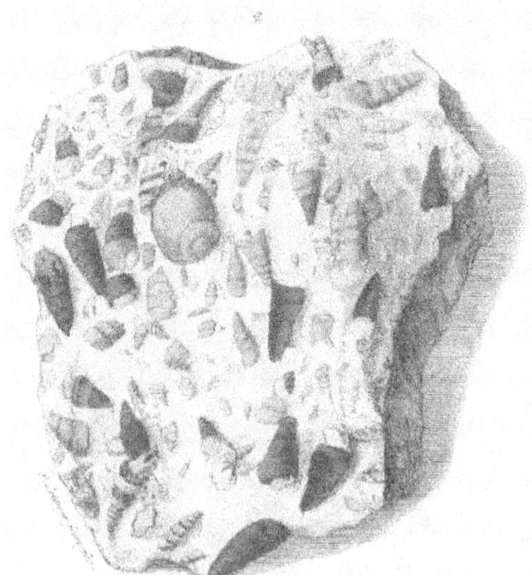

Ex Museo Excell. Dn. J. E. J. Walchii, Eloq. & Poes. Prof. publ. in Academia Jenensi.

J. Schmidt ad nat. pinxit.   II. ſ.

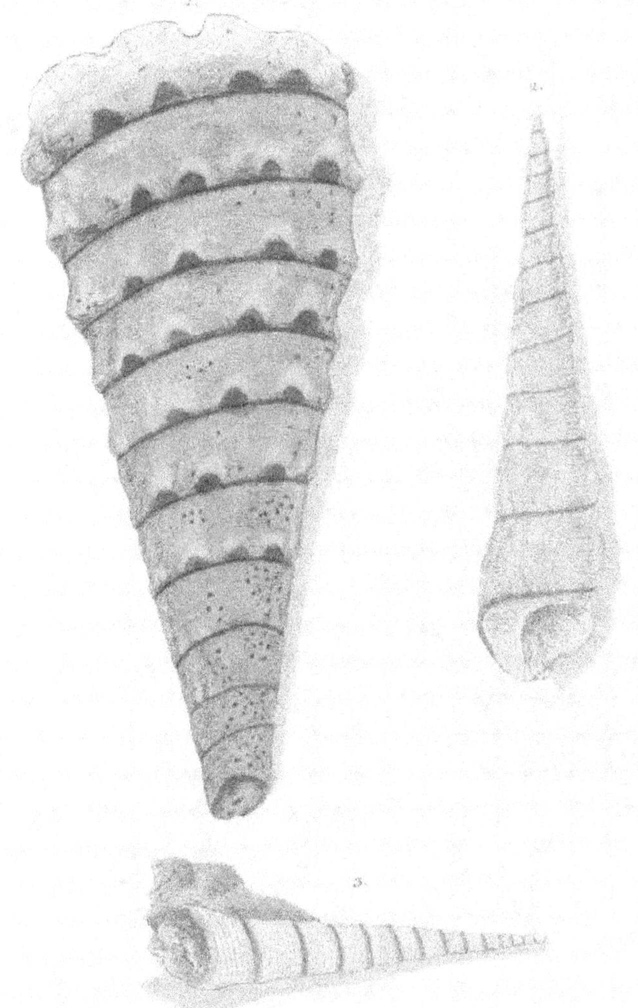

Ex Museo Excell. Dn. I. E. I. Walchii, Eloquent. & Poes. Prof. publ. in Acad. Ienensi.

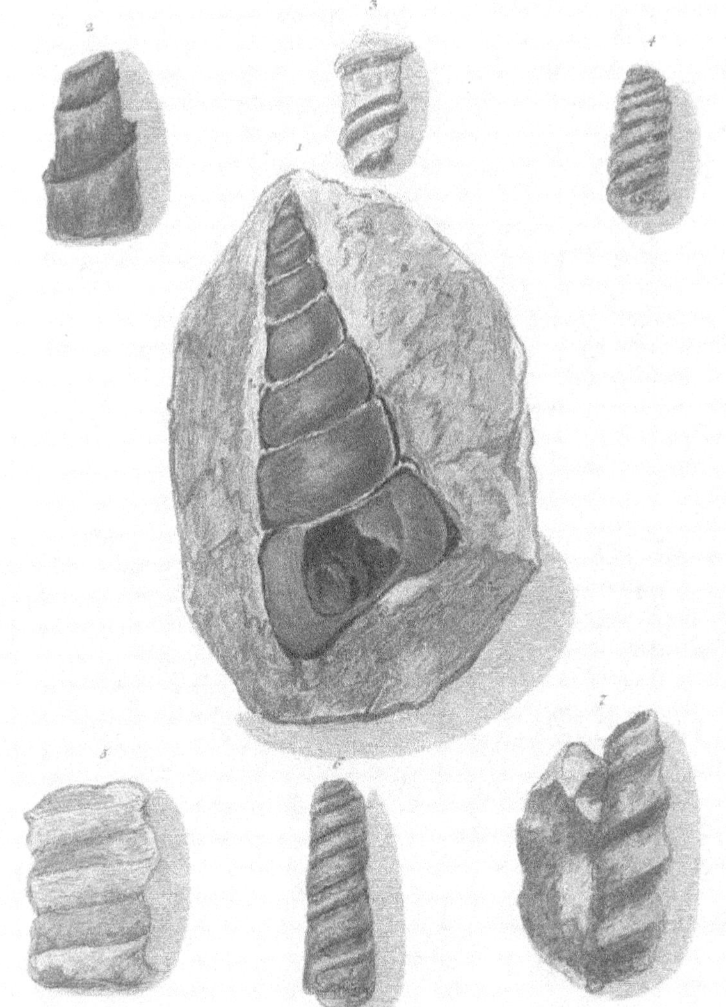

Ex Museo Excell. Dn. J. E. J. Walchii, Eloquent. & Poes. Prof. publ. in
Academia Jenensi.

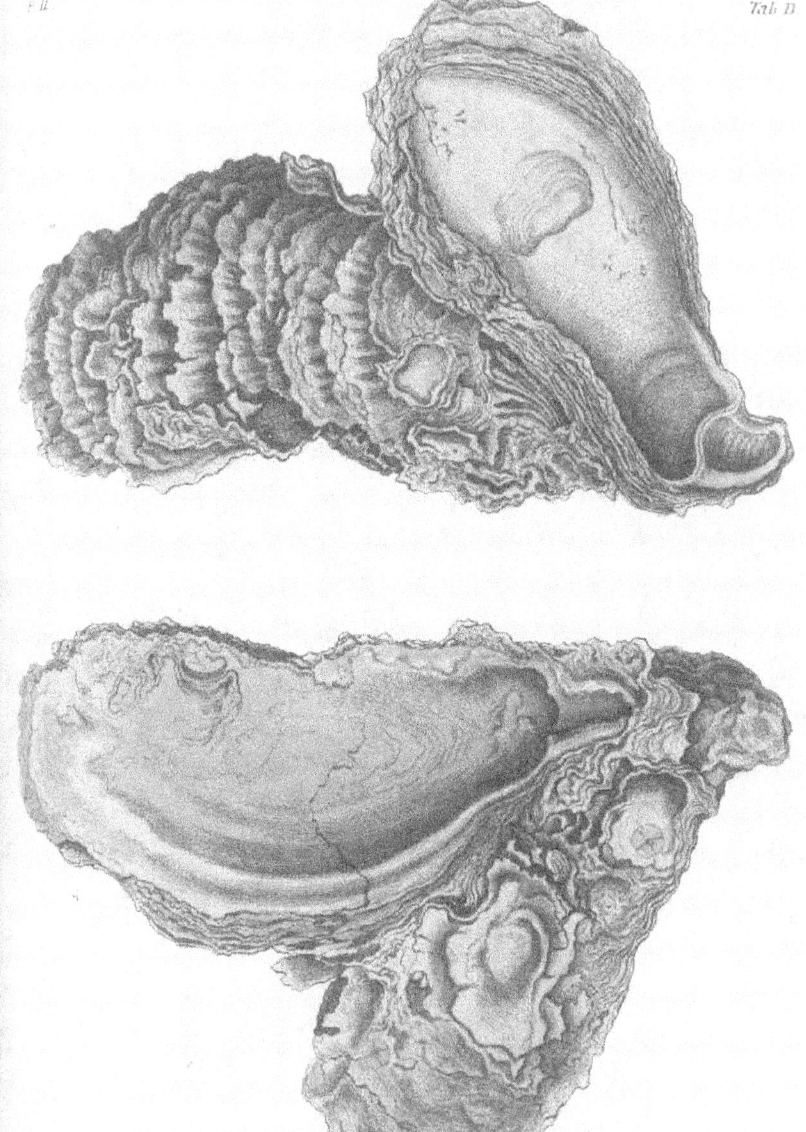

Mytilites Gualtierii

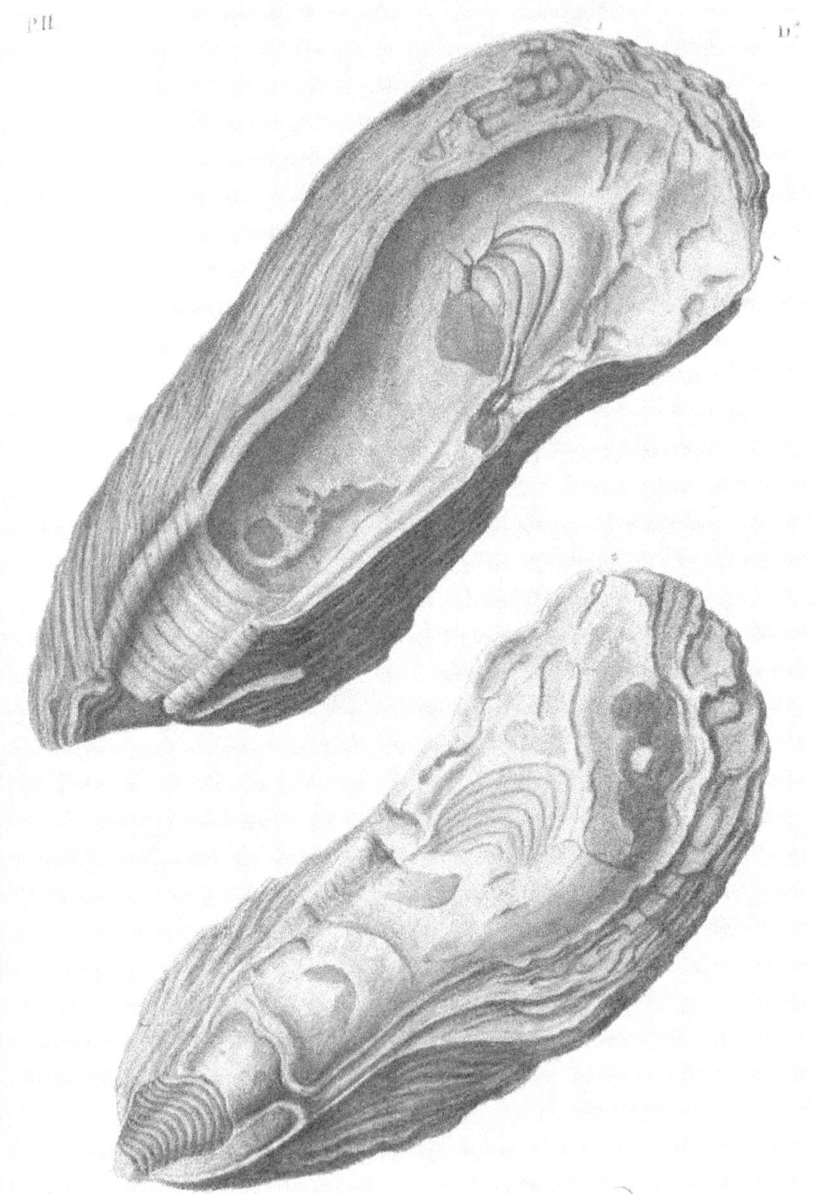

Ex Museo D. Io. Iacobi d'Annone Ph. et I. V. D. Basileens.

Ex Museo D. Io. Iac. d'Annone Ph. et J. V. D. Basileens.

Io. Rudolphus ad Nat. Delin.

Ex Museo Excell. Dni Io. Ernesti Imman. Walchii Eloqu. & Poeseos Professoris publici in Academia Ienensi.

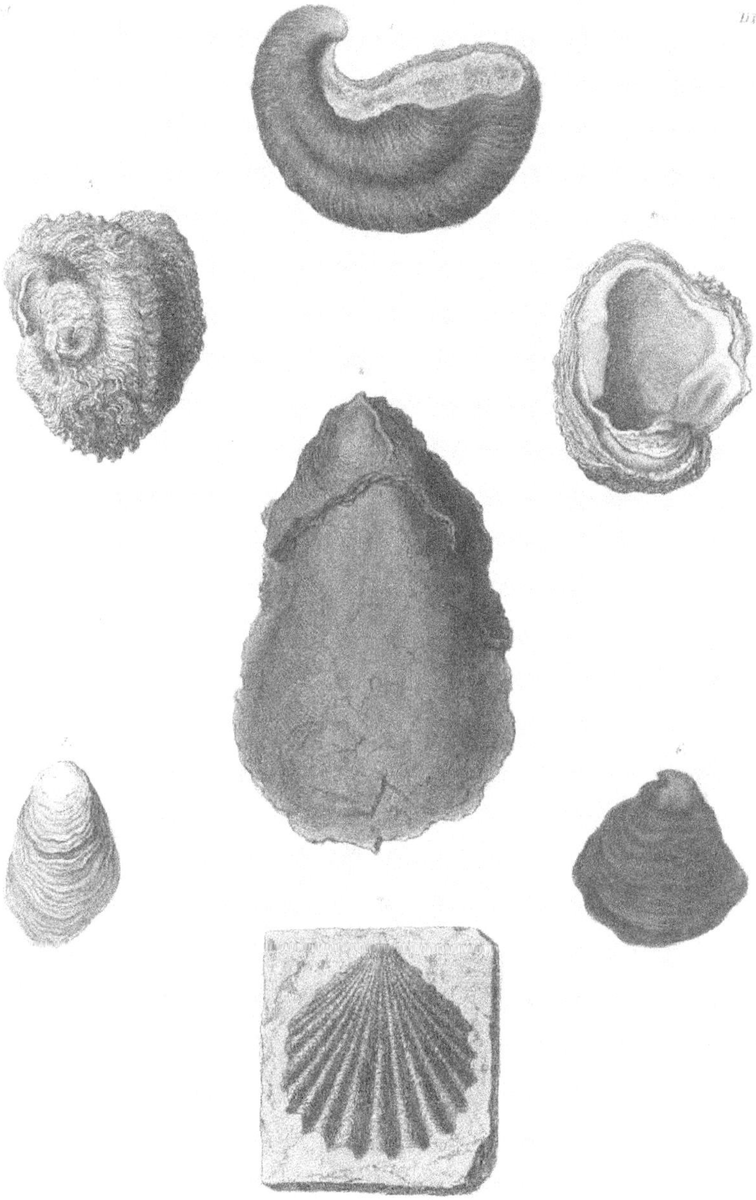

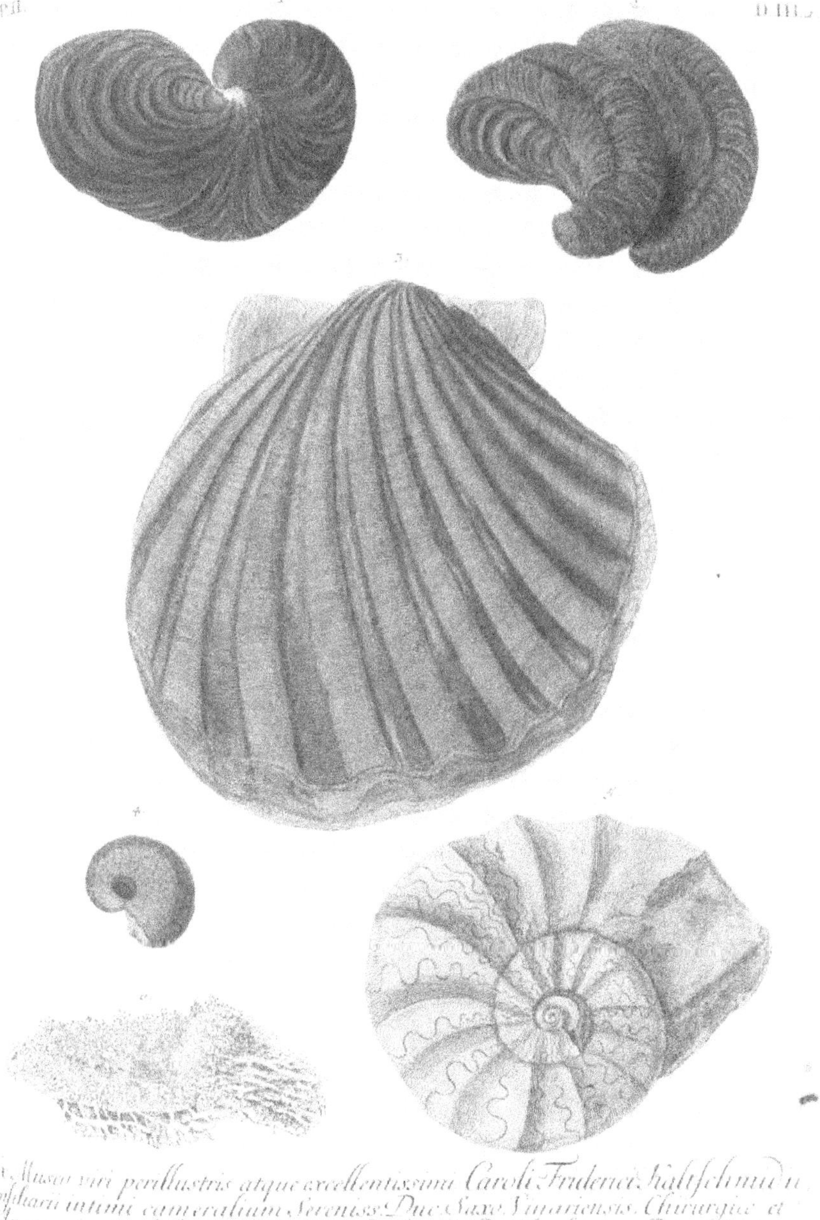

Ex Museo viri perillustris atque excellentissimi Caroli Friderici Haltschmid n
consiliarii intimi cameralium Sereniss. Duc. Saxo. Vinariensis. Chirurgiae et
Anatomiae in Academia Jenensi. Prof. publ. ord. Facultatis medicae Senioris.

Schrick ad nat. pinx.

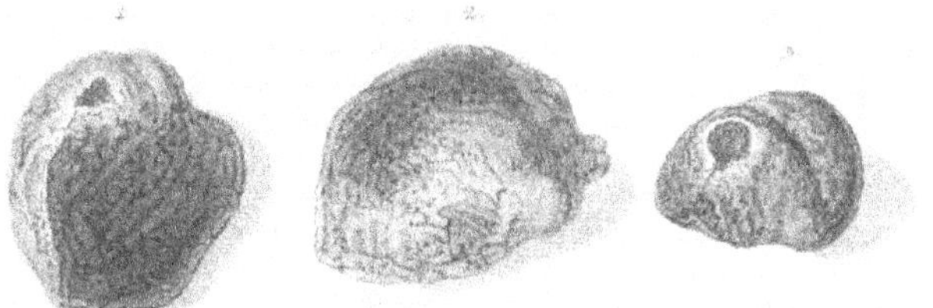

Ex Museo Excell. Dn. Doct. & Consil. Aul. Casimir Chph. Schmidel

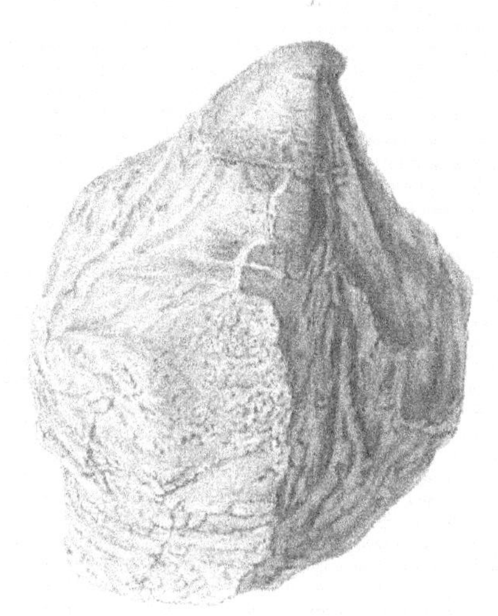

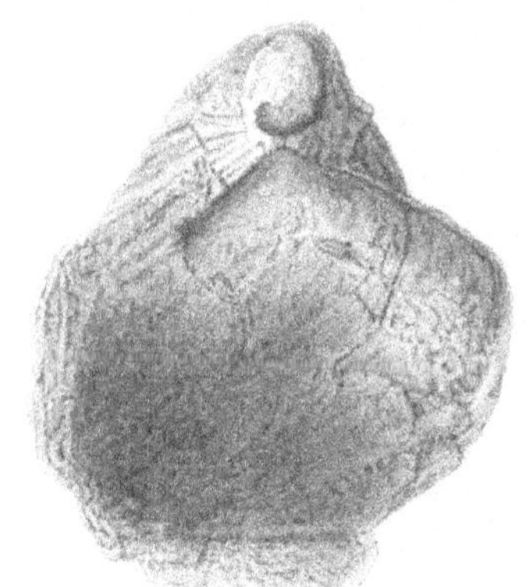

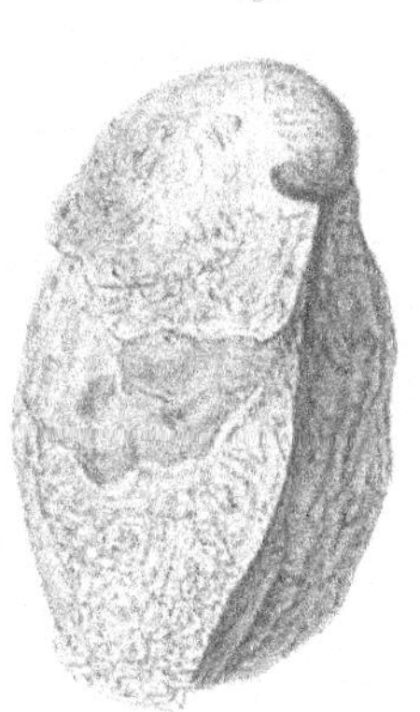

Ex Museo Excell. Dn. Doct. & Consil. Aul. Casimir Chph. Schmidel.

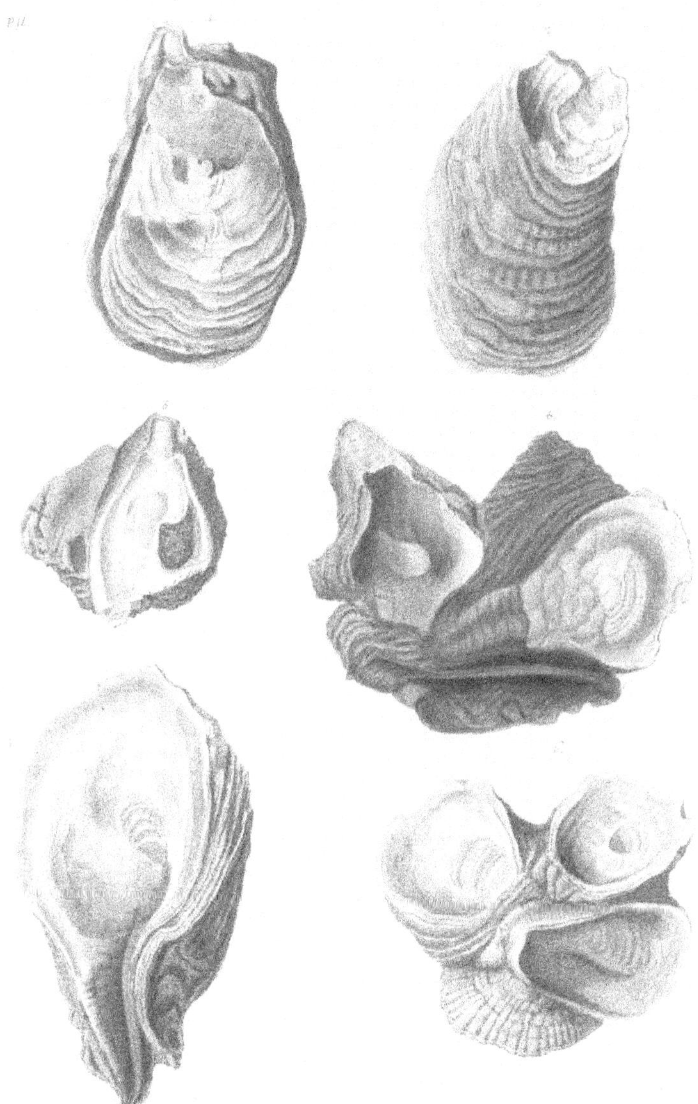

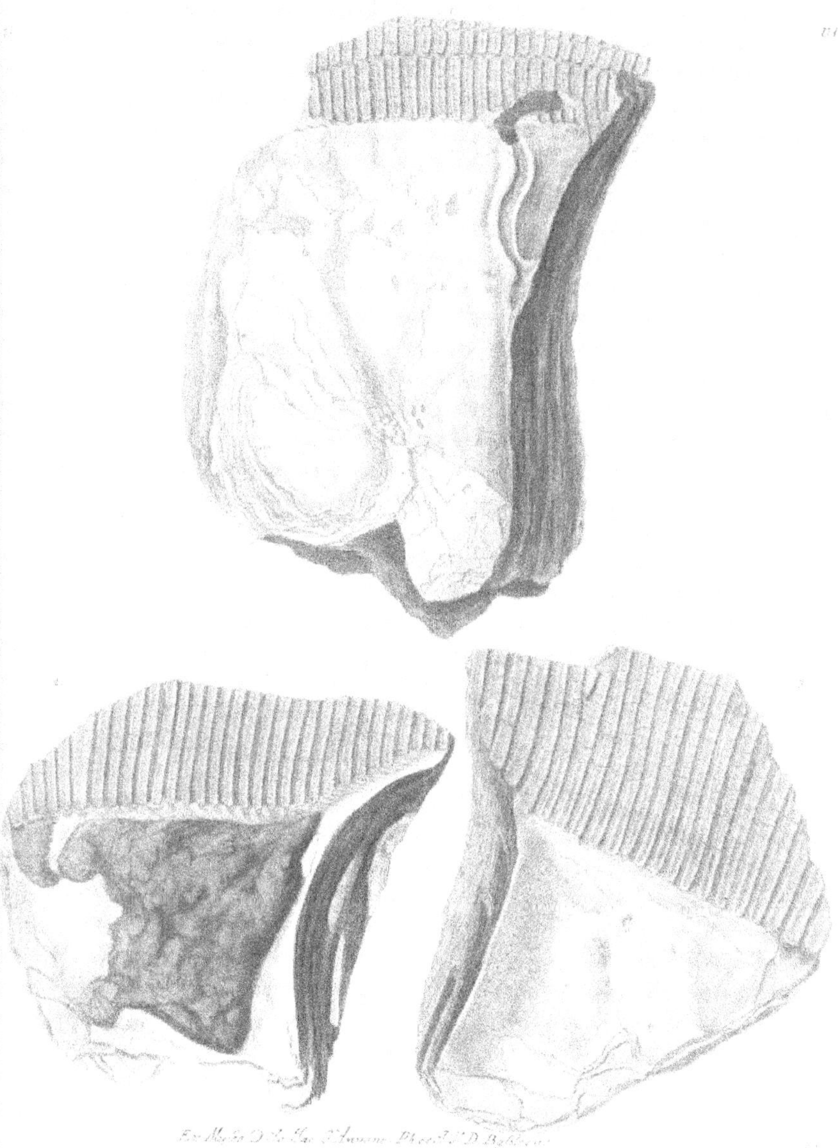

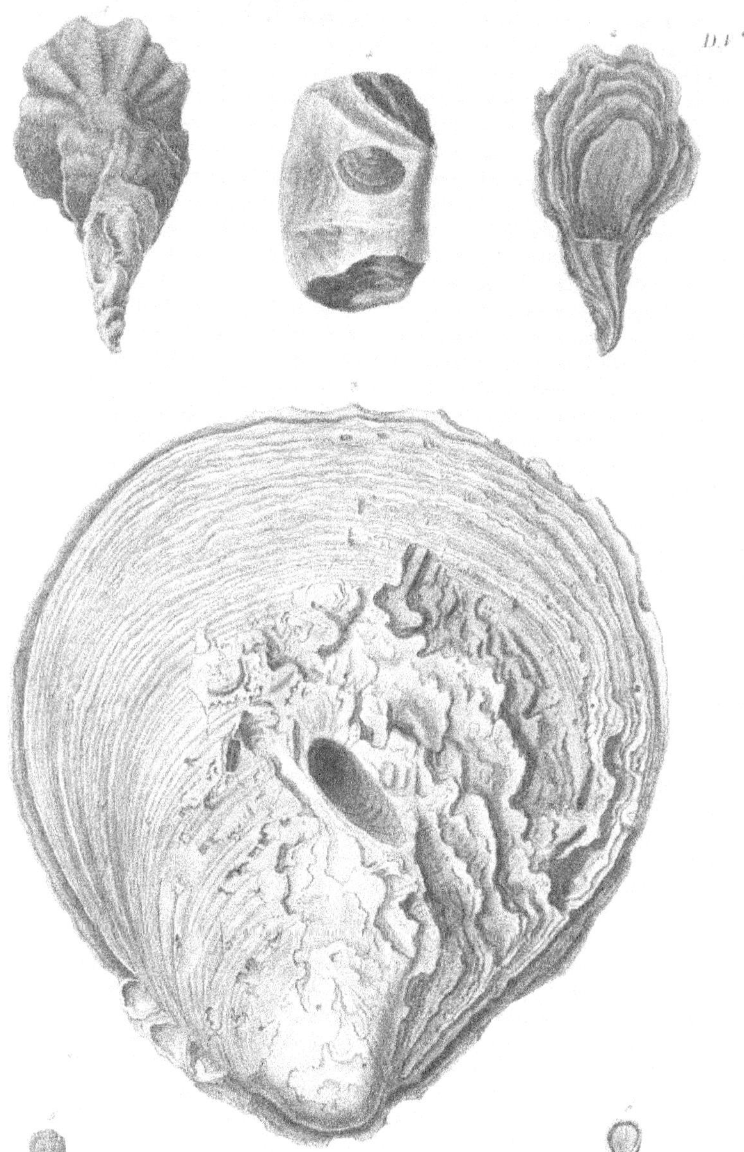
D.1.*

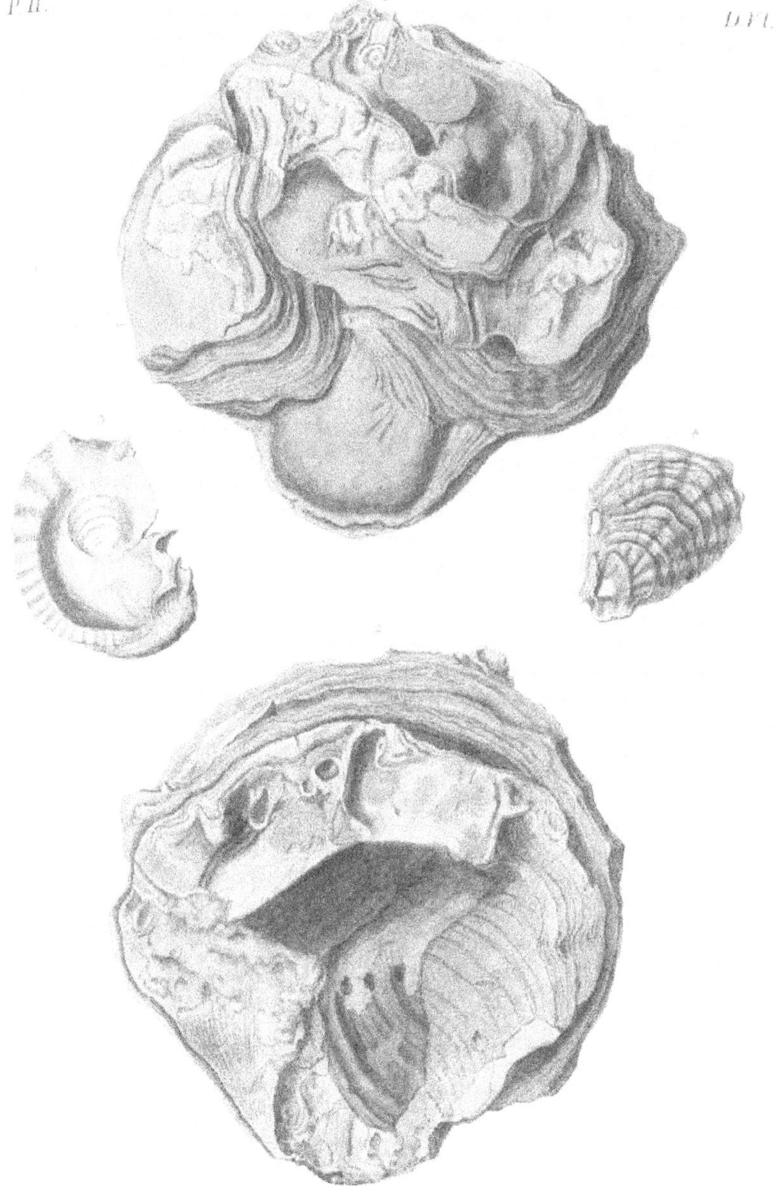

P II.
D VI.

e Musaeo Excell. Dn. I. E. I. Walchii, Eloquent. & Poes. Prof. publ. in Academia Ienensi.

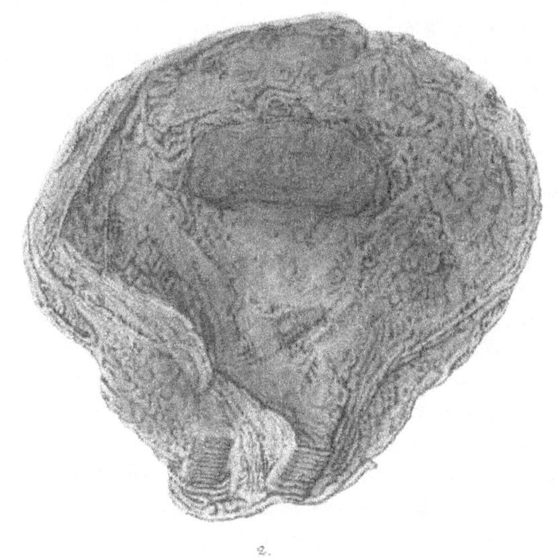

2.

Ex Museo Excell. Dn Doct. & Consil. Aul Casimir Chph. Schmidel.

Ex Museo Excell. Dn. Doct. & Consil. Aul. Casimir Chph. Schmied.

Georg Carol. Lichtensperger ad nat. pinxit.

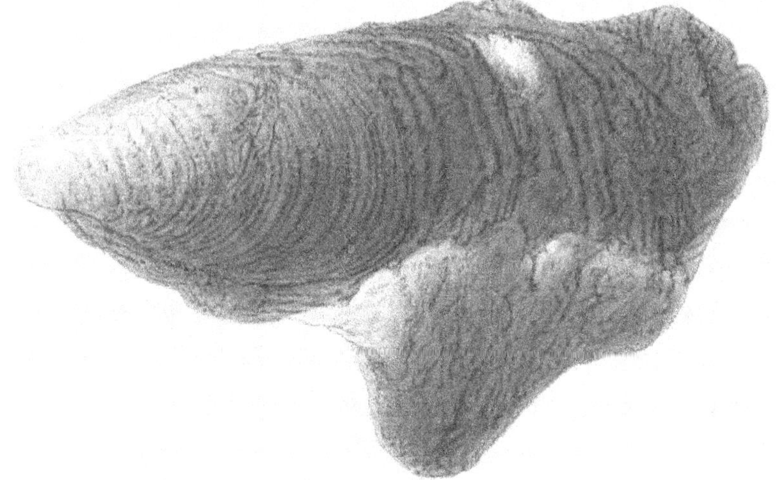

Ex Museo Excell. Dn.Doct. et Consil. Aul. Casimir. Chph. Schmidel.

Georg Carl Leinberger ad nat. pinxit.

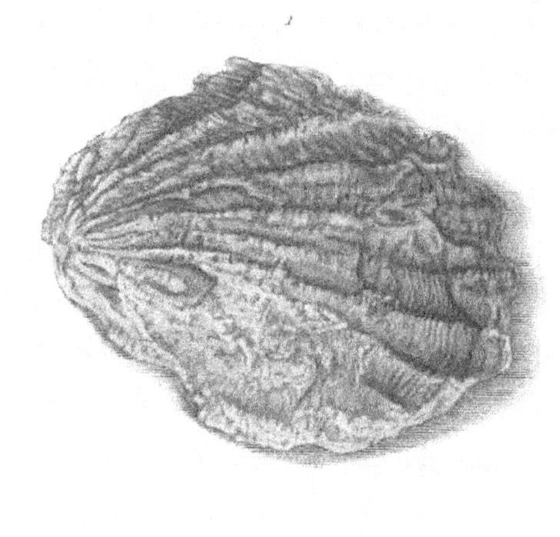

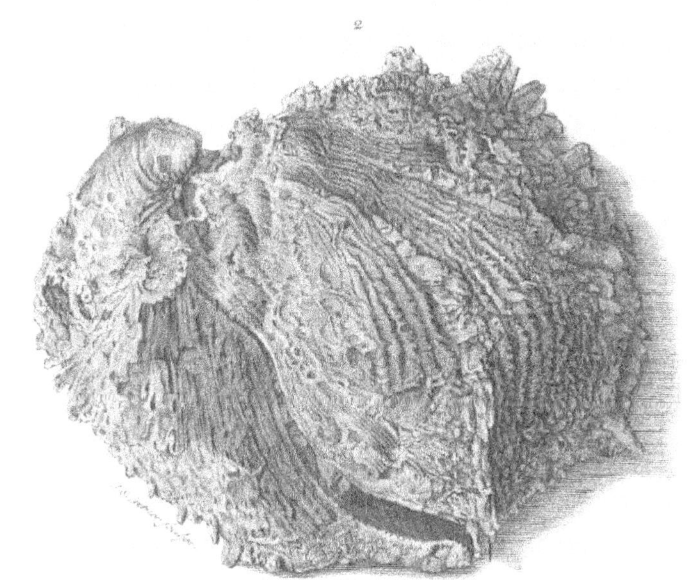

Ex Museo Excell. Dn. Dr. & Consil. Aul. Casimir Christoph. Schmidel.

Ioh. Iac. Lindner ad viv. pinxit.

220

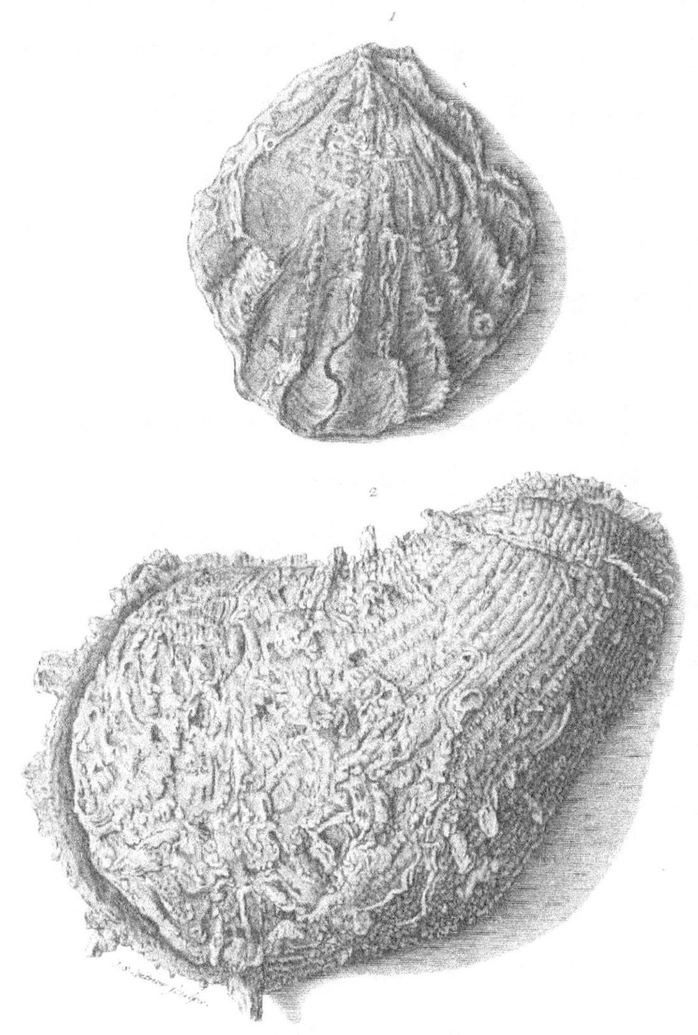

Ex Musæo Excell. Dn. Doct. & Consil. Aul. Casimir Christoph. Schmiedel.

117.

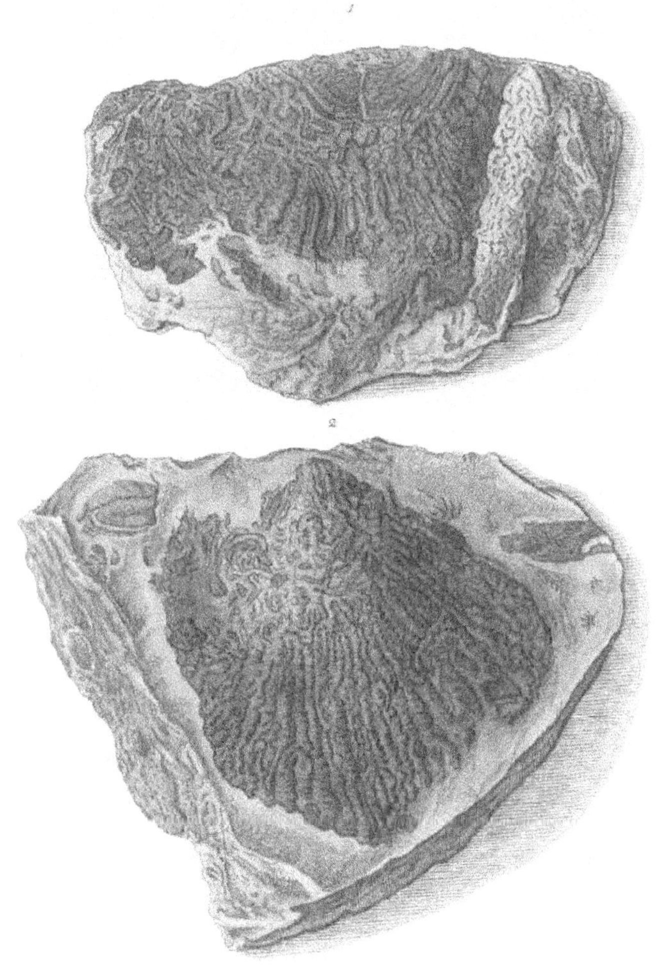

Ex Museo Excell. Dn. Doct. & Consil. Aul. Casimir Christoph. Schmidel

118.

Tab. I.

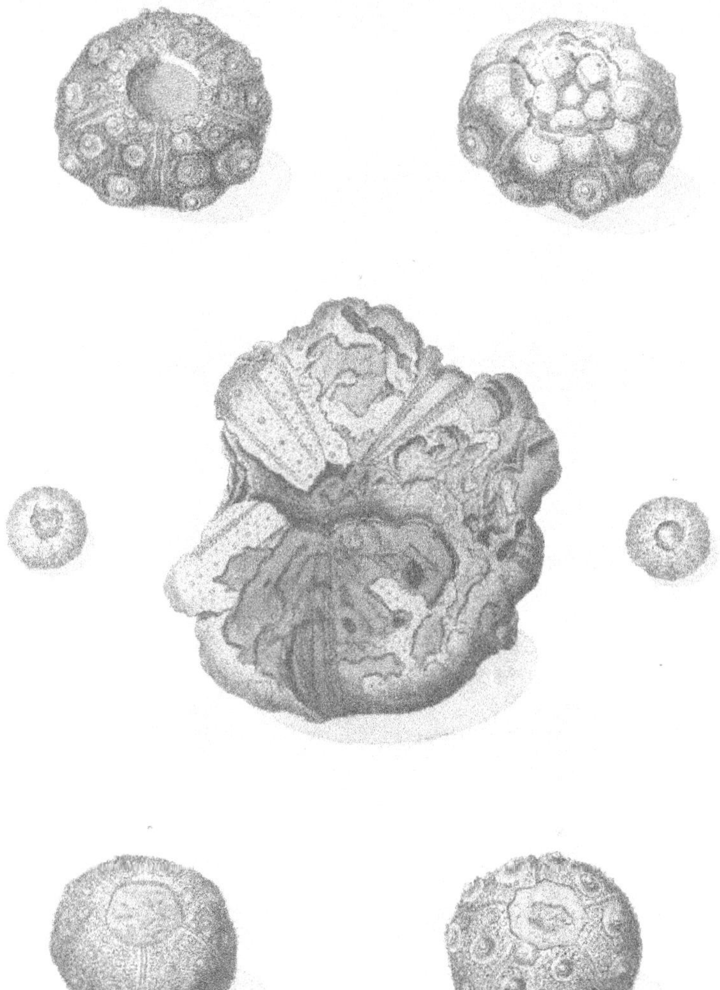

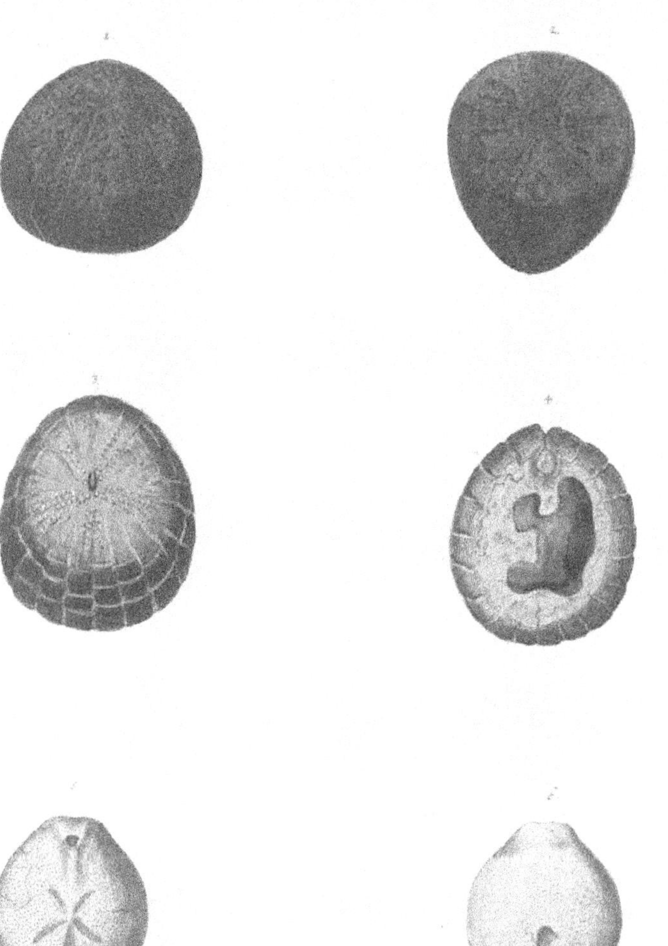

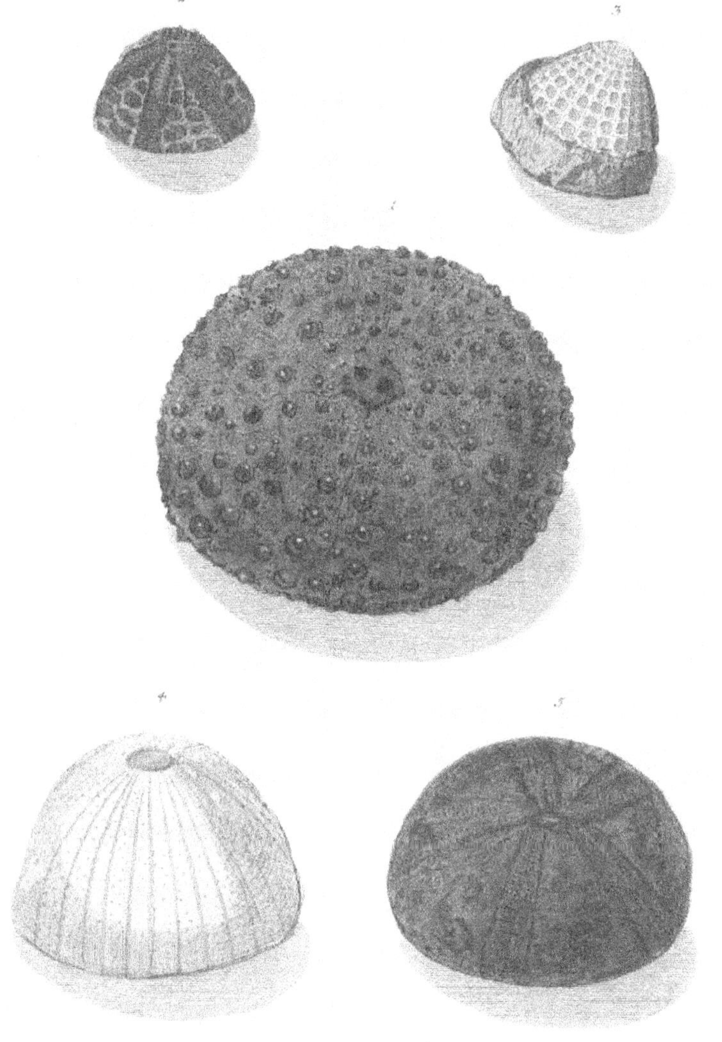

Ex Musæo Excell: Dn. I. E. I. Walchii, Eloquent: & Poes: Prof. publ. in Academia Jenensi.

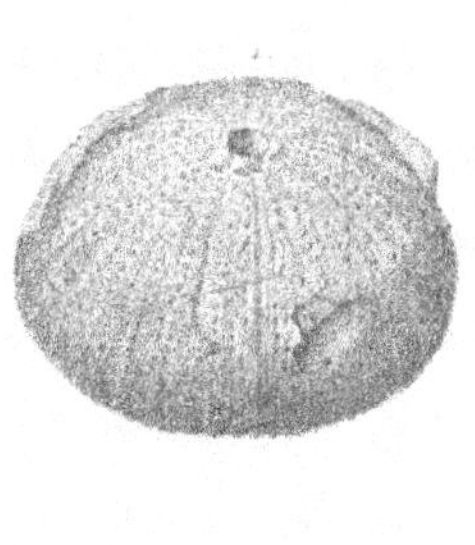

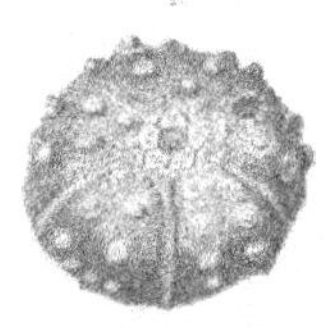
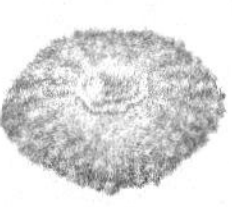

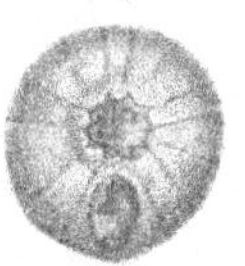

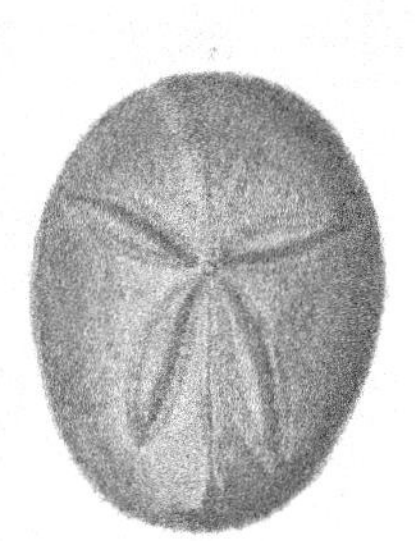
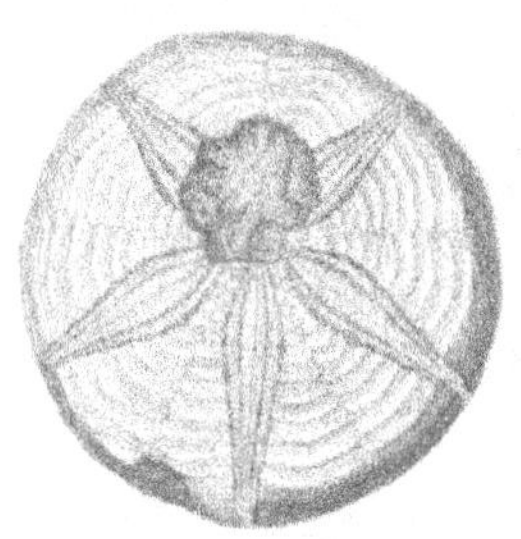
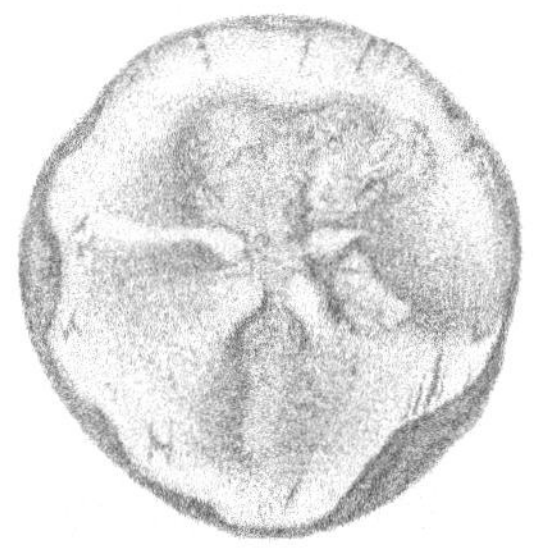

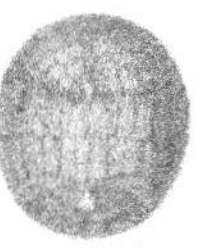

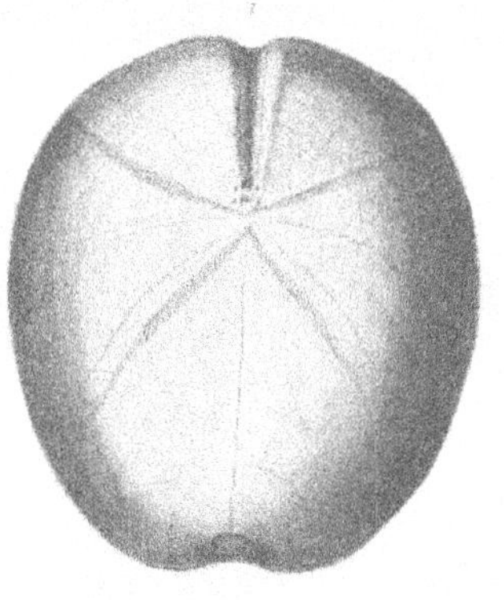

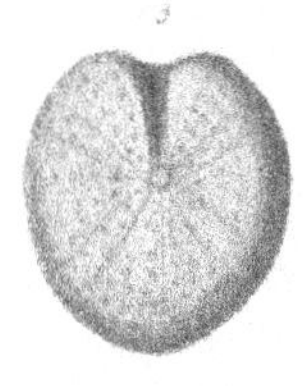

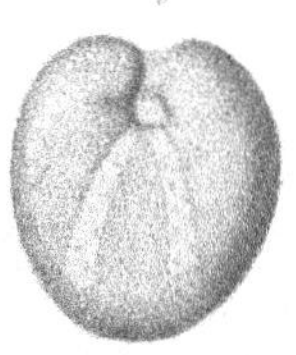

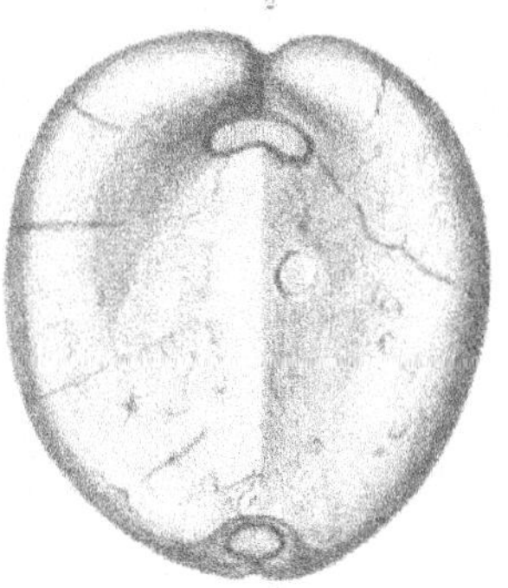

Ex Museo D. Jo. Jacobi d'Annone Ph. et M.D.

2

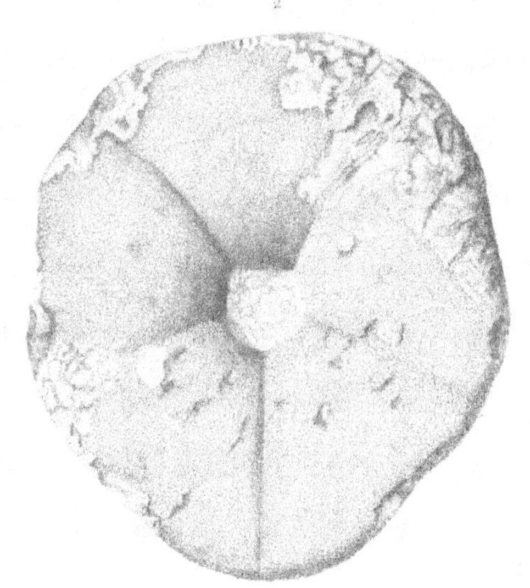

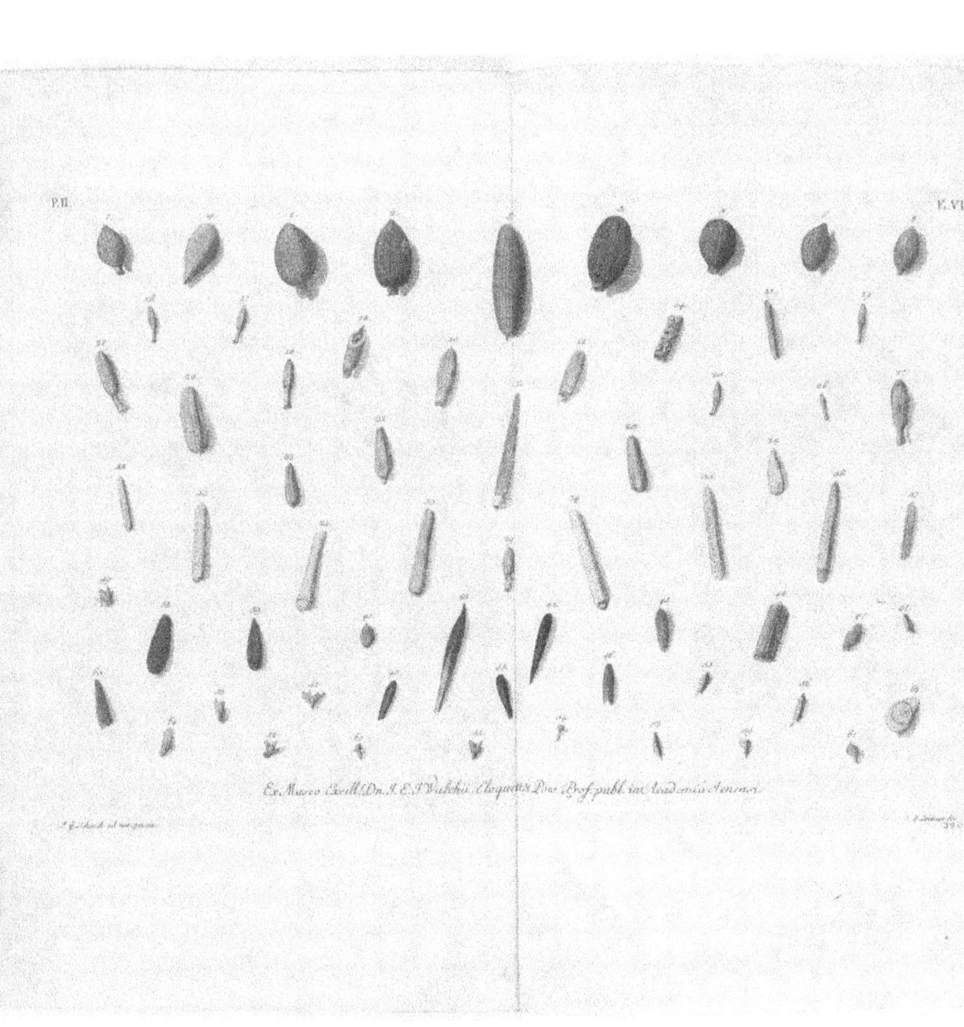

Ex Museo Excell. Dn. I. E. I. Walchii Eloquent. Orat. Prof. publ. in Academia Ienensi.